La dette souveraine

RAISONS PRATIQUES

Sous la direction de
Julia Christ,
Gildas Salmon

La dette souveraine
Économie politique et État

Raisons pratiques.
Épistémologie, sociologie, théorie sociale
N° 26

« Raisons pratiques » consacre chaque année un ouvrage à une question vive de la théorie sociale et politique ou de l'épistémologie. La collection veut tout particulièrement rendre compte des expérimentations théoriques en cours dans les domaines de l'analyse de l'action et de la rationalité, du collectif et des institutions, de la temporalité et de l'intentionnalité. Elle se fait ainsi l'écho des chantiers ouverts dans les différentes sciences sociales et de leur confrontation aux développements récents des sciences naturelles, des sciences cognitives et de la philosophie.

© 2018, Éditions de l'École des hautes études en sciences sociales, Paris

ISBN 978-2-7132-2730-1
ISSN 1150-1367

Responsables de la collection
Bruno Karsenti et Albert Ogien
avec la collaboration d'Alexandra Bidet,
Daniel Cefaï, Yves Cohen,
Alice Ingold, Patricia Paperman,
Gildas Salmon, Danny Trom,
Bénédicte Zimmermann

Secrétariat de rédaction
Guillaume Braunstein

*Publié avec le concours de
l'Institut Marcel Mauss – UMR 8178*

Sommaire

Présentation
Les logiques de la dérégulation : penser la sociogenèse de l'État néolibéral
à partir de *Du temps acheté*.. 9

Le capitalisme au-delà de l'État : l'impossible régulation

Wolfgang STREECK
Du temps acheté. Préface à la seconde édition 39

Colin CROUCH
La mondialisation et le triomphe ininterrompu du néolibéralisme
Quelle est la force du lien? 89

Souveraineté nationale, intégration européenne et mondialisation économique

Jürgen HABERMAS
Démocratie ou capitalisme?
Misère des États-nations et de leur fragmentation
au sein d'une société mondiale intégrée par le capitalisme 115

Robert BOYER
Le Brexit
Souveraineté nationale contre internationalisation de l'économie 133

Bruno KARSENTI
Sociologie de l'État de consolidation 173

Une société néolibérale ?

Benjamin Lemoine
Dette souveraine et classes sociales
Plaidoyer pour des enquêtes sur la stratification sociale
et l'ordre politique produits par la dette de marché   195

Marie Cuillerai
Peuples endettés
Politisation de l'économie   231

Jean-Michel Rey
Immuniser l'Europe contre le réel politique
Réflexions sur la rhétorique de l'économie politique contemporaine   251

Bilan et perspectives

Yves Duroux, avec Julia Christ et Gildas Salmon
Entretien
« On ne fabrique pas un peuple en lui donnant du pain.
Ni une constitution »   275

Présentation
Les logiques de la dérégulation : penser la sociogenèse de l'État néolibéral à partir de *Du temps acheté*

La dette publique s'impose aujourd'hui plus que jamais comme un problème politique. Son évolution sert de jauge à l'action des gouvernements européens et le taux auquel se négocient les emprunts de chaque pays vient objectiver le crédit dont il dispose, et le rang qui lui revient dans une hiérarchie dont les agences de notation sont les arbitres et les marchés financiers l'espace de véridiction. Avec la croissance de la dette, ce qui est en cause n'est pourtant pas seulement ce que ce dispositif de mesure de l'État, qui s'est progressivement imposé au cours des quatre dernières décennies, se donne pour objet d'évaluer, à savoir la bonne gestion des finances publiques. Ce sont les fondements mêmes de la démocratie qui sont touchés. La dette conduit à un dédoublement des instances auprès desquelles les gouvernements doivent répondre de leurs choix : à côté du corps des citoyens, qui se prononce périodiquement lors des élections, et en réalité avant lui car leurs réactions sont enregistrées en temps réel par la fluctuation des taux d'intérêt, les investisseurs sont devenus une deuxième instance d'évaluation des politiques publiques, disposant à travers leur décision de souscrire ou non aux emprunts émis par les États d'un levier puissant pour influencer les orientations de la politique fiscale et sociale de ceux qui occupent désormais la position de débiteurs.

Cette démonstration, déployée par Wolfgang Streeck dans *Du temps acheté* (2014), fait de la dette à la fois le symptôme et le vecteur d'une reconfiguration profonde des relations entre démocratie et capitalisme dont il faut rappeler les grandes lignes, car elle définit le cadre à partir duquel s'articulent les contributions rassemblées dans ce volume.

*

Élever la dette au rang de problème de philosophie politique n'est possible qu'à condition d'inscrire son évolution dans une séquence historique longue, qui correspond, pour le sociologue allemand, au démantèlement du *capitalisme démocratique* qui s'était mis en place à l'issue de la Seconde Guerre mondiale. Ce syntagme, à y regarder de près, n'a rien d'évident. Il désigne bien plus qu'une simple juxtaposition de ses deux composantes : en l'employant, Streeck ne se contente pas de constater que l'on a vu s'imposer après 1945, en Europe de l'ouest et aux États-Unis, des régimes à la fois capitalistes et pourvus d'institutions démocratiques – ce qui, de fait, existait auparavant. L'enjeu est de faire apparaître une subordination inédite des mécanismes d'accumulation du capital à une exigence de justice sociale incarnée par la construction de l'État-providence à laquelle on a assisté après-guerre. Dans cette configuration, l'économie de marché s'est trouvée à la fois préservée – au contraire de ce qui se passait de l'autre côté du rideau de fer – et limitée par un État devenu largement keynésien, qui se pense comme garant des grands équilibres de la société, et dont l'action obéit à des objectifs d'intégration sociale et de redistribution, qui vont du plein-emploi à l'organisation de dispositifs collectifs de prise en charge de la santé, de l'éducation et des retraites de ses citoyens.

Cette nouvelle forme d'État, Wolfgang Streeck la désigne par un terme qui peut prêter à équivoque, celui d'«État fiscal». La monopolisation de la levée de l'impôt, et son intensification face aux exigences de guerres de plus en plus coûteuses, est un processus historique de longue durée dont l'importance ne saurait être surestimée dans la genèse des États modernes[1]. Mais il n'est question ici que d'une des toutes dernières phases de cette longue histoire : fixés autour de 10 % du PIB dans l'ensemble des pays occidentaux dans les années 1910, les prélèvements fiscaux atteignent 30 à 50 % du PIB, selon les pays, dans les années 1970 (Piketty, 2013, p. 757-759). Or cette progression spectaculaire, qui s'impose uniformément en dépit de la diversité des traditions politiques nationales, n'est plus liée à titre principal à la guerre, mais à la mise en place de mécanismes de redistribution et à la prise en charge par l'État de nouvelles fonctions auxquelles correspondent de nouveaux droits, les droits sociaux. Un des éléments centraux de *Du temps acheté* consiste à souligner que cette conquête sociale a aussi été une conquête politique. Les droits sociaux ont été dans l'après-guerre la clé de voûte d'une forme inédite de démocratie, dans laquelle la répartition

---

1. Pour une analyse de la sociogenèse de l'État fiscal voir Elias (1975, p. 149-179), ainsi que le programme de recherche sur la genèse de l'État moderne conduit par Jean-Philippe Genêt, notamment Genêt & Le Mené (1987), et Genêt (1990).

des profits engendrés par le mode de production capitaliste, au lieu d'être abandonnée au mécanisme du marché, se décidait dans le cadre d'un débat démocratique arbitré par l'État.

Ce modèle social forgé au sortir de la Seconde Guerre mondiale est désormais entré en crise : capitalisme et démocratie se dissocient sous l'effet des politiques néolibérales. Leur lent processus de divorce ne fait toutefois que révéler une hétérogénéité essentielle. Les apparentes affinités électives entre capitalisme et démocratie étaient en réalité le résultat d'un mariage forcé *(shotgun wedding)*, imposé en raison du rôle accordé au capitalisme dans l'effondrement des années 1930. Le fait que le capitalisme se soit plié pendant plusieurs décennies à la contrainte fiscale a pu donner l'illusion qu'il acceptait de son plein gré de contribuer au projet de société qu'est l'État social. C'est ce que la crise de l'État fiscal est venue démentir : la croissance de la dette résulte aux yeux de Streeck de la capacité du capital à s'émanciper de la discipline démocratique qui lui avait été imposée de l'extérieur (Streeck, 2014, p. 45).

La nature de cette crise doit pourtant être précisée. Car si la part des prélèvements fiscaux a eu tendance, en fonction des pays, à se stabiliser ou à régresser légèrement depuis les années 1980, elle n'a nulle part rejoint les niveaux du début du xxe siècle. L'État fiscal n'a donc pas été démantelé. La crise de l'État social qu'il finançait n'en est pourtant pas moins profonde, puisque les recettes fiscales s'avèrent structurellement insuffisantes pour faire face à des dépenses qui, en revanche, ont eu tendance à augmenter avec l'allongement de la durée de la vie, la massification de l'enseignement supérieur et la croissance du chômage. L'augmentation des impôts sur les profits qui aurait été requise pour continuer à financer les dispositifs de redistribution s'est avérée impossible en raison de la résistance farouche opposée par le capital, que ce soit en plaidant dans l'arène publique pour une politique fiscale allégée en faveur des entreprises et des ménages les plus aisés, ou, plus directement, en cessant d'investir dans les pays concernés par le poids croissant des politiques sociales pour se déplacer vers des lieux jugés plus « rentables ». Le déséquilibre entre recettes fiscales et dépenses publiques, qui n'a cessé de se creuser depuis les années 1980, et le fait qu'aucun acteur social n'était à disposition pour combler le déficit, a fait émerger une nouvelle figure, celle de l'État débiteur, qui se sert de l'emprunt pour garantir ses engagements en matière de politique sociale face à ses citoyens *(ibid.*, p. 109-110).

Ce n'est certes pas la première fois dans l'histoire que des États sont endettés, et une analyse comparative des formes de pouvoir exercées par les créanciers des États débiteurs beaucoup plus large que celle que nous pouvons offrir ici serait sans aucun doute précieuse pour affiner le diagnostic porté sur notre présent. Pour ne prendre qu'un exemple, l'impérialisme du crédit de la fin du XIXe siècle, qui a abouti à la prise de contrôle quasi complète d'États comme l'Égypte par la France et l'Angleterre, démontre si besoin en est jusqu'où peuvent aller les atteintes à la souveraineté d'un État incapable de se financer par ses propres moyens[2]. Mais l'intérêt de l'approche de Streeck est d'identifier à travers l'analyse des crises de la dette des dernières décennies un déplacement bien plus difficile à définir qu'une telle altération des rapports de force interétatiques. Ce déplacement, il le décrit comme un dédoublement des « *constituencies* » qui se partagent la loyauté des gouvernements des États démocratiques – un terme dont l'équivoque même est intéressante, puisqu'il peut désigner à la fois un corps électoral et un groupe de pression. Au « peuple d'État », qui recouvre l'ensemble des citoyens, s'ajoute une entité aux contours plus flous, le « peuple de marché » ou « gens de marché », c'est-à-dire les détenteurs des dettes d'États (*ibid.*, p. 119-122).

À ce dédoublement correspond un retournement dans le mode d'exercice du pouvoir. L'État keynésien de l'après-guerre était un État essentiellement régulateur, parce qu'il était issu de la prise de conscience des dangers inhérents à une économie de marché livrée à elle-même, illustrés par la crise économique des années 1930 et ses conséquences politiques[3]. Avec le tournant néolibéral, c'est au contraire la dérégulation qui s'impose comme la pierre angulaire de l'activité gouvernementale. La dérégulation est ce mouvement paradoxal par lequel l'État place délibérément hors de son contrôle des fonctions qu'il avait jusqu'alors assurées, pour s'en remettre à l'action supposée autorégulatrice et supérieurement efficiente des marchés. Contre la conviction que le jeu des marchés n'est viable qu'à condition qu'un réseau de dispositifs de sécurisation et de redistribution prémunisse la société contre ses effets destructeurs, que l'on peut qualifier d'idéal socialiste[4], on assiste à une réactivation du principe fondateur de l'économie politique classique selon lequel la prospérité de tous ne peut advenir qu'à condition de laisser libre cours à l'action d'agents individuels, qui doivent eux-mêmes

---

2. Sur ce point, voir notamment Bouvier (1960, p. 75-104), et Saul (1997), mais aussi l'analyse proposée par Rosa Luxemburg (1967, livre III, chapitre 30 « L'emprunt international »).
3. Voir notamment le diagnostic porté par Polanyi (1983 [1944]).
4. Voir Durkheim (2011 [1928]); et Polanyi (1983 [1944], p. 337-351).

abandonner toute préoccupation pour l'intérêt général et ne songer qu'à leur profit privé[5].

Ce retour à une forme d'orthodoxie libérale a joué un rôle prépondérant dans les transformations de la gestion de la dette publique, comme le montre l'étude que Benjamin Lemoine (2016) a consacrée à l'administration du Trésor française depuis la Seconde Guerre mondiale. Le placement des finances de l'État sous la dépendance des marchés ne peut en effet être décrit comme l'effet involontaire d'une gestion imprévoyante, qui aurait peu à peu érodé les marges de manœuvre de la puissance publique. Au contraire, le démantèlement des formes administrées du crédit qui permettaient à l'État de se financer à des conditions qu'il imposait aux banques a été un projet réfléchi et imposé de haute lutte par les fractions réformatrices de l'administration du Trésor. L'enjeu était de faire jouer aux marchés le rôle d'un « principe de réalité » capable de limiter la dépense publique, et d'interdire ainsi le recours à des circuits de financement jugés « irréalistes » en raison de leurs effets inflationnistes.

La bataille contre l'inflation revêt une portée historique décisive dans l'histoire des rapports entre capitalisme et démocratie, en ce qu'elle marque le point de rebroussement du keynésianisme qui s'était imposé comme la raison gouvernementale des États de l'après-guerre. Il ne fait nul doute que l'inflation posait un problème sérieux. Mais, aux yeux de Streeck, elle ne doit elle-même être considérée que comme le premier expédient employé pour répondre à la crise existentielle du compromis qui sous-tendait les Trente Glorieuses. Nous l'avons dit, celle-ci prend son point de départ dans une crise de l'investissement causée par l'érosion de la rémunération du capital face à celle du travail. Cette première crise sert, dans *Du temps acheté*, de révélateur à la fragilité structurelle du capitalisme démocratique. La hausse des salaires et le financement des engagements pris avec l'instauration des droits sociaux ne sont en effet possibles que grâce à une croissance de la production, elle-même dépendante de la coopération des détenteurs de capitaux sous la forme de l'investissement – une coopération qui se trouve précisément mise en péril dès lors que ceux-ci jugent les conditions qui leur sont offertes insuffisamment avantageuses, c'est-à-dire dès lors que le conflit entre capital et travail tend à se régler à l'avantage du travail (Streeck, 2014, p. 45-46). En d'autres termes, les progrès sociaux risquent constamment d'être victimes de leur propre succès en provoquant la défection des investisseurs.

---

5. De la *Fable des abeilles* de Mandeville à la « main invisible » d'Adam Smith, tel est le paradoxe sur lequel est fondée l'économie politique classique.

La réponse apportée à ce début de blocage dans les années 1970, à savoir l'inflation – ce moyen traditionnel du keynésianisme pour euthanasier les rentiers, qui a pour effet d'obliger les détenteurs de capitaux à préférer l'investissement à l'épargne, et d'inciter à l'investissement à crédit avec de l'argent dont le remboursement se trouve facilité par l'érosion de la valeur de la monnaie –, s'est avérée incapable de soutenir durablement la croissance non seulement parce qu'elle substituait des ressources fictives à une production de richesses réelles devenue insuffisante, mais aussi en raison de la fuite des capitaux monétaires qui, au lieu de se plier à la contrainte exercée sur eux par des monnaies nationales inflationnistes, préfèrent chercher refuge dans des monnaies stables, voire dans l'or, ou investir dans des États dont la politique fiscale garantit une rémunération du capital ressentie comme plus juste (*ibid.*, p. 62).

L'échec des politiques inflationnistes, marqué par l'émergence de la «stagflation», a conduit à un retournement qui marque la victoire du néolibéralisme : l'abandon de l'objectif de plein-emploi qui était la pierre angulaire des politiques économiques mises en place dans l'après-guerre. La stabilisation des monnaies n'a en effet été acquise qu'au prix de l'émergence d'un chômage de masse. L'intérêt de l'analyse de Streeck est pourtant de montrer que le tournant néolibéral, incarné par les gouvernements Thatcher et Reagan, n'a pas marqué la fin de l'État-providence. S'il s'est traduit par un recul du droit du travail et de la mobilisation syndicale (*ibid.*, p. 63), il n'a pas conduit à un démantèlement de l'ensemble des dispositifs de redistribution. Privé de ses fondements par les réductions d'impôts consenties aux contribuables les plus aisés, mais aussi par la tension que l'abandon de l'objectif de plein-emploi fait peser sur l'assurance-chômage, celui-ci a survécu à crédit. La croissance de la dette publique traduit ainsi la tension entre une politique néolibérale prête à sacrifier les objectifs sociaux à la lutte contre l'inflation et une demande de protection trop forte pour être entièrement ignorée en raison de l'attachement des citoyens – qui sont aussi des électeurs – à leurs droits sociaux.

À l'inverse de l'inflation, qui avait servi à apaiser le conflit de répartition entre capital et travail à l'aide d'instruments plutôt favorables aux salariés (*ibid.*, p. 322, n. 66), la dette a servi à masquer la victoire des détenteurs de capitaux. Les politiques inflationnistes ont bien cherché à prolonger artificiellement le compromis de l'après-guerre par des manipulations des monnaies nationales, mais seul le recours à la dette a donné son sens littéral à l'expression qui donne son titre à l'ouvrage de Streeck. Du temps a dès lors été acheté auprès d'investisseurs trop heureux de trouver des placements sûrs pour les sommes qu'ils avaient cessé de payer sous forme d'impôts (*ibid.*, p. 115). D'où la nature paradoxale de la dette : instrument d'apaisement des conflits qu'aurait pu engendrer le décrochage des revenus du travail par rapport à ceux du capital, elle renforce en même temps ce déséquilibre en fournissant des placements profitables au surcroît de capitaux conquis aux dépens du travail, et désormais épargnés par des politiques fiscales accommodantes. L'achat de temps – condition de la paix sociale –, et donc sa vente par ceux qui ont de l'argent à placer, devient ainsi l'un des piliers d'une industrie financière qui connaît une croissance fulgurante dans les deux dernières décennies du XXe siècle.

Le financement à crédit de l'État-providence ne suffit pourtant pas à expliquer la crise de la dette de la dernière décennie. Car les États ont réagi à cette croissance de l'endettement en mettant en place dès les années 1990 des politiques de consolidation des finances publiques, en particulier aux États-Unis, mais aussi en Allemagne à partir des années 2000 avec les réformes Schröder, qui se sont traduites par des coupes dans les budgets sociaux (*ibid.*, p. 67). Que ces efforts n'aient pas suffi à faire baisser durablement la dette publique, Streeck ne l'explique pas seulement par les nouvelles baisses d'impôts consenties par les gouvernements d'inspiration néolibérale (notamment par l'administration Bush) à leurs citoyens les plus riches, mais aussi par un mécanisme plus indirect, dont les conséquences n'apparaîtront qu'avec la crise de 2008.

La victoire du capital sur le travail, illustrée par le décrochage qui s'opère à partir du milieu des années 1970 entre la croissance de la productivité et la stagnation des salaires (Streeck, 2016, p. 64), associée à la restriction des mesures de soutien à la consommation par des États soucieux d'équilibrer leurs budgets, risquait à la fois de provoquer une crise de la demande et d'attiser le mécontentement des salariés. Une fois encore, le blocage économique et social qui menaçait n'a été évité que par le recours à la dette. La libération de l'accès au *crédit privé* a ainsi permis aux ménages de maintenir un niveau de consommation bien supérieur à leurs revenus réels, tout en soutenant une nouvelle vague de développement de l'industrie financière. La dérégulation du crédit immobilier et du crédit à la consommation, qui seule pouvait soutenir un niveau de demande artificiellement élevé, a conduit tout droit à la crise financière de 2008 (Streeck, 2014, p. 67-70). Les États, contraints de prendre à leur charge les créances toxiques pour éviter l'effondrement du système bancaire, ont dû accepter une explosion de leur niveau d'endettement qui a balayé les efforts consentis dans la période précédente. Plus dépendants que jamais d'investisseurs qu'ils doivent convaincre de leur capacité à honorer cette dette, ils se voient forcés de poursuivre coûte que coûte leurs politiques de consolidation, c'est-à-dire la réduction de leurs dépenses publiques.

Au point d'aboutissement de la démonstration de Streeck, on découvre ainsi la nature paradoxale de la crise de la dette dans laquelle nous nous trouvons aujourd'hui. De fait, celle-ci n'est pas directement imputable au coût de l'État-providence, mais à un sauvetage au moyen de fonds publics d'un secteur financier qui s'est avéré incapable de s'autoréguler :

> L'ironie est que ce sont les dettes que les États ont contractées pour protéger les sociétés des répercussions des prêts spéculatifs – eux-mêmes encouragés par des politiques gouvernementales de dérégulation et d'argent bon marché – qui ont conduit les « marchés financiers » à douter de la capacité des États à respecter leurs engagements en tant que débiteurs. (Streeck, 2016, p. 120)

Autrement dit, le coût qui s'avère aujourd'hui insoutenable est celui la dérégulation. Et pourtant, c'est bien un nouveau tour de dérégulation du droit du travail, d'amputation de la dépense publique et de baisses d'impôts pour les plus riches en vertu de la « théorie du ruissellement » qui forme le programme de « l'État de consolidation[6] ». De fait, il n'y a pas de doute que ces mesures sont les seules à pouvoir rassurer les investisseurs.

*

Le tableau dressé par *Du temps acheté* ne peut manquer d'interroger la capacité des sciences sociales à expliquer une trajectoire historique caractérisée par le recul de la vitalité démocratique (qui se traduit par une baisse de la participation électorale dans l'ensemble des pays développés), la montée des inégalités, et la crise d'une économie qui paraît aujourd'hui condamnée à des taux de croissance très faibles. Faut-il y voir une série tragique d'erreurs de calcul ? La victoire idéologique d'une poignée d'économistes néolibéraux ? L'effet de la soumission volontaire des pouvoirs publics aux puissances de l'argent et du manque de vigilance des citoyens ?

---

6. On peut définir ce dernier comme la dernière étape du démantèlement du compromis d'après-guerre, dans laquelle le conflit entre « peuple d'État » et « gens de marché » qui émerge avec l'État-débiteur se trouve tranché en faveur des seconds : « En bref, un État de consolidation peut être décrit comme un État dont les obligations commerciales vis-à-vis des marchés prennent le pas sur ses obligations politiques vis-à-vis de ses citoyens, et où les citoyens n'ont pas accès aux ressources politiques ou idéologiques qui leur permettraient de contester cet arbitrage. » (*Ibid.*, p. 124).

Avant même de prétendre expliquer la crise indissociablement économique, sociale et politique que nous traversons, le problème premier consiste à se donner les moyens de la décrire. Tel est le sens du plaidoyer de Streeck pour une redéfinition de la sociologie comme « économie politique ». En abandonnant l'économie aux économistes, les sciences sociales se sont repliées sur un concept amoindri de société, qui leur interdisait de diagnostiquer les transformations du capitalisme contemporain. Ce mouvement, qui s'est traduit par une longue éclipse de la sociologie historique du capitalisme dans les trois dernières décennies du XXe siècle, n'a rien d'accidentel. Il s'explique paradoxalement par la capacité de l'État keynésien de l'après-guerre à réguler le capitalisme, c'est-à-dire à orienter et à contenir ses mécanismes d'accumulation d'une manière profitable à la société dans son ensemble. Trente ans de régulation ont masqué aux yeux de la critique l'antagonisme entre capitalisme et démocratie. Victimes d'une vision de l'économie comme « mécanisme neutre de création de richesse régi par des lois naturelles ésotériques et susceptible d'être gouverné par des techniciens informés scientifiquement » (*ibid.*, p. 242), les sociologues étaient mal équipés pour percevoir la dynamique du capitalisme, et son affranchissement du carcan que lui avait imposé l'État régulateur.

Il est vrai que le choix de l'expression d'économie politique a l'apparence d'un paradoxe : ne désigne-t-elle pas ordinairement l'élévation du laisser-faire au rang de science opérée entre la fin du XVIIIe et le début du XIXe siècle par Adam Smith et Ricardo ? Bien que le rôle axial que Streeck confère au conflit de répartition entre capital et travail trahisse une inspiration ricardienne[7], ce dont il est question n'est pas un retour à l'économie politique classique. Il s'agit plutôt, contre les théoriciens de l'économie comme science pure ayant pour objet les lois « naturelles » de la concurrence, de mettre en évidence la dimension politique de la science économique, notamment à travers la primauté qu'elle accorde à la « justice de marché » contre l'idéal de justice sociale. Au positivisme économique qui aboutit à désarmer une action politique qui aurait pour seule mission de faire admettre à des acteurs sociaux « irrationnels » les déterminismes qui régissent le marché, il faut opposer une analyse historique du capitalisme dans la lignée de Weber et de Polanyi, capable de saisir sa puissance de transformation des rapports sociaux, des formes collectives de pensée, et de modification des équilibres politiques entre les groupes (Streeck, 2016, p. 245-249).

---

7. Sur ce point, voir ci-dessous : Entretien avec Yves Duroux, « On ne fabrique pas un peuple en lui donnant du pain. Ni une constitution », p. 275.

Mais l'enjeu n'est pas seulement de rendre leur dimension politique aux processus économiques – c'est-à-dire d'abord et avant tout d'identifier les déplacements des conflits de classes –, il est aussi de mettre en lumière la dimension économique des concepts politiques. Avec d'autres, et notamment Colin Crouch (2004), Streeck montre qu'un concept purement institutionnel de démocratie rend incompréhensible la crise actuelle de la participation électorale, qui s'éclaire au contraire lorsque l'on adopte un concept sociologique de démocratie comme travail d'imposition de critères de justice sociale sur le résultat de la distribution de richesses opérée par le marché. Cette capacité d'intervention étant désormais largement érodée, le fait que les classes populaires, qui sont pourtant les plus dépendantes des politiques de redistribution, se détournent d'élections qui ne leur paraissent pas pouvoir altérer la donne économique, n'a rien de mystérieux. Qu'une telle définition économico-politique de la démocratie n'aille pas de soi, y compris à gauche, est d'ailleurs illustré par la critique que Habermas adresse aux conclusions de *Du temps acheté* à partir d'une vision plus classiquement constitutionnelle de la démocratie[8].

Pour être en mesure de mettre en intelligibilité la crise actuelle, la sociologie ne se doit pas seulement d'être économique et historique, elle doit également renouer avec une forme de holisme macrosociologique que la spécialisation de la recherche a rendu de plus en plus difficile à assumer. En affirmant crânement que ses « réflexions sur la crise du capitalisme sont délibérément exhaustives », Streeck (2014, p. 17) s'installe sur le seul plan où la critique du néolibéralisme est susceptible de porter. L'argument selon lequel la dérégulation, en dépit des souffrances locales qu'elle ne peut manquer de causer, produit en fin de compte le bien commun sous la forme d'une prospérité partagée, se trouve en effet réfuté par une étude des effets globaux de quatre décennies de politiques néolibérales. De ce point de vue la conclusion est sans appel : l'augmentation de la richesse globale s'est bien poursuivie, mais elle s'est accompagnée d'une croissance exponentielle des inégalités, d'un décrochage de la courbe des salaires par rapport à celle des dividendes, d'une stérilisation de la démocratie, et finalement d'une panne de la croissance dans les économies développées. La libération du capitalisme de sa cage régulatrice n'a en définitive eu d'effet positif que sur l'accumulation elle-même. La croyance en une conversion automatique des vices privés en vertus publiques, qui a longtemps servi de bouclier contre

---

8. Voir dans ce volume Jürgen Habermas, « Démocratie ou capitalisme ? Misère des États-nations et de leur fragmentation au sein d'une société mondiale intégrée par le capitalisme », p. 115.

une affirmation prétendument contre-productive de critères de justice sociale, relève aujourd'hui plus que jamais d'une foi délibérément aveugle (Streeck, 2016, p. 59).

Et pourtant, la sociologie ne peut se contenter de ce diagnostic critique. Elle doit également expliquer le dépérissement du capitalisme démocratique et l'essor du néolibéralisme. Pour ce faire, il faut reprendre la séquence à partir de chacun des trois sommets du triangle streeckien : le capital, les citoyens, et l'État.

Du temps acheté met l'accent sur l'agentivité du capital. Et on comprend aisément pourquoi : il s'agissait pour Streeck de rectifier une erreur de catégorie. Trop longtemps rangé du côté des choses, ou des processus sur lesquels l'action politique devait s'exercer, le capital doit au contraire être reconnu comme un acteur à part entière, comme c'était déjà le cas chez Marx. Cette réactivation de l'héritage marxien, peu commune dans la sociologie contemporaine (par contraste avec la popularité dont il jouit dans la théorie sociale), fournit la clé des transformations du capitalisme depuis l'après-guerre. L'inversion du modèle standard des crises de légitimation élaboré par la deuxième génération de l'École de Francfort que propose Streeck repose tout entière sur ce point : contre toute attente, ce n'est pas la révolte des salariés contre la discipline du travail qui a brisé le compromis de l'après-guerre[9]. C'est la classe des détenteurs de capitaux qui y a mis fin sous la forme d'une grève de l'investissement dès lors que ses exigences de rentabilité n'ont plus été satisfaites, d'autant que les États libéraient au même moment la circulation des capitaux. Tout au long de la genèse de l'ordre néolibéral, la capacité stratégique du capital à exploiter les points faibles de la réglementation étatique, à déplacer ses investissements vers les zones de moindre régulation, et à s'organiser en groupes de pression pour peser sur les décisions politiques, a bel et bien été un facteur essentiel des transformations sociales.

---

9. Telle était en effet l'attente qui ressortait des travaux que Habermas a menés au début des années 1970 avec l'un de ses assistants de l'époque, Claus Offe, sur les « problèmes de légitimation du capitalisme avancé » (Habermas & Offe, 1973). La thèse centrale du livre consiste à dire que le capitalisme n'entre plus en crise parce qu'il est une structure d'exploitation, c'est-à-dire du fait de la révolte des salariés contre l'injustice que constitue l'extorsion de la survaleur par le capital – un mouvement qui vise nécessairement l'abolition du système capitaliste comme mode de production. La révolte des salariés se dirigerait désormais contre le capitalisme comme structure de domination. Selon Offe et Habermas, le capitalisme doit donc dorénavant se légitimer comme forme politique, et non comme mode de production – thèse qui supposait subrepticement que les conflits de répartition étaient réglés et ne risquaient plus de refaire surface, bref : que le capital s'était rangé à la discipline de l'État social.

En dépit de l'importance analytique et critique de cette opération d'élévation du capital au rang de sujet, il ne peut être question de s'en tenir à une dénonciation de l'avidité des capitalistes pour rendre compte de la trajectoire historique des sociétés occidentales contemporaines. Comme le souligne Yves Duroux, l'action de cette classe ne peut pas être réduite à l'accumulation : cette dernière est en effet conditionnée par une dynamique d'innovation non seulement technique mais aussi managériale, qui vient contrecarrer la tendance à la baisse du taux de profit[10].

Cette dimension, largement absente de *Du temps acheté*, avait été élaborée quelques années auparavant dans un texte capital qui n'a pas reçu le même écho : « Bringing Capitalism Back In ». S'efforçant de définir le type singulier d'acteur que constituent les capitalistes, Streeck y avance deux traits principaux : ils disposent de fortes ressources *(resourcefulness)* et se caractérisent par leur « opportunisme indiscipliné » *(unruly opportunism)* (Streeck, 2009, p. 240). Ces deux dispositions produisent une attitude spécifique à l'égard des normes politiques et sociales que l'on peut qualifier de tendance structurelle au contournement. De fait, la logique schumpétérienne de l'innovation ne se limite pas au progrès technique : l'invention de moyens légaux (mais aussi illégaux, comme le montre l'importance croissante de la corruption dans la dynamique du capitalisme contemporain (Streeck, 2016, p. 70)) pour exploiter les failles des réglementations sociales et – peut-on ajouter – environnementales peut s'avérer tout aussi profitable que la mise au point d'un nouveau procédé de production pour l'acquisition d'un avantage compétitif sur ses concurrents (la délocalisation des lieux de production, rendue possible par une ouverture des marchés internationaux, est d'ailleurs un des principaux moyens de contourner les règles du jeu de l'État-providence avec son droit du travail restrictif). Une fois la brèche trouvée, l'ensemble des entreprises du secteur sont conduites à s'aligner sur ce qui ne tarde pas à devenir un nouveau standard, quand bien même elles n'auraient pas cherché de leur propre initiative à briser les normes fixées par la négociation politique.

Parce qu'elles admettent et institutionnalisent en leur sein l'existence d'acteurs pour qui la recherche du profit est un motif jugé légitime, y compris si celui-ci doit être conquis par l'exploitation rusée des failles des dispositifs réglementaires, les sociétés capitalistes sont affectées d'une tendance

---

10. Sur la baisse tendancielle du taux de profit et les causes extérieures à la logique de la mise à profit du capital qui contrecarrent cette tendance voir Marx (2008, Livre III, Section 3, p. 356-412). Voir également ci-dessous, « On ne fabrique pas un peuple en lui donnant du pain. Ni une constitution », Entretien avec Yves Duroux, p. 275.

endogène à la dérégulation qui ne peut être contrée que par des interventions politiques périodiquement renouvelées, confrontées à chaque fois au défi de reconstituer des normes communes à partir des ruines d'anciens compromis politiques (Streeck, 2009, p. 245). Le capital, comme le voyait déjà Marx, est la véritable force révolutionnaire des sociétés modernes. Aussi est-ce l'ordre (sous la forme de l'imposition de normes de justice sociale) plutôt que le désordre qui fait problème pour une sociologie politique du capitalisme. Du point de vue du capital en tout cas, le fait le plus étonnant n'est pas la dérégulation progressive des quatre dernières décennies, mais bien la capacité politique à contenir ces effets d'entropie dans les trois décennies qui ont suivi la fin de la Seconde Guerre mondiale.

Repris du côté des *citoyens*, l'explication du succès du néolibéralisme présente davantage de difficultés, car il apparaît comme un marché de dupes. Et pourtant, il serait trop simple de les cantonner au rang de victimes passives. Une explication sociologique ne peut faire l'économie d'identifier les appuis que le néolibéralisme trouve dans la société elle-même. Bien qu'il ne s'agisse pas de l'axe principal de la démonstration, *Du temps acheté* avance quelques éléments, qui rejoignent pour partie les analyses de Boltanski et Chiapello dans *Le nouvel esprit du capitalisme* : emprise croissante de la consommation, affaiblissement de la demande de sécurité de la part d'une génération qui voit dans une mobilité qui menace de se retourner en précarité une forme nouvelle de liberté, idéologie méritocratique mâtinée de culte de la performance sportive qui légitime l'individualisation des rémunérations et des statuts, et, enfin, arrivée sur le marché du travail des femmes, qui vivent l'entrée dans le travail salarié comme une émancipation, quelles qu'en soient les conditions (Streeck, 2014, p. 59-60). Dénoncer ne suffit donc pas : le néolibéralisme répond bien à des aspirations subjectives présentes au sein des sociétés auxquelles il fait violence.

Ces facteurs ne sont pourtant mentionnés qu'en passant. Pour en mesurer la pertinence et les éventuelles limites, il faut se reporter à «Citizens as Customers : Considerations on the New Politics of Consumption» (2012), un texte contemporain de *Du temps acheté* où la question a été portée à un degré supérieur d'élaboration. Les explications d'ordre «idéologique» mentionnées dans l'ouvrage s'y trouvent en effet inscrites dans une dynamique historique de formation des individus modernes. Renouant avec l'héritage de la sociologie classique (simmelienne, mais aussi durkheimienne), Streeck rattache le triomphe du néolibéralisme à un excès d'individualisation des sociétés contemporaines, ou, plus exactement, au privilège accordé à une socialisation «à la carte», débarrassée des formes traditionnelles d'autorité et de communauté. Tout l'intérêt de l'analyse proposée consiste à montrer que cette tendance – qui explique l'importance acquise dans les quatre dernières décennies par des formes de consommation hautement différenciées, capables d'entretenir et de relancer sans cesse le désir de distinction sociale – n'est pas une création des publicitaires. Au contraire, l'article souligne qu'elle s'est initialement manifestée comme un élément de résistance au capitalisme dans sa phase industrielle (Streeck, 2016, p. 96-98). Sous ses deux aspects de refus de la discipline de travail et de désaffection croissante des consommateurs pour les produits standardisés qui avaient soutenu la croissance des Trente Glorieuses, la crise du fordisme des années 1970 repose sur ce ressort (et l'entrée des femmes sur le marché du travail n'est elle-même qu'une autre face de ce mouvement qui affecte les communautés traditionnelles, au premier rang desquelles on trouve la famille).

À moyen terme, cependant, ce désir de changements sociétaux s'est avéré bien plus destructeur pour la démocratie que pour le capitalisme. Ce dernier a, de fait, su s'adapter très rapidement. Grâce à la mise au point de procédures de production de plus en plus sophistiquées, capables de fabriquer une variété de biens que l'industrie standardisée des Trente Glorieuses ne permettait pas d'imaginer (grâce notamment à l'informatisation progressive des chaînes de montage), et au développement exponentiel d'un marketing entièrement consacré à sonder, à susciter et à satisfaire les préférences différenciées des individus, la consommation s'est imposée comme l'un des vecteurs privilégiés d'affirmation des identités sociales (*ibid.*, p. 100).

En revanche, ce même mouvement de distinction et de prééminence de liens faibles, optionnels et sans cesse mobiles pose à la politique démocratique un problème structurel. Les biens et les services fournis par l'État social ont en effet une dimension d'uniformité qui leur est essentielle : en matière de santé comme d'éducation, l'enjeu est de fournir les mêmes chances à tous. Plus largement, c'est l'exercice des droits politiques qui entre en tension avec la logique de satisfaction des préférences individuelles :

> [J]e soutiens que la citoyenneté est par nature moins confortable que la consommation, et que si elle est évaluée aux mêmes critères, elle sort nécessairement perdante. Vue en termes de droit des consommateurs, la citoyenneté est condamnée à apparaître comme structurellement analogue à la consommation de masse à l'ancienne, dans laquelle les individus ne voient qu'une partie de leurs préférences idiosyncrasiques satisfaites et se trouvent contraints de faire des compromis sur le reste. (*Ibid.*, p. 107)

Pour Streeck, le résultat de cette aversion pour l'uniformité n'est pas tant une fin de la politisation qu'un primat accordé à des mobilisations sectorielles dépendant des intérêts de sous-groupes qui se sentent « concernés » par une question ou une injustice particulières, aux dépens de la participation à des partis politiques ou des syndicats capables d'élaborer et de défendre des programmes pour la société dans son ensemble. Ces derniers ont en effet l'inconvénient qu'aucun des citoyens-consommateurs ne s'y « reconnaît » complètement. Mais la régulation a par définition besoin de programmes généraux, puisqu'elle suppose de s'élever au point de vue du tout. En ce sens, ce sont bien les sociétés modernes, en tant que – comme Durkheim l'a souligné il y a plus d'un siècle – elles font de l'individu leur valeur la plus haute, qui se trouvent affectées d'un penchant à la dérégulation.

Contrairement à ce que peut laisser penser une lecture rapide de *Du temps acheté*, tout ne repose donc pas sur les ruses du capital. Le néolibéralisme n'a pu s'implanter que parce qu'il trouve des appuis dans les aspirations subjectives d'acteurs sociaux de plus en plus individualisés (ce qui ne veut pas dire qu'il les exprime fidèlement, mais qu'il a su les capter à son profit et les utiliser de manière à susciter une large adhésion notamment parmi les classes moyennes). On aurait donc tort de réduire le néolibéralisme à une simple doctrine économique : il doit être pensé comme une transformation radicale du projet de société de l'après-guerre, qui certes, dans le domaine du travail et de la consommation, laisse plus de place à l'épanouissement individuel, mais qui s'est faite au prix d'une destruction progressive des mécanismes d'intégration qui limitaient les inégalités dans l'accès aux ressources nécessaires pour accéder au statut d'individu autonome. Cette tension affecte en particulier l'État social, dont l'élément d'uniformité semble désormais se trouver en porte à faux par rapport à des aspirations qui émanent des citoyens eux-mêmes – lesquels, pourtant, ne veulent en aucun cas renoncer à leurs droits sociaux pour basculer entièrement dans un régime d'assurance privée. Soumis à de telles attentes contradictoires, celui-ci semble condamné à décevoir ceux qui restent ses principaux bénéficiaires. À défaut de proposer une solution à cette tension immanente au développement des sociétés capitalistes contemporaines, on peut estimer qu'une part importante de la tâche politique de la sociologie consiste aujourd'hui à la rendre pensable pour les individus qui y sont exposés.

Le problème de la victoire du néolibéralisme, enfin, doit être posé une troisième fois à partir de l'État. C'est sans doute de ce point de vue que le triomphe de la dérégulation présente sa face la plus obscure, à moins que l'on ne s'accorde à considérer la servitude volontaire des politiques aux marchés comme une explication sociologique satisfaisante.

Streeck, significativement, refuse d'aborder le problème sous cet angle : dans *Du temps acheté*, le tournant néolibéral est décrit comme une altération du rapport entre classes plutôt que comme une érosion de la puissance de l'État. La question de savoir si l'État possède à ses yeux le statut d'acteur à part entière, au même titre que les citoyens et le capital, reste d'ailleurs indécise. À première vue, il semble s'appuyer sur une forme de théorie marxiste dans laquelle l'État est réduit au rang d'appareil bureaucratique et administratif, sans mission propre, que les classes se disputent. La volonté de l'État, dans cette perspective, serait dictée par les intérêts de la classe qui remporte ce conflit. Une telle approche a l'avantage d'expliquer pourquoi il consent à une politique de dérégulation qui lui impose de renoncer à certaines de ses prérogatives : il se fait simplement l'exécuteur des exigences de la classe des capitalistes qui a pris l'ascendant sur les salariés dans les quatre dernières décennies.

Il est pourtant possible d'affiner cette première lecture. En opposant deux modèles de justice – justice sociale (redistributive) et justice de marché – Streeck (2014, p. 93) permet de concevoir le conflit autour de l'État comme un conflit sur la définition du concept de justice. Dans cette interprétation, les groupes qui s'affrontent ne peuvent pas tout faire faire à l'État, mais doivent présenter leur projet de société en termes de justice. Au-delà du conflit sur le contenu à donner à ce concept, l'État aurait ainsi une mission propre reconnue par l'ensemble des acteurs, celle précisément de formaliser et de mettre en œuvre une conception de la justice. Cette manière d'analyser la place de l'État dans le conflit des classes a l'avantage de le traiter comme un acteur pourvu d'une autonomie relative, avec son *ethos*, qui du coup doit se voir reconnaître un rôle dans l'analyse sociologique des transformations du capitalisme démocratique. Ce qu'il faudrait analyser dans cette perspective, ce sont les controverses autour du concept de justice que les acteurs essaient de faire endosser à l'État. Il est vrai que Streeck lui-même ne s'engage pas dans ce type d'enquête, qui suppose une méthodologie différente, inspirée de la sociologie pragmatique. Dans *Du temps acheté*, son objectif se limite à mettre en lumière le déplacement par lequel l'État a privilégié ces dernières années une interprétation du concept de justice fondé sur la justice de marché, mais il ne problématise pas davantage les processus qui l'ont conduit à se détourner des impératifs de justice sociale qui étaient depuis la fin de la Seconde Guerre mondiale au cœur de sa mission.

Cette question est pourtant décisive : comme le démontre Colin Crouch dans sa contribution à ce volume, la dérégulation n'a pas été imposée directement par la pression des marchés, elle doit être comprise comme l'effet de choix politiques opérés au niveau des gouvernements[11]. De fait, l'altération des rapports de force en faveur du capital au cours des quatre dernières décennies résulte pour une large part de l'organisation de marchés internationaux de capitaux pensée, voulue et mise en œuvre par les États. S'il est vrai que la capacité du capital à se déplacer lui permet de mettre en échec des revendications de justice sociale qui parvenaient à s'imposer dans le cadre national, cette mobilité n'est elle-même pas un fait de nature – pas plus d'ailleurs que les entraves qui avaient été imposées dans l'après-guerre aux flux de capitaux.

Comment donc expliquer la volonté d'un nombre sans cesse croissant de gouvernements d'abdiquer leurs prérogatives régulatrices pour s'en remettre au jeu de marchés qu'ils ont contribué à promouvoir ? La difficulté pour la sociologie est que le retrait de la puissance publique de la vie économique auquel on assiste depuis les années 1970 déjoue les explications institutionnelles classiques qui traitent l'État et sa bureaucratie comme un acteur intéressé à la perpétuation ou à la croissance de son pouvoir d'administrer la société[12].

À cette énigme, Streeck apporte deux éléments de réponse dans les textes que nous avons mobilisés. « Bringing Capitalism Back In » fait du recours à la concurrence un expédient trouvé par les pouvoirs publics pour limiter les marges parfois excessives dont profitaient des producteurs installés en situation de quasi-monopole par les politiques économiques nationales (dans le domaine des transports, des télécommunications, de l'énergie, etc.). Le texte souligne que la tendance à l'accumulation propre au capitalisme s'accommode très bien de ce type de situation de monopole. Incapables d'imposer à ces entreprises à statut protégé des critères de justice justifiables devant les électeurs, les gouvernements ont parfois pu trouver moins coûteux politiquement d'ouvrir le secteur à la concurrence que d'imposer un contrôle autoritaire des prix (Streeck, 2009, p. 243). La deuxième explication, avancée cette fois dans « Citizens as Customers », revient à affirmer que, face à la critique de l'uniformité des *government goods* (que l'on pense seulement, en matière de logement social, à la dénonciation des grands ensembles, ou, en matière d'audiovisuel, à la désaffection pour les programmes « ennuyeux » des chaînes publiques), les gouvernements ont admis leur incapacité à satisfaire la montée en puissance des préférences toujours plus différenciées des citoyens avec la même efficacité que le secteur privé (Streeck, 2016, p. 105).

---

11. Voir ci-dessous, « La mondialisation et le triomphe ininterrompu du néolibéralisme : quelle est la force du lien ? », p. 89.
12. Voir par exemple Weber (2013, p. 100-101).

Ces deux arguments, qui font état d'un sentiment d'impuissance, à l'intérieur d'appareils d'État confrontés aux transformations de sociétés de plus en plus complexes et exigeantes, à répondre à ces demandes tout en continuant à assurer la charge de la régulation de l'économie et de la protection sociale, sont toutefois insuffisants pour rendre compte de la cohérence et de la systématicité du projet néolibéral. Ce projet, que Foucault (2004, p. 120) a défini dans *Naissance de la biopolitique* comme « un État sous surveillance de marché », se situe aux antipodes d'une volonté d'accroissement continu de la puissance étatique. De fait, depuis près de quarante ans, ce sont les critiques de l'État, compris comme appareil bureaucratique enclin à produire une réglementation proliférante qui met en danger le libre jeu des marchés, qui ont pris la tête des gouvernements des principales puissances occidentales.

Phénomène paradoxal du point de vue d'une théorie de la souveraineté, l'autolimitation de l'intervention étatique constitue depuis plus de deux siècles le pivot de la problématique libérale entendue comme art de gouverner « le moins possible » (*ibid.*, p. 29). Alors que le concept de souveraineté obéit à la logique du commandement et de l'obéissance, l'art libéral de gouverner part en revanche du principe que l'on dirige d'autant mieux la conduite des individus que l'on s'abstient de la réglementer intégralement. C'est en ce sens que le libéralisme peut être défini comme une forme de gouvernementalité « environnementale » : il consiste non pas à prescrire mais à disposer les choses de telle sorte que le jeu des intérêts suffise à orienter la conduite des individus dans une direction déterminée (*ibid.*, p. 265).

Si cette problématique de l'autolimitation de l'intervention étatique remonte à la seconde moitié du XVIIIe siècle, Foucault souligne que le néolibéralisme se distingue du libéralisme classique en ce qu'il ne cherche pas tant à soustraire la sphère économique à l'intervention de l'État qu'à utiliser le marché comme dispositif de régulation de l'exercice de la souveraineté[13].

---

13. La formule s'applique en particulier à la version allemande, ordolibérale, du néolibéralisme, à laquelle Foucault consacre les leçons du 31 janvier, 7, 14 et 21 février 1979 : « Autrement dit, au lieu d'accepter une liberté de marché, définie par l'État et maintenue en quelque sorte sous surveillance étatique, – ce qui était, en quelque sorte, la formule de départ du libéralisme : établissons un espace de liberté économique, circonscrivons-le et laissons-le circonscrire par un État qui le surveillera – eh bien, disent les ordolibéraux, il faut entièrement retourner la formule et se donner la liberté de marché comme principe organisateur et régulateur de l'État, depuis son existence jusqu'à la dernière forme de ses interventions. Autrement dit, un État sous surveillance de marché plutôt qu'un marché sous surveillance d'État. » (Foucault, 2014., p. 120). On trouve toutefois quelque chose d'analogue dans le néolibéralisme américain, qui utilise l'analyse économique comme principe de critique de l'action gouvernementale (*ibid.*, p. 252).

C'est de ce point de vue que l'on peut parler de la dette comme d'un instrument de gouvernementalité. Ce qui ne signifie pas, bien sûr, que la dette ait été créée de toutes pièces par des gouvernements dévoués à la cause de l'économie de marché afin de limiter les politiques de redistribution mises en œuvre par l'État social. En revanche, on se doit de constater que l'écart irrésolu entre des programmes économiques néolibéraux et une protection sociale désormais privée d'une partie essentielle de ses fondements fiscaux a abouti à la croissance d'une dette qui, à son tour, a pour effet de renforcer la cause de la dérégulation. De fait, les États se sont placés sous la dépendance des investisseurs alors même que la libéralisation des marchés financiers accroissait considérablement la mobilité des flux de capitaux. Au lieu de s'inscrire dans une logique d'investissement à long terme, qui impliquerait de reconnaître le rôle décisif de la dépense publique dans la croissance de la productivité (en termes d'infrastructure, mais aussi d'éducation), ceux-ci se sont de plus en plus tournés vers une recherche de profits rapides qui les incite à faire de la dérégulation du droit du travail et de l'optimisation fiscale leurs priorités absolues.

Bien qu'elle soit davantage le résultat de contradictions inhérentes à la trajectoire économico-politique des sociétés capitalistes contemporaines que d'un quelconque calcul délibéré, la dette publique est devenue le pivot d'un « cosmos néolibéral » fait non seulement de marchés de capitaux globalisés, mais aussi d'agences de notations qui indexent les possibilités d'emprunt des États à la mise en œuvre de « réformes structurelles » réclamées par les investisseurs. Ce retournement – qui fait passer l'État du rang de sujet de connaissance, qu'il avait patiemment conquis à travers la construction d'un appareil statistique[14], à celui d'objet mesuré, évalué, comparé à d'autres États par des centres de calcul qui se donnent pour fonction d'orienter les choix des investisseurs – revêt une portée considérable dans l'histoire des formes de réflexivité politique modernes. Car ces nouvelles méthodes de *benchmarking* pensées pour les investisseurs plutôt que pour les citoyens, qui tendent à détrôner les cadres d'analyse produits par les appareils de statistique publique qui guidaient l'État keynésien (et en particulier l'analyse en termes de classes et de catégories socioprofessionnelles, dont le rôle dans la mise en visibilité des inégalités est déterminant), possèdent désormais une influence prépondérante dans la détermination des politiques publiques et leur justification envers les citoyens[15].

---

14. Voir notamment Brian (1994), et Desrosières (1993).
15. Voir dans ce volume la contribution de Benjamin Lemoine p. 195, ainsi que Lemoine (2014).

Les relations de la dette publique avec le pouvoir politique sont donc plus complexes qu'il n'y paraît. S'il est incontestable qu'elle représente une limite pour la souveraineté des États, on omet trop souvent de relever qu'un État endetté est éminemment gouvernable. Les politiques de dérégulation n'y apparaissent plus comme des choix idéologiques mais comme des nécessités inscrites dans l'ordre des choses, et en particulier comme des conditions indispensables pour maintenir des taux suffisamment bas pour ne pas rendre le service de la dette insoutenable. Une des grandes leçons de quatre décennies de politique néolibérales est, qu'en Europe du moins, il n'est pas possible pour un gouvernement démocratiquement élu d'obtenir une renonciation volontaire des citoyens aux fonctions sociales de l'État. Le risque dénoncé par Streeck est que la dette serve à contourner la résistance que les peuples européens opposent à toute attaque directe contre les dispositifs de protection sociale en réussissant à faire apparaître leur démantèlement non plus comme un choix politique, mais comme le résultat d'un ensemble de contraintes objectives [16].

Réarmer la critique contre ce qui n'est pas tant une dépolitisation (puisque le néolibéralisme est bien un programme politique) qu'une dé-démocratisation (c'est-à-dire une soustraction de l'économie à tout critère de justice sociale) impose de faire réapparaître derrière cet « ordre des choses » instauré par le néolibéralisme des rapports de subordination politique entre groupes. Autrement dit, une analyse en termes de gouvernementalité ne peut suffire. Son intérêt principal consiste à faire comprendre pourquoi, à l'intérieur même de l'appareil d'État, s'est affirmé l'impératif de limiter l'emprise de la réglementation pour s'en remettre au marché en tant que dispositif décentralisé de coordination des acteurs auquel il serait contreproductif de prétendre toucher. Mais le risque que *Du temps acheté* s'emploie à conjurer consiste précisément à s'arrêter aux propriétés formelles du marché. Le lecteur remarquera que dans le texte que nous publions ici, comme dans son ouvrage, Streeck emploie fréquemment l'expression entre guillemets – « les marchés » – pour montrer ce qu'a de politiquement égarant une analyse qui se rend aveugle au rôle que ces institutions jouent dans les équilibres économico-politiques des sociétés contemporaines. Les marchés ne peuvent servir de point d'arrêt à l'analyse, car à travers la médiation de cette institution, ce sont bien les intérêts et le pouvoir d'une classe qui s'affirment. De ce point de vue, la question de savoir si le « peuple de marché » forme ou non une

---

16. Tel est précisément le sens de la formule thatchérienne selon laquelle « il n'y a pas d'alternative », dont Streeck (2014, p. 91) dénonce les effets délétères sur la démocratie.

communauté de même nature que la communauté nationale – sur laquelle se sont concentrées quelques critiques majeures de *Du temps acheté*[17] – passe à côté de l'enjeu principal du déplacement opéré par Streeck : faire basculer les marchés du rang de dispositif impersonnel d'allocation des ressources à celui d'institution au service d'une classe sociale déterminée, celle des détenteurs de capitaux, qui se sont dotés avec les agences de notation de porte-parole que l'on aurait tort de prendre pour les hérauts d'une vérité « objective ».

Cette opération de re-sociologisation de l'analyse des marchés est le seul moyen d'échapper au piège que le néolibéralisme tend à la critique. C'est en effet en opposant le caractère purement formel des lois du marché aux interventions substantielles de l'État en faveur de catégories sociales déterminées que les tenants du néolibéralisme ont réussi à imposer l'idée d'une supériorité de la justice de marché sur la justice sociale, soupçonnée de favoriser arbitrairement certaines clientèles électorales (Streeck, 2014, p. 97-98). Contrer cet argument n'est possible qu'à condition de mettre en évidence les puissants effets substantiels auxquels aboutit le jeu des marchés, qui tendent à accroître sans cesse les avantages de ceux qui sont les mieux dotés en capital[18]. Faire apparaître ces déséquilibres et la menace qu'ils représentent pour la société afin de redonner sens à une action politique correctrice est la raison d'être de l'économie politique que Streeck appelle de ses vœux.

Cette conversion sociologique du regard s'impose aujourd'hui plus que jamais, alors que se multiplient les phénomènes politiques incompréhensibles d'un pur point de vue économique. Le cas du *Brexit* revêt ici une valeur exemplaire[19]. Mais bien au-delà de la situation britannique, la montée des partis qualifiés de populistes doit être comprise comme un des principaux foyers de crise de la gouvernementalité libérale contemporaine. Le refus de continuer à se laisser conduire par la logique de l'intérêt individuel qui, dans les faits, ne semble profiter qu'à une élite restreinte, répond en effet à un sentiment d'injustice sous-tendu par des aspirations allant dans le sens de plus de solidarité entre les membres de la société. Mais celui-ci s'exprime sous forme d'une volonté de repli sur l'État-nation, perçu comme

---

17. Voir en particulier la charge d'Adam Tooze (2017). La critique de Tooze porte sur *How Will Capitalism End ?* mais inclut dans son analyse les thèses avancées dans *Du temps acheté* et critique violemment le terme de *Marktvolk*.
18. C'est ce que Streeck appelle, en s'appuyant sur la sociologie des sciences de Merton, le « principe de Matthieu » : « Car on donnera à celui qui a, et il sera dans l'abondance, mais à celui qui n'a pas on ôtera même ce qu'il a. » Streeck (2016, p. 37 et p. 48).
19. Voir dans ce volume l'article de Robert Boyer : « Le Brexit. Souveraineté nationale contre internationalisation de l'économie », p. 133.

seul bouclier possible contre une internationalisation qui ne cesse de creuser les inégalités[20].

Si de telles réactions peuvent être décrites dans un langage polanyien comme des contre-mouvements que la société oppose aux effets destructeurs du marché, il n'y a là aucun motif d'optimisme. La leçon de *La grande transformation* est en effet que ces réactions risquent d'aboutir, comme l'ont montré les fascismes dans les années 1930, à des résultats plus catastrophiques que le libéralisme qu'elles combattent (Polanyi, 1983, p. 322-336). Pour échapper au dilemme qui se profile entre le triomphe de la décomposition néolibérale de la société – dont *How Will Capitalism End?* offre une peinture lugubre – et les réactions sociales mal contrôlées qui alimentent les mouvements nationalistes d'extrême-droite, l'une des tâches les plus urgentes – et la seule en tout cas que l'on puisse se proposer dans le cadre d'un ouvrage académique – est de reconstituer une vision holiste de la crise dont nous sommes témoins. Car si l'on peut considérer avec Polanyi que les contre-mouvements sont des réactions spontanées de la société, la régulation, elle, ne l'est pas, et suppose une force de proposition politique qui ne peut se soutenir que d'une perception des grands équilibres sociaux.

*

À partir du cadre théorique fixé par *Du temps acheté*, les contributions réunies dans le présent volume s'ordonnent autour de trois questions : est-il possible de réguler un capitalisme qui s'est largement émancipé du cadre étatique au sein duquel s'était défini le compromis de l'après-guerre ? L'intégration européenne – et, désormais, sa désintégration – est-elle un obstacle ou un atout pour remettre une économie globalisée sous contrôle démocratique ? Comment le néolibéralisme, en faisant pénétrer les logiques marchandes jusque dans la subjectivation des citoyens, altère-t-il le principe de cohésion des sociétés démocratiques contemporaines et, partant, le type de réflexivité et d'action politique qui peuvent avoir prise sur leur devenir ?

Dans la première section, Wolfgang Streeck et Colin Crouch abordent de deux points de vue différents l'impuissance apparente des États-nations face à une économie mondialisée elle-même dépourvue d'institutions capables de lui imposer la régulation dont elle aurait besoin. Analysant à la lumière du modèle théorique construit dans son ouvrage les politiques économiques mises en place depuis 2012 pour maintenir à flot un capitalisme en crise,

---

20. Une explication de ce phénomène est avancée dans Karsenti & Lemieux (2017).

Streeck décrit l'injection massive de monnaie dans le secteur financier par les Banques centrales *(quantitative easing)* comme l'ultime moyen trouvé pour « acheter du temps » – un moyen qui s'est avéré incapable de relancer la croissance et qui menace désormais de susciter une crise aussi grave que celle de 2008. Contre la fuite en avant incontrôlée orchestrée par les apprentis sorciers du capitalisme globalisé, il réaffirme la nécessité de réguler politiquement le secteur financier, et d'augmenter l'imposition sur les catégories les plus aisées pour relancer l'économie réelle. Répondant aux critiques de Habermas, il revient également sur la nécessité de distinguer entre l'Union monétaire européenne, qui semble moins capable que jamais de mener un tel travail, et l'Europe en tant qu'entité socio-historique composée d'États-nations dont la diversité économique et politique doit être respectée. Refusant de s'en remettre à l'utopie d'une régulation européenne ou mondiale, Streeck réaffirme que ces derniers demeurent le principal point d'appui disponible pour essayer, s'il en est encore temps, de remettre l'économie au service de la démocratie.

Colin Crouch propose quant à lui de tester à partir d'un ensemble de données statistiques les hypothèses avancées dans *Du temps acheté* quant à l'influence des marchés sur les orientations politiques des pays développés. Prenant à contre-pied la thèse de l'impuissance du politique, il conclut que le tournant néolibéral n'a pas été imposé directement par la pression des marchés, mais qu'il doit être compris comme l'effet de choix idéologiques pris par les gouvernements. À partir de l'idée que ce ne sont pas les marchés en eux-mêmes qui déterminent les orientations politiques nationales et internationales, et en prenant acte du fait que la politique économique ne se décide plus uniquement au niveau des gouvernements nationaux, même si ce sont eux qui ont amorcé le processus de mondialisation, il s'interroge sur la capacité des grandes institutions chargées de la gestion du capitalisme mondialisé (FMI, Banque mondiale, grandes banques et firmes multinationales) à désamorcer les tendances autodestructrices du capitalisme néolibéral.

La deuxième section regroupe sous le titre de « Souveraineté nationale, intégration européenne et mondialisation économique » les contributions de Jürgen Habermas, Robert Boyer et Bruno Karsenti. Elle s'ouvre par la traduction de la recension de *Du temps acheté* publiée par Habermas à l'occasion de la sortie de l'ouvrage, à laquelle Wolfgang Streeck répond dans la postface de l'édition française. Ce texte est ici mis pour la première fois à la disposition du public français, afin de lui fournir une vue complète de ce qui est devenu une controverse théorique majeure sur le rôle et le devenir de l'Union européenne. S'il admet le diagnostic posé par Streeck sur l'évolution du capitalisme, Habermas conteste en revanche ses conclusions politiques : plutôt qu'un repli sur l'État-nation, c'est un renforcement de l'intégration politique de l'Union européenne et une démocratisation de ses institutions qui permettront de sortir de la crise actuelle. C'est cette solution, avec le type de souveraineté super-étatique qu'elle implique, que Streeck récuse à son tour dans le texte qui ouvre ce volume.

Robert Boyer renverse pour ainsi dire la perspective adoptée par Habermas, en interrogeant non pas les potentialités de l'intégration européenne, mais les raisons de la désintégration – certes partielle – qu'elle vient de connaître avec le *Brexit*. Alors que d'un point de vue économique, l'intégration européenne ne présentait que des avantages pour le Royaume-Uni, le peuple britannique a décidé de sortir de la communauté européenne. Pour expliquer ce paradoxe, Robert Boyer analyse les transformations qu'a subies la stratification sociale britannique au cours des dernières décennies, et constate qu'un net accroissement des inégalités a accompagné l'amélioration globale de la situation économique du pays. Ceci permet de comprendre le vote pour le *Brexit* comme une demande de rétablir une souveraineté étatique qui semble aux citoyens être l'unique moyen pour faire cesser l'accroissement des inégalités. L'article plaide ainsi pour une reconsidération par les sciences sociales des motifs auxquels obéissent les décisions des acteurs sociaux : comme le montre le *Brexit*, la « rationalité économique » invoquée par les gouvernants et les experts ne peut plus se permettre d'ignorer des demandes politiques de solidarité qui risquent, si elles ne trouvent aucune réponse dans des politiques économiques ordonnées à la seule logique de marché, de prendre la forme d'affects xénophobes.

Bruno Karsenti, dans sa contribution, propose une analyse de l'État de consolidation qui, selon Streeck, est la forme politique par laquelle les États-nations européens ont répondu à la crise de 2008. Il interroge la complexion du « social » propre à un tel État, qui tend à s'affranchir de ses obligations à l'égard de ses citoyens pour répondre aux injonctions d'une Union européenne qui, à la différence des États-nations, n'est pas articulée à une société politique. Or la critique interne propre à la réflexion sociologique dépendait d'un dispositif de prise de décision ordonné aux exigences de justice et de solidarité des citoyens tel que l'État social issu du compromis de l'après-guerre l'avait mis en place. À partir du constat selon lequel la dialectique entre l'État de consolidation et l'Union européenne produit donc un décollement du politique par rapport au social, Bruno Karsenti met au jour le dilemme auquel est confrontée la critique contemporaine :

soit abandonner le niveau de la nation pour passer à un concept de solidarité élargi – mouvement généreux, mais dont les appuis sociopolitiques, en termes d'institutions et d'acteurs, restent à définir –, soit se replier sur un « petit-étatisme » qui, s'il n'est pas à la mesure d'une économie mondialisée, a l'avantage d'insister sur une conception pleine du social tel qu'il s'est construit dans le cadre national.

Dans le prolongement de ces interrogations, la troisième section prend pour objet les effets du néolibéralisme sur la société. Les contributions de Benjamin Lemoine, Marie Cuillerai et Jean-Michel Rey explorent ainsi les points d'appui et les résistances que les politiques néolibérales rencontrent à l'intérieur des populations des États démocratiques contemporains, l'enjeu étant de savoir si les transformations en cours justifient de les qualifier de « sociétés néolibérales ». Dans cette optique, Benjamin Lemoine analyse les politiques d'enrôlement des « citoyens-épargnants » dans et par la dette mises en place en France (mais aussi aux États-Unis) suite au démantèlement des formes administrées de crédit propres à l'après-guerre. Contestant l'idée selon laquelle nous serions tous concernés au même titre par une dette publique qui engage le crédit de la nation tout entière, il décrit la façon dont les structures techniques, sociales et politiques d'émission des contrats d'emprunt souverain produisent des formes d'oppositions entre des classes sociales qui ne bénéficient pas au même titre de la dette. Toute la difficulté est que la législation – qui interdit d'identifier les détenteurs de la dette d'État – et la grille de lecture qui s'est imposée dans le débat public et dans la comptabilité nationale – centrée sur l'opposition entre la génération actuelle et les générations futures – aboutissent précisément à masquer la hiérarchisation des statuts et des droits sociaux et politiques qui découlent d'un régime de dette « marchandisée ». Dénonçant le risque de la mise en place d'une redistribution à l'envers, c'est-à-dire des plus pauvres vers les plus riches, l'article met également en garde contre la reconfiguration subreptice du débat démocratique autour des préoccupations des investisseurs et des places financières, dont l'émergence de la catégorie de « risque politique » lors de la dernière élection présidentielle porte le témoignage.

Marie Cuillerai reprend la question des effets des politiques néolibérales sur les modes de subjectivation et de politisation des peuples européens à la lumière de l'analyse foucaldienne du néolibéralisme. Aborder la dette comme technologie de gouvernement la conduit à interroger les partis pris théoriques qui conduisent Wolfgang Streeck à soutenir un renforcement de l'État-nation pour lutter contre la dé-démocratisation induite par l'extension de l'endettement public et privé. Au lieu d'opposer deux peuples luttant pour le contrôle d'un même État (« peuple national » contre « gens de marché »), il convient à ses yeux de poser la question de savoir comment des acteurs soumis à la gouvernementalité néolibérale font société. En deçà de la distinction entre deux peuples, l'article soutient que c'est la subjectivation des individus par l'intérêt qui les engage dans la production et la reproduction d'une logique d'asservissement au marché, rendant du même coup illusoire les espoirs placés dans les vertus civiques du « peuple national ».

L'article de Jean-Michel Rey clôt cette section en interrogeant le régime néolibéral sous l'angle de la perception du temps et de la justice qu'il propose, voire impose à ses citoyens. À travers une étude de la rhétorique mobilisée dans les discours néolibéraux, il montre que l'on assiste à la production d'une temporalité sociale inédite : face à la promesse d'une justice qui adviendrait automatiquement dans un futur plus ou moins proche à condition de laisser faire les marchés, les acteurs sociaux se trouvent assignés à une position de passivité. L'action politique, qui était le lieu où, dans la modernité, on œuvrait pour rendre le monde de l'ici-bas plus juste, est donc déclarée vaine et l'expérience du temps se transforme en un éternel présent, réduit à l'attente de l'intervention d'une justice de marché divinisée. L'analyse de cette théologie appauvrie au plus extrême degré fait apparaître ses effets de dépolitisation et d'immunisation contre un réel autrement plus complexe.

En guise de conclusion, enfin, nous publions un entretien dans lequel nous avons soumis à Yves Duroux les principales questions que le livre de Wolfgang Streeck nous paraît soulever : quelle place accorder au marxisme dans l'analyse de la crise contemporaine ? Les stratégies du capital sont-elles seules responsables de l'explosion de la dette ? Quel rôle a joué l'État dans le tournant néolibéral ? Quelles sont les transformations du travail et de la famille qui rendent les politiques néolibérales socialement acceptables ? La nation est-elle l'horizon indépassable des politiques de redistribution ? Est-il possible aujourd'hui d'intégrer la question écologique à un modèle d'inspiration keynésienne ?

Bibliographie

BOLTANSKI Luc & Ève CHIAPELLO (1999), *Le nouvel esprit du capitalisme*, Paris, Gallimard, 1999.

BOUVIER Jean (1960), « Les intérêts financiers et la question d'Égypte (1875-1876) », *Revue historique*, n° 3, p. 75-104.

BRIAN Éric (1994), *La mesure de l'État : administrateurs et géomètres au XVIIIe siècle*, Paris, Albin Michel.

CROUCH Colin (2004), *Post-Democracy*, Cambridge, Polity.

DESROSIÈRES Alain (1993), *La politique des grands nombres: histoire de la raison statistique*, Paris, La Découverte.

DURKHEIM Émile (2011 [1928]), *Le socialisme*, Paris, Presses universitaires de France.

ELIAS Norbert (1975), *La dynamique de l'Occident*, Paris, Calmann-Lévy.

FOUCAULT Michel (2004), *Naissance de la biopolitique: Cours au Collège de France, 1978-1979*, Paris, Gallimard/Seuil.

GENÊT Jean-Philippe (dir.) (1990), *L'État moderne, genèse. Bilans et perspectives*, Paris, Éditions du CNRS.

GENÊT Jean-Philippe & Michel LE MENÉ (dir.) (1987), *Genèse de l'État moderne: prélèvement et redistribution*, Paris, Éditions du CNRS.

HABERMAS Jurgen & Claus OFFE (1973), *Legitimationsprobleme im Spätkapitalismus*, Frankfort, Suhrkamp.

KARSENTI Bruno & Cyril LEMIEUX (2017), *Socialisme et sociologie*, Paris, Éditions de l'EHESS.

LEMOINE Benjamin (2016), *L'ordre de la dette: enquête sur les infortunes de l'État et la prospérité du marché*, Paris, La Découverte.

— (2014), «Quantifier et mettre en crise la dette souveraine. Agences de notations, techniques comptables et constructions privées de la valeur des États», *Politique européenne*, n° 44, p. 24-51.

LUXEMBURG Rosa (1967 [1913]), *L'accumulation du capital, vol. 2*, Paris, Maspero.

MARX Karl (2008), *Le capital. Critique de l'économie politique, Tome 2, Livre II et III*, Paris, Gallimard.

PIKETTY Thomas (2013), *Le capital au XXIe siècle*, Paris, Éditions du Seuil.

POLANYI Karl (1983 [1944]), *La grande transformation: aux origines politiques et économiques de notre temps*, Paris, Gallimard.

SAUL Samir (1997), *La France et l'Égypte de 1882 à 1914. Intérêts économiques et implications politiques*, Paris, Comité pour l'histoire économique et financière de la France.

STREECK Wolfgang (2016), *How Will Capitalism End? Essays on a Failing System*, Londres, Verso.

— (2014), *Du temps acheté: la crise sans cesse ajournée du capitalisme démocratique*, Paris, Gallimard.

— (2012), «Citizens as Customers: Considerations on the New Politics of Consumption», *New Left Review*, 76, 27-47 [newleftreview.org/II/76/wolfgang-streeck-citizens-as-customers]. (Repris dans Streeck 2016.)

— (2009), *Re-forming Capitalism: Institutional Change in the German Political Economy*, Oxford, Oxford University Press.

TOOZE Adam (2017), «A General Logic of Crisis», *London Review of Books*, 39 (1), 05 janvier.

WEBER Max (2013), *La domination*, Paris, La Découverte.

Le capitalisme au-delà de l'État : l'impossible régulation

Wolfgang Streeck

Du temps acheté.
Préface à la seconde édition

Il y a plus de quatre ans[1] que j'ai terminé le manuscrit de *Du temps acheté*[2]. Bien que la crise dont il traite soit aujourd'hui moins explosive qu'elle ne l'était à l'été 2012, je n'y trouve pourtant rien qui mériterait d'être retranché ou réécrit. Certes, davantage d'explications, de contextualisations et d'éclaircissements sont toujours bienvenus, et ce également à titre de remerciements pour les nombreuses recensions dont le livre a bénéficié en Allemagne, et ailleurs, en si peu de temps – à la surprise de son auteur, dont les précédentes publications avaient été principalement réservées à des parutions scientifiques spécialisées. Une description historique et empirique du capitalisme comme succession de crises, et de l'économie comme politique de « lutte sur le marché » (Weber), envisagés comme les effets d'actions stratégiques menées sur des marchés en expansion et d'un conflit social de répartition engendré par l'interaction dynamique entre les intérêts de classe d'une part et les institutions politiques d'autre part – voici ma contribution à une *économie*

---

1. [NdT. : Ce texte constitue une traduction de la préface – inédite en allemand – que Wolfgang Streeck a écrit pour l'édition anglaise de son ouvrage *Du temps acheté* (2014a). Par rapport à la préface de l'original allemand, cette « seconde préface » répond aux critiques qui ont été adressées à l'auteur, et clarifie ses positions.]
2. La version originale est parue en allemand au début de 2013, la traduction en anglais un an plus tard. Cette nouvelle préface provient en très grande partie des réponses que j'ai rédigées suite à diverses recensions critiques, en particulier à la dizaine de commentaires proposés lors d'un forum organisé par le *Zeitschrift für theoretische Soziologie* (2014b), et à une demi-douzaine d'articles de discussion parus dans le *Journal of Modern European History* (2014c). Je remercie mon assistant de recherche, Fokko Misterek, pour son aide très précieuse pour la collecte et le traitement des données.

politique contemporaine, qui porte une attention particulière aux problèmes de reproduction financière des États démocratiques modernes ; contribution fondée de manière sélective, et parfois éclectique, sur les théories classiques du capitalisme, du marxisme à l'École historique, qui, bien qu'elle requière à l'évidence des développements ultérieurs, a trouvé un public remarquablement étendu et engagé, bien au-delà de toute attente[3].

Tous les thèmes que ses lecteurs ont jugés dignes d'intérêt, ou qu'ils ont commentés, n'ont pas besoin, ou ne peuvent être repris ici. Il me faudra remettre à plus tard l'exploration des relations réciproques entre le développement de la société et celui de la théorie sociale, en revenant sur les théories de la crise des années 1970. Dans cette préface, je m'en tiendrai tout d'abord à élaborer, plus nettement et avec le recul, les principes sous-jacents à partir desquels j'ai construit l'argument que j'avance dans le livre, à la fois conceptuellement et en termes de stratégie de recherche, dans l'espoir qu'ils puissent être éclairants pour une macrosociologie axée sur l'économie politique. Dans un second temps, et dans le prolongement de ce premier point, je voudrais travailler deux thèmes qui sont entrecroisés dans le livre, et qui ont particulièrement attiré l'attention des lecteurs et des critiques : premièrement la persistance de la crise financière et fiscale et la relation du capitalisme à la démocratie, et, deuxièmement, ce que l'on peut dire aujourd'hui des perspectives pour l'Europe et de son unité sous le régime de la monnaie unique[4].

L'histoire du capitalisme comme succession de crises

Dans *Du temps acheté*, j'aborde la crise financière et fiscale mondiale de 2008 non comme un événement isolé et indépendant mais comme une composante, et également peut-être comme une étape, d'une séquence historique donnée. Je distingue trois phases : l'inflation des années 1970, le début de l'endettement public au cours de la décennie suivante, et enfin l'endettement croissant depuis le milieu des années 1990, à la fois des ménages et des entreprises, dans les secteurs de la finance et de l'industrie. Ces trois phases ont en commun de s'être terminées par une crise dont la solution a été, dans le même temps, le point de départ de la nouvelle crise. Au début

---

3. À l'été 2016, le livre a été traduit dans pas moins de quinze langues.
4. Je ne procéderai pas ici à une actualisation détaillée des données et des récits sur lesquels le livre est fondé, et je ne pourrais pas le faire. Différents aspects de mon argumentation ont été développés dans un ouvrage plus récent : *How Will Capitalism End? Essays on a Failing System* (2016a).

des années 1980, quand la banque centrale des États-Unis mit fin à l'inflation mondiale par une forte hausse des taux d'intérêt, la dette publique augmenta par contrecoup ; et quand la situation se fut rétablie au cours d'une première vague de consolidation au milieu des années 1990, l'endettement des ménages, à la manière d'un système de vases communicants, s'accrut à son tour, tandis que le secteur financier se développait avec un dynamisme sans précédent, jusqu'à ce que les États se voient obligés de le sauver en 2008, aux dépens de leurs citoyens.

Il est établi depuis longtemps que toutes ces évolutions procèdent d'un conflit de répartition : celui-ci a émergé, une fois la croissance d'après-guerre arrivée à son terme, de l'incapacité croissante du système économique capitaliste et de la mauvaise volonté de ses élites à répondre aux exigences des sociétés démocratiques d'après-guerre ; les analyses politico-économiques contemporaines de l'inflation, de la dette publique et de la financiarisation sont arrivées, peu ou prou, à la même conclusion. La contribution que j'ai peut-être pu apporter, dans ce livre et dans le travail qui l'a précédé, a consisté à chercher les parallèles et le dénominateur commun et, en ce sens, à proposer un cadre analytique pour une théorie des crises qui pourrait, au fond, également être applicable à la période actuelle dans le développement du capitalisme global.

Du temps acheté montre comment, parallèlement à l'inflation, à l'endettement public et au gonflement des marchés financiers, la croissance dans les pays capitalistes avancés a diminué depuis les années 1970, comment les inégalités de répartition ont augmenté, et comment la dette totale s'est accrue. Au même moment, la participation électorale a connu un déclin sur le long terme, syndicats et partis politiques[5] ont perdu des membres et de l'influence et les grèves ont presque complètement disparu[6]. J'ai examiné comment, dans le même temps, la scène du conflit de répartition a été progressivement déplacée du *marché du travail*, dans la phase d'inflation, vers la *politique sociale* pendant la période de l'endettement public, aux *marchés financiers* privés à l'ère de la financiarisation, enfin à la *banque centrale* et à la *diplomatie financière internationale* après la crise de 2008 ; en d'autres termes vers des sphères d'action toujours plus abstraites, c'est-à-dire toujours plus loin de l'expérience humaine et de la portée des politiques démocratiques. Nous avons ici l'un des points de jonction que j'ai cherché à établir entre le développement du capitalisme et la transformation

---

5. Voir Mair (2013).
6. Voir Schäfer & Streeck (2013).

néolibérale de la démocratie. Un autre de ces points se rapporte à un processus historique complémentaire en trois temps : de l'*État fiscal* à l'*État débiteur* et, enfin, à l'*État de consolidation*. À cet égard, mon analyse suit la tradition de la sociologie fiscale, et les intuitions déjà présentes dans les années 1970, d'une crise fiscale imminente de l'État[7]. Ici aussi, j'ai procédé pour l'essentiel de manière inductive, partant des développements factuels observables sur les quatre dernières décennies dans les pays régis par le capitalisme de l'OCDE[8].

Le capitalisme envisagé comme une unité

Il n'a pu échapper aux lecteurs que mon livre traitait du capitalisme des pays de l'OCDE comme d'une unité, quoique contrastée, constituée à la fois par une interdépendance – incluant une dépendance collective à l'égard des États-Unis –, et de fractures internes communes, assorties de problèmes d'intégration systémique. De ce fait, certains lecteurs se sont demandé comment quelqu'un qui avait précédemment étudié les différences entre les systèmes capitalistes nationaux pouvait soudainement souligner leurs points communs. Je répondrai que différences et points communs ne s'excluent pas mutuellement, et qu'en fonction de ce que l'on cherche à comprendre on soulignera tel aspect plutôt que tel autre. En l'occurrence, l'approche globale adoptée dans le cadre de mon enquête était, de nouveau et avant tout, inductive : elle résultait du fait empirique que nombre de phénomènes liés à la crise de 2008, ainsi que les crises, les enchaînements d'événements et les processus de changement observables depuis les années 1970, étaient communs aux pays régis par le capitalisme propre à l'OCDE, et ce, en réalité, à un degré surprenant – souvent étalés dans le temps, adoptant parfois différentes formes selon les situations nationales, mais immanquablement marqués par la même logique et induits par les mêmes conflits et problèmes.

---

7. Bell (1976), O'Connor (1973).
8. Pour décrire la structure conceptuelle de base qui fonde mon argumentation sous une forme simplifiée, je pourrais évoquer trois processus parallèles et liés entre eux (une triple hélice en quelque sorte) : la séquence des crises économiques dues à l'inflation, à l'endettement public et à l'endettement privé (suivies aujourd'hui du gonflement spectaculaire des bilans des banques centrales assorti d'une augmentation correspondante de l'offre de monnaie) ; l'évolution politico-budgétaire de l'*État fiscal* à l'*État débiteur* puis à l'*État de consolidation* ; et le déplacement progressif des conflits de classe vers des sphères toujours plus élevées : du marché du travail à l'État-providence puis aux marchés des capitaux (et de là vers la sphère mystérieuse des banques centrales, des conférences diplomatico-financières au sommet et des organisations internationales).

Pour autant, cela ne m'a pas pris au dépourvu. En travaillant sur un ouvrage traitant des mutations à long terme dans l'économie politique allemande[9], j'ai eu l'occasion d'analyser le processus complexe de transformation affectant plusieurs secteurs, ce que j'identifiais comme un processus multidimensionnel de libéralisation ; il est vrai qu'à l'époque, dans ce processus, je ne saisissais qu'approximativement l'importance majeure de la financiarisation du capitalisme, y compris du capitalisme allemand (le manuscrit a été achevé pendant l'été 2008). Cela a profondément modifié mon point de vue sur l'approche comparative du capitalisme, dans la mesure où celle-ci, sur ce point précis, a toujours considéré l'Allemagne (tout comme le Japon) comme l'opposition non-libérale la plus importante au capitalisme libéral anglo-saxon[10]. C'est pourquoi on trouve déjà, dans ce livre de 2009, une critique résolue du dogme de la non-convergence, tel qu'il a, en particulier, été développé à partir du milieu des années 1990 par Peter Hall et David Soskice[11]. Par la suite, j'ai été plus loin dans cette direction et j'ai exprimé ma conviction nouvellement acquise dans une série d'essais qui ont précédé la publication de *Du temps acheté*[12].

Histoire et préhistoire : l'exception et la règle

La séquence de crises, dont je pense avoir établi les relations internes, commence entre les années 1968 et 1975. Si chaque histoire a sa préhistoire, le commencement de celle-ci est toujours aussi ouvert que sa fin. Au demeurant, quiconque veut reprendre un enchaînement historique d'événements doit choisir un point de départ. Il doit y avoir, bien entendu, de

---

9. Streeck (2009).
10. Sur l'Allemagne et le Japon et leurs spécificités politico-économiques, voir entre autres Streeck & Yamamura (2001), et Yamamura & Streeck (2003).
11. Hall & Soskice (2001).
12. De manière générale, au fil du temps, j'ai progressivement abandonné l'idée que les spécificités institutionnelles au niveau national étaient plus importantes que les points communs dans le système capitaliste. On peut dire que ce changement est le résultat d'un processus d'apprentissage, mais il est aussi lié à une évolution historique : entre les années 1980, pendant lesquelles les « modèles » allemand et japonais étaient porteurs d'espoir pour ceux qui, même et surtout aux États-Unis, pensaient qu'un capitalisme socialement maîtrisé était non seulement possible mais valait mieux que le modèle néolibéral, et la période des années 1990 et 2000, où l'on a vu le Japon sombrer dans la stagnation et où l'Allemagne était considérée comme « l'homme malade de l'Europe ». De toute façon, je n'ai jamais été un fervent défenseur des « capitalismes variés », comme le montre le titre d'un essai paru en 1997, « German Capitalism: Does It Exist? Can It Survive? » (1997). Voir aussi Streeck (2011b), Streeck (2011c) et Streeck (2012), paru dans *How Will Capitalism End?*, chapitre 9.

bonnes raisons pour le choix qui a été fait, et peut-être aurais-je dû rendre mes propres raisons plus explicites. Les années 1970 sont le moment où commencent les évolutions critiques que mes schémas dessinent : inflation, endettement public, endettement auprès des marchés, chômage structurel, diminution de la croissance, augmentation des inégalités, avec des écarts selon les pays mais toujours dans la même direction – parfois avec des interruptions, souvent à des degrés divers, mais de manière toujours identifiable comme tendances générales. Que les années 1970 aient été un tournant est aujourd'hui presque communément admis, non seulement en économie politique[13], mais aussi en historiographie[14].

Bien sûr, j'aurais pu commencer à une date antérieure[15], et non sans bonnes raisons. Les années 1930 auraient été particulièrement bien choisies, dans la mesure où la crise économique mondiale de cette décennie fut le cauchemar permanent des états-majors politiques du capitalisme d'après-guerre, au moins depuis la dite « première crise pétrolière ». Parmi les enseignements que l'on peut tirer de la préhistoire de ce dont *Du temps acheté* raconte l'histoire figure certainement le fait que l'instabilité des sociétés à économie capitaliste *vient de l'intérieur*, et qu'elle peut devenir hautement dangereuse pour la grande majorité de ses membres, comparable en cela à un réacteur nucléaire avec sa probabilité d'« accidents normaux[16] » à tout instant. La première moitié du XXe siècle nous l'apprend mieux que la seconde, cette dernière en effet comprend les années exceptionnelles des Trente Glorieuses, du « *Golden Age* » ou du « *Wirtschaftswunder* », qui continuent à façonner la conscience commune – en Allemagne assurément –, même si ce qui s'est passé depuis les années 1970, et qui a trouvé, pour l'heure, son point culminant dans la crise de 2008, laisse à penser que cette période exceptionnelle ne saurait être autre chose que cela, et que l'on ne peut en aucun cas espérer sa répétition.

---

13. Glyn (2006). On trouvera des exemples plus récents chez Kotz (2015), Sassen (2014).
14. Black (2009), Cowie (2010), Doering-Manteuffel & Lutz (2008), Ferguson, Maier, Manela & Sargent (2010), Jarausch (2008), Judt (2005), Raithel, Rödder & Wirsching (2009), Rodgers (2011).
15. Mais je n'aurais pas pu la faire remonter à une date plus tardive, comme la fin de la Guerre froide par exemple. En 1989, toutes les tendances mises en évidence par mes courbes étaient déjà présentes et, dans un livre publié en 2009, j'ai montré que la transformation du « modèle allemand » a sans doute commencé bien avant la réunification. Par ailleurs, la faillite du communisme « réellement existant » était manifeste bien avant 1989 (Pologne, RDA), et, à l'Ouest, personne ne le tenait plus pour une alternative politique possible (depuis 1973 au Chili et aussi depuis la fin de l'eurocommunisme après l'assassinat d'Aldo Moro en 1978).
16. Perrow (1984).

Pour résumer, les années entre la fin de la guerre et l'« ère de la fracture[17] », qui forment l'arrière-plan de ma reconstruction historique après la rupture, constituèrent une période pendant laquelle, en particulier en raison de la guerre, les rapports de pouvoir entre les classes étaient plus équilibrés qu'ils ne l'avaient jamais été auparavant dans l'histoire du capitalisme[18] (et qu'ils ne l'ont jamais été par la suite, comme nous le savons désormais). Cela s'est exprimé, entre autres choses, par la conviction largement partagée à ce moment-là que le capitalisme ne pouvait perdurer comme ordre social et économique que s'il bénéficiait aux hommes et aux femmes ordinaires sous la forme d'un progrès social ; qu'il avait à « assurer » le plein-emploi, la sécurité sociale, une plus grande autonomie au travail et plus de temps de loisir, à mettre fin à la pauvreté matérielle et aux crises économiques cycliques, etc. Bien entendu ces conditions étaient loin d'être des réalités universellement acquises. Cependant, même au plus profond de la pensée conservatrice, régnait l'idée fondamentalement incontestée que le progrès social était une obligation qui incombait aux élites politiques et économiques – pas nécessairement exigible sur le champ, d'un seul coup, mais à construire, au moins pas à pas et d'année en année ; que ce progrès devait être accompli au besoin avec l'aide de syndicats puissants et d'une véritable mobilisation politique dans le cadre des institutions démocratiques, et au moyen d'une politique économique qui cherchait à atteindre la croissance par une redistribution du sommet vers la base plutôt que dans le sens inverse – à la manière keynésienne plutôt que hayékienne – ce qui, compte tenu des conditions politiques de l'époque, ne pouvait pas avoir lieu autrement de toute manière.

Est-ce tout ce que nous pouvons dire à propos des trois décennies entre la fin de la guerre et la fin de l'après-guerre ? Non, bien évidemment ; mais mon sujet n'était précisément pas les Trente Glorieuses, mais les crises qui ont suivi. J'ai pris la liberté de décrire leur succession comme je les vois – comme une histoire faite de pertes et de défaites pour ceux qui dépendent d'un État-providence et de politiques interventionnistes –, et je ne vois nulle raison de chercher à découvrir ce qu'il y a de « positif » à l'accroissement durable du chômage, de la précarité, des heures de travail et de la pression concurrentielle dans un capitalisme plus « avancé » que celui du contexte de l'après-guerre : un capitalisme qui se caractérise par le découplage des revenus et de la productivité, par l'augmentation rapide des inégalités, et par le passage à une politique économique pour laquelle le moteur de la croissance

---

17. Rodgers (2011).
18. Voir également Piketty (2013).

repose sur une redistribution de la base au sommet, soit exactement l'inverse de ce qui s'est produit dans les années d'après-guerre[19].

Crises et classes

Comme je l'ai dit, c'est dans les années 1970 que je situe la dernière rupture dans l'histoire de l'économie politique des démocraties capitalistes. Je parle de « révolution libérale » pour décrire ce qui s'esquissait alors, mais d'aucuns pourraient parler aussi en termes de restauration de l'économie comme force sociale coercitive, pas pour tout le monde mais pour la grande majorité, tandis qu'une minorité, pour sa part, bénéficiait d'une exonération de tout contrôle politique. Plutôt que de réifier ce processus en en faisant l'expression des lois éternelles de l'économie classique, je l'ai considéré comme le résultat d'un *conflit de répartition* entre les classes. Ici, je prends la liberté de définir la structure de classe d'une manière simplifiée mais, je l'espère, bien établie, selon le type de revenu prédominant, en classant les membres d'une société capitaliste en deux catégories : « ceux qui dépendent d'un salaire » et « ceux qui dépendent du profit réalisé ». Bien entendu, j'ai conscience qu'une classe intermédiaire non négligeable peut aujourd'hui relever des deux côtés à la fois, mais, dans la plupart des cas, elle appartient surtout à la première. Je ne suis pas allé plus loin, puisque mon projet n'était pas d'écrire un livre sur la théorie des classes. Ma solution a été de manier les concepts appropriés aussi soigneusement que possible tout en indiquant, en référence à la théorie politique des cycles économiques développée par Kalecki, ce que j'avais à l'esprit par-dessus tout : à savoir une conception de l'économie comme politique (par opposition à une conception de la politique comme économie, ce que l'on trouve dans la théorie classique de l'institutionnalisme) ; une représentation des « lois » de l'économie en tant qu'elles illustrent un certain rapport de force politique et social, et des crises, du moins celles abordées dans le livre, en tant que conséquences de conflits de répartition.

Le but de l'exercice était d'opposer fermement au récit de la théorie des « choix publics » – celui de masses capricieuses dont la demande insatiable et sans vergogne aurait conduit à un déséquilibre de « l'économie » – une reconstruction plus réaliste des événements, dans laquelle ce ne sont pas ceux qui dépendent d'un salaire, mais ceux qui dépendent du profit réalisé,

---

19. Dans l'un de ses derniers essais, « What Is Living and What is Dead in Social Democracy ? » (2009), l'historien britannique, récemment disparu, Tony Judt dit tout ce qu'il y a à dire sur les enjeux politiques sous-jacents de la liquidation et de la dénonciation du passé social-démocrate du capitalisme démocratique.

qui ont liquidé le capitalisme social-démocrate de l'après-guerre, car ils le trouvaient trop onéreux pour eux[20]. Ici, j'oppose à la vague de grèves internationale de 1968-69 la « grève des investissements » kaleckienne des années 1970, dont je maintiens qu'elle fut bien plus efficace que tout ce que les syndicats, et ceux qui dépendent d'un salaire, avaient dans leur arsenal, même à l'époque. Dans cette perspective, il est tout sauf illégitime de se demander comment quelque chose comme l'action stratégiquement coordonnée des entreprises et des dirigeants d'entreprises doit être pensée dans un contexte de concurrence (comment « ceux qui dépendent du profit réalisé » peuvent passer socialement du statut de « classe en soi » à celui de « classe pour soi »); j'ai travaillé sur les associations patronales et je connais leurs problèmes (les difficultés qu'elles rencontrent pour rapprocher leurs membres et construire une capacité d'action commune, sans pour autant se trouver prises dans des obligations corporatistes ou empêchées de s'en libérer). Néanmoins, ils parviennent à organiser des actions *collectives*, même si ce sont surtout des actions *individuelles coordonnées*, par le biais de *think tanks*, de déclarations publiques, de conférences, de pronostics d'instituts de recherche, de résolutions d'organisations internationales, d'agences de notation, de cabinets juridiques et d'agences de relations publiques, etc., à la fois sur le plan national et international, dans le but de suspendre la compétition entre les entreprises en encourageant la compétition entre les territoires désireux d'attirer ces entreprises. La fin de la période d'après-guerre a aussi correspondu au moment où se sont accumulées les plaintes venues de « l'économie » à propos du « suremploi », de la rigidité des marchés du travail, des salaires trop élevés et des profits trop bas (le *profit squeeze*), de la surréglementation, etc., et où une intense activité de lobbying, aussi bien publique qu'officieuse, s'est déployée pour réclamer que les instances politiques fassent quelque chose pour « l'économie », dans le sens d'une relance de la croissance[21]. Pour moi,

---

20. Contrairement à ce qu'attendaient et espéraient les tenants de la théorie critique de la crise, ceux qui « dépendent d'un salaire » contribuent plus ou moins volontairement à la stabilisation du « système ». Je parle ici du consumérisme qui ne s'est vraiment développé qu'à partir des années 1970, du moins en Europe, du fait de l'énorme expansion de l'offre de forces de travail due à l'accroissement rapide, à partir de ces années-là, du nombre de femmes désireuses d'occuper des emplois rémunérés, de la remarquable discipline que se sont imposée les personnes pour réussir leur « carrière » et profiter des opportunités de consommation qui vont avec, et, enfin, de l'éthique néo-protestante appliquée au travail et à la vie personnelle, toutes choses qui ont eu pour effet d'introduire dans la vie des gens une rationalisation qui eût été jusque là absolument inimaginable.
21. On devrait pouvoir mentionner ce fait sans être soupçonné de participer au grand conplot qui consiste à expliquer ce qui s'est passé de ce côté-ci de la ligne de partage des années 1970 en termes de grand projet secret du capital international. La condamnation des

la manière la plus importante qu'ont le capital et ses détenteurs d'exercer leur pouvoir consiste à jouer la sécurité, c'est-à-dire soit à laisser temporairement inactives les ressources qui leur sont allouées par la société au titre de la «propriété», soit à les déplacer complètement à l'étranger – l'action sur le marché tenant lieu d'action politique, et la «défection *(exit)*» se substituant à la «prise de parole *(voice)*[22]». On le sait, cela a un fort impact sur les gouvernements, qui se trouvent incités à se montrer complaisants envers le capital. Le sentiment de «grande incertitude» relayé par les associations patronales, la presse et les instituts de recherche complices se révèle souvent efficace: le capital s'exprime par des plaintes contre un inconfort général, par de l'attentisme et par des taux d'investissements en baisse – en d'autres termes, il s'exprime à travers un ensemble d'actions individuelles qui vont toutes dans le même sens, dès lors que le marché n'offre pas les conditions d'un «profit minimum», et se traduisent par les indicateurs économiques d'usage. Et, au bout du compte, quand les enjeux sont importants, les décisions quotidiennes des gestionnaires et des détenteurs du capital s'agrègent en une déclaration collective dotée d'un poids tel que quiconque «ayant des responsabilités» ne peut se permettre de l'ignorer.

Des processus comme ceux que je viens d'indiquer ne peuvent pas – et n'ont de toute façon pas besoin – d'être imputés à des manœuvres stratégiques dont on pourrait trouver la trace dans les archives. En toute probabilité, la logique et même le sens de l'évolution que j'ai décrits, par exemple le passage de l'État fiscal à l'État débiteur puis à l'État de consolidation,

---

théories conspirationnistes par les spécialistes des sciences sociales est légitime mais il ne faudrait pas en déduire pour autant qu'il n'y a pas de conspiration du tout, pas plus que l'on ne peut nier la possibilité qu'existent de petits réseaux d'élites ayant un certain pouvoir, même si on sait que ces réseaux ne constituent pas les structures du pouvoir. Voir Vitali, Glattfelder & Battiston (2011). Parmi les nombreux exemples de radicalisation des classes «dépendantes du profit réalisé» au cours des années 1970, on peut citer le fameux «Powell Memorandum» de 1971, *Attack on American Free Enterprise System*, [law.wlu.edu/powellarchives/page.asp?pageid=1251]. Sur les rapports entre «économie» et pouvoir étatique aujourd'hui, et en particulier sur la nature et les effets des actions collectives menées par les classes «dépendantes du profit réalisé», voir le reportage du *New York Times* sur la visite d'«une quarantaine de dirigeants des plus grandes multinationales et fonds d'investissements» au Président Hollande, déjà «converti à l'idée d'une réforme»: «France Tries to Tempt in More Foreign Investment», 18 février 2014.

22. [NdT.: Wolfgang Streeck se réfère ici aux travaux d'Albert Otto Hirschman qui, dans *Défection et prise de parole* (1973), propose une typologie des réactions des individus aux détériorations des institutions auxquelles ils appartiennent: la défection *(exit)* qui les conduit à se tourner vers d'autres biens ou services, la prise de parole ou protestation ouverte *(voice)*, et enfin le loyalisme *(loyalty)* qui consiste à rester fidèle à l'institution en dépit de la baisse de qualité de ses prestations.]

étaient et continuent d'être des phénomènes «émergents»: cette évolution n'a pas besoin d'être visée ou programmée par les acteurs qui la mettent en œuvre, puisque, au besoin, elle peut s'accomplir à leur insu. Pour rester prudent (et ne pas tomber de la position intenable du volontarisme à celle non moins tenable du déterminisme), on pourrait dire que lors de chacune des crises successives, le répertoire d'actions des acteurs se trouve restreint par la structure du problème sous-jacent, lequel est lié aux intérêts des différentes parties en position de pouvoir, ainsi que par la préhistoire et les circonstances contingentes effectives à tel moment. Comment une telle structure s'impose-t-elle? Quelle dose d'intentionnalité requiert-elle? Et comment se combinent la structure, l'action et la contingence? Voilà des questions que les chercheurs en sciences sociales rangent volontiers, aujourd'hui, sous la rubrique des transformations institutionnelles, leur appliquant des concepts comme ceux de «sentier de dépendance[23]», de «moment critique», etc., mais sans avoir jusqu'à présent réussi à faire plus que de poser les premiers jalons.

La crise fiscale de l'État

Si j'ai consacré tant de place, dans *Du temps acheté*, à retracer l'enchevêtrement de la crise fiscale de l'État avec la crise financière du capitalisme, c'était pour éclairer l'évolution du rôle de l'État et de la politique dans l'évolution du capitalisme d'aujourd'hui, suivant en cela la perspective de la sociologie fiscale que Schumpeter et Goldstein appelaient déjà de leurs vœux au début du XXe siècle. Un des enjeux était de contester l'explication largement acceptée de la théorie des «choix publics» pour rendre compte de l'augmentation de la dette publique, laquelle a particulièrement les faveurs des théoriciens dominants de l'économie. Les détails de ma démonstration se trouvent dans cet ouvrage et dans un article paru ultérieurement où j'ai développé mes arguments[24]. Je me contenterai donc ici de résumer brièvement trois intuitions

---

23. [NdT.: Le néo-institutionnalisme historique explique la stabilité institutionnelle par le concept de *path dependency*, c'est-à-dire par l'idée que la reproduction institutionnelle est assurée à la fois par des rapports de pouvoir qui procurent aux institutions une légitimité en constante croissance et par le fait que l'institutionnalisation de décisions politiques prises fait en sorte que le coût, autant matériel que spirituel, pour revenir sur ces décisions paraît très élevé aux acteurs.]
24. Streeck (2014d). Il faut insister sur le fait que la principale hausse de l'endettement public a eu lieu après 2008, lorsque les États ont dû socialiser les créances irrécouvrables du système financier globalisé et protéger l'économie réelle de la menace d'un effondrement; que la hausse de l'endettement de la dette publique depuis les années 1980 s'est accompagnée

générales qui sous-tendent mon propos, plus clairement peut-être que dans le livre, pour les soumettre également à l'examen critique – dans l'espoir que cette présentation nécessairement simplifiée ne sera pas retenue contre moi :

1) *Du temps acheté* traite la dette publique comme un phénomène d'économie politique qui relève non seulement de la démocratie mais aussi du capitalisme. L'objet du capitalisme est l'expansion maximale du capital expansible sous la forme de propriété privée ; ce qui implique le risque que ceux qui contribuent à l'accumulation, mais qui n'en jouiront pas, cessent de coopérer. Puisque le capitalisme n'est pas un fait de nature, il ne peut exister que sur la base de la réciprocité, sous une forme ou une autre ; si ce n'est pas le cas, la question qui se pose inévitablement est de savoir pourquoi une catégorie de personnes devrait travailler quarante heures par semaine, voire plus, pour en enrichir une autre. Autrement dit, les problèmes d'équité et de justice distributive dans le capitalisme ne sont pas soulevés par des provocateurs politiques irresponsables mais procèdent de la nature de l'ordre social capitaliste lui-même. Ils peuvent être surmontés dans une certaine mesure tant qu'une croissance forte permet à ceux qui possèdent du capital de céder facilement une part de l'augmentation produite collectivement à ceux qui n'en possèdent pas. Quand la croissance diminue, comme après la fin de la période de reconstruction dans les années 1970, les conflits de répartition s'accentuent, et il devient du même coup plus difficile pour les gouvernements d'assurer la paix sociale. Un *équilibre socio-politique* ne peut alors plus être atteint qu'au prix d'un *déséquilibre économique* : comme je l'ai dit, celui-ci adopte au départ la forme d'une *inflation* élevée, puis celle d'une *dette publique* non-keynésienne (c'est-à-dire cumulative) en augmentation rapide, et enfin celle d'une extension intenable du *crédit privé* poussé à l'excès. Cependant, comme je le décris dans *Du temps acheté*, un tel déplacement du problème ne peut être que provisoire : cela ne fonctionne que tant que le déséquilibre *économique* créé, ou autorisé, pour le bien de la paix sociale n'est pas trop grand, c'est-à-dire tant qu'il ne devient pas contre-productif et qu'il ne génère pas lui-même un déséquilibre *social* ; c'est ce qui a eu lieu avec l'inflation à la fin des années 1970, l'emballement des déficits publics

---

d'une baisse du niveau d'imposition dans les pays de l'OCDE sur le long terme ; que l'on dispose de nombreux indices prouvant que la fraude et l'évasion fiscale ont atteint les proportions d'une véritable épidémie sur les marchés de capitaux libéralisés du capitalisme mondialisé ; et que l'augmentation généralisée du chômage de longue durée et du « surplus de population » formé par les exclus dans de nombreux pays exigent des dépenses sociales élevées malgré de constantes « réformes » de l'État-providence.

des années 1990 et l'effondrement des marchés financiers privés à bout de souffle en 2008. Un nouveau palliatif doit alors être inventé, qui sera sans doute à nouveau temporaire, comme c'est le cas aujourd'hui avec la fabrication illimitée de monnaie par les banques centrales : celle-ci est à la fois *politiquement responsable*, au sens où elle assure, à titre temporaire, la cohésion sociale et la stabilité du régime d'accumulation, et dans le même temps *économiquement irresponsable*, dans le sens où cela deviendra probablement une des causes d'une nouvelle crise à venir[25].

2) En ce qui concerne la dette publique en tant que telle, il y a fort à penser que nous avons encore une autre relation de cause à effet à examiner, indépendante de l'usage des finances publiques comme dernier recours de l'intégration sociale. Le problème, à nouveau, est celui de l'organisation capitaliste du progrès économique sous la forme d'une accumulation du capital aux mains d'acteurs privés. Le point de départ est l'hypothèse partagée par des théoriciens aussi différents que Wagner, Goldscheid et le jeune Schumpeter : à mesure que le développement économique et social progresse, les dépenses collectives requises pour faciliter et sécuriser ce développement doivent augmenter – par exemple, pour la réparation des coûts engendrés par les dommages collatéraux (comme après 2008), pour l'installation et la maintenance d'infrastructures toujours plus exigeantes, pour la formation du « capital humain » nécessaire, pour soutenir le travail et la motivation, etc. Peut-être avons-nous atteint aujourd'hui le point où l'« État fiscal » (Schumpeter) a trouvé ses limites car, comme Marx le dirait, le caractère de plus en plus socialisé de la production, au sens le plus large, commence à entrer sérieusement en conflit avec les rapports de propriété privée. Ne serait-ce pas là ce que l'augmentation obstinée de la dette publique cherche à nous dire ? Que le besoin d'investissement collectif et de consommation collective a augmenté au-delà de ce qu'un État fiscal démocratique peut parvenir, même dans le meilleur des cas, à soutirer à ses entreprises et à ses citoyens possédants, et que l'approvisionnement et la conservation des sociétés capitalistes développées sont peut-être devenus de moins en

---

25. En somme : en régime capitaliste, le gouvernement qui accorde trop d'importance aux conditions d'équilibre de sa politique démocratique finit par se retrouver face à un déséquilibre économique qui à son tour perturbe sa politique (la croissance étant trop faible, les conflits de répartition sont de plus en plus nombreux) ; le gouvernement qui accorde une trop grande importance à l'équilibre économique en démocratie provoque un déséquilibre politique, lequel risque à son tour de renverser l'équilibre économique (grèves, manifestations, etc.). Trop de protection sociale nuit à l'économie de marché qui à son tour nuit à la protection sociale et trop d'économie de marché détruit l'État-providence, ce qui, en régime démocratique, risque de nuire à l'économie de marché.

moins compatibles avec l'individualisme possessif qui mène et contrôle de telles sociétés ? Dans cette perspective, le néolibéralisme et la privatisation peuvent être compris comme une (ultime ?) tentative, dans le cadre de relations de production capitalistes, pour arrêter ce qui pourrait fort bien être leur obsolescence à venir, et le nouveau récit de la « stagnation séculaire », étonnamment présent même dans l'économie orthodoxe (voir plus loin), revêtirait alors une dimension inattendue.

3) Le conflit qui sous-tend peut-être l'augmentation de la dette publique, entre le caractère social de la production et l'appropriation privée de ses résultats, est clairement exacerbé par l'augmentation dramatique des possibilités de mobilité dont dispose une part importante de ceux qui devraient contribuer le plus largement à l'impôt, qu'il s'agisse d'individus ou d'entreprises. En conséquence, les juridictions politiques du monde capitaliste sont contraintes de se disputer la loyauté des gros capitaux, au nom de l'idée que la croissance de l'« économie », et avec elle des recettes publiques, pourra uniquement être obtenue par des concessions fiscales suffisamment étendues pour attirer l'investissement : plus de recettes par l'impôt via une réduction des impôts – l'illusion de Laffer[26] comme dernier espoir de la politique économique. Jusqu'à présent, bien entendu, les taux de croissance à long terme ont chuté au même rythme que les taux d'imposition maximum, entraînant avec eux le montant moyen du prélèvement fiscal dans les démocraties riches. Pire encore, parallèlement à la baisse de l'imposabilité des entreprises, leurs demandes d'infrastructures nationales et régionales se sont faites plus exigeantes ; les entreprises demandent des réductions fiscales et des avantages fiscaux, mais aussi, *dans le même temps*, de meilleures routes, aéroports, écoles, universités, fonds de recherche, etc. Le résultat est une augmentation tendancielle de l'imposition des petits et moyens revenus, par exemple par le biais d'une augmentation des taxes à la consommation et des contributions sociales, produisant un système fiscal toujours plus régressif.

Dans ce contexte, la transition aujourd'hui observable à l'échelle de l'OCDE, de l'État débiteur à l'État de consolidation, prend une dimension systémique. Il est intéressant d'observer, du point de vue du conflit de répartition et du pouvoir de classe, que, d'une part, l'imposabilité réduite des classes et des organisations qui dépendent du profit réalisé et, d'autre

---

26. [NdT. : La courbe de Laffer (du nom de l'économiste américain Arthur Laffer) est une modélisation économique qui entend montrer qu'au-delà d'un certain seuil, plus la pression fiscale augmente, plus les recettes fiscales diminuent. Elle est résumée par la formule : *trop d'impôt tue l'impôt*.]

part, les déficits fiscaux qui ont résulté et qui résultent de cette transition, ainsi que le ralentissement de la croissance, ont été utilisés et sont utilisés politiquement pour poursuivre la démolition de l'État-providence du capitalisme d'après-guerre. Depuis lors, nous en avons appris davantage sur la dynamique de ce processus[27]. Pour le résumer brièvement[28], la consolidation des budgets d'État menée depuis le milieu des années 1990 a été atteinte presque exclusivement en réduisant les dépenses plutôt qu'en augmentant les recettes. Les économies réalisées sont typiquement accompagnées, en particulier si elles produisent un excédent budgétaire, par des réductions d'impôts qui renouvellent le déficit et, de ce fait, justifient de nouvelles coupes dans les dépenses. Pour les débiteurs publics, la question n'est pas tant de faire sans la dette, mais de regagner la confiance des créditeurs par la restauration et la sécurisation de leur solvabilité structurelle sur le long terme. L'ajustement permanent de l'activité publique que cela requiert exige l'établissement politique et institutionnel d'un régime d'austérité congruent avec la politique de « réforme » néolibérale, qui implique la privatisation des services publics et de la protection individuelle. Globalement, la politique de consolidation revient à soustraire à l'État l'argent qui serait nécessaire aux investissements assurant l'avenir des citoyens et de l'économie politique capitaliste et à la réparation des dégâts sociaux et environnementaux liés au capitalisme, et à le transférer au secteur privé dans l'espoir d'améliorer, plutôt que de réduire, la rentabilité des entreprises qui opèrent sur les marchés capitalistes[29].

Capitalisme et démocratie

La distinction que je fais entre *Staatsvolk* (le peuple national) et *Marktvolk* (le peuple de marché), introduite expressément comme un « modèle stylisé », s'inscrit dans ce contexte. Il s'agissait d'une provocation à l'égard du genre de théorie de la démocratie qui prétend encore que l'État, dans le capitalisme contemporain, est financé uniquement par l'impôt. Notons que j'ai fondé ma distinction, ainsi que les propositions provisoires qui en découlent, explicitement sur des « observations » faites dans le contexte de l'atrophie actuelle

---

27. Haffert (2015), Haffert & Mehrtens (2015), Mehrtens (2014).
28. Voir « The Rise of the European Consolidation State », chapitre 4 de Streeck (2016a).
29. (Streeck, 2016a, ch. 4). Le pays qui s'est engagé le plus loin dans cette direction, mis à part les États-Unis, est, de manière suprenante, aussi étonnant que cela puisse paraître, la Suède (voir Mehrtens, 2014). Voilà ce qu'il en est pour les « variétés du capitalisme » qui sont censées être si diverses.

des recherches sur le sujet. Il est vrai, et je l'ai formellement énoncé, qu'il y a des citoyens qui appartiennent simultanément aux deux « peuples » – mais cela n'invalide pas la tentative consistant à donner au moins une expression conceptuelle à cette tension observable, dans l'État débiteur du capitalisme contemporain, entre les droits civils des citoyens et les revendications commerciales des « marchés financiers ».

Il en va de même avec ma distinction entre justice sociale et justice de marché – une construction analytique que j'introduis expressément comme telle. La politique démocratique dans le capitalisme est normalement sous pression pour corriger les tendances du marché dans un sens égalitaire (pour les « fausser »), puisque les marchés tendent à distribuer leurs produits inégalement, et ce de plus en plus au fil du temps[30]. Ceux qui se contentent de trouver « juste » une répartition « efficiente », c'est-à-dire calculée en fonction de la productivité marginale (parmi eux Hayek, mais également de nombreux autres), peut-être aussi parce qu'il arrive qu'ils y trouvent leur compte, plaideront en faveur d'un État neutre quant à la question de la répartition, et qui « laisse les marchés prendre leur dû » ; d'autres chercheront à corriger les résultats du marché dans une direction « sociale », ce qui dans une société démocratique signifie dans une direction égalitaire. Je parle expressément des difficultés normatives et politiques qui sont inhérentes à un concept comme celui de « justice sociale » ; mais, comme on le sait, ces difficultés n'empêchent personne d'essayer de le mettre en œuvre, à moins que l'on veuille, au contraire, au nom d'une « solution propre », abandonner le problème de la justice à la libre formation des prix, autrement dit à lui-même.

Une question qui fait défaut dans le livre, mais qui aurait pu y trouver sa place, est celle de savoir pourquoi la correction politique des marchés court le risque d'être perçue comme « politique », dans le sens d'arbitraire et de corrompue. Tandis que les jugements « du marché » peuvent se présenter eux-mêmes comme « justes » – dans le sens d'« objectifs » – se produisant *sine ira ac studio*, conformément à des lois universelles non particularistes et impersonnelles, l'intervention politique dans le « libre jeu des forces du marché » tend à être perçue comme une exploitation de la population par de puissants intérêts particuliers. Que les marchés soient étrangers à l'exploitation – qu'ils soient, pour ainsi dire, cliniquement propres – est une thèse qui est diffusée avec un succès remarquable, en particulier par les économistes de profession, malgré ce que l'on sait sur les cartels, les accords de prix, le

---

30. Piketty (2013).

«sauvetage des banques», etc. Cette idée de la propreté des marchés résiste même aux innombrables démentis apportés par la recherche, portant, par exemple, sur l'absence de corrélation entre la «performance» et les salaires des hauts dirigeants d'entreprises, ou sur leurs trajectoires professionnelles à proprement parler incestueuses. Les marchés continuent de se présenter comme un monde idéal de justice irénique, malgré toutes les poursuites engagées pour fraude – et, ce qui est plus grave, malgré l'absence de poursuites après 2008 –, lesquelles sont tenues pour preuve que les écarts qui surviennent occasionnellement en marge de cette grande machine de justice que sont les marchés peuvent être corrigés efficacement.

Une des raisons à cela semble être ce que l'on pourrait appeler *le charme de la quantification* et *la magie de l'impénétrabilité*. Les critères de la correction politique du marché sont qualitatifs par nature ; ils ont à être présentés et débattus dans un discours public qui doit nécessairement autoriser la contradiction. En fin de compte, tout le monde n'aura généralement pas la même opinion, et, si nous voulons que les choses avancent, il faut soit un compromis, soit l'imposition autoritaire de la volonté de la majorité une fois que l'on a décidé de clore le débat. En dehors de l'arène politique, il n'y a aucune instance neutre qui serait en mesure de prétendre fournir une solution juste et objective à l'aune de laquelle on pourrait évaluer ce qui a été réellement décidé – à l'exception peut-être des théories philosophiques de la justice, qui sont elles-mêmes, néanmoins, exposées à la contradiction. Les décisions collectives qui touchent à l'orientation de l'intervention publique dans le cadre du «libre jeu des forces du marché» sont prises, au moins en partie, publiquement : elles sont donc visibles avec tous leurs aléas, leur inévitable caractère provisoire et leur impureté empirique liée au contexte et au pouvoir. Les choses apparaissent très différemment dans le monde imaginaire d'un marché libéré de toute politique, dans lequel les valeurs sont exprimées comme les prix : sans discussion, de manière incontestable, impeccable, préservées de toute compromission publique, au-delà des valses-hésitations de la morale et de la rhétorique. Un prix est un prix, nul ne peut en être tenu responsable ou déclaré coupable, et si exceptionnellement le vrai prix a été altéré, les commissions de monopole peuvent le rétablir et infliger une punition adaptée aux conspirateurs. Voici comment, dans la tension entre capitalisme et démocratie, la défense néolibérale de la juridiction du marché est habilement menée et jouit d'une place de choix au sein de l'opinion publique dans la lutte contre la justice sociale, celle qui est politique et correctrice des marchés.

Des désordres chroniques

Dans *Du temps acheté* j'ai soutenu que le quasi-effondrement de 2008 avait pour cause une « triple crise, qui semble ne jamais devoir finir : une crise *bancaire*, une crise des *finances publiques* et une crise de l'*"économie réelle"* » (2014a, p. 30). Il m'a semblé également que « les trois crises [étaient] étroitement liées » l'une à l'autre et qu'elles « se renfor[çai]ent mutuellement en permanence » (*ibid.*, p. 33). Huit ans plus tard, il n'y a pas de raison de revenir là-dessus : il n'y a toujours pas de « fin en vue », et les trois désordres que j'identifiais alors n'ont connu aucune rémission, voire ont empiré et continuent à se renforcer les uns les autres.

En ce qui concerne les *banques*, ou plus généralement l'industrie financière, le premier réflexe après la chute de Lehman Brothers fut de resserrer ou de restaurer le régime de régulation sectoriel qui avait été assoupli ou abrogé depuis les années 1980, de manière à prévenir un risque de répétition. La réforme financière visait un grand nombre d'objectifs, parmi lesquels restaurer la confiance entre les banques de sorte à ce qu'elles consentent à reprendre les prêts interbancaires ; réguler pour la première fois l'ombre tentaculaire du secteur bancaire parallèle ; contenir les investissements spéculatifs portant sur des actifs à risque ; protéger les gouvernements de la pression à renflouer les banques supposées « trop grosses pour couler » en démembrant les grandes banques, en renforçant la supervision prudentielle, et en permettant aux États de mettre à contribution, en cas de sauvetage d'une banque, les actionnaires et les créditeurs, qui sont les bénéficiaires des pratiques bancaires risquées ; obliger les banques à augmenter leur ratio de fonds propres de manière à ce qu'elles puissent couvrir leurs pertes toutes seules sans l'assistance des contribuables ; et plus généralement augmenter les capacités des gouvernements et des États pour réglementer et restructurer les banques. En outre, le besoin se fit sentir d'un nettoyage général du secteur, sous forme de poursuites et de sanctions pénales à l'encontre des différentes infractions qui avaient retenu l'attention du public après le krach, qui allaient du blanchiment d'argent aux pratiques de prêt irresponsables, notamment, mais pas seulement, sur le marché immobilier, en passant par la fraude fiscale et la manipulation des taux[31].

---

31. Rien que pour la « réglementation macro-prudentielle », Walby (2015, p. 68) identifie quatre grands domaines problématiques : « le contrôle des flux de capitaux ; le fractionnement du système financier par la limitation de la taille des établissements financiers et le cloisonnement entre les banques commerciales et les banques d'affaires ; l'accroissement

Néanmoins, il apparut vite combien ces objectifs étaient impossibles à tenir, tant sur le plan technique que politique. D'un point de vue technique, ce qui devait être re-régulé s'était en réalité changé depuis les années 1980 en une industrie financière globalement intégrée, elle-même comprise dans une économie globalisée dépourvue d'un État mondial – ce qui faisait de la réforme financière une affaire de « gouvernance à multiniveaux » impliquant des organisations et des traités internationaux et une très grande variété d'institutions et d'arènes politiques, notamment des États-nations avec des intérêts et des traditions politiques différentes[32]. Il était difficile de se représenter les complexités que cela impliquait, pour ne rien dire de la possibilité d'y faire face. Sur le plan politique, des pays comme les États-Unis et la Grande-Bretagne, avec des secteurs financiers forts qui fonctionnaient conjointement comme les états-majors de l'industrie financière mondiale, furent exposés au lobbying massif des entreprises financières nationales. Compte tenu de leurs contributions aux recettes fiscales nationales et aux économies des « villes-mondes » que sont New York et Londres, leurs deux gouvernements avaient de bonnes raisons d'y être attentifs. Une re-régulation trop stricte courrait aussi le risque d'inhiber la bonne volonté des banques à accorder des prêts aux entreprises du secteur non-financier, ce qui aurait eu des impacts négatifs sur l'« économie réelle » et aurait retardé la reprise économique.

Il est difficile de résumer ce qui a été accompli par la réforme financière au cours des huit dernières années tant est grande la multiplicité des questions et des acteurs, et complexes les liens qui les unissent. Quoi qu'il en soit, cela mériterait un livre entier, si jamais d'ailleurs quelqu'un est en mesure de l'écrire. Ce que l'on peut tout de même affirmer est que même les plus grands optimistes se sont abstenus de déclarer que l'on en avait fait assez pour rendre l'industrie financière inoffensive pour la société, et quelques voix, à la fois à l'intérieur et à l'extérieur, ont insisté pour dire que, quelques changements qu'il y ait eus, ils ne seraient pas suffisants pour protéger l'économie internationale d'une autre crise financière comme celle de 2008. Des appels en faveur d'une réforme plus radicale se font largement entendre, même de la part de personnalités comme Christine Lagarde ou Wolfgang Schäuble. Par exemple, aux dires des journaux, à Shanghai, en février 2016, à la réunion des ministres des finances et des présidents des banques centrales du G20, Schäuble « mettait en garde contre un report de la réforme des marchés

---

du ratio de fonds propres par rapport aux prêts ; et la réduction de l'évasion et de l'optimisation fiscale ».
32. Voir Mayntz (2015).

financiers. "Ce serait une terrible erreur", disait-il. "Nous devons continuer à réformer les marchés financiers". » L'article indiquait que « des demandes en faveur d'un assouplissement de la réforme s'étaient fait entendre après que le cours des actions bancaires ait été soumis à des pressions sur le plan international[33] ».

Pour mieux comprendre les complexités de la réforme financière sous la « gouvernance mondiale » on peut lire avec profit *Negotiated Reform*, un ouvrage édité par Renate Mayntz en 2015. Dans cette analyse détaillée, Mayntz et les autres contributeurs examinent les politiques intérieures des États-Unis, de la Grande Bretagne et de l'Allemagne, et leurs interactions complexes à travers les organisations internationales, dont l'Union européenne. Quatre domaines politiques sont étudiés en particulier : la réglementation concernant le ratio de fonds propres, la liquidation et le sauvetage des établissements financiers dont la taille implique un risque systémique, le marché des produits dérivés négociés de gré à gré, et la structure bancaire. L'éditrice et les auteurs concluent sobrement sur une évaluation des limites de la gouvernance multiniveaux :

> Manifestement les organisations internationales ne peuvent définir un agenda politique de manière autonome ; et la mise en œuvre de politiques au plan international échoue dès lors que les gouvernements y voient un risque pour leurs pouvoirs et leurs intérêts fondamentaux. L'action indépendante de gouvernements isolés tend à être limitée aux enjeux qui peuvent être traités à l'échelle nationale sans avoir d'effets collatéraux sur les autres pays – une situation rare compte tenu du caractère « globalisé » de l'actuel système financier. (Mayntz, 2015, p. 186)

Le livre essaye de ne pas être totalement pessimiste – il mentionne « les différentes étapes et mesures réunies pour réduire autant que possible les

---

33. « Schäuble warnt vor der nächsten Krise », *Der Tagesspiegel*, 2 février 2016. Cette déclaration diffère du communiqué du G20 publié suite au sommet de Brisbane en novembre 2014 : « Nous nous félicitons des progrès accomplis par les membres du G20 concernant les engagements pris pour lutter contre la crise financière [...] Il nous faut à présent procéder à la finalisation des éléments clés restants relevant du cadre de régulation et à la mise en œuvre rapide, totale et cohérente des réformes agréées par le secteur financier. » (Cité par Mayntz, 2015, p. 13.) En contrepoint, voir Large Andrew (2015), ancien gouverneur adjoint de la Banque d'Angleterre, qui a rédigé un article au titre significatif, « Financial Stability Governance Today : A Job Half Done – Ongoing Questions for Policy-Makers ». Voir aussi Grant & Wilson (2012, p. 249) qui ne constatent aucune « réforme fondamentale du système financier ».

risques d'effondrement du marché » (*ibid*., p. 187). Il met toutefois en garde : les nouvelles règles « sont-elles effectivement mises en application ? Les décisions politiques aboutissent-elles à un changement de comportement de la part des acteurs du marché ? Notre analyse ne nous permet pas de le savoir » (*ibid*., p. 175) – ce qui, les auteurs en sont bien conscients, est un problème, non pour l'approche adoptée dans cette recherche, mais pour le monde réel auquel réfère la recherche : « l'inconvénient évident d'un tel système multi-niveaux est bien entendu la difficulté de sa mise en œuvre » (*ibid*., p. 187).

Plutôt que de passer en revue la série entière des questions posées par la re-régulation financière, je vais en prendre deux pour montrer que très peu a été réellement fait depuis 2008. La première concerne la taille des banques « systémiquement signifiantes ». Selon Neel Kashkari, un ancien banquier d'affaire de Goldman Sachs et dirigeant du Trésor américain qui travaille depuis 2016 comme président de la Banque fédérale de Réserve de Minneapolis, les plus grandes banques américaines sont encore trop grosses pour que l'État les autorise à faire banqueroute, dans la mesure où l'ensemble des avoirs des huit banques américaines d'importance systémique représentent à peu près 60 % de l'ensemble des avoirs de l'industrie bancaire américaine. Kashkari pointait en particulier la nécessité de démembrer J. P. Morgan Chase et Citigroup[34].

---

34. Voir « Fed's New Bank Critic, Neel Kashkari, Keeps Heat On », *The Wall Street Journal*, 4 avril 2016 ; et « Keine Schonzeit für die United States-Megabanken », *Neue Züricher Zeitung*, 19 février 2016. Concernant les pratiques illégales et les poursuites engagées à l'encontre des auteurs d'infractions, rien qu'aux États-Unis, les principales banques ont accepté de payer une amende de 100 milliards de dollars à l'issue d'une transaction à l'amiable suite à la crise financière de 2008 (« Vernunft durch Strafen in Milliardenhöhe », *Frankfurter Allgemeine Zeitung*, 29 juin 2015). Cette estimation paraît bien trop faible si l'on en croit une autre source qui indique que cette somme a été versée par la seule Bank of America : [fool.com/investing/general/2014/10/01/the-complete-list-bank-of-americas-legal-fines-and.aspx]. Un peu plus d'un an plus tard, le *Frankfurter Allgemeine* a fait un reportage sur une étude commandée par Morgan Stanley, selon laquelle les banques américaines et européennes auraient versé collectivement une amende de 260 milliards de dollars depuis 2008 (« Banken zahlen 260 Milliarden Dollar Strafe », 24 août 2015). En 2016, certains problèmes majeurs n'avaient toujours pas été réglés, concernant par exemple la fixation du prix de l'or, ou du Libor (le taux interbancaire pratiqué à Londres). Toutes les grandes banques sont impliquées, non seulement les banques américaines mais aussi les banques françaises (Paribas), allemandes (Deutsche), suisses (UBS) et britanniques (HSBC), et dans plusieurs affaires. Il faut noter qu'aucun banquier n'a fait l'objet d'un procès, ce qui révèle la profonde empathie du système judiciaire à l'égard d'un secteur financier soumis à des pressions concurrentielles qui le poussent à enfreindre la loi afin de réaliser des bénéfices. On voit aussi qu'Eric Holder a été ministre de la Justice sous le mandat de Barack Obama entre 2008 et 2014. Il a négocié les accords à l'amiable avec les établissements financiers de Wall Street alors qu'il quittait un cabinet d'avocats de Wall Street spécialisé, justement, dans la

La seconde question que je voulais évoquer touche aux fonds propres, ou « ratio de levier », que les banques devraient être obligées de maintenir. Il y a eu un accord général, immédiatement après la crise, sur le fait que les capitaux propres des sociétés financières devaient aller au-delà du seuil très bas 3 % qui prévalait alors. La question de savoir de combien précisément celui-ci devait être relevé n'a pas été tranchée ; Neel Kashkari, cité plus haut, pense que 25 % seraient de bon aloi, ce qui serait bien plus que la moyenne de 5,73 % atteinte en 2016 par les huit plus grandes banques américaines. Kashkari suit en cela le livre largement diffusé de Anat Admati et Martin Hellwig, paru en 2013, *The Bankers' New Clothes*, qui soutient qu'un niveau de fonds propres entre 20 et 30 % est un *sine qua non* de la sécurité du système bancaire. De plus, dans un entretien récent avec un hebdomadaire économique allemand, *Capital*, Hellwig a dit qu'à cause d'un contrôle bâclé, il restait encore bien trop de dettes douteuses détenues par les banques, dettes dont elles devraient se débarrasser au plus vite pour sécuriser le système bancaire. À ses yeux, non seulement une autre crise bancaire est possible à tout moment, mais la crise de 2008 n'est pas terminée. Le seul moyen d'en finir réellement serait, selon Hellwig, de forcer les banques à s'approvisionner en capital frais, ce qui affaiblirait les parts de leurs actionnaires actuels ; une banque qui ne peut le faire devrait être considérée comme non solvable et donc liquidée ou restructurée par le gouvernement. Hellwig admet qu'il n'y a aucune chance qu'une telle réforme voie jamais le jour, notamment à cause de la résistance idéologique d'une partie des gouvernements, et l'entretien se conclut ainsi de manière profondément pessimiste[35].

Si on se tourne maintenant vers la crise des *finances publiques*, l'après-2008 a été une période d'accroissement de la dette publique plus intense que jamais et qui a entièrement liquidé les acquis de la consolidation fiscale obtenus depuis les années 1990 (figure 1) – acquis qui avaient été possibles, bien entendu, au prix d'une ouverture excessive et déréglementée du crédit privé, laquelle s'est finalement révélée catastrophique.

---

représentation de ces mêmes établissements. Durant le mandat de Holder, aucun banquier n'a été traduit en justice et encore moins mis en prison. Ayant gagné environ 2,5 millions de dollars l'année précédant son entrée au gouvernement, Holder a démissionné en 2015 pour reprendre ses fonctions au sein de son ancien cabinet. Voir « Eric Holder, Wall Street Double Agent, Comes in from the Cold », *Rolling Stone*, 8 juillet 2015 [rollingstone.com/politics/news/eric-holder-wall-street-double-agent-comes-in-from-the-cold-20150708].

35. « Ich halte das für Selbstbetrug », *Capital*, 18 août 2016.

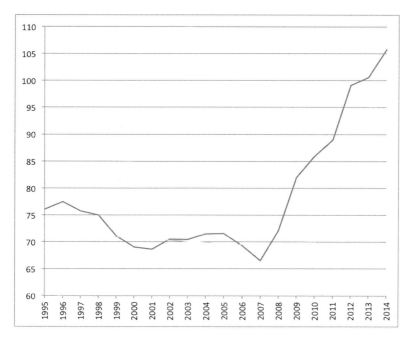

**Figure 1. Dette étatique en pourcentage du produit intérieur brut.
Moyenne de 20 pays de l'OCDE, 1995-2014**

Moyenne non pondérée des pays suivants : Allemagne, Australie, Autriche, Belgique, Canada, Danemark, Espagne, États-Unis, Finlande, France, Grèce, Irlande, Italie, Japon, Norvège, Pays-Bas, Portugal, Royaume-Uni, Suède, Suisse. Calculs de l'auteur, fondés sur les statistiques de l'OCDE (OECD Economic Outlook No. 99 Database).

Le début de ce nouvel accroissement était visible dès 2012, comme le montre la figure 1, même si l'ampleur de cette tendance, après son redémarrage, ne pouvait pas encore être imaginée à ce moment-là. En somme, le niveau d'endettement public des principaux pays de l'OCDE a augmenté de près de 40 points de pourcentage en sept ans, ce qui correspond à une augmentation annuelle moyenne de pas moins de 5,7 %, en dépit des fortes pressions en faveur de la consolidation exercées par les marchés financiers, et des politiques d'« austérité » que les gouvernements ont adoptées en conséquence. Tandis que la dispersion des taux autour de la moyenne s'est accrue, le développement global s'est inscrit dans deux évolutions consécutives à la crise : d'une part le désendettement du secteur privé – ou plus précisément la stagnation de l'endettement du secteur privé – dans les pays du capitalisme avancé, et, d'autre part, à l'échelle mondiale, l'augmentation générale de la dette totale, incluant celle des foyers, des entreprises, des gouvernements et du secteur financier, à hauteur de 57 000 milliards de dollars – une augmentation, à nouveau, de 40 % pendant 6 ans et demi, entre la fin de 2007 et le milieu de 2014[36].

Enfin, la crise de l'*économie réelle*, qui se traduit par une faible croissance et une baisse qualitative et quantitative de l'emploi, perdure en dépit des efforts fiévreux pour y mettre fin. Les taux de croissance sont faibles depuis tant de temps que l'on pense en général qu'ils vont rester ainsi encore longtemps, voire éternellement. Même si la croissance a récemment connu une légère reprise, la moyenne de croissance à l'intérieur de l'OCDE étant passé d'un taux inférieur à zéro à un taux avoisinant les 1 % (figure 2), cela reste infime, même en comparaison des deux décennies de crises qui ont eu lieu entre le milieu des années 1970 et le milieu des années 1990, sans parler de l'immédiat après-guerre.

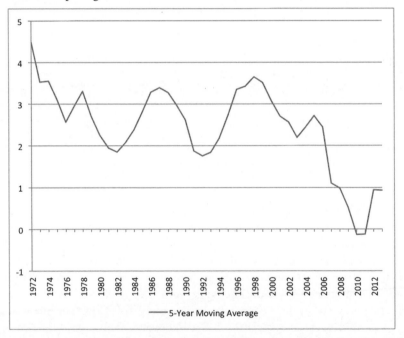

Figure 2. Taux de croissance annuel moyen de 20 pays de l'OCDE, 1970-2015
Pays pris en compte : Allemagne, Australie, Autriche, Belgique, Canada, Danemark, Espagne, États-Unis, Finlande, France, Grèce, Irlande, Italie, Japon, Norvège, Pays-Bas, Portugal, Royaume-Uni, Suède, Suisse. Les données pour 2015 pour le Canada et les Pays-Bas sont fondées sur les prévisions de l'OCDE. Calculs de l'auteur, fondés sur les statistiques de l'OCDE (OECD Economic Outlook No.99 Database).

---

36. McKinsey Global Institute (2015).

En fait, jamais auparavant une reprise faisant suite à une récession n'avait été aussi atone à une si large échelle. Pour avoir une idée de l'étendue de la stagnation qui s'est abattue sur le capitalisme avancé après 2008, il suffit de regarder ce qui est advenu depuis lors (figure 3) des sept pays témoins et des quatre pays les plus durement touchés juste après la crise pris en compte dans la figure 2.

Figure 3. PIB, croissance, taux d'emploi et taux de chômage dans 11 pays, 2008-2015

		2008	2009	2010	2011	2012	2013	2014	2015
Allemagne	PIB	100,0	94,4	98,2	101,8	102,4	102,8	104,5	106,0
	Taux d'emploi	70,9	71,1	71,9	73,7	74,2	74,8	75,2	-
	Taux de chômage	7,6	7,8	7,1	5,9	5,4	5,2	5,0	4,6
France	PIB	100,0	97,1	99,0	101,0	101,2	101,9	102,5	103,8
	Taux d'emploi	65,4	64,5	64,4	64,9	65,2	65,5	-	-
	Taux de chômage	7,0	8,6	8,8	8,7	9,2	9,7	9,7	-
Italie	PIB	100,0	94,5	96,0	96,7	94,0	92,3	92,1	92,7
	Taux d'emploi	59,6	58,3	57,7	57,8	57,7	56,6	56,9	-
	Taux de chômage	6,8	7,8	8,5	8,4	10,8	12,3	12,8	12,0
Japon	PIB	100,0	94,5	98,9	98,5	100,2	101,5	101,5	102,1
	Taux d'emploi	77,9	77,5	77,1	77,3	78,2	79,9	-	-
	Taux de chômage	4,0	5,1	5,0	4,6	4,3	4,0	-	-
Suède	PIB	100,0	94,9	100,3	103,0	103,1	104,4	106,8	110,9
	Taux d'emploi	75,9	73,9	74,1	75,7	76,2	76,9	-	-
	Taux de chômage	6,2	8,3	8,6	7,8	8,0	8,0	7,9	7,4

Royaume-Uni	PIB	100,0	95,8	97,3	99,2	100,4	102,5	105,5	107,9
	Taux d'emploi	73,1	71,1	71,0	71,1	71,7	72,4	74,1	-
	Taux de chômage	5,3	7,7	7,8	7,9	7,9	7,7	6,2	-
Etats-Unis	PIB	100,0	97,2	99,7	101,3	103,5	105,1	107,6	110,2
	Taux d'emploi	71,8	68,6	67,7	67,6	68,6	69,0	-	-
	Taux de chômage	5,8	9,3	9,6	8,9	8,1	7,4	6,2	5,3
Grèce	PIB	100,0	95,7	90,4	82,1	76,1	73,8	74,3	74,0
	Taux d'emploi	62,1	61,5	60,0	56,3	51,4	-	-	-
	Taux de chômage	7,3	9,0	12,0	16,5	23,8	27,3	26,6	24,6
Espagne	PIB	100,0	96,4	96,4	95,5	93,0	91,4	92,7	95,6
	Taux d'emploi	64,7	60,2	59,1	58,2	56,0	55,0	56,1	-
	Taux de chômage	11,3	17,9	19,9	21,5	24,9	26,2	24,5	22,1
Portugal	PIB	100,0	97,0	98,9	97,1	93,1	92,1	92,9	94,3
	Taux d'emploi	72,7	70,7	69,8	67,9	65,6	64,5	-	-
	Taux de chômage	7,6	9,5	10,8	12,8	15,6	16,3	14,0	12,5
Irlande	PIB	100,0	94,3	94,7	97,1	97,3	98,7	103,8	112,0
	Taux d'emploi	69,5	63,7	61,4	60,7	60,4	62,0	63,2	-
	Taux de chômage	5,8	12,3	13,9	14,6	15,0	13,9	11,8	9,8

Note : Le taux d'emploi est calculé en pourcentage de la population âgée de 15 à 64 ans. Dans le cas de la Grèce, du Japon et de la Suède, les militaires ne sont pas pris en compte dans les données relatives à l'emploi. Calculs de l'auteur fondés sur les statistiques de l'OCDE (OECD Annual Labour Force Statistics, OECD Economic Outlook No. 99 Database).

Généralement considérée comme faisant partie des rares bénéficiaires de la crise, l'Allemagne a eu un taux moyen annuel de croissance inférieur à 0,85 % sur les sept années considérées, tandis que la France a dû se contenter de seulement 0,54 % sur la même période. Les taux moyens de croissance étaient plus élevés en Irlande, à 1,70 % – un taux qui eût été dérisoire seulement deux décennies plus tôt – suivi de la Suède (1,55), des États-Unis (1,46) et du Royaume-Uni (1,13). Le Japon est resté pour l'essentiel bloqué au niveau de 2008, avec une augmentation moyenne de 0,30 % par an. Pendant ce temps, l'économie italienne a subi une chute de 7,3 %, le Portugal de 5,7 %, l'Espagne de 4,4 % et la Grèce d'un catastrophique 26 %.

Les données relatives à l'emploi sont aussi édifiantes quant à l'effet persistant du quasi-effondrement de 2008. Le seul pays qui soit parvenu à augmenter l'emploi (de 4,3 points de pourcentage) tout en réduisant le chômage (de 7,6 à 4,6 %!) est l'Allemagne. Le Japon peut aussi être inclus dans cette catégorie dans la mesure où il a été capable, cinq ans après le déclenchement de la crise, de revenir à son traditionnel très bas taux de chômage de 4 %. L'emploi a également augmenté en Suède et au Royaume-Uni, et légèrement en France ; mais, dans le même temps, le chômage a quand même augmenté dans chacun de ces trois pays. Les cinq pays restants, Italie, Grèce, Espagne, Portugal et Irlande, souffrent toujours à la fois de pertes d'emploi et de hausses du chômage.

Et après ?

L'effondrement du « keynésianisme privatisé » en 2008 est loin d'avoir mis fin à la séquence des crises du capitalisme d'après-guerre qui a commencé dans les années 1970. Dans mon livre j'ai évoqué une « nouvelle étape » dont il n'était pas possible de donner plus qu'une « idée générale » (2014a, p. 75). Ce qui se profilait, c'était la poursuite de

> la tentative de libération définitive de l'économie capitaliste et de ses marchés, non pas de l'État dont ils restent dépendants de multiples manières, mais du type de démocratie égalitaire de masse qui était partie prenante du régime du capitalisme démocratique d'après-guerre. (*Ibid.*, p. 76 ; trad. modifiée)

Je poursuivais en disant :

> Les moyens visant à maîtriser les crises de légitimation à travers la production d'illusions de croissance semblent aujourd'hui épuisés. Le sortilège monétaire

généré ces deux dernières décennies à l'aide d'une industrie financière débridée est par trop dangereux pour que les gouvernements puissent se risquer à y recourir pour acheter davantage de temps. (*Ibid.*, p. 76 ; trad. modifiée)

Quatre ans plus tard, nous sommes toujours suspendus dans le vide. Ce qui s'est accru à un degré inimaginable il y a encore quelques années est l'incertitude quant à l'évolution à venir. Les experts, dans les services après-vente du capitalisme avancé et avançant, semblent n'avoir jamais été aussi divisés, non seulement sur la thérapie mais aussi sur le diagnostic[37]. En dépit des efforts pour les faire disparaître, les trois tendances qui marquent la dégradation progressive du capitalisme contemporain en tant qu'ordre socio-économique, et qui sont à l'œuvre depuis plusieurs décennies déjà, ne faiblissent pas, et en réalité elles semblent avoir commencé à se renforcer les unes les autres dans une spirale descendante : *déclin de la croissance, augmentation des inégalités,* et *hausse de l'endettement global*. La faiblesse de la croissance rend la redistribution plus inégalitaire, en sorte que la richesse se trouve toujours davantage concentrée entre les mains des « 1 % » les plus riches, ce qui entrave la croissance ; la stagnation économique rend la réduction de la dette plus difficile, tandis que le niveau d'endettement élevé empêche d'obtenir les crédits nécessaires à la reprise de la croissance, même lorsque les taux d'intérêt sont au plus bas ; et enfin, une dette en constante augmentation ajoute au risque d'un nouvel effondrement du système financier[38].

La question de savoir comment faire – comment ce syndrome, manifestement sans précédent historique, pourrait être surmonté – agite l'esprit des experts, qui cherchent désespérément comment retarder le prochain instant de vérité. En novembre 2013, Larry Summers, secrétaire au Trésor sous Bill Clinton, architecte de la dérégulation financière dans les années 1990, qui reste sans doute le mécanicien le plus influent de la machine d'accumulation capitaliste qui tend pourtant à s'enrayer, suggérait au forum économique annuel du Fond Monétaire International que le monde capitaliste était

---

37. Bien qu'ils aient navigué à vue depuis plus longtemps, en se fiant à des instruments qui ne fonctionnaient plus. On se reportera à l'édifiante série de résumés des comptes rendus de réunion des conseils d'administration de la banque centrale des États-Unis, pendant et après la crise de Lehmann Brothers, parus dans le *New York Times* en février 2014. Voir par exemple « A New Light on Regulators in the Dark » de Gretchen Morgenson (22 février 2014), qui évoque « l'image dérangeante d'une banque centrale qui n'a vu venir aucun des désastres qui se profilaient pour l'année 2008 ».
38. Sur les liens entre politique monétaire laxiste, dette des ménages, bulles immobilières et probabilité de crise financière, voir Jordà, Schularick & Taylor (2013).

probablement dans une période de « stagnation séculaire », indiquant par là un « durable état de croissance faible ». Cet état, expliquait-il, pourrait bien continuer pendant un certain temps, la crise de 2008 n'en ayant pas été la cause mais l'un des effets. À titre de preuve, Summers mentionnait le fait qu'après le tournant du siècle, même la gigantesque bulle du marché intérieur américain n'avait pas été en mesure de ramener la croissance dans l'économie des États-Unis :

> Si vous regardez en arrière et étudiez les antécédents économiques à la crise, il y a quelque chose d'un peu étrange. Beaucoup de gens estiment que la politique monétaire était trop laxiste. Tout le monde s'entend pour reconnaître qu'il y avait énormément de prêts imprudents en circulation. Presque tout le monde est d'accord sur le fait que la perception par les ménages de leur richesse dépassait de loin sa réalité. Trop d'argent facile, trop d'emprunts, trop de richesse. Y a-t-il eu un grand *boom* ? Les capacités productives n'étaient pas soumises à une forte pression ; le taux de chômage n'était pas particulièrement bas ; l'inflation était très calme, d'une certaine manière même une grande bulle n'était pas suffisante pour produire le moindre excès dans la demande globale[39].

Dans ces conditions à quoi peut-on s'attendre, que doit-on faire, et que fait-on fait actuellement ? Quelques semaines après son intervention au FMI, le 15 décembre 2015, Summers abordait ce sujet dans un article du *Financial Times*[40] :

> La conséquence est la suivante : on ne peut plus croire à l'hypothèse que des conditions économiques et politiques normales reviendront un jour ou l'autre [...] D'aucuns ont suggéré que la croyance à une stagnation séculaire impliquait que des bulles spéculatives étaient souhaitables pour soutenir la demande. Mais cette idée confond prédiction et recommandation. Il vaudrait mieux bien entendu soutenir la demande par l'investissement productif ou par une consommation importante plutôt que par des bulles artificiellement

---

39. Transcription du discours de Larry Summers lors du Forum économique du FMI, 8 novembre 2013 [facebook.com/notes/randy-fellmy/transcript-of-larry-summers-speech-at-the-imf-economic-forum-nov-8-2013/585630634864563/]. On trouvera une version plus élaborée de ce discours dans un article de Lawrence Summers (2015, p. 277), « Have We Entered an Age of Secular Stagnation ? ».
40. Lawrence Summers, « Why Stagnation Might Prove to be the New Normal », *Financial Times*, 15 décembre 2013, [ft.com/content/87cb15ea-5d1a-11e3-a558-00144feabdc0].

gonflées. D'un autre côté, il va de soi que des taux d'intérêt bas augmentent la valeur des actifs et conduisent les investisseurs à prendre de plus grands risques, facilitant ainsi la création de bulles.

Le « d'aucuns » doit faire particulièrement allusion à Paul Krugman, qui sur son blog économique du *New York Times* le 16 novembre 2013[41] applaudissait aux analyses de « Larry », et explorait plus avant leurs conséquences pratiques. Krugmann commençait par rappeler à ses lecteurs la maxime de Keynes : « Les dépenses sont bénéfiques, et même si les dépenses productives sont les meilleures, celles qui sont improductives valent mieux que rien. » À suivre Krugman, Summers aurait compris comme Keynes que « la dépense privée même si elle est entièrement ou partiellement inutile », pouvait être « une bonne chose ». À titre d'exemple, Krugman imagine le boom économique qui résulterait de l'équipement simultané de tous les employés des grandes firmes américaines avec des Google Glass ou autres gadgets du même acabit. Même s'il s'avérait trois ans plus tard que cela n'avait rien donné en termes de productivité, cela aurait représenté « plusieurs années avec un niveau d'emploi bien plus élevé et sans réel gaspillage, dans la mesure où les ressources employées [pour produire les gadgets – WS] seraient restées sans usage dans le cas contraire ».

Quant aux bulles, Krugman appuie l'opinion de Summers : depuis les années 1980 c'est uniquement par le truchement de bulles que l'économie américaine a pu atteindre réellement le plein-emploi. Ce qui, selon Krugman, a eu « quelques implications radicales ». Summers a eu raison de dire que, dans le contexte d'une stagnation séculaire, la plupart des mesures engagées pour prévenir une future crise étaient en réalité contreproductives. Même la meilleure régulation bancaire pourrait faire plus de mal que de bien, dans la mesure où cela risquerait d'*empêcher* (!) les « prêts et emprunts irresponsables (!) au moment où plus de dépenses de quelque nature qu'elles soient sont bonnes à prendre pour l'économie ». S'abstenir d'une re-régulation financière[42] est insuffisant. Krugman continue : il est nécessaire de « reconstruire complètement notre système monétaire – c'est-à-dire supprimer le papier-monnaie et imposer des taux d'intérêt négatifs sur les dépôts ». Ou bien, ou en sus, la prochaine bulle qui viendra inévitablement pourrait être utilisée pour augmenter le niveau de l'inflation et la maintenir à un taux

---

41. Sous le titre « Secular Stagnation, Coalmines, Bubbles, and Larry Summers » [krugman.blogs.nytimes.com/2013/11/16/secular-stagnation-coalmines-bubbles-and-larry-summers/].
42. Une approche qui, de fait, ne devrait pas déplaire à Summers si l'on considère ce qu'il a fait au ministère des finances des États-Unis.

élevé. En résumé : des produits inutiles, une consommation compulsive, davantage de finance à haut risque, des bulles financières prêtes à exploser comme la dernière en date, voilà des instruments de respiration artificielle inspirés du progressisme keynésien pour un système économique à la fois conçu pour produire de la croissance et dépendant d'elle, mais qui, apparemment, n'est plus capable de remplir sa fonction !

Avec le recul, on constate que l'on a continué à acheter du temps. Aujourd'hui cet achat de temps n'est plus financé par les entreprises du secteur monétaire qui, malgré des bonus requinqués, souffrent encore de stress post-traumatique. Il est financé directement par les banques centrales, qui sont devenues plus que jamais les gouvernements réels du capitalisme post-démocratique, c'est-à-dire des instances mises à l'abri des électeurs, des syndicats, des parlements, des gouvernements, etc., comme aucune autre institution publique. Dans *Du temps acheté* le rôle de la monnaie a été d'une certaine manière sous-exposé ; que la monnaie soit aujourd'hui plus que jamais le « fluide très spécial » du capitalisme, il était déjà possible de s'en rendre compte et j'aurais dû rendre la chose plus claire. Après 2008, la création de monnaie – l'« approvisionnement » des « marchés » en « liquidités » – a presque complètement été prise en charge par les banques centrales, qui n'ont cessé de trouver de nouvelles manières de faire exploser la masse monétaire, que ce soit en développant le crédit au système bancaire privé au moyen de taux extrêmement bas, ou en rachetant les dettes des banques, des États, et des entreprises, fussent-ils dans des conditions de solvabilité douteuse. Après la fin du système lié aux accords de Bretton Woods et l'abandon définitif de la monnaie métallique, les banques centrales ne connaissent plus de limites et leurs bilans financiers ont subi une augmentation explosive, triplant quasiment en huit ans entre 2006 et 2014 (figure 4).

Aujourd'hui l'argent des banques centrales est moins rare que jamais ; de sorte qu'elles peuvent le prêter à taux zéro à leurs clients dans le secteur financier privé ou aux gouvernements. Quand – malgré des taux d'intérêt réels, ou même nominaux, négatifs – la croissance refuse de revenir, et quand la déflation menace avec le risque d'une augmentation réelle du poids déjà très lourd de la dette, l'éventualité d'une inflation liée à une forte production de monnaie apparaît comme un moindre mal. Aujourd'hui, en réalité, l'inflation est tout à fait bien vue, elle est perçue comme un facteur d'investissement, un soutien à la consommation et une aide à la réduction de la dette. De plus, les inquiétudes quant à la production en masse d'argent bon marché ne suscitent qu'indifférence de la part des gouvernements, qui bénéficient grâce à elle de taux d'intérêt faibles pour refinancer leurs anciennes dettes. Il en va de même pour les banques, qui peuvent écouler leurs créances douteuses auprès des banques centrales et prêter l'argent frais reçu en échange aux États et aux entreprises, pour autant qu'ils trouvent preneurs chez ces derniers.

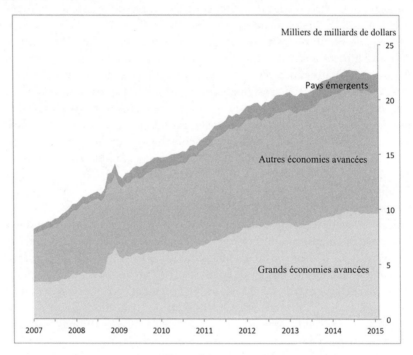

Figure 4. Total des actifs des Banques centrales, 2007-2015
Grandes économies avancées : Japon, États-Unis et Zone Euro.
Autres économies avancées : Australie, Canada, Danemark, Nouvelle-Zélande, Norvège, Royaume-Uni, Suède et Suisse.
Pays émergents : Afrique du Sud, Arabie saoudite, Argentine, Brésil, Chili, Chine, Colombie, Corée, Hong Kong, Hongrie, Inde, Indonésie, Malaisie, Mexique, Pérou, Philippines, Pologne, République tchèque, Russie, Singapour, Taiwan, Thaïlande et Turquie.
Source: Bank for International Settlements, 85th Annual Report (2014/15), statistical data.

L'afflux à travers le monde d'argent créé sans restriction a permis que se poursuive la financiarisation du capitalisme actuel, tout comme il a alimenté l'accroissement des inégalités qui accompagne cette financiarisation. Mais cet afflux d'argent a échoué à produire de la croissance : le prêt bancaire à l'égard des entreprises stagne dans l'économie réelle, dans la mesure où le poids déjà très lourd de la dette des entreprises effraye tout à la fois les banques et les entreprises elles-mêmes. Au même moment, l'offre illimitée de monnaie a autorisé les États à s'enfoncer plus encore dans l'endettement, en dépit des promesses de consolidation, non seulement à cause de faibles taux d'intérêt, mais aussi parce que les prêteurs privés peuvent s'appuyer sur les banques centrales comme prêteurs publics en dernier ressort, qui leur assurent que les États seront toujours en mesure d'honorer leurs propres dettes à leur égard. Mais même ainsi, tout comme pendant les périodes précédentes d'inflation et d'endettement public puis privé, on ne saurait faire tenir indéfiniment le capitalisme en continuant d'augmenter les bilans des banques centrales : de nouveau, ce qui se présente au départ comme une solution se transforme tôt ou tard en un problème. Dès 2013, il y a eu des tentatives aux États-Unis et au Japon pour mettre un terme à cette fuite en avant que l'on a baptisée « assouplissement quantitatif ». Mais la première déclaration en ce sens entraîna une chute du cours des actions, et l'opération fut différée. En juin de la même année, la Banque des Règlements Internationaux (BRI), pour ainsi dire la banque centrale des banques centrales, déclara que la politique de l'argent bon marché était obsolète. Dans son rapport annuel elle rappelait qu'en réaction à la crise et à la reprise plus que timide, les banques centrales avaient gonflé leurs bilans comme jamais auparavant « avec une tendance continue à la hausse[43] ». Cela a été nécessaire, continuait le rapport, dans la mesure où c'était le seul moyen « d'empêcher l'effondrement financier ». Maintenant l'enjeu était de « ramener des économies encore moroses à une croissance forte et durable ». Ce qui, au demeurant, était au-delà de la capacité des banques centrales, qui ne pouvaient mettre en œuvre les réformes structurelles économiques et financières nécessaires

> [...] pour remettre l'économie sur le chemin de la croissance réelle que les autorités comme les opinions publiques souhaitent et attendent toutes deux. La politique accommodante des banques centrales pendant la reprise n'a en réalité permis que de gagner du temps [...] mais le temps a été mal employé, dans la mesure où la pratique continue de taux d'intérêt faibles et de politiques non-conventionelles a permis au secteur privé de reporter le travail de désendettement, aux gouvernements de financer leurs déficits, et aux autorités de différer les réformes nécessaires dans l'économie réelle et le système financier. Après tout, l'argent bon marché favorisait l'emprunt plutôt que l'épargne, favorisait la dépense plutôt que l'impôt, favorisait le *statu quo* plutôt que le changement. *(Ibid.)*

---

43. Bank for International Settlements (2013, p. 5).

Du point de vue de la BRI, il incombait aux gouvernements, dès 2013, d'utiliser le peu de temps qui leur restait pour renouer avec la croissance à l'intérieur de l'OCDE en mettant en œuvre des « réformes » économiques – néolibérales n'en doutons pas – dont l'esprit pouvait se saisir de manière ramassée dans le titre du rapport annuel : « Renforcer la flexibilité. » Et on n'aurait pas été loin de la vérité en imaginant que ce slogan résumait l'ensemble du programme : de la liquidation de la protection de l'emploi et de l'élimination des syndicats des négociations salariales, jusqu'à la reconstruction de l'État sur la base de l'austérité[44] et de la consolidation[45], en passant par une transition durable vers une économie hayekienne qui implique une séparation complète entre économie et démocratie – comme je l'ai décrit dans *Du temps acheté*.

Une nouvelle tentative de sortie de crise a eu lieu en 2014, de nouveau portée par la Réserve fédérale américaine et, de la même manière que l'année précédente, elle a été menée avec la plus grande prudence et une grande anxiété à l'égard de ses éventuels effets indésirables. Mais, de nouveau, rien ne s'est réellement produit, et les choses sont demeurées en l'état jusqu'à l'été 2016 – preuve s'il en est de l'incertitude profonde dans laquelle les « experts » continuent d'être plongés quant au réseau complexe des relations de cause à effet auquel ils ont affaire. Il y a eu, et il y a toujours, des désaccords sur ce à quoi on doit s'attendre, déflation ou inflation, et sur le fait de savoir lequel de ces deux scénarios serait le pire. Mais, bien plus fondamentales sont les divergences quant aux conséquences probables et aux effets collatéraux de la production illimitée de monnaie, en particulier quant aux dangers liés aux futures bulles et aux lieux où elles doivent être attendues. On discute aussi pour savoir si plus de dette favoriserait ou inhiberait la croissance, compte tenu du niveau déjà fort élevé de l'endettement existant. Pour l'instant, la crainte demeure d'un effondrement de la croissance, aussi atone soit-elle, et de la déflation qui s'ensuivrait ; cette crainte est plus forte que celle de l'inflation, de l'éclatement des bulles spéculatives et d'une rupture de la confiance non seulement dans la capacité à payer de débiteurs toujours plus nombreux et plus endettés, mais aussi dans la capacité et l'empressement des banques centrales à fournir de l'argent frais si le besoin s'en présentait. En outre, et en particulier en Europe, règne la peur d'une résistance démocratique aux « réformes » et d'une radicalisation politique qui joue comme un argument supplémentaire pour laisser la planche à billets en roue libre, sans égard pour

---

44. Pierson (2001, p. 54-80).
45. Streeck (2015f).

ce que cela implique en termes de risques. Si un choix doit être fait entre *déflation maintenant* et *inflation plus tard*, ou entre *agitation politique tout de suite* et *éclatement des bulles à l'avenir*, alors, en fin de compte, on n'a pas d'autre alternative que d'essayer d'acheter encore un peu de temps, dans l'espoir qu'un miracle survienne à un moment ou à un autre, de quelque nature qu'il soit[46].

Un désespoir croissant

Rien n'a marché jusqu'à présent, et personne ne sait avec le moindre degré de certitude ce qui aurait pu marcher ou marchera à l'avenir – à l'exception, bien sûr, d'une refonte néolibérale complète des sociétés et des économies politiques existantes, ce que, hélas, les masses dépourvues de toute culture économique empêcheront les experts en résolution de problèmes de tenter. La politique monétaire, entend-on, est en bout de course, malgré des innovations aventureuses dans la droite ligne de la macroéconomie krugmanienne (voir plus haut), comme les taux d'intérêt nuls ou négatifs, ou les premiers essais de suppression des billets de banque en Europe[47]. Il reste à tenter l'«hélicoptère monétaire», la recette à moitié sérieuse de Milton Friedman pour stimuler une économie au ralenti avec des moyens monétaires imparables : jeter des billets de banque du haut d'hélicoptères de manière à ce que les gens les ramassent et aillent consommer sur-le-champ – et tout est bien qui finit bien. Si les décideurs économiques ne se sont pas encore complètement rendus à cette idée ce n'est pas à cause de son absurdité – dans leur désespoir ils semblent avoir perdu tout sens de l'absurde, ou avoir oublié la

---

46. Sans oublier que l'accroissement de la production de monnaie, même s'il n'apporte pas de croissance, peut servir à faire baisser le taux de change d'une monnaie et donc à améliorer les perspectives d'exportation. Le Japon s'y applique depuis un certain temps, comme l'Europe – *via* la BCE – à la fin de 2014. Le fait que la Réserve fédérale américaine ait, au même moment, à nouveau cherché à s'écarter de sa «politique monétaire non conventionnelle» – autrement dit de sa politique d'«assouplissement quantitatif», le *quantitative easing* – a apporté de l'eau au moulin des stratèges du taux de change, à Francfort et à Tokyo, mais aussi à Pékin. Voir «As Fed Retreats from Stimulus, Central Banks Overseas Expand Theirs», *New York Times*, 2 octobre 2014. La manipulation des taux de change en guise de stratégie de croissance est un peu un sujet tabou. En fin de compte, la dévaluation concurrentielle, en particulier entre les différentes économies et zones monétaires, n'est pas moins dangereuse sur le long terme que les bulles financées par le crédit. Mais, là encore, ce qui compte avant tout, c'est de gagner du temps et de s'assurer un soutien politique à court terme.
47. La Banque centrale européenne (BCE) a récemment supprimé le billet de 500 euros et augmenté les frais de garde des banques qui chercheraient à garder leur monnaie sans la déposer à la BCE (où elles auraient à servir des intérêts négatifs).

différence entre médecine scientifique et effet placébo –, mais seulement à cause des subtilités techniques qui font obstacle à sa mise en œuvre effective (comment empêcher que des bandes de voyous ne prennent la part du lion de l'argent frais ?) et peut-être aussi à cause de ses conséquences politiques et idéologiques imprévisibles.

Que personne ne semble avoir de recette assurée contre la stagnation séculaire tient probablement au fait qu'il n'y a aucun consensus sur ce en quoi elle consiste réellement. Les premières tentatives pour comprendre ce qui s'est passé et se passe dans le capitalisme contemporain ont avancé la notion d'« excédent d'épargne », proposée en 2004 par Ben Bernanke quand il était encore président de la Réserve fédérale. Dans une situation d'excédent d'épargne, le désir d'épargne est plus grand que le désir d'investissement, ce qui crée une surabondance de capital pour lequel il n'y a aucun emploi. On continue à s'interroger quant aux raisons d'un tel phénomène. Une théorie intéressante explique que l'existence d'un excès de capital tient à une conjonction de facteurs technologiques et démographiques : technologiques, dans la mesure où les méthodes de production modernes demandent de moins en moins d'investissement lourd (en termes de machines, etc.), et démographiques, dans la mesure où les gens vivent plus longtemps et se trouvent donc dans l'obligation d'épargner pour leurs vieux jours. Tandis que le changement technologique *fait baisser la demande* de capital, le changement démographique *en accroît l'offre*. Les taux d'intérêt bas ou négatifs reflètent par conséquent avant tout les conditions du marché, ils ne résultent pas des politiques monétaires des banques centrales – qui se contentent en réalité de suivre et de faire écho aux tendances du marché. La conséquence concrète en est que, pour relancer la croissance, les gouvernements doivent s'appuyer sur des outils budgétaires plutôt que sur la stimulation monétaire, en absorbant le surplus de capitaux par l'emprunt, lequel est tellement bon marché en période d'excédent d'épargne qu'il se rembourse tout seul. On peut alors ramener la croissance et l'emploi en substituant la demande publique à la demande privée.

Tandis que les implications « keynésiennes » de cette option rencontreront les faveurs de beaucoup, en particulier à gauche, elle soulève un certain nombre de questions, certaines étant plus essentielles que d'autres. Compte tenu du poids très élevé de leur dette – conséquence de décennies d'augmentation de l'endettement public – seul un petit nombre d'États sera en mesure d'emprunter des montants importants sans avoir à faire face à une montée d'inquiétude de la part des créanciers, ce qui se traduira en fin de compte par une augmentation des taux d'intérêt. En fait, les taux très faibles que les États payent aujourd'hui sont probablement dus aux politiques de consolidation de ces dernières années, qui ont progressivement restauré la confiance des marchés de capitaux à l'égard des débiteurs publics. Si de telles politiques venaient à être abandonnées, l'emprunt pourrait redevenir coûteux, indépendamment de quelque « excédent d'épargne » que ce soit. Notons aussi que, dans le cadre de leur politique de consolidation, de nombreux États ont inscrit dans leur Constitution la « règle d'or » de l'équilibre des comptes publics, règle qu'il sera bien difficile, voire impossible, de changer, eu égard notamment au « signal politique » négatif qu'un tel changement constituerait aux yeux des « marchés ».

Plus fondamentalement, on peut douter du fait que la demande de capitaux ait réellement diminué – en dehors peut-être des systèmes de production avancés des économies « postindustrielles ». La raison pour laquelle le surplus de capital généré par les changements démographiques (si c'est bien ce à quoi nous sommes confrontés) n'atteint pas les périphéries de la planète, où les besoins (qu'il faut distinguer de la demande effective) en termes de construction de barrages, d'approvisionnement en eau, de voies ferrées, de routes, d'écoles, etc. ne manquent pas, tient à un manque de confiance de la part des détenteurs de capitaux, y compris de la part des élites économiques locales, dans la politique et les institutions de ces pays. Cela met en évidence l'affaiblissement de la capacité du centre du monde capitaliste à garantir à son propre capital une périphérie bienveillante et profitable, que ce soit par la force, l'argent ou la persuasion. Qui investirait dans un État en déliquescence, ou dans un État qui menace de faire faillite ?

Concernant l'augmentation des disponibilités en capital, une explication qui semble au moins aussi convaincante que le changement démographique est l'accroissement des inégalités. Pour le coup, ce qui est en cause est la politique du keynésianisme, pas seulement sa technique. Le surcroît de capital résulte peut-être bien de la sous-imposition plutôt que de la sur-épargne – ou, pour le dire autrement, la sur-épargne n'est possible que s'il y a sous-imposition, la première étant le revers de la seconde. La stagnation séculaire pourrait alors avoir un rapport avec la mobilité croissante du capital dans l'économie mondiale, et avec les possibilités qui y sont associées de l'évasion et de la fraude fiscales. Un autre facteur pourrait être la destruction des syndicats et du principe des négociations collectives dans les démocraties occidentales pendant la révolution néolibérale, ainsi que l'affaiblissement des dispositions en faveur d'un minimum salarial, lequel aurait pour cause un apport de main-d'œuvre infini et continu par le biais soit de l'immigration soit des délocalisations de la production. Vu sous cet angle, pour mettre fin à la stagnation rampante, emprunter à ceux qui ont bénéficié plus que les autres de la hausse récente des inégalités – même si les taux d'intérêt qui leur sont alloués sont plus bas que par le passé – est une solution clairement suboptimale par rapport à celle d'une imposition mieux pensée, ou d'une imposition laissée à l'initiative d'une classe laborieuse dont l'organisation et la participation politique seraient accrues (Streeck, 2014, p. 113). L'augmentation des impôts pour les revenus élevés et les grandes fortunes permet, au même titre que l'augmentation des salaires, de résoudre le problème de la stagnation en mettant fin à ce que l'on présente de façon superficielle et trompeuse comme un «excès d'épargne», et de renforcer la demande publique grâce à une imposition plus forte, et la demande privée grâce aux syndicats.

L'idée d'une augmentation de la dépense publique comme solution à la «stagnation séculaire» n'est pas sans échos intéressants avec une version «marxiste» de la théorie de la «crise fiscale de l'État», comme on peut la trouver chez Goldscheid. Dans les deux cas, des progrès économiques continus au sein du capitalisme avancé exigent une croissance disproportionnée de l'investissement public comme condition préalable à la poursuite ou à la reprise de l'investissement privé ; c'est la croissance dans l'économie publique qui rend possible la prospérité dans l'économie privée. Une telle croissance se heurte cependant aux limites de la taxation, rendant difficile la mobilisation des ressources nécessaires pour la production des biens collectifs qui sont, sans cesse, exigés pour la croissance économique. Là où l'«État fiscal» atteint sa limite en ce sens, Goldscheid s'attend à un changement dans le régime de propriété, qui passerait en dernière instance du capitalisme au socialisme. Si l'on compare les deux modèles, pourtant, dans le deuxième la «stagnation séculaire» n'est pas résolue par l'expropriation, mais – c'est du moins ce que l'on espère – en empruntant à ceux qui sinon auraient été expropriés. C'est ainsi que l'État débiteur se substitue à l'État fiscal, *comme cela fut déjà le cas dans la seconde des crises après les années 1970*. Nous connaissons le problème que cela pose dans une économie politique capitaliste, et il n'y a aucune raison de croire qu'il ne se posera pas de nouveau, même si les banques centrales fixent des taux d'intérêt à zéro ou à moins : dans le cadre d'une solution «keynésienne» aux difficultés fiscales de l'État et dans les conditions d'un État soumis à la pression d'une socialisation croissante de la production à l'intérieur d'une société fondée sur la propriété privée, l'accumulation des dettes, si elle excède un niveau critique, sape la confiance des créanciers. Même si l'emprunt par l'État est évidemment une alternative plus douce pour le capital, comparée à sa confiscation par l'État, c'est-à-dire même si c'est une solution qui stabilise plutôt qu'elle n'arase les inégalités sociales et économiques, cela pourrait ne pas paraître assez sûr, à moins que des assurances spéciales ne soient données qui stipulent les limites strictes à l'intérieur desquelles les États sont autorisés à s'endetter, et qui spécifient l'usage de l'argent emprunté. Dans une large mesure, *Du temps acheté* se voulait une tentative pour explorer ces limites.

Et l'Europe ?

L'Union Monétaire Européenne (UME), que bien trop de gens confondent avec « l'Europe », était un thème plutôt secondaire dans *Du temps acheté*. À mes yeux, la crise européenne d'après 2008 est en dernier ressort l'expression régionale d'une crise mondiale de l'ordre politique du capitalisme financier. Si mes propos sur l'Europe ont tant attiré l'attention, c'est probablement parce que mes conclusions allaient à l'encontre de l'optimisme général à l'égard de l'intégration européenne, optimisme quasi obligatoire en particulier en Allemagne[48]. Il n'y a que là-bas que l'on peut voir ce mélange d'égoïsme économique et d'idéalisme antinational, assorti de ce désir typiquement allemand d'une auto-dissolution dans une collectivité européenne ; c'est cet ensemble qui a conduit à une véritable « sacralisation » (Hans Joas) de la création technocratique banale que fut la monnaie unique européenne[49].

---

48. Où lorsqu'il s'agit de l'Europe et de l'Union européenne, même les observateurs par ailleurs perspicaces du capitalisme ne voient que des problèmes moraux et institutionnels, que l'on doit résoudre dans le cadre d'une théorie démocratique et à l'aide de « récits historiques » adéquats, au lieu d'y voir des problèmes d'économie politique et un conflit qui se joue entre la « mondialisation » des marchés de capitaux, son gouvernement – ou son absence de gouvernement – par des États démocratiques souverains ou semi-souverains, les modes de vie et les rapports au monde spécifiques de sociétés européennes similaires et pourtant différentes.

49. Les remarques suivantes s'appliquent à la monnaie unique. À l'époque où j'ai écrit mon livre, personne n'avait envisagé le Brexit. Du point de vue de l'Europe continentale, la probabilité d'un vote britannique en faveur de la sortie de l'UE aurait de toute façon été inconcevable, étant donné que le Royaume-Uni n'était pas vraiment un membre à part entière de l'Union : il bénéficiait d'une ristourne sur sa contribution, était en dehors de Schengen et, surtout, avait choisi de ne pas entrer dans l'union monétaire (aspect central du « projet européen » de mise en place « d'un régime d'économie politique unique » pour des pays qui diffèrent entre eux). On ne s'est pas rendu compte, en dehors de la Grande-Bretagne, à quel point la « liberté de mouvement » de l'UE irritait les Britanniques ; voir Streeck (2016b). Bien entendu, avec le recul, le fait que les Britanniques aient opté pour la sortie malgré leur régime de « participation allégée » augure mal du succès des efforts d'intégration beaucoup plus ambitieux accomplis par et pour d'autres pays, à la fois en Europe de l'Est et du Sud. Par ailleurs, le retrait britannique risque de renverser l'équilibre des pouvoirs au sein de ce qui reste de l'Union européenne au profit du Sud et au détriment du Nord, d'attiser en

Depuis la parution de *Du temps acheté*, j'ai eu souvent l'occasion de développer mes réflexions au sujet de l'Europe et de l'UME, en particulier par rapport à la recension qu'en a faite Jürgen Habermas[50]. Je me contenterai ici de résumer brièvement en neuf thèses ce qui me semble particulièrement important dans la discussion sur l'UME, et pourquoi je considère cette création comme une erreur fatale dont l'Europe aura à pâtir pendant encore longtemps.

1) L'UME est un régime monétaire international qui devrait être perçu comme un des nombreux pis-aller aux problèmes de la coordination économique internationale, problèmes qui se sont manifestés à chaque nouvelle crise depuis que les États-Unis ont abandonné les accords de Bretton Woods. Ce que l'UME n'est pas, en revanche, c'est « l'Europe », ou « l'idée européenne ». « L'Europe » a au moins deux mille ans de plus que l'UME[51] et l'« idée européenne », si nous entendons par là le désir d'une (re)unification pacifique des nations européennes qui rende justice à la diversité qu'elles produisent, est plus vieille d'au moins une centaine d'années. En outre,

---

conséquence les tensions au sein de l'UME et d'accroître la résistance, en particulier dans les pays du Nord, envers le projet « d'union toujours plus étroite » envisagée par les traités européens. De manière générale, on peut considérer la crise actuelle (septembre 2016) de l'intégration européenne comme l'une des expressions de la fragilité du système étatique contemporain à l'ère de la « globalisation », où les problèmes et les dilemmes d'ordre politique ébranlent les institutions existantes en contraignant les responsables à faire des choix toujours malheureux entre une centralisation supranationale de la gouvernance pour faire face à l'internationalisation des marchés, la défense des démocraties nationales et une décentralisation régionale visant à démanteler des États-nations trop empressés d'ouvrir leurs économies et leurs sociétés aux puissances mondialisées. Le Royaume-Uni présente un cas très intéressant en la matière dans la mesure où il aura sans doute à faire face à de nouvelles pressions indépendantistes de la part de certaines régions alors que lui-même décide, en tant qu'État-nation, de quitter l'Union européenne et sa prétention à une gouvernance supranationale.

50. Voir Habermas (2013) [NdT.: ce texte est traduit de l'allemand dans le présent volume : « Démocratie ou capitalisme ? Misère des États-nations et de leur fragmentation au sein d'une société mondiale intégrée par le capitalisme ».] Une version en anglais est désormais disponible au chapitre 7 du livre de Habermas, *The Lure of Technocracy* (2015). On trouvera ma réponse dans un article intitulé « Vom DM-Nationalismus zum Euro-Patriotismus ? Ein Replik auf Habermas J. », (2013a) [en anglais: « Small-State Nostalgia ? The Currency Union, Germany, and Europe: A Reply to Jürgen Habermas » (2014e)]. Sur Habermas voir aussi (Streeck, 2015c). Sur l'Europe (Streeck, 2015b) ; Streeck (2015a) ; chapitres 8, 6, et 4 dans Streeck (2016). Concernant l'UME, voir plus particulièrement Streeck (2015e), et chapitre 7 dans Streeck (2016).

51. Si vous voulez une date plus précise, l'Europe telle que nous la connaissons existe probablement depuis 50 avant J.-C., date à laquelle s'acheva la guerre des Gaules tandis que la civilisation méditerranéenne, incarnée par la République romaine, s'installait définitivement au nord des Alpes, en France et en Grande-Bretagne notamment.

un certain nombre de pays qui sont sans aucun doute européens n'appartiennent pas à l'UME, comme la Suède ou le Danemark.

2) L'introduction d'une monnaie unique pour certains membres de l'Union Européenne n'a pas unifié l'Europe mais l'a divisée. Les nouvelles lignes de partage passent entre les membres et les non-membres de l'UME ; à l'intérieur de l'UME entre les pays qui ont traditionnellement des monnaies fortes et ceux qui ont des monnaies faibles ; et à l'intérieur des États membres entre opposants et partisans de l'union monétaire. Les partis « anti-européens » se sont renforcés dans tous les pays de l'UME, en se greffant souvent sur des courants d'extrême droite radicale ou xénophobe, dans des proportions jusqu'alors inenvisageables. Du point de vue de l'Allemagne il est particulièrement alarmant que l'UME ait récemment ravivé dans de nombreux pays membres ce que l'on pensait définitivement dépassé : le souvenir des deux guerres mondiales qu'elle avait déclenchées et l'hostilité que ce souvenir suscite.

3) Les communautés politiques à l'intérieur desquelles les peuples européens étaient plus ou moins confortablement organisés au cours de leur histoire récente ont, du point de vue des économies politiques, développé des pratiques et des constitutions économiques différentes, fondées sur des compromis, spécifiques à chaque pays, entre vies économique et sociale, et entre démocratie et capitalisme. Les arrangements monétaires nationaux nés de ces configurations étaient adaptés aux systèmes institutionnels particuliers que le capitalisme moderne avait établis régionalement et nationalement, et qu'il avait modifiés de l'intérieur. Un régime monétaire international unique décrété d'en haut, le même pour tous, ne peut convenir de la même manière à toutes les pratiques économiques nationales et à tous les compromis de classe ; il privilégiera certains pays, tandis qu'il forcera les autres à subordonner à ses exigences propres leurs règlements spécifiques entre économie capitaliste et société démocratique. Il est inévitable que cela produise une résistance politique intérieure dans les pays contraints de s'adapter, ainsi qu'une forme de ressentiment nationaliste à l'égard des pays qui se présentent eux-mêmes comme des modèles pour les « réformes » que le régime monétaire commun exige de la part des économies politiques qu'il désavantage, si celles-ci veulent prospérer en son sein. Dans le cas de l'UME les réformes requises consistent en une adaptation des politiques et des économies des États méditerranéens dans le sens d'un régime de forte stabilité monétaire et d'équilibre des comptes publics, correspondant aux attentes des marchés financiers internationaux dans le cadre du capitalisme

financier – avec des nombreuses conséquences fort douloureuses pour les marchés du travail et les prestations sociales, du moins au départ.

4) À l'intérieur de l'union monétaire, il est inévitable qu'il y ait des conflits internationaux durables, qui se déploieront sur trois plans superposés et corrélés : conflits sur l'interprétation des lois de l'UME ; conflits sur la répartition du fardeau de la « réforme » entre les États membres ; et conflits sur le versement d'aides ou d'éventuelles compensations de la part des membres favorisés en faveur des membres désavantagés. Au plus haut niveau la question est de savoir si les pays de la Méditerranée, éventuellement en accord avec la France, réussiront à faire valoir une interprétation des traités qui réponde mieux que ce qui est écrit à leurs propres besoins et intérêts ; ce qui peut arriver ici est une lutte acharnée dans laquelle un groupe de pays tente de tirer le régime monétaire commun « vers le Sud », tandis que les autres le poussent « vers le Nord », ou plutôt cherchent à le garder là où il est. En fonction de l'issue de cette lutte sur le sens à donner aux traités, la question sera alors, dans un second temps, de savoir quels pays auront à « réformer » leurs institutions en allant dans le sens des autres : ou bien le Nord aura à apprendre à vivre avec plus d'inflation, ou bien le Sud, après avoir affaibli ses syndicats, aura à couper dans l'emploi public et à rendre l'emploi dans le secteur privé plus « flexible ». Dans un troisième temps, puisqu'une adaptation des institutions des pays lésés qui doperait leurs performances ne peut se faire du jour au lendemain, des négociations devront avoir lieu pour savoir si, et dans quelle mesure, les vainqueurs actuels de l'union monétaire auront à soutenir financièrement leurs partenaires, sous la forme de politiques de développement régionales, sociales ou internationales, politiques dont les détails, par exemple quant à l'affectation des paiements de transfert, soit à la consommation, soit à l'investissement, fourniront leur lot régulier de conflit. Qu'elle soit conçue comme temporaire ou pérenne, et quel que soit le nom de cette embryonnaire « union de transfert », il y aura des conflits concernant la quantité d'aide que les pays bénéficiaires pourront demander et la quantité de contrôle que les pays donateurs auront en retour le droit d'obtenir ; les pays bénéficiaires considéreront inévitablement que les sommes qui leur sont allouées sont trop faibles et l'abandon de souveraineté exigé en échange trop élevé, tandis que les pays donateurs trouveront les exigences de soutien financier de leurs partenaires exagérées et les possibilités de contrôle dont ils disposeront insuffisantes. Les conflits politiques qui en résulteront seront rien moins qu'explosifs.

5) Les conflits européens actuels qui touchent à l'interprétation, l'adaptation et la répartition, et qui sont en train d'étouffer les sentiments de sympathie

mutuelle construits en Europe pendant la longue paix d'après-guerre, ne disparaîtront donc pas, quand bien même l'actuelle « opération de sauvetage » de la Grèce, et celles qui ne manqueront pas d'arriver pour des pays comme l'Italie et l'Espagne, devraient effectivement « réussir » – au sens où elles permettraient aux pays en question de revenir dans des conditions acceptables sur le marché international des capitaux, et d'espérer ne plus être de nouveau la cible d'attaques surprises. Compte tenu des différences nationales persistantes au niveau de la compétitivité et des performances économiques dans un régime de concurrence aiguë[52], les pays membres les plus riches, en particulier l'Allemagne, ne seront pas dans la position, même avec la meilleure bonne volonté européenne, de satisfaire aux inévitables attentes de solidarité matérielle qui leur seront adressées, dans la mesure où leurs électorats poseront des limites strictes à leur générosité, notamment au nom d'une politique d'assainissement des finances et d'équilibre budgétaire conforme aux attentes des marchés financiers. En outre, il n'existe aucun exemple de convergence économique entre des régions caractérisées par des niveaux de « compétitivité » différents uniquement par le « libre jeu des forces du marché », contrairement à ce que promet la doctrine néolibérale. Au lieu d'atténuer les différences, les marchés tendent en réalité à les accroître par différents mécanismes d'avantages cumulatifs. Même complètement libérée de ses dettes, la Méditerranée aura besoin de transferts financiers considérables pendant une longue période, tout comme les régions de l'ancienne RDA en Allemagne ou comme le *Mezzogiorno* en Italie, si l'on veut que leur retard relatif soit rattrapé, ou seulement contenu.

6) Ce qu'il est urgent de faire, mais que les politiques européennes ne veulent ou ne peuvent pas mettre en œuvre, est la suppression de ce que

---

52. Différences particulièrement sensibles entre l'Allemagne et le reste de la zone euro. Entre 1999, première année de l'UME, et 2008, le taux de change effectif réel de l'Allemagne par rapport à la zone euro, mesuré en fonction du coût unitaire de la main-d'œuvre, a chuté de 20 %, rendant ainsi les produits allemands beaucoup plus compétitifs ; au cours des années qui ont suivi la crise et au fil des « missions de sauvetage », l'appréciation de ce taux a été faible, n'ayant pas dépassé 5 points de pourcentage. En conséquence, la part des exportations allemandes dans le PIB est passée de 27 % en 1999 à un taux record (pour un pays de grande taille) de 45 % en 2011 et elle s'est maintenue à ce niveau depuis. La position extérieure nette de l'Allemagne – vis-à-vis de l'étranger, le stock des créances moins celui des engagements – était proche de zéro en 2003, après quoi elle a progressivement augmenté jusqu'à atteindre plus de 40 % (!) du PIB en 2014. Voir Scharpf (2015). On prévoit pour 2016 un excédent de la balance courante de 8,9 % du PIB, c'est-à-dire que cet excédent sera plus élevé en chiffres absolus que celui de tous les autres pays, y compris la Chine (dans les années 1990, à l'époque du Système monétaire européen, un excédent de 2 % était considéré comme excessif et dangereux pour la stabilité économique).

l'UME a introduit en Europe, et qui fonctionne *de facto* comme un étalon-or. À la différence de l'été 2012, quand je donnais les conférences qui ont servi de base à *Du temps acheté*, il y a aujourd'hui plusieurs propositions réalistes qui traitent de la manière dont on pourrait sortir de cette situation, par exemple par un régime à double monnaie dans les États membres plus faibles, ou par la division de la monnaie commune entre un euro du Sud et un euro du Nord[53]. Aujourd'hui personne ne peut plus mettre en doute que le régime monétaire européen actuel, comme tout étalon-or, est incompatible avec la démocratie – avant tout, mais pas uniquement, parce qu'il refuse aux pays les moins « compétitifs » la possibilité d'un ajustement politiquement contrôlé vers le bas de leurs taux de change, et leur impose « l'austérité » en guise de seule politique d'ajustement, politique dont le fardeau retombe sur les salariés, les fonctionnaires, les retraités et les citoyens dépendants des services publics. Puisque cela conduit la majorité des populations à percevoir leurs gouvernements comme des représentants d'intérêts financiers et économiques étrangers – puisqu'à un moment donné elles ne peuvent plus s'illusionner sur les promesses néolibérales de « sauvetage » et de « rattrapage » – elles doivent être exclues des décisions politiques ; et c'est ainsi que l'on s'achemine vers un capitalisme affranchi de la démocratie. Il en résulte un autre conflit de longue haleine, qui touche à la fois à la politique intérieure et à la politique étrangère, avec un pays comme l'Allemagne qui assume en pratique, et se voit effectivement contraint, d'assumer le devoir de « nettoyer » des pays comme la Grèce, l'Italie et l'Espagne par des « réformes » imposées de l'extérieur et d'en haut. À cette fin, l'Allemagne doit s'assurer que des gouvernements de bonne volonté arrivent au pouvoir dans ces pays et qu'ils y demeurent. Compte tenu des avantages que les exportations allemandes et ses travailleurs tirent d'un taux de change nominal définitivement fixé à l'intérieur de la zone euro, on peut pratiquement exclure qu'un gouvernement allemand défende jamais le démantèlement de la monnaie unique, aussi désagréables que les conflits qu'elle engendre puissent lui paraître.

7) Une résolution des problèmes européens par une constitution démocratique européenne, une possibilité qui est souvent évoquée, particulièrement en Allemagne, et qui n'est d'ailleurs prise au sérieux que là-bas – une constitution qui prendrait la place des démocraties et des constitutions nationales, ou du moins qui les recouvrerait substantiellement –, est une illusion. Une « démocratie européenne » ne mettrait pas fin aux conflits de répartition entre les pays liés à la monnaie unique, mais ne ferait que

---

53. Voir par exemple Flassbeck & Lapavitsas (2015).

les déplacer vers d'interminables négociations sur la constitution financière commune, qui seraient suivies de conflits à l'intérieur de cette Europe démocratique unifiée. Dans tous les cas, une constitution démocratique européenne, compte tenu de la diversité des sociétés concernées, ne pourrait ressembler qu'à ce que l'on appelle une « démocratie consociative », dont les sous-unités fédérales réclameraient, et se devraient de réclamer, un haut degré de souveraineté, tandis que les décisions majoritaires resteraient rares. De plus, écrire une constitution de ce type dans le cadre de la procédure européenne normale, et la mettre en œuvre, demanderait tellement de temps que nous ne pourrions pas en attendre une contribution réelle à la résolution des crises actuelles, d'autant qu'elles se feraient sous la pression des conflits internationaux engendrés par l'euro qui vont chaque jour en s'intensifiant. Quoi qu'il en soit, conformément à la législation en vigueur, ce seraient les États nationaux eux-mêmes, qui auraient à effectuer leur propre abolition en faveur d'une démocratie paneuropéenne – à moins qu'ils ne soient liquidés par une révolution antinationaliste de citoyens européens et par leurs « sociétés civiles » respectives. Il est toutefois bien plus probable que nous assistions à des révolutions nationalistes dans plusieurs pays européens, en particulier si leurs gouvernements persistent dans la volonté de maintenir l'union monétaire à tout prix ; cela signifierait une confiscation du pouvoir politique par des forces qui veulent défendre et renforcer les droits des États nationaux et qui cherchent à réduire la juridiction des institutions européennes.

8) Dans tous les cas, la tendance actuelle ne va pas dans la direction de la centralisation et du « grand-étatisme » [*Grossstaaterei*] par opposition à l'esprit de clocher et au « petit-étatisme » [*Kleinstaaterei*], mais plutôt vers des États-niche comme la Suède, le Danemark ou la Suisse, qui pourraient bien être les modèles des séparatismes « nationaux » que l'on voit en Écosse, au pays de Galles, dans le nord de l'Italie, ou en Catalogne. Le séparatisme infranational est sans doute fréquemment motivé par des intérêts matériels, par le refus de partager « sa » prospérité avec des régions plus faibles. Souvent, toutefois, l'insistance sur la souveraineté à l'échelle micro-étatique [*kleinstaatlich*] a aussi une dimension productive, qui consiste à user des instruments politiques de l'État-nation pour des spécifications sectorielles et au service de la fabrication d'une niche dans l'économie mondiale, à l'intérieur de laquelle la prospérité nationale peut être construite et défendue plus facilement que dans une configuration où la souveraineté nationale a été abandonnée au profit d'une fédération hétérogène ou d'un État central distant et coupé des intérêts et des besoins régionaux. Derrière cette préférence pour l'échelle

régionale, il y a cette question toujours en suspens du meilleur moyen pour faire face à la « globalisation » des marchés et des systèmes de production, question que l'on ne peut certes pas trancher par avance en faveur du « grand-étatisme ». Même dans certains pays de l'euro, comme les Pays-Bas, des slogans comme « Non au super-État, oui à la coopération » rencontrent un large écho car ils répondent à des sentiments puissamment enracinés. Dans tous les cas, que l'*État de marché* européen doive en dernier ressort se développer en un *État-puissance* (le *Machtstaat* de Max Weber), et déployer une armée européenne pour défendre la manière de vivre et la forme de commerce de l'Europe dans la compétition mondiale avec les États-Unis et la Chine, est une possibilité tellement éloignée de la réalité que même l'esprit le plus profondément européen répugne à des fantaisies de ce genre.

9) En dernière analyse, l'euro et sa crise ne devraient pas être traités, ou du moins pas d'emblée, comme un problème d'unité européenne, mais plutôt comme une question annexe à celle, pressante, d'un ordre monétaire fonctionnel pour le capitalisme, ou peut-être pour le post-capitalisme, du XXIe siècle. Depuis la fin de Bretton Woods, il n'y a plus d'accord à l'intérieur du monde capitaliste sur ce que devrait être un tel système monétaire, un système qui rende justice aux intérêts et aux capacités des pays très fortement différenciés qui participent à l'économie mondiale. Cette absence de consensus est l'une des causes principales de la propension du capitalisme financiarisé d'aujourd'hui à sombrer dans des crises. Plusieurs sujets auraient dû être traités depuis longtemps en vue d'une réforme monétaire globale : l'actuel régime des taux de change totalement inadéquat, le remplacement du dollar comme monnaie de réserve, la régulation mondiale de la création de la monnaie et du crédit, et la surveillance non seulement des banques mais aussi des fonds de pension et autres sociétés dans ce secteur boursouflé qu'est la finance. Peut-être qu'une réforme de ce genre n'est pas moins irréaliste que la transition vers une démocratie européenne. Mais cela n'altère en rien le fait qu'une nouvelle conception de l'euro qui serait compatible avec une cohabitation pacifique des peuples européens doit s'adapter à un environnement mondial qui est susceptible d'être exposé à tout moment aux plus graves perturbations, d'une magnitude au moins égale à celle de 2008. Un régime monétaire européen révisé ne sera utile qu'à condition d'être au minimum capable d'offrir aux sociétés européennes des protections contre les lames de fond qui surgiront inévitablement de l'économie capitaliste mondiale anarchique d'aujourd'hui. L'euro, comme nous le savons désormais, a fait très exactement le contraire.

Traduit de l'anglais par Diane Scott

Bibliographie

ADMATI Anat & Martin HELLWIG (2013), *The Bankers' New Clothes: What's Wrong with Banking and What to Do about It*, Princeton, Princeton University Press.

BANK FOR INTERNATIONAL SETTLEMENTS (2013), « 83rd Annual Report, 1 April 2012-31 March 2013 », Basel, Bank for International Settlements.

BLACK Jeremy (2009), *Europe since the Seventies*, Londres, Reaktion Books.

BELL Daniel (1976), « The Public Household: On "Fiscal Sociology" and the Liberal Society », *in* Id., *The Cultural Contradictions of Capitalism*, New York, Basic Books, chapitre 6, p. 220-282.

COWIE Jefferson (2010), *Stayin' Alive: The 1970s and the Last Days of the Working Class*, New York, The New Press.

DOERING-MANTEUFFEL Anselm & Raphael LUTZ (2008), *Nach dem Boom. Perspektiven auf die Zeitgeschichte seit 1970*, Göttingen, Vandenhoeck & Ruprecht.

FERGUSON Niall, MAIER Charles S., MANELA Erez & Daniel R. SARGENT (eds.) (2010), *The Shock of the Global: The 1970s in Perspective*, Cambridge, MA, Belknap.

FLASSBECK Heiner & Costas LAPAVITSAS (2015), *Against the Troika. Crisis and Austerity in the Eurozone*, Londres, Verso.

GLYN Andrew (2006), *Capitalism Unleashed: Finance Globalization and Welfare*, Oxford, Oxford University Press.

GRANT Wyn & Graham K. WILSON (eds.) (2012), *The Consequences of the Global Financial Crisis: The Rhetoric of Reform and Regulation*, Oxford, Oxford University Press.

HABERMAS Jürgen (2015), *The Lure of Technocracy*, Cambridge & Malden, Polity Press.

— (2013), « Demokratie oder Kapitalismus? Vom Elend der nationalstaatlichen Fragmentierung in einer kapitalistisch integrierten Weltgesellschaft », *Blätter für deutsche und internationale Politik*, vol. 58/5, p. 59-70.

HAFFERT Lukas (2015), *Freiheit von Schulden – Freiheit zum Gestalten? Die Politische Ökonomie von Haushaltsüberschüssen*, Frankfort, Campus.

HAFFERT Lukas & Philip MEHRTENS (2013), « From Austerity to Expansion? Consolidation, Budget Surpluses, and the Decline of Fiscal Capacity », *MPIfG Discussion Paper* n° 13/16, Max-Planck-Institut für Gesellschaftsforschung Köln.

HALL Peter A. & David SOSKICE (eds.) (2001), *Varieties of Capitalism: The Institutional Foundations of Comparative Advantage*, Oxford, Oxford University Press.

HIRSCHMAN Albert Otto (1973), *Défection et prise de parole*, Paris, Fayard (trad. fr. de *Exit, Voice, Loyalty, Responses to Decline in Firms, Organizations and State*, Cambridge, Mass., Harvard University Press, 1970).

JARAUSCH Konrad H. (ed.) (2008), *Das Ende der Zuversicht? Die siebziger Jahre als Geschichte*, Göttingen, Vandenhoeck & Ruprecht.

JORDÀ Òscar, SCHULARICK Moritz & Alan M. TAYLOR (2013), «Betting the House», *Journal of International Economics*, vol. 96 (S1), p. S2-S18.

JUDT Tony (2009), «What is Living and What is Dead in Social Democracy?», *New York Review of Books*, 17 décembre, p. 86-96.

— (2005), *Postwar: A History of Europe Since 1945*, Londres, Penguin.

JÜRGENS Kerstin (2010), «Deutschland in der Reproduktionskrise», *Leviathan*, vol. 38/4, p. 559-587.

KOTZ David M. (2015), *The Rise and Fall of Neoliberal Capitalism*, Cambridge, MA, Harvard University Press.

LARGE Andrew (2015), «Financial Stability Governance Today: A Job Half Done – Ongoing Questions for Policy-Makers», *Occasional Paper* n° 92, Washington, DC, Group of Thirty.

MAIR Peter (2013), *Ruling the Void: The Hollowing of Western Democracy*, Londres/New York, Verso.

MAYNTZ Renate (ed.) (2015), *Negotiated Reform: The Multilevel Governance of Financial Regulation*, Frankfort, Campus.

MCKINSEY GLOBAL INSTITUTE (2015), *Debt and (Not Much) Deleveraging*, Londres, San Francisco, Shanghai, McKinsey & Company.

MEHRTENS Philip (2014), *Staatsschulden und Staatstätigkeit: Zur Transformation der politischen Ökonomie Schwedens*, Frankfort, Campus.

O'CONNOR James (1973), *The Fiscal Crisis of the State*, New York, St. Martin's Press.

PERROW Charles (1984), *Normal Accidents: Living with High-Risk Technologies*, New York, Basic Books.

PIERSON Paul (2001), «From Expansion to Austerity: The New Politics of Taxing and Spending», *in* Levin A. M., Landy K. M. & Shapiro M. (eds.), *Seeking the Center: Politics and Policymaking at the New Century*, Washington, DC, Georgetown University Press, p. 54-80.

PIKETTY Thomas (2014), *Capital in the Twenty-First Century*, Cambridge, MA, Harvard University Press.

— (2013), *Le capital au XXIe siècle*, Paris, Seuil.

RAITHEL Thomas, RÖDDER Andreas & Andreas WIRSCHING (eds.) (2009), *Auf dem Weg in eine neue Moderne? Die Bundesrepublik Deutschland in den siebziger und achtziger Jahren*, Munich, Oldenbourg Wissenschaftsverlag.

RODGERS Daniel T. (2011), *Age of Fracture*, Cambridge, MA, Harvard University Press.

SASSEN Saskia (2014), *Expulsions: Brutality and Complexity in the Global Economy*, Cambridge, MA, Belknap.

SCHARPF Fritz W. (2015), «Vom angedrohten Grexit zur differenzierten Integration», *Zeitschrift für Staats- und Europawissenschaften*, vol. 13, n° 3, p. 325-335.

SCHÄFER Armin & Wolfgang STREECK (eds.) (2013), *Politics in the Age of Austerity*, Cambridge, Polity Press.

STREECK Wolfgang (2016a), *How Will Capitalism End? Essays on a Failing System*, Londres, Verso.

— (2016b), « Exploding Europe : Germany, the Refugees and the British Vote to Leave », *SPERI Paper* n° 31, University of Sheffield, septembre.

— (2015a), « The Rise of the European Consolidation State », *in* Desmond King & Patrick Le Galés (eds.), *The Reconfiguration of the State in Europe*, Oxford, Oxford University Press.

— (2015b), « Comment on Wolfgang Merkel, "Is Capitalism Compatible with Democracy ?" », *Zeitschrift für vergleichende Politikwissenschaft*, Published online, 7 février.

— (2015c), « What About Capitalism ? Jürgen Habermas's Project of a European Democracy », *European Political Science*, publication en ligne anticipée [wolfgangstreeck.com/2016/01/18/what-about-capitalism-juergen-habermass-project-of-a-european-democracy/].

— (2015d), « Heller, Schmitt and the Euro », *European Law Journal*, vol. 21/3, p. 361-370.

— (2015e), « Why the Euro Divides Europe », *New Left Review*, 95, septembre/octobre.

— (2015f), « The Rise of the European Consolidation State », *MPIfG Discussion Paper* n° 15/1, Max-Planck-Institut für Gesellschaftsforschung Köln.

— (2014a), *Du temps acheté. La crise sans cesse ajournée du capitalisme démocratique*, Paris, Gallimard.

— (2014b), « Politische Ökonomie als Soziologie : Kann das gutgehen ? », *Zeitschrift für theoretische Soziologie*, vol. 1/2, p. 147-166.

— (2014c), « Aus der Krise nach "Europa" ? Vergangenheit und Zukunft in Geschichte und politischer Ökonomie », *Journal of Modern European History*, vol. 12/3, p. 299-316.

— (2014d), « The Politics of Public Debt : Neoliberalism, Capitalist Development, and the Restructuring of the State », *German Economic Review*, vol. 15/1, p. 143-165.

— (2014e), « Small-State Nostalgia ? The Currency Union, Germany, and Europe : A Reply to Jürgen Habermas », *Constellations*, vol. 21/2.

— (2014f), « How Will Capitalism End ? », *New Left Review* 87, mai/juin, p. 35-64.

— (2013a), « Vom DM-Nationalismus zum Euro-Patriotismus ? Eine Replik auf Jürgen Habermas », *Blätter für deutsche und internationale Politik*, vol. 58/9, p. 75-92.

— (2013b), « Nach der Krise ist in der Krise : Aussichten auf die Innenpolitik des europäischen Binnenmarktstaats », *Leviathan*, vol. 41/2, p. 1-20.

— (2012), « How to Study Contemporary Capitalism ? », *Archives Européennes de Sociologie*, vol. 53/1.

— (2011a), « Volksheim oder Shopping Mall ? Die Reproduktion der Gesellschaft im Dreieck von Markt, Sozialstruktur und Politik », *WestEnd*.

Neue Zeitschrift für Sozialforschung, vol. 8/2, p. 43-64.

STREECK Wolfgang (2011b), « *E Pluribus Unum* ? Varieties and Commonalities of Capitalism », *in* Wolfgang Granovetter Mark & Swedberg Richard (eds.), *The Sociology of Economic Life*, 3rd edition, Boulder, CO, Westview, p. 419-455.

— (2011c), « Taking Capitalism Seriously : Towards an Institutional Approach to Contemporary Political Economy », *Socio-Economic Review*, vol. 9/1.

— (2009), *Re-Forming Capitalism : Institutional Change in the German Political Economy*, Oxford, Oxford University Press.

— (1997), « German Capitalism : Does It Exist ? Can It Survive ? », *New Political Economy*, vol. 2/2, p. 237-256.

STREECK Wolfgang & Lea ELSÄSSER (2014), « Monetary Disunion : The Domestic Politics of Euroland », *MPIfG Discussion Paper* n° 14-17, Max-Planck-Institut für Gesellschaftsforschung Köln.

STREECK Wolfgang & KOZO YAMAMURA (eds.) (2001), *The Origins of Nonliberal Capitalism : Germany and Japan*, Ithaca, NY, Cornell University Press.

SUMMERS Lawrence (2015), « Have we Entered an Age of Secular Stagnation ? », IMF Fourteenth Annual Research Conference in Honor of Stanley Fischer, Washington, DC, *IMF Economic Review* 63, (doi:10.1057/ imfer.2015.6).

— (2013), « Why Stagnation Might Prove to be the New Normal », *Financial Times*, 15 décembre.

VITALI Stefania, GLATTFELDER James B. & Stefano BATTISTON (2011), *The Network of Global Corporate Control*. Available online at : [arxiv.org/ pdf/1107.5728.pdf].

WALBY Sylvia (2015), *Crisis*, Cambridge, Polity Press.

YAMAMURA Kozo & Wolgang STREECK (eds.) (2003), *The End of Diversity ? Prospects for German and Japanese Capitalism*, Ithaca, Cornell University Press.

Colin Crouch

La mondialisation et le triomphe ininterrompu du néolibéralisme
Quelle est la force du lien ?

Bien que le langage plus ou moins officiel de la classe politique ne cesse de le nier, les États contemporains ne sont qu'en partie responsables devant leur peuple : ils le sont également, pour une autre part, et selon des modalités différentes, devant les intérêts de la finance mondiale. L'un des nombreux apports de l'ouvrage de Wolfgang Streeck, *Du temps acheté* (2014), est l'élaboration d'un cadre théorique qui prend plus judicieusement en compte cette dualité et qui permet de remplacer les concepts faussement sécurisants de la théorie de la démocratie libérale. L'auteur affirme que les gouvernements « démocratiques » actuels ne représentent pas uniquement les voix de leurs citoyens, mais sont responsables auprès de deux *Völker*, ou groupes de personnes : le *Staatsvolk* (le peuple national, peuple d'État ou citoyens-électeurs), et le *Marktvolk* (les gens de marché, ou le peuple de marché). Le premier est organisé au niveau national, et il est composé de citoyens dotés de droits de citoyenneté inaliénables, qui votent (régulièrement) à l'occasion d'élections, expriment également par la parole leurs préoccupations et contribuent à la formation de l'opinion publique, font preuve de loyauté envers leurs gouvernements et se tournent vers eux pour faire valoir leurs droits sociaux au quotidien. Les seconds existent à l'échelle internationale, agissent en tant qu'acteurs financiers qui imposent leurs exigences, conduisent (sans discontinuité) leurs opérations lors de ventes aux enchères de bons du Trésor pour couvrir la dette publique, expriment également leurs revendications à travers les mouvements des taux d'intérêt, manifestent divers degrés de « confiance », et se tournent vers les administrations publiques afin que soit assuré le service de la dette qui leur est dû.

Dans la présente contribution, je me concentrerai sur cet aspect du livre de Streeck.

Ce sur quoi Streeck porte ici son attention ne relève pas tant du thème traditionnel du pouvoir politique des lobbies économiques, que de la transformation à un niveau plus profond des responsabilités de l'État engendrée par l'augmentation de la dette publique, et plus spécifiquement par le passage de l'État fiscal *(Steuerstaat)* à l'État débiteur *(Schuldenstaat)*. Il existe une relation fondamentale entre l'État fiscal et ses citoyens (le *Staatsvolk*), qui lui donnent leur assentiment pour le prélèvement des impôts. (Ce modèle est en réalité antérieur à la démocratie.) L'État débiteur, tout en conservant cette relation, en établit une seconde qui, à l'instar du système d'imposition, est également utilisée comme source majeure de fonds publics : celle qui le lie aux marchés financiers mondiaux sur lesquels il emprunte de l'argent. Ce qui explique sa responsabilité devant le *Marktvolk*. Nous avons déjà pu constater, en dressant ci-dessus le catalogue de leurs caractéristiques, que les investisseurs finançant l'État débiteur sont plus puissants que les citoyens : ils sont hors de portée du contrôle de l'État ; ils conduisent leurs opérations sans interruption, et pas seulement lorsque sont organisées des élections ; lorsqu'ils agissent sur les taux d'intérêt en accordant ou en retirant leur confiance, ils mobilisent une forme d'expression de leurs exigences bien plus contraignante que ne le sont les outils à la disposition des citoyens désireux d'exprimer leurs opinions.

Cette réfutation écrasante des prétentions démocratiques des États contemporains peut même être rendue plus implacable encore. Il est possible que Streeck, concentré comme il l'était sur des événements advenus après 2010 à la suite de la crise de la dette dans la zone euro, ait accordé trop d'importance au seul mécanisme de la dette publique. Qu'en est-il des États dont l'endettement est minime ? C'est en Scandinavie et dans plusieurs pays d'Europe Centrale et de l'Est que l'on trouve aujourd'hui les taux d'endettement les plus faibles du monde industrialisé, avec des niveaux inférieurs à 50 % du Produit Intérieur Brut qu'il faut comparer aux niveaux supérieurs à 100 % que l'on trouve dans plusieurs pays majeurs, et à celui du Japon qui dépasse 200 % du PIB. L'influence de l'État débiteur au sein d'un régime politique devrait être proportionnelle à l'ampleur de la dette publique. Si tel était le cas, l'État fiscal, l'État fondé sur la citoyenneté, devrait avoir gardé plus d'influence en Scandinavie et dans les pays d'Europe Centrale et de l'Est. Définie en ces termes, la thèse avancée par Streeck est confirmée par le premier exemple, mais est-ce vraiment dans les pays d'Europe Centrale et de l'Est, où les niveaux d'endettement sont les plus bas, que la citoyenneté politique est au plus haut ? Les gouvernements de ces pays dépendent grandement des faveurs accordées par les détenteurs de capitaux internationaux, mais selon des modalités différentes de celles des État fiscaux : leur dépendance s'établit essentiellement vis-à-vis des investissements étrangers. Lorsque des pays attirent de tels investissements en raison de leurs faibles coûts (bas salaires, coûts sociaux minimes, taux d'imposition faibles), l'autonomie de leurs gouvernements peut être restreinte dans les mêmes proportions que ce que subissent les États débiteurs, et la pression qui s'exerce sur eux pour suivre une voie fondamentalement favorable aux intérêts capitalistes internationaux peut être au moins aussi forte que lorsque la dépendance prend la forme de l'endettement.

La situation est encore différente dans des pays qui n'attirent pas une grande quantité de capitaux étrangers, ni pour financer la dette, ni pour soutenir l'investissement. Ces pays qui se contentent de capitaux nationaux trouvent cependant leur place sur des marchés mondiaux à faible valeur ajoutée[1]. Les pressions à la baisse qui s'exercent sur le niveau de vie moyen des travailleurs et les infrastructures publiques, qu'elles soient matérielles ou sociales, sont dans ce cas au moins aussi fortes que dans n'importe quel autre contexte national, mais sont générées par le biais des marchés de produits de masse plutôt qu'à travers les exigences plus ouvertement politiques de créanciers et de propriétaires de capitaux. Il ne s'agit pas ici d'une critique de fond du modèle proposé par Streeck, mais d'une indication sur la façon dont ce modèle pourrait être élargi pour prendre en compte des formes variées de dépendance au capital mondial. L'objectif serait alors de construire une théorie plus complète de la relation existante entre les contraintes exercées sur les États par les marchés d'un côté et la démocratie de l'autre.

Rendre mesurable la dépendance économique mondiale

On peut généraliser le raisonnement de Streeck pour formuler l'hypothèse que plus les pays sont exposés à l'économie mondiale, plus ils auront tendance à se conformer aux orientations du *Marktvolk*. Dès lors, l'influence du *Marktvolk* devrait être la plus faible et celle du *Staatsvolk* la plus forte là où les économies nationales sont plus ou moins isolées du reste du monde.

---

1. Marchés de produits dont la fabrication s'appuie essentiellement sur une main-d'œuvre peu qualifiée et un niveau technique peu élevé, comme les vêtements ou les produits alimentaires de base, ou encore les petites activités commerciales lorsqu'il s'agit de marchés de services.

Tableau 1 : Indicateurs d'exposition à la mondialisation des économies des pays membres de l'OCDE[2]

	Dette publique		Encours d'Investissements Directs Internationaux			Ratio RNB / PIB			Commerce extérieur			Indice cumulé, 2015	
	2015	Evol. 1995-2015		2015	Evol. 2005-15		2015	Evol. 2005-15		2015	Evol. 2005-15		
JPN	246.58	73.88	LUX	392.9	*	LUX	65.09	-28.47	LUX	219.1	70.30	LUX	10.84
GRC	181.19	67.89	IRL	380.8	*	IRL	79.70	-6.90	IRL	108.1	33.95	IRL	7.19
ITA	157.64	40.24	CHE	105.9	*	ISL	91.37	-4.60	SVK	92.3	18.00	BEL	1.36
PRT	149.65	69.65	NLD	96.5	25.85	CZE	93.43	-2.05	HUN	86.3	22.30	HUN	1.21
BEL	126.50	18.7	BEL	94.0	*	HUN	95.31	0.71	BEL	82.1	10.40	PRT	0.60
USA	125.84	46.94	EST	83.8	3.88	NZL	96.07	-2.70	CZE	79.9	18.75	JPN	0.56
FRA	121.00	39.3	HUN	69.4	15.09	POL	96.31	2.53	EST	77.2	8.75	CZE	0.34
ESP	116.89	66.89	CZE	62.0	17.39	MEX	97.14	-1.94	NLD	77.1	14.85	NLD	0.33
GBR	112.62	61.52	SWE	57.0	*	PRT	97.62	-1.09	SVN	73.4	13.45	GRC	0.25
CAN	107.18	12.98	SVK	55.6	*			*	LVA	59.5	9.05	SVN	0.13
AUT	101.08	25.28	LVA	54.5	25.47	SVN	97.70	-0.84	CHE	57.1	6.75	SVK	0.05
SVN	97.30	63.90				EST	97.93					ITA	-0.12
HUN	96.91	29.81	PRT	51.2	24.93	AUS	98.25	-1.71	DNK	51.5	6.80	AUT	-0.41
IRL	91.54	60.24	GBR	49.4	16.82	SVK	98.37	1.85	AUT	51.1	4.05	GBR	-0.60
ISR	77.98	-17.42	CAN	49.0	-5.61	ISR	98.56	2.14	ISL	50.0	13.40	ESP	-0.67
NLD	77.90	20.5	ISL	46.70	18.71	GBR	98.63	7.18	POL	48.1	12.90	CAN	-0.82
DEU	77.82	7.72	AUT	45.6	18.98	ITA	99.26	-0.57	SWE	43.2	0.9	POL	-0.86
FIN	74.77	28.27	MEX	43.8	15.54	AUT	99.45	-3.74	DEU	43.0	7.80	EST	-0.90
AUS	67.63	30.93	AUS	43.3	10.78	NLD	99.64	-0.89	KOR	42.4	6.80	FRA	-1.01
POL	66.28	12.18	ESP	42.4	*	LVA	99.68	-0.23	PRT	40.2	8.95	CHE	-1.08
SWE	61.93	-2.27	NZL	39.2	0.76	ESP	99.93	-0.76	FIN	37.0	-1.40	LVA	-1.34
SVK	59.23	20.83	POL	38.2	9.84			0.72	MEX	36.2	8.85	USA	-1.42
CZE	53.91	22.01	NOR	36.4		BEL	100.04	1.37	NOR	34.7	-0.70	ISR	-1.43

2. *Sources* : Statistiques de l'OCDE sur la dette des administrations publiques, [data.oecd.org/fr/gga/dette-des-administrations-publiques.htm] ; Statistiques de l'OCDE sur les encours d'IDI, [data.oecd.org/fr/fdi/encours-d-idi.htm] ; Statistiques de l'OCDE sur le produit intérieur brut, [data.oecd.org/fr/gdp/produit-interieur-brut-pib.htm] ; Statistiques de l'OCDE sur le revenu national brut, [data.oecd.org/fr/natincome/revenu-national-brut-rnb.htm] ; Statistiques de l'OCDE sur les échanges de biens et de services, [data.oecd.org/fr/trade/echanges-de-biens-et-services.htm] (dernière visite le 15 octobre 2017).

MEX	53.50	18.00				CAN	100.32					MEX	-1.46
DNK	53.09	-28.51	FIN	35.2		GRC	100.34	-1.14	CAN	32.8	-2.05	SWE	-1.57
CHE	45.24	-11.66	ISR	34.8	13.23	KOR	100.47	2.38	ESP	32.0	4.75	FIN	-1.60
LVA	41.01	26.41	DNK	33.9	5.68	FIN	100.84	0.18	GRC	31.9	6.40	DEU	-1.69
NOR	38.80	-8.1	USA	31.0	9.48	FRA	101.62	1.25	FRA	30.7	4.10	AUS	-1.74
LUX	31.40	17.60	SVN	29.5	10.09	SWE	101.76	0.42	ISR	29.2	-11.65	DNK	-2.01
EST	12.98	4.78	FRA	27.3	10.44	DEU	102.18	-0.12	ITA	28.6	3.80	NOR	-2.92
			DEU	23.4	0.76	CHE	102.29	0.41	GBR	28.4	2.35		
			TUR	20.4	5.63	USA	102.55	1.29	NZL	27.7	-1.3		
			ITA	18.6		DNK	103.35	-6.25	TUR	24.7	1.95		
			GRC	13.7	1.92	JPN	104.58	1.57	AUS	20.0	-0.50		
			KOR	12.9	1.22	NOR	105.04	2.54	JPN	18.4	4.80		
			JPN	4.1	1.89			2.25	USA	14.0	1.25		
								3.95					

ª = non disponible

Abréviations de pays : AUS Australie ; AUT Autriche ; BEL Belgique ; CHE Suisse ; CAN Canada ; CYP Chypre ; CZE République tchèque ; DEU Allemagne ; DNK Danemark ; ESP Espagne ; EST Estonie ; FIN Finlande ; FRA France ; GBR Royaume-Uni ; GRC Grèce ; HUN Hongrie ; IRL Irlande ; ISL Islande ; ISR Israël ; ITA Italie ; JPN Japon ; KOR Corée du Sud ; LVA Lettonie ; LTU Lituanie ; LUX Luxembourg ; MEX Mexique ; MLT Malte ; NLD Pays-Bas ; NZL Nouvelle-Zélande ; NOR Norvège ; POL Pologne ; PRT Portugal ; ROU Roumanie ; RUS Russie ; SVN Slovénie ; SVK Slovaquie ; SWE Suède ; TUR Turquie ; USA États-Unis.

Le tableau n°1 répertorie les pays selon leur dépendance supposée au capital mondial en fonction de différents indicateurs, et ce en considérant à la fois leur situation actuelle (les données complètes les plus récentes remontent à 2015) et leur évolution au cours de la décennie précédente, c'est-à-dire à partir d'une période antérieure à la crise. Nous concentrerons notre analyse sur les économies dites avancées qui, pour des raisons pratiques (mais également parce que les données y sont disponibles), correspondent aux États membres de l'Organisation de coopération et de développement économiques (OCDE). Si l'on observe en premier lieu l'indicateur d'exposition à la mondialisation qui retient l'attention de Streeck, soit la dette générale des administrations publiques, nous nous apercevons qu'elle n'a cessé de croître fortement pour les États membres de l'OCDE entre 2005, où elle représentait en moyenne 63.64 % du PIB, et 2015, où sa valeur moyenne atteint désormais 92.13 % du PIB. Quasiment tous les pays ont été affectés par cette augmentation, bien qu'il y ait eu quelques exceptions, où l'endettement a diminué : c'est le cas d'Israël, de la Norvège, de la Suède et de la Suisse.

On peut prendre comme deuxième instrument de mesure de l'exposition le niveau des encours d'Investissements Directs Internationaux (IDI), puisqu'il indique dans quelle proportion les économies ont attiré des investissements étrangers. Ces derniers ont plus que doublé entre 2005 et 2015, passant de 31.03 % à 65.36 % dans l'ensemble des pays de l'OCDE. Cette augmentation reflète l'interdépendance croissante des économies nationales et le rôle grandissant joué par les flux de capitaux internationaux. Seul le Canada a connu une baisse des IDI sur la période.

Un troisième indicateur consisterait à évaluer dans quelle mesure les bénéfices de l'activité économique d'un pays sont transférés vers des propriétaires de capitaux étrangers. Il est possible d'établir une statistique nette en comparant le Produit Intérieur Brut (PIB) et le Revenu National Brut (RNB). Le PIB intègre dans son calcul les bénéfices réalisés par des entreprises étrangères ; le RNB ne les prend pas en compte, mais inclut les bénéfices d'activités réalisées à l'étranger par des entreprises nationales ou résidentes. Par définition, cet indicateur ne peut évoluer dans la même direction pour tous les pays. La moyenne pour l'ensemble des pays membres de l'OCDE était légèrement au-dessous de 100 % tant en 2005 qu'en 2015 (respectivement 98.59 % et 97.67 %), ce qui indique une légère « fuite » nette des bénéfices vers le reste du monde. Les pays dont le PIB était nettement supérieur à leur RNB (et qui subissaient donc un transfert de revenus vers l'étranger), tant en 2005 qu'en 2015, étaient l'Irlande et le Luxembourg. D'autres pays étaient plus ou moins à l'équilibre, ou réalisaient des bénéfices nets vis-à-vis de l'étranger. Les pays dont la perte nette de revenus s'est accentuée au cours de la période observée, donnant à voir en cela une exposition accrue aux propriétaires de capitaux étrangers, et ce indépendamment du fait d'être excédentaires ou déficitaires sont : l'Autriche, la Belgique, la République tchèque, la France, l'Islande, l'Irlande, Israël, l'Italie, le Luxembourg, le Mexique, les Pays-Bas, la Pologne, le Portugal, la Slovénie, la Suisse et le Royaume-Uni.

Enfin, nous pouvons analyser le niveau d'exposition le plus fondamental à l'économie mondiale : la somme cumulée des exportations et des importations, exprimée en pourcentage du PIB. Entre 2005 et 2015, le volume des échanges commerciaux a augmenté globalement pour l'ensemble des pays de l'OCDE de 44.08 % à 52.36 % du PIB. Les seuls pays qui n'ont pas bénéficié de cette croissance comprennent d'anciens territoires de l'Empire britannique (l'Australie, le Canada et la Nouvelle-Zélande), ainsi que la Finlande, Israël (de façon marquée) et la Norvège (de façon marginale). En dehors de l'OCDE, la Russie a également connu un léger recul de sa contribution aux échanges commerciaux internationaux.

Tous les pays occupent des positions différentes selon les indicateurs, ce qui rend difficile l'obtention d'une vision d'ensemble de leur dépendance globale à la mondialisation. Il est possible de fournir un indice cumulé en déterminant la position de chaque pays pour chacun des indicateurs en fonction de son rapport à l'écart type de la variable, et en faisant la somme des résultats. Cela implique de partir de l'hypothèse que chacune des variables est d'importance égale, ce qui n'est pas forcément justifié. Nous ne devrons donc l'utiliser qu'en tant qu'estimation empirique, pas en tant que mesure pleinement valide. Les dernières colonnes du tableau n° 1 présentent les résultats des pays pour tous les indicateurs. Nous pouvons voir que le Luxembourg et l'Irlande sont dans un groupe à part en termes d'exposition à la mondialisation. Il n'y a pas d'intérêt à tenter de retrouver dans cette liste les classifications habituelles que l'on applique aux différentes économies politiques. Tant les pays d'Europe du Nord que ceux du monde anglophone sont éparpillés d'un bout à l'autre du classement. Les pays d'Europe Centrale et du Sud se retrouvent parmi les économies les plus dépendantes, mais ils n'en sont pas moins disséminés, notamment les pays d'Europe Centrale, dans l'intervalle de valeurs. Les seuls groupements homogènes sont constitués par les pays nordiques, qui occupent certaines des positions les moins dépendantes. C'est une découverte instructive, qui vient soutenir la thèse de Streeck, puisque ce sont des pays généralement associés aux positions les plus éloignées des orientations du libre marché.

Rendre mesurable la marche en avant vers le néolibéralisme

Afin d'étudier ce phénomène de façon moins subjective, il nous faut un indicateur permettant d'évaluer dans quelle mesure les différents pays peuvent être considérés comme subordonnés aux priorités du *Marktvolk* en matière politique. Il existe un moyen pratique pour y parvenir. L'Institut Fraser, situé au Canada, et lié étroitement à l'Institut Cato aux États-Unis, est un groupe de réflexion qui prône ouvertement les orientations néolibérales de l'économie du laisser-faire. Chaque année il publie un état des lieux du degré de ce qu'il appelle la « liberté économique » dans presque tous les pays du monde. Il attribue un score à chaque pays, avec un indice maximal de 10 correspondant à une liberté économique complète, et l'indice 0 signifiant son absence totale. Cet indice peut servir peu ou prou d'indicateur des préférences politiques du *Marktvolk*. La thèse de Streeck nous pousse à imaginer que la plupart des pays connaîtront une croissance progressive, au fil du temps, du degré de liberté économique, à mesure que la mondialisation économique, et plus particulièrement l'endettement des États, prennent de l'ampleur. Les données de l'Institut Fraser (2016) confirment cette thèse, du moins pour les économies avancées de la planète. Nous pouvons utiliser un plus grand éventail de pays que ceux inclus dans les données de l'OCDE, et nous avons ajouté les pays membres de l'Union européenne (UE) qui ne sont pas membres de l'OCDE, ainsi que la Russie. Entre 1970, la première année pour laquelle l'institut fournit des données, et 2014 (la dernière année pour laquelle l'institut a publié des données), le niveau de liberté économique a augmenté dans chacun des pays de notre panel. Bien que le tournant néolibéral de la doctrine économique des politiques publiques date de la fin des années 1970, il ne devient apparent, sans la moindre ambiguïté, dans les données Fraser qu'à partir du début des années 1990. Dans certains cas (le Canada, Chypre, la Suisse, la plupart des pays d'Europe Centrale et de l'Est), ce tournant se produit même plus tard encore. L'évolution a clairement été la plus marquée dans les anciens pays socialistes où, dans la majorité des cas, la liberté économique globale a augmenté de plus de trois points sur l'échelle de l'Institut Fraser. Dans les pays où l'économie de marché existait déjà, la croissance a été plus proche d'un point, et dans plusieurs cas elle a même été inférieure : c'est le cas de la Belgique, du Canada, du Danemark, de l'Allemagne (en comparaison de l'Allemagne de l'Ouest de l'année 1990), du Japon, du Luxembourg, des Pays-Bas, de la Suisse et du Royaume-Uni. Les États-Unis sont le seul pays au sein duquel la liberté économique a chuté entre 1990 et 2014. Il est nécessaire de rappeler que ces pays affichaient au départ des indices de liberté économique très variés, le Canada, la Suisse et les États-Unis ayant des niveaux élevés de liberté économique dès la première année. Pour commencer la comparaison avec nos données issues des différents indicateurs d'exposition à la mondialisation, nous devons nous concentrer sur la période plus courte située entre 2004 et 2014. Ces données sont consultables dans le tableau n°2. Le score moyen n'a que peu augmenté au cours de ces années, passant de 7.44 à 7.56, mais il n'a décliné que dans une minorité de pays (très fortement en Islande et aux États-Unis ; à la marge seulement au Canada, en Finlande et en Irlande).

Tableau 2 : Données de l'Institut Fraser (2016) sur la liberté économique, économies avancées

Résultat global		Poids de l'admin. publique		Réglementation		Réglementation de la finance		Réglementation du travail		Réglementation du commerce	
2014	Evol. 2004-14	2014	Evol. 2004-14	2014	Evol. 2004-14	2014	Evol. 2004-14	2014	Evol. 2004-14	2014	Evol. 2004-14
NZL 8.35	0.15	MEX 7.8	-0.3	NZL 8.5	0.6	CYP 10.0	0.9	USA 9.2	1.3	FIN 7.3	-1.1
CHE 8.25	0.05	CHE 7.7	0.3	USA 8.3	0.3	DNK 10.0	0.6	NZL 8.5	2.0	EST 7.2	0.5
CAN 7.98	-0.02	CYP 7.3	0.3	AUS 8.1	0.4	EST 10.0	1.0	CAN 8.1	1.0	ISL 7.2	-1.2
IRL 7.98	-0.12	LTU 7.2	0.6	CAN 8.1	0.3	ISR 10.0	2.8	GBR 8.1	1.2	IRL 7.2	0.1
AUS 7.93	0.13	BG 7.0	2.5	DNK 8.1	0.9	NOR 10.0	1.2	AUS 8	1.4	NZL 7.2	-0.2
GBR 7.93	-0.17	ROM 6.8	2.5	LTU 8.1	1.7	CZE 9.9	1.7	CZE 8	3.0	NOR 7.2	-0.1
DNK 7.87	0.27	AUS 6.6	0.5	CHE 8.0	0.3	LTU 9.9	1.8	JPN 8	1.0	LUX 7.1	0.1
LTU 7.81	0.81	TUR 6.6	-0.7	CYP 7.9	1.8	NZL 9.9	0.1	GRC 7.9	3.9	CHE 7.0	0.0
USA 7.75	-0.45	RUS 6.5	0.9	MLT 7.9	1.0	SWE 9.8	0.6	LTU 7.9	2.5	DNK 6.9	-0.3
MLT 7.74	0.64	ISR 6.4	0.6	ISL 7.8	-0.7	CAN 9.7	0.7	ISL 7.8	-0.2	GBR 6.9	0.1
EST 7.70	0.00	NZL 6.4	-0.3	LVA 7.8	1.1	GRC 9.7	1.8	CYP 7.7	4.6	NLD 6.8	0.4
FIN 7.68	-0.02	KOR 6.4	-0.1	SWE 7.8	1.1	HUN 9.7	1.5	LVA 7.7	1.9	SWE 6.8	-0.6
ROM 7.66	1.96	USA 6.4	-1.2	BEL 7.7	1.2	ROM 9.7	2.2	MLT 7.7	0.9	AUS 6.7	-0.4
LUX 7.65	-0.25	CAN 6.3	-0.3	CZE 7.7	1.3	AUS 9.5	0.3	POL 7.7	2.9	DEU 6.6	0.5
NLD 7.63	-0.07	GBR 6.2	-0.5	EST 7.7	0.4	MLT 9.6	1.1	CHE 7.7	0.3	LTU 6.6	1.0
LVA 7.57	0.47	SVK 6.1	1.2	IRL 7.7	0.7	BEL 9.5	1.1	DNK 7.5	2.4	KOR 6.6	1.5
AUT 7.56	-0.14	EST 6.0	-0.7	NLD 7.7	0.7	FIN 9.5	0.2	NLD 7.4	2.0	TUR 6.6	1.1
DEU 7.55	-0.05	LVA 5.9	-0.6	ROM 7.7	1.8	BG 9.4	1.2	SVK 7.4	0.8	USA 6.6	-0.3
CZE 7.53	0.63	CZE 5.7	1.3	BG 7.6	1.4	ITA 9.4	1.9	BG 7.3	1.3	CAN 6.5	-0.8
BEL 7.51	0.21	IRL 5.7	-0.7	GBR 7.6	0.0	FRA 9.3	1.1	IRL 7.3	1.5	LVA 6.5	0.6
NOR 7.51	0.31	MLT 5.4	0.0	LUX 7.5	0.2	LUX 9.3	0.2	BEL 7.2	2.2	BEL 6.4	0.4
PRT 7.49	0.09	ESP 5.7	0.5	POL 7.5	1.6	KOR 9.3	1.9	ROM 7.2	2.2	GRC 6.4	1.2
SWE 7.46	0.16	POL 5.6	-0.2	FIN 7.4	0.2	CHE 9.3	0.4	SWE 6.7	3.2	MLT 6.4	1.0
SVK 7.45	0.55	DEU 5.5	-0.3	HUN 7.3	0.0	SVK 9.2	1.3	HUN 6.6	-0.5	PRT 6.3	1.0
JPN 7.42	-0.08	PRT 5.5	-0.5	JPN 7.3	0.3	LVA 9.1	0.6	ITA 6.6	1.1	BG 6.2	1.9
POL 7.42	0.72	HUN 5.4	0.1	SVK 7.3	0.5	NLD 9.1	0.0	SVN 6.2	0.6	FRA 6.2	-0.1
KOR 7.40	0.30	ISL 5.2	-1.5	NOR 7.3	0.5	ESP 9.0	0.4	PRT 6.1	0.2	JPN 6.2	-0.6
BG 7.39	1.09	AUT 5.1	-0.1	FRA 7.1	0.4	USA 9.0	-0.3	EST 6.0	-0.1	ROM 6.2	1.0
ISR 7.39	0.29	ITA 5.1	-0.5	ISR 7.1	1.2	AUT 8.9	0.5	LUX 6.0	0.3	AUT 6.1	-1.1
ESP 7.38	0.18	NOR 5.0	0.4	ITA 7.1	0.9	MEX 8.9	1.6	DEU 5.9	2.6	CYP 6.1	-0.1
CYP 7.32	-0.08	GRC 4.7	-1.3	AUT 6.9	0.2	IRL 8.8	0.7	FRA 5.7	0.0	ISR 6.1	0.3

FRA	7.30	0.00	JPN	4.7	-1.9	DEU	6.9	1.1	POL	8.7	0.6	AUT	5.6	1.2	MEX	6.1	2.5
HUN	7.30	-0.1	LUX	4.5	-0.5	PRT	6.9	0.4	PRT	8.4	0.0	RUS	5.6	-0.2	RUS	6.1	2.6
ITA	7.17	0.27	FIN	4.4	-0.5	KOR	6.9	1.1	DEU	8.3	0.4	FIN	5.5	1.6	POL	6.0	1.2
MEX	7.17	0.28	SVN	4.4	1.9	MEX	6.8	1.3	ISL	8.3	-0.8	ESP	5.5	-0.7	ESP	6.0	0.6
ISL	7.06	-0.84	FRA	4.3	-0.4	ESP	6.8	0.1	RUS	8.2	1.5	MEX	5.4	-0.1	SVN	5.7	0.5
GRC	6.93	0.13	BEL	3.9	-0.4	RUS	6.6	1.3	TUR	8.0	2.1	ISR	5.3	0.5	HUN	5.6	-1.0
TUR	6.86	0.86	NLD	3.9	-0.9	SVN	6.5	0.2	JPN	7.9	0.8	TUR	4.9	0.6	ITA	5.4	-0.3
SVN	6.73	0.53	DNK	3.8	-0.4	TUR	6.5	1.2	GBR	7.8	-1.4	KOR	4.8	-0.1	SVK	5.3	-0.6
RUS	6.66	1.06	SWE	3.4	-0.6	GRC	6.4	0.7	SVN	7.6	-0.4	NOR	4.5	0.3	CZE	5.2	-0.8

Abréviations de pays : AUS Australie ; AUT Autriche ; BEL Belgique ; CHE Suisse ; CAN Canada ; CYP Chypre ; CZE République tchèque ; DEU Allemagne ; DNK Danemark ; ESP Espagne ; EST Estonie ; FIN Finlande ; FRA France ; GBR Royaume-Uni ; GRC Grèce ; HUN Hongrie ; IRL Irlande ; ISL Islande ; ISR Israël ; ITA Italie ; JPN Japon ; KOR Corée du Sud ; LVA Lettonie ; LTU Lituanie ; LUX Luxembourg ; MEX Mexique ; MLT Malte ; NLD Pays-Bas ; NZL Nouvelle-Zélande ; NOR Norvège ; POL Pologne ; PRT Portugal ; ROU Roumanie ; RUS Russie ; SVN Slovénie ; SVK Slovaquie ; SWE Suède ; TUR Turquie ; USA États-Unis.

La relation entre l'exposition à la mondialisation et le tournant néolibéral

Il est possible de vérifier s'il existe une forme de rapport statistique entre les indicateurs de l'exposition économique à la mondialisation et le degré de liberté économique en utilisant les données de l'indice de l'Institut Fraser qui concernent seulement les pays membres de l'OCDE. La thèse de Streeck devrait indiquer un rapport positif entre les scores des pays pour les deux indicateurs sur la période 2014-2015, et une évolution de ces scores des années 2004-2005 jusqu'aux années 2014-2015. Toutefois, il n'y a absolument aucune corrélation statistique. Ce résultat reste valide que l'on prenne chaque indicateur d'exposition à l'économie mondiale individuellement ou la mesure synthétique combinée. Il ne semble par conséquent y avoir aucun rapport direct entre l'exposition à l'économie mondiale de chaque pays pris individuellement et leur adoption de politiques néolibérales, en dépit du lien global entre les deux ensembles de variables. Il semble donc que les pays disposent toujours d'une marge de manœuvre pour adopter des politiques économiques indépendamment de leur degré d'intégration dans l'économie de marché mondiale : une marge qui a été utilisée dans la majorité des cas pour évoluer dans une direction néolibérale.

Cependant, nous ne pouvons pas partir du principe que les orientations du *Marktvolk* sont nécessairement opposées à ce que nous pourrions supposer être les orientations du *Staatsvolk*, et pas uniquement parce que ces dernières ne peuvent être anticipées avec autant de certitude que les premières. L'indice de Fraser est formé de cinq composantes :

1 – *Le poids de l'administration publique* (composante évaluée à partir des dépenses de l'administration publique, des dépenses de transferts et subventions publiques, de l'investissement public, du taux marginal d'imposition supérieur). Les résultats obtenus pour ces variables sont inversement proportionnels au degré de liberté économique.

2 – *Le système judiciaire et les droits de propriété* (composante évaluée sur des critères d'indépendance de la justice, d'étendue des droits de propriété, d'absence d'ingérence militaire dans la politique, d'application des contrats, de fiabilité de la police). Les résultats obtenus pour ces variables sont proportionnels au niveau de liberté économique.

3 – *La solidité de la monnaie* (composante évaluée à partir de l'ampleur de la croissance économique, de l'inflation, de la liberté de détenir des comptes bancaires à l'étranger). Les résultats obtenus pour la première et la troisième de ces variables sont proportionnels au niveau de liberté économique, alors que l'inflation y est inversement proportionnelle.

4 – *La liberté des échanges commerciaux à l'échelle internationale* (composante évaluée au regard de l'importance des tarifs douaniers, des barrières commerciales et des freins aux mouvements de capitaux et de personnes). Les résultats obtenus pour ces variables sont inversement proportionnels au niveau de liberté économique.

5 – *La réglementation* (composante évaluée au regard de l'étendue de la réglementation (a) des marchés du crédit, (b) du marché du travail, (c) de l'activité commerciale et de la corruption). Les résultats obtenus pour ces variables sont inversement proportionnels au degré de liberté économique.

Ces indicateurs reflètent les inclinations idéologiques des Instituts Fraser et Cato, et sont ouverts à la critique dans le cadre même de la pensée néolibérale. Par exemple, certains observateurs peuvent remettre en cause la contribution à la liberté économique de droits de propriété sans entraves, puisque ceux-ci peuvent induire la capacité des monopoles à restreindre la concurrence et, par conséquent, à nuire au libre marché. Plus contestable encore, l'indice de Fraser interprète l'absence de corruption comme un indicateur d'un niveau faible de réglementation. Or, il s'agit là d'une vérité triviale : si l'on définit la corruption comme étant un comportement qui viole la loi, alors moins il existe de lois, moins il peut exister d'infractions, de la même manière qu'il n'y a pas de délit de meurtre dans un pays où il n'existe pas de lois contre l'homicide. Mais si l'on se tourne vers une définition de la corruption qui n'est pas formulée uniquement en termes de lois existantes, on en arrive généralement à la conclusion qu'une réglementation est nécessaire pour refréner les infractions. Un faible niveau de corruption ne devrait donc pas être utilisé à la manière dont le fait l'indice Fraser, c'est-à-dire comme indicateur d'un faible niveau de réglementation. Néanmoins, dans l'ensemble, les composantes de l'indice Fraser donnent une image plutôt fidèle des orientations soutenues par les partisans d'une économie de marché où les autorités publiques ont une capacité d'action limitée, exceptée celle de garantir la liberté des entreprises et des autres acteurs du marché. Il est remarquable, parmi les économies avancées, que l'écart entre les résultats pour les différentes composantes de l'indice varie considérablement. En 2014, l'écart concernant le premier élément (poids de l'administration publique) allait de 3.4 (la Suède) à 7.8 (le Mexique). (Nous devons nous souvenir ici qu'un score élevé illustre un contexte en phase avec les orientations de Fraser et que, par conséquent, plus le rôle du gouvernement dans un pays est limité, plus le score est élevé.) Le Mexique était donc le pays d'entre les membres de l'OCDE le plus valorisé par l'Institut Fraser au regard de cette variable, tandis que la Suède l'était le moins. Pour ce qui concerne le deuxième point, le système judiciaire et les droits de propriété, l'écart était légèrement inférieur mais du même ordre, allant de 5 (la Bulgarie et la Turquie) à 8.9 (la Finlande). Cependant, sur le troisième élément (solidité de la monnaie), la plupart des pays membres de l'OCDE obtenaient des scores supérieurs à 9, que seuls l'Islande (7) et le Mexique (8.1) n'atteignaient pas. Il existait également un faible écart concernant le quatrième point (liberté des activités commerciales), allant de 7 (l'Islande) à 8.7 (l'Irlande, les Pays Bas et la Nouvelle-Zélande). L'écart se creusait pour le cinquième élément (réglementation) où il passait de 6.4 (la Grèce) à 8.5 (la Nouvelle-Zélande). (Là encore, un niveau faible de réglementation entraîne un score élevé, et inversement.) Il est également important de noter que certains pays apparaissent à des positions différentes selon les indicateurs, comme le montrent les scores contrastés obtenus par le Mexique (le plus haut score pour le poids du gouvernement, parmi les plus faibles à l'égard de la qualité du système judiciaire) et de la Suède (le score le plus bas pour le poids du gouvernement, et le plus haut pour la solidité de la monnaie).

Entre 2004 et 2014 le score moyen obtenu par l'ensemble des économies avancées pour les différentes composantes a évolué comme suit : le poids de l'administration publique, de 5.69 à 5.64 ; le système judiciaire, de 7.10 à 6.99 ; la solidité de la monnaie de 9.08 à 9.36 ; la liberté des activités commerciales, de 7.65 à 7.96 ; la réglementation de 6.70 à 7.44. Ces résultats sont très composites et exigent une analyse plus poussée. La solidité de la monnaie, la liberté des échanges commerciaux et en particulier la réglementation ont connu des progressions en termes de liberté économique telle qu'elle est définie par l'Institut Fraser ; il y a par ailleurs eu ce que l'Institut Fraser nomme des régressions, bien que minimes, pour ce qui concerne le poids de l'administration publique et le système judiciaire.

Bien que les orientations probables du *Staatsvolk* soient moins faciles à anticiper que celles du *Marktvolk*, puisque la démocratie ne produit pas seulement des objectifs de maximisation, nous pouvons néanmoins imaginer que son rapport aux cinq formes de liberté est différencié. Contrairement au *Marktvolk*, le *Staatsvolk* privilégiera sans doute un État fort à un État faible, et une réglementation stricte à une réglementation laxiste. Toutefois, le peuple national ne sera pas forcément en désaccord avec la préférence de l'Institut Fraser pour un système judiciaire et des droits de propriétés indépendants, ou encore à l'égard de la solidité de la monnaie et de la liberté des échanges commerciaux. Nous devons donc analyser les positions de chaque pays par rapport aux composantes de l'indice pour lesquelles les orientations des deux *Völker* sont le plus à même de s'éloigner, c'est-à-dire le poids de l'administration publique et la réglementation. Les résultats d'ensemble sont présentés dans le tableau n° 2.

Évolutions du poids de l'administration publique

Le poids de l'administration publique a certes connu un déclin important entre 1994 et 2004, mais après cette date il a au contraire connu une légère croissance. Les cas illustrant les réductions les plus marquées après l'année 1994 comprennent, sans surprise, plusieurs pays d'Europe Centrale et de l'Est, qui au cours des années précédentes restaient dotés d'États puissants hérités de la période soviétique. Après 2004, cette évolution s'est poursuivie dans certains pays (les Républiques tchèque et slovaque, et la Slovénie), mais elle s'est inversée en Estonie et en Lettonie. La progression du poids de l'administration publique a été particulièrement forte aux États-Unis (où le poids de l'État est traditionnellement faible) et en Suède (où il était au contraire déjà élevé). Parmi les États membres de l'OCDE il n'y a pas de lien statistique entre le poids de l'administration publique et l'indice global de mondialisation, ou les différentes composantes de cet indice. Il existe cependant un faible lien ($r^2 = 0.22606$) entre les résultats obtenus par pays sur l'indice Fraser en 2004 pour cette composante et l'évolution suivie au cours de la décennie suivante, les pays dont les scores sont faibles en 2004 tendant à réduire plus fortement le poids de leur administration publique que les pays obtenant des scores élevés. C'est une évolution que l'on pouvait anticiper, les pays caractérisés par de hauts niveaux d'intervention de l'État ayant une marge potentielle de rétrogression plus importante : cela produit une convergence asymétrique vers un gouvernement moins interventionniste, comme le prédit la thèse de Streeck. Néanmoins, la faible corrélation existante reflète l'idée qu'il y eut globalement une légère *inversion* du sens pris par l'évolution. On peut supposer que les tendances néolibérales globales étaient critiquées dans plusieurs pays face à la nécessité d'augmenter les dépenses publiques pour faire suite à la crise.

Évolutions de la réglementation

Contrairement à la tendance observée dans l'évolution du poids de l'administration publique, les mesures de l'Institut Fraser indiquent qu'il y a eu une nette diminution globale de la réglementation entre 2004 et 2014. Les pays, dans leur grande majorité, avaient déjà connu une limitation de leur réglementation entre 1994 et 2004, en particulier, une fois encore, dans les pays d'Europe Centrale et de l'Est, mais également en Italie et dans une moindre mesure en Autriche, en Belgique, à Chypre, en France, en Allemagne, en Grèce, en Israël, à Malte, au Portugal, en Corée du Sud et en Suède. Peu de pays ont connu de véritables renforcements de leur réglementation, et ces modifications sont restées minimes, le principal exemple étant celui du Royaume-Uni. La tendance à la déréglementation est devenue plus évidente encore dans la période entre 2004 et 2014, puisque seule l'Islande s'y est opposée. Les évolutions les plus patentes au cours de cette période sont observables de nouveau dans plusieurs pays d'Europe Centrale et de l'Est (la Lituanie, la Lettonie, la République tchèque, la Pologne) mais également en Suède, en Belgique, en Israël, en Allemagne, en Corée du Sud et au Mexique. Il n'existe pas de corrélation statistique transnationale entre ces tendances et les indicateurs d'exposition à la mondialisation, mais il existe cependant une relation statistique significative (r^2 = 0.5365) entre les positions occupées par les pays en 2004 et l'ampleur de la progression ultérieure. La crise n'a pas refréné la dynamique de déréglementation de la même manière qu'elle semble l'avoir fait concernant la diminution du rôle du gouvernement.

Au cours des dernières années, l'Institut Fraser a publié des données séparées concernant les trois composantes constituant l'indice de réglementation, c'est-à-dire la finance, le travail et le commerce. Il est par conséquent possible d'analyser séparément l'évolution de ces dernières sur la période (également donnée à voir dans le tableau n° 2). Ces chiffres montrent que l'élément ayant subi la diminution la plus importante en termes de réglementation a été le marché du travail, avec un score moyen de «libération» de la réglementation progressant de 5.59 à 6.86 entre 2004 et 2014. Tous les pays ont connu des diminutions, à l'exception de l'Espagne, de la Hongrie, de l'Islande, de la Russie, de l'Estonie, du Mexique et de la Corée du Sud. On peut remarquer qu'en 2014, sur les six pays anglophones pris en compte, cinq présentaient les marchés du travail les moins réglementés, l'Irlande faisant exception. Il y a également eu une déréglementation d'ensemble dans le secteur de la finance, en dépit du fait que la crise financière est advenue très tôt dans la décennie étudiée, le score moyen progressant de 8.34 à 9.19. Des trois composantes de l'indice de réglementation, le secteur de la finance est aujourd'hui, et de loin, le moins réglementé. Les seuls pays témoignant d'évolutions contraires sont le Royaume-Uni, où la re-réglementation a été très stricte, l'Islande, Chypre et les États-Unis. Il est à noter également qu'il s'agit ici des pays qui ont particulièrement souffert des effets directs de la crise de 2008. La réglementation du commerce en général n'a pas été restreinte dans les mêmes proportions, le score moyen ne progressant que de 6.18 à 6.49. Dans ce domaine, il y a eu des tendances marquées dans la direction inverse : c'est le cas en Autriche, en Finlande, en Hongrie, au Canada, en République tchèque, au Japon, en Slovaquie, en Suède et au Danemark.

Les corrélations statistiques varient grandement entre les scores de pays pour ces composantes en 2004 et l'ampleur du changement constaté en 2014. Dans tous les cas, la relation est négative, c'est-à-dire que plus un pays était réglementé en 2004, plus cette réglementation avait été restreinte en 2014. Les corrélations sont les suivantes : réglementation de la finance, $r^2 = 0.45513$; réglementation du travail, $r^2 = 0.29732$; réglementation du commerce, $r^2 = 0.75934$. On a donc la preuve manifeste d'une convergence entre les pays. Celle-ci prend principalement la forme, comme le prévoyait la thèse de Streeck, de systèmes hautement réglementés le devenant progressivement de moins en moins. Cependant il y a également des contre-exemples intéressants, concernant en particulier la réglementation du commerce, où, de façon notable, la corrélation statistique entre les positions occupées en 2004 et leur évolution ultérieure a été singulièrement élevée. Bien que la convergence reste asymétrique, les contre-exemples indiquent la capacité toujours existante des systèmes politiques nationaux à braver, ou à inverser, la tendance des pressions néolibérales. Nous sommes donc en présence d'une situation beaucoup plus complexe qu'une inexorable dynamique néolibérale.

Conclusions

La description que propose Streeck d'une prédominance croissante des orientations néolibérales dans les politiques publiques à une période où la mondialisation s'intensifie, est confirmée globalement par les données statistiques. Néanmoins, la force du lien entre les deux phénomènes dans les pays étudiés ne semble pas avoir de rapport direct avec les signes visibles du renforcement des leviers de pression de l'économie mondiale que sont l'endettement, les IDI, le rapatriement des profits ou l'implication dans le commerce mondial. En particulier, les pays dotés d'un niveau d'endettement faible n'ont pas été moins enclins que ceux qui sont fortement endettés à adopter des politiques publiques néolibérales. Ces mises en œuvre semblent s'expliquer par des décisions politiques plutôt que par une subordination politique aux pressions extérieures du marché. Il est vrai que dans les exemples qui ont sans doute motivé l'analyse de Streeck au départ, c'est-à-dire les pays débiteurs de la zone euro du sud de l'Europe, ces décisions ont été prises par des entités décisionnaires extérieures aux pays concernés. Ce n'est pas le marché en soi qui a imposé à ces pays des politiques publiques d'austérité d'un genre particulier, mais la Troïka composée d'experts de la Commission européenne, de la Banque centrale européenne et du Fonds monétaire international. Les marchés étaient présents lors des réunions de la Troïka sous la forme d'une commission représentant les banques impliquées dans la dette.

Nous en arrivons à un point essentiel. Le « marché » est souvent évoqué sous la forme d'un acteur décisionnaire conscient de ses actes, mais il s'agit là d'un anthropomorphisme. Les marchés sont en effet des lieux où sont menées des actions, ce ne sont pas des acteurs ; ils ne disposent d'aucune compétence stratégique, c'est là en effet l'une des vertus qui leur est attribuée par les philosophes néolibéraux[3]. Les marchés rendent possible l'expression d'orientations diverses par différents types d'acteurs, et sont par conséquent capables de tolérer un certain niveau de diversité, à condition que les exigences fondamentales d'optimisation des bénéfices soient respectées. Ironie du sort, c'est lorsque des autorités politiques ou financières tentent d'interpréter le marché de façon unilatérale que des orientations néolibérales tranchées et souvent intolérantes risquent le plus d'être imposées. Cela peut être le résultat, comme dans le cas de la crise de la zone euro, d'une contrainte extérieure. Mais les États peuvent également, chacun de leur côté,

---

3. Hayek (1994).

estimer que des politiques publiques de cet ordre sont nécessaires en raison de leurs propres prédispositions politiques, à l'instar des gouvernements du Royaume-Uni qui ont choisi depuis 2010 d'imposer l'austérité alors qu'ils ne sont pas même membres de la zone euro.

Ces facteurs aident à comprendre pourquoi il semble ne pas exister de relation mécanique entre les indicateurs d'exposition à la mondialisation de chaque pays et l'adoption de politiques publiques néolibérales : cette exposition passe par la médiation de choix idéologiques et politiques. Les autorités gouvernementales et bancaires disposent d'une certaine marge de manœuvre pour choisir d'accepter ou de rejeter ces politiques.

Les données relatives à l'évolution dans le temps des scores de chaque pays sur l'indice global de Fraser montrent clairement que la tendance générale est celle d'une adhésion à ces orientations néolibérales. Conformément à la thèse de Streeck, une convergence asymétrique s'est produite : les pays dont les scores étaient initialement bas sur les composantes séparées de l'indice de liberté économique de Fraser ayant vu leurs scores progresser. Néanmoins, il y a eu des exceptions, certains pays prenant le chemin opposé. Cela a été d'autant plus flagrant concernant la réglementation du commerce. Il s'agit de l'indice qui témoigne de la plus forte corrélation entre la position obtenue en 2005 et le degré de progression ultérieur, mais cette corrélation provient en partie du grand nombre de cas où des réglementations faibles ont été *renforcées*. Il est donc possible d'aller à contre-courant du mouvement de déréglementation. Il a souvent été souligné que plusieurs économies fortement exposées aux échanges commerciaux (autrement dit, caractérisées par des niveaux élevés d'importations et d'exportations) ont été en mesure de faire face aux contraintes que ces échanges imposent sur les revenus et la compétitivité à travers, par exemple, la coordination de négociations collectives (principalement les pays nordiques, les Pays-Bas et l'Autriche), ou encore par le biais d'accords salariaux, obtenus dans des branches clés de l'industrie, qui jouèrent un rôle directeur à l'échelle nationale (en particulier, l'industrie métallurgique allemande[4]). Ces institutions ont permis aux gouvernements et aux organismes en charge des relations professionnelles de contrôler l'impact des lois du marché sur leur économie, en effectuant pour cela des compromis (à l'exemple de la maîtrise des salaires ou des taux faibles d'imposition du capital) afin de protéger des politiques telles que le maintien de services publics de qualité ou la cogestion. Les « marchés », désignant ici les lieux impersonnels où sont mises en œuvre des actions plutôt que les

---

4. Traxler (1996), Traxler & Brandl (2010), Traxler & Kittel (2000).

acteurs eux-mêmes, n'ont empêché aucune de ces approches, pour autant que les économies concernées aient été en mesure de respecter les compromis sur lesquels ils s'étaient engagés afin de garantir leur compétitivité. Les politiques mises en œuvre par l'État d'investissement social (*social investment welfare state*, SIWS) constituent un exemple plus récent de ce type d'approche, c'est-à-dire un ensemble de mesures que l'on pense capables de renforcer la compétitivité nationale et les opportunités d'emploi de qualité grâce à l'État-providence et non pas en vertu de son démantèlement[5]. Les politiques de cet ordre les plus remarquables concernent l'éducation et la formation, l'amélioration de l'accès à l'emploi pour les femmes grâce aux systèmes de garde d'enfants, à la formation continue et à diverses formes de dépenses d'infrastructures. Ces politiques publiques ont principalement été mises en place dans les Pays nordiques, les Pays-Bas et, plus récemment, en Allemagne.

Plus généralement, il est à souligner que, si la plupart des pays du nord-ouest de l'Europe reçoivent des notes faibles sur l'indice Fraser pour ce qui concerne le poids de l'administration publique et la réglementation, la majorité d'entre eux obtiennent des résultats particulièrement élevés eu égard à la stabilité de leur système judiciaire, la solidité de leur monnaie et la liberté effective des échanges commerciaux. Le conflit entre le néolibéralisme et ce que l'on pourrait appeler la démocratie sociale, ou plus largement un éventuel ensemble d'orientations privilégiées par le *Staatsvolk*, n'est pas total. Les deux visions partagent le même héritage traditionnel progressiste d'un intérêt pour l'indépendance judiciaire et le libre-échange en particulier. L'opposition la plus forte au néolibéralisme est le fait de pays qui obtiennent des scores faibles pour les composantes 2 et 4 de l'indice de liberté économique de l'Institut Fraser, ainsi que pour les éléments 1 et 5. Il était remarquable que le Mexique, dont les performances globales ne satisfont que faiblement aux critères de liberté économique de l'Institut Fraser, répond malgré tout aux attentes néolibérales en matière de poids de l'administration publique. C'est également le cas des économies de l'Europe du Sud. En conclure que leur opposition aux autorités européennes et le FMI constitue un exemple patent du conflit entre *Staatsvolk* et *Marktvolk* revient à affirmer que l'indépendance judiciaire, la solidité de la monnaie et le libre-échange laissent indifférents les citoyens de ces pays. La situation est plus complexe que cela.

---

5. Esping-Andersen, avec Gallie, Hemerijck & Myles (2003), Hemerijck (2012), Morel, Palier & Palme (eds.) (2012).

Les stratégies de compromis propres aux pays d'Europe du Nord et de l'Ouest se heurtent à des problèmes lorsque des décisions idéologiques conformes aux orientations néolibérales remplacent le marché lui-même. C'est dans ce contexte que les décideurs sont susceptibles de mettre à mal les compromis obtenus, soit par ignorance, soit par désir de conformité avec la pensée néolibérale. Les orientations des politiques publiques de l'Union européenne sont en règle générale hostiles aux négociations collectives[6] et les décisions de la Cour de Justice rendent difficile pour les syndicats des Pays nordiques le maintien de l'esprit de coordination et du caractère inclusif qui ont été un élément décisif du succès des organismes de réglementation du marché du travail dans cette région du monde[7].

Lorsque les gens de marché, le *Marktvolk*, expriment leurs orientations en premier lieu sur les marchés en tant que tels, il est possible qu'ils ne se soucient guère de la stabilité intérieure et des orientations démocratiques de chaque pays, et qu'ils rendent difficile l'adoption de politiques publiques qui requièrent la présence de ce que l'Institut Fraser nomme un « Big Government », ou encore une administration publique puissante. Mais si des pays parviennent à la prospérité économique en adoptant des politiques publiques à forte dimension sociale ainsi que certaines formes de réglementation, le *Marktvolk* ne va pas insister pour qu'ils abandonnent de telles orientations. C'est seulement lorsque le *Marktvolk* agit à travers et avec le soutien des représentants nationaux ou internationaux du *Staatsvolk* que le programme néolibéral de politique publique apparaît dans sa forme la plus agressive.

Un point important de la réflexion que propose Streeck dans son ouvrage *Du temps acheté*, et qui n'entrait pas dans le périmètre de l'analyse choisie pour le présent article, consiste à dire que les lois mondialisées du marché, dépendantes comme elles le sont d'une suite de développements instables, à l'instar de l'endettement excessif des ménages et des États, courent à leur propre perte. Mes conclusions permettent cependant de commenter ce point, qui peut sembler en contradiction avec mon développement précédent. Dans la mesure où la mondialisation et la libéralisation sont mises en œuvre par les marchés eux-mêmes, la prophétie de Streeck pourrait bien se réaliser. Ainsi que nous l'avons affirmé plus haut, les marchés n'ont pas de compétence stratégique. Si cela limite la rigueur avec laquelle ils peuvent basculer vers un néolibéralisme extrême, cela signifie également qu'ils n'ont

---

6. Meardi (2011).
7. Deakin & Rogowski (2011), Höpner (2008), (2014).

aucune capacité à freiner leurs propres inclinations à l'auto-destruction. Plus les partisans du néolibéralisme parviendront à démanteler les organismes de gouvernance extérieurs au marché mondial, plus ils réduiront les possibilités existantes de juguler les forces qu'ils ont déchaînées, dont les tendances destructrices ont été si bien dépeintes par Streeck dans un livre ultérieur (2016). La mondialisation en tant que telle contribue clairement à ces tendances, dans la mesure où elle place les aspects les plus importants de la vie économique hors de portée de l'instance de réglementation la plus efficace historiquement et la plus démocratique : l'État-nation.

À l'échelle mondiale, toutefois, il n'y a pas de vide institutionnel, puisque l'on y trouve des organisations telles que l'Organisation Mondiale du Commerce, le Fond Monétaire International, la Banque Mondiale, l'OCDE, le Comité de Bâle sur le contrôle bancaire, ainsi que des entités régionales au rang desquelles se trouvent l'Union européenne ou encore l'Accord de libre-échange nord-américain (l'ALENA). On peut également mentionner ici certaines entreprises multinationales, notamment les banques. Il est paradoxal que la pensée néolibérale triomphante, qui privilégie les acteurs du marché au détriment des acteurs politiques mais tolère en règle générale les tendances oligopolistiques (ce qui en théorie contredit le concept de position dominante sur un marché), engendre des entreprises qui dominent à un point tel le marché qu'elles acquièrent des caractéristiques liées en temps normal aux gouvernements, leurs compétences stratégiques notamment, voire même le fait d'assumer la responsabilité des retombées de leurs actions, lorsque ces dernières ont une portée systémique. À l'exception, dans une certaine mesure, de l'Union européenne, aucune de ces institutions n'est tenue à une responsabilité démocratique, et leur rôle grandissant est un exemple des dynamiques d'évidement des démocraties nationales que dépeint Streeck. Elles sont également limitées dans leurs capacités de gouvernance, et ont été incapables de refréner les tendances autodestructrices qui ont animé les marchés financiers et engendré la crise financière. En réalité, c'est précisément parce qu'elles ne possédaient qu'*un degré limité* de compétences stratégiques, qu'elles ont pu conduire une vague de déréglementation plus rapide que ce qui aurait pu advenir à l'aide des seules lois du marché.

Néanmoins, cette compétence stratégique même restreinte leur permet aujourd'hui de percevoir, et de tenter de répondre à de nouvelles tendances autodestructrices. Ces organisations ont sans doute joué un rôle important lorsqu'il a fallu maîtriser les conséquences de la crise de 2008, et elles l'ont fait plus efficacement que si la situation avait été laissée aux seules mains du marché, ou bien si elle avait été réellement prise en charge par des politiques économiques semblables à celles menées en 1929-1931, déterminées bien plus fortement dans leur nature par le *Staatsvolk* et des perspectives nationales. Plus récemment, tant l'OCDE que le FMI ont paru préoccupés par les conséquences économiques probables des inégalités grandissantes que la mondialisation est en train de produire dans sa forme actuelle[8]. L'Union européenne soutient officiellement la formule d'un État-providence fondé sur l'investissement social, bien qu'elle ait échoué à résoudre la contradiction entre la vision prônée par ce dernier et ses propres positions favorables à l'austérité de manière générale. Toutes ces institutions étant transnationales, notamment les groupes bancaires dominants, elles sont menacées par la montée de la xénophobie, qui affecte la majorité des régions du monde et a d'ores et déjà engendré le retrait du Royaume-Uni de l'Union européenne. Elles deviennent aujourd'hui capables de percevoir les liens existants entre ces récents développements et l'instabilité inhérente à la mondialisation.

S'il existe une possibilité de mettre un point d'arrêt à ces tendances que décrit Streeck, elle ne peut résider que dans la mise en œuvre d'une action concertée entre ces différentes entités internationales et les gouvernements de chaque pays. Karl Marx disait du gouvernement qu'il était le comité de gestion des affaires communes de l'ensemble de la classe bourgeoise. Les États nationaux existaient avant l'émergence de la bourgeoisie. Cette dernière n'a peut-être pas inventé une telle institution pour elle-même, mais elle a été capable de tirer profit de quelque chose qui avait été construit par la monarchie et l'aristocratie. Aucune institution de dimension planétaire n'a existé antérieurement à l'essor du capitalisme mondial contemporain, et la bourgeoisie mondiale n'a instauré pour elle-même que des institutions sans pouvoir véritable à l'échelle internationale. Mais la bourgeoisie contemporaine, qu'elle soit locale ou globale, est confrontée également à un problème qui n'existait pas du temps de Marx : sa prospérité repose sur la consommation de masse, et cela exige d'elle qu'elle prête une certaine attention aux besoins de la majorité de la population. C'est un enjeu stratégique qui ne peut être traité par les seuls marchés. La réponse à la question de savoir si les dynamiques décrites par Streeck sont irréversibles dépend par conséquent des réponses apportées à deux autres interrogations : est-ce que le capitalisme mondial est en mesure de créer des institutions capables de gouverner l'économie globale plus efficacement que cela n'a été le cas dans les années antérieures à 2008 ? Et si cela est possible, dans quelle mesure ces

---

8. Förster, Llena-Nozal & Nafilyan (2014), OCDE (2012), Ostry, Loungani & Furceri (2016).

institutions pourraient-elles accepter, ou rejeter, une pluralité d'approches de la gouvernance économique ? Nous avons vécu jusqu'à aujourd'hui le paradoxe d'un néolibéralisme mis en œuvre de la façon la plus impitoyable lorsqu'il est défendu non pas par le marché seul, mais par des organismes de gouvernance qui lui sont en principe opposés. Cependant, il n'est pas impossible que ces institutions nous permettent un jour, moyennant un nouveau changement de cap et le renforcement de leurs compétences, d'éviter ses conséquences les plus néfastes.

Traduit de l'anglais par Laurent Vannini

───── **Bibliographie** ─────

DEAKIN Simon & Ralf ROGOWSKI (2011), « Reflexive Labour Law, Capabilities and the Future of Social Europe », in Rogowski Ralf, Salais Robert & Whiteside Noel (eds.), *Transforming European Employment Policy. Labour Market Transitions and the Promotion of Capability*, Cheltenham, RU & Northampton, Edward Elgar Publishing, p. 229-255.

ESPING-ANDERSEN Gosta, avec GALLIE Duncan, HEMERIJCK Anton & John MYLES (2003), *Why We Need a New Welfare State*, Oxford, Oxford University Press.

FÖRSTER Michael, LLENA-NOZAL Ana & Vahé NAFILYAN (2014), « L'évolution des hauts revenus et de leur fiscalité », *Documents de travail de l'OCDE sur les affaires sociales, l'emploi et les migrations*, n°159, [oecd.org/els/workingpapers].

HAYEK Friedrich A. (1994), *La constitution de la liberté*, Paris, Litec (« L.I.B.E.R.A.L.I.A. économie et liberté »).

HEMERIJCK Anton (2012), *Changing Welfare States*, Oxford, Oxford University Press.

HÖPNER Martin (2014), « Wie der Europäische Gerichtshof und die Kommission Liberalisierung durchsetzen », *Institut Max-Planck pour l'étude des sociétés*, Cologne, document de travail août 2014.

— (2008), « Usurpation Statt Delegation : Wie der EuGH die Binnenmarktintegration radikalisiert und warum er politischer Kontrolle bedarf », *Institut Max-Planck pour l'étude des sociétés*, Cologne, document de travail décembre 2008.

INSTITUT FRASER (2016), *Economic Freedom of the World*, Toronto, Fraser Institute.

MEARDI Guglielmo (2011), « Flexicurity Meets State Traditions », *International Journal of Comparative Labour Law and Industrial Relations*, 27 (3), p. 255-270.

MOREL Nathalie, PALIER Bruno & Joakim PALME (eds.) (2012), *Towards a Social Investment Welfare State? Ideas, Policies and Challenges*, Bristol, Policy Press.

OCDE (2012), *Toujours plus d'inégalité. Pourquoi les écarts de revenus se creusent*, Paris, OCDE [oecd.org/fr/els/soc/toujoursplusdinegalitepourquoilesecartsderevenussecreusent.htm].

OSTRY Jonathan D., LOUNGANI Prakash & Davide FURCERI (2016), « Le néolibéralisme est-il surfait ? » *Finance et Développement*, FMI, Washington, DC, juin, p. 38-44, [imf.org/external/pubs/ft/fandd/fre/2016/06/pdf/fd0616f.pdf].

STREECK Wolfgang (2016), *How Will Capitalism End?*, Londres, Verso.

— (2014), *Du temps acheté : La crise sans cesse ajournée du capitalisme démocratique*, traduction de Frédéric Joly, Paris, Gallimard.

TRAXLER Franz (1996), « Collective Bargaining and Industrial Change : A Case of Disorganization ? A Comparative Analysis of 18 OECD Countries », *European Sociological Review*, 12 (3), p. 271-287.

TRAXLER Franz & Bernd BRANDL (2010), « Collective Bargaining, Inter-Sectoral Heterogeneity and Competitiveness : A Cross-National Comparison of Macroeconomic Performance », *British Journal of Industrial Relations*, 50 (1), p. 73-98.

TRAXLER Franz & Bernhard KITTEL (2000), « The Bargaining System and Performance : A Comparison of 18 OECD Countries », *Comparative Political Studies*, 33 (9), p. 1154-1190.

Souveraineté nationale, intégration européenne et mondialisation économique

Jürgen Habermas

Démocratie ou capitalisme ?
Misère des États-nations et de leur fragmentation au sein d'une société mondiale intégrée par le capitalisme[1]

Dans son livre sur la crise ajournée du capitalisme démocratique[2], Wolfgang Streeck développe une analyse impitoyable de la genèse de la crise actuelle du système bancaire et de la dette affectant l'économie réelle. Cette enquête, empiriquement fondée et menée avec entrain, est issue des Conférences Adorno organisées par l'Institut de recherche sociale de Francfort. Dans ses meilleurs moments, c'est-à-dire là où la passion politique s'allie à la force aveuglante de faits illuminés par la critique et d'arguments concluants, elle rappelle « Le 18 Brumaire de Louis Napoléon[3] ». Le point de départ en est une critique pertinente de la théorie des crises développée par Claus Offe et moi-même au début des années 1970[4]. L'« optimisme régulateur » d'inspiration keynésienne qui régnait à l'époque nous avait incités à supposer que les potentialités de crise économique, désormais jugulées par la politique, se transformeraient d'une part en impératifs contradictoires adressés à un appareil d'État débordé et, d'autre part, en « contradictions culturelles du

---

1. [NdT. : Cette critique du livre de Wolfgang Streeck a été publiée par Jürgen Habermas (2013c) dans *Blätter für deutsche und internationale Politik*. Il est également possible de trouver ce texte dans le volume XII de ses *Kleine Politische Schriften*, intitulé *Im Sog der Technokratie* (2013a). © Suhrkamp]
2. Streeck (2014). Voir aussi Streeck (2012) et (2013).
3. [NdT. : Karl Marx (1852), « Der 18te Brumaire des Louis Napoléon », *Die Revolution*, New York.]
4. [NdT. : Habermas se réfère au travail qu'il a mené au début des années 1970 avec l'un de ses assistants de l'époque, Claus Offe, sur les « problèmes de légitimation du capitalisme avancé » (Habermas & Offe, 1973). La thèse centrale du livre consiste à dire que, désormais, le capitalisme n'entre plus en crise parce qu'il est une structure d'exploitation, mais parce qu'il est une structure de domination. Il doit donc se légitimer comme forme politique, non comme mode de production.]

capitalisme » (comme Daniel Bell le formulera quelques années plus tard), qui s'exprimeraient conjointement, pour finir, sous la forme d'une crise de légitimation. Or, aujourd'hui, nous ne sommes pas (encore ?) face à une crise de légitimation mais face à une sévère crise économique.

La genèse de la crise

Wolfgang Streeck, avec la suffisance de l'observateur jetant un regard rétrospectif sur l'histoire, commence son exposé de l'évolution de la crise par une évocation du régime de l'État social qui a été construit dans l'Europe d'après-guerre entre 1945 et 1970[5]. Lui ont ensuite succédé les phases où des réformes néolibérales ont été imposées, qui, sans égard pour les conséquences sociales qu'elles entraînent, ont amélioré les conditions de profit du capital et ont, ce faisant, subrepticement inversé le sens même du mot « réforme ». Ces réformes ont desserré l'étau des contraintes corporatistes pesant sur les négociations entre les partenaires sociaux et dérégulé les marchés – non seulement le marché du travail, mais aussi les marchés de biens et de services, et surtout les marchés de capitaux :

> Dans le même temps, les marchés de capitaux se transforment en marchés dédiés au contrôle des entreprises, qui érigent l'augmentation de la *shareholder value*, de la valeur actionnariale, en maxime suprême de la bonne gouvernance d'entreprise. (Streeck, 2014, p. 57 *et sq.* ; trad. mod.)

Wolfgang Streeck décrit ce tournant, qui commence avec Reagan et Thatcher, sous forme de brèches que les propriétaires du capital et leurs managers ont ouvertes dans un État démocratique qui en promouvant des critères de justice sociale réduit les marges de profit des entreprises, mais qui aux yeux des investisseurs étrangle la croissance économique et, de ce fait, nuit au bien commun bien compris. La substance empirique de l'enquête réside dans la comparaison longitudinale menée, sur les quarante dernières années, entre des pays représentatifs. Il en ressort, malgré les différences de détail entre les économies nationales étudiées, une évolution de la crise somme toute étonnamment homogène. Les taux d'inflation croissants des

---

5. Les caractéristiques en sont : le plein-emploi, des conventions collectives réglant les salaires, de l'autogestion, le contrôle étatique des industries clés, un large secteur de service public avec sécurité de l'emploi, une politique fiscale qui réduit les inégalités sociales criantes et, enfin, une politique étatique industrielle et conjoncturelle qui empêche des crises de la croissance.

années 1970 se voient relayés par un endettement croissant des États et des ménages. Dans le même temps, l'inégalité entre les revenus s'accroît et les recettes de l'État baissent par rapport aux dépenses publiques. Cette évolution, qui se poursuit parallèlement à l'accroissement des inégalités sociales, mène à une transformation de l'État dans sa fonction de collecteur et de contrôleur de l'impôt :

> L'État démocratique régi par ses citoyens et, en tant qu'*État fiscal*, alimenté par eux, devient un *État débiteur* démocratique dès que sa subsistance en vient à dépendre non plus seulement des contributions de ses citoyens mais, dans des proportions considérables, de la confiance de ses créanciers. (*Ibid.*, p. 121 ; trad. mod.)

La limitation de la capacité d'action politique des États dans l'Union monétaire européenne se donne à voir dans sa perversité. La transformation de *l'État fiscal* en un *État débiteur*[6] constitue ici l'arrière-plan du cercle vicieux formé par le sauvetage de banques malades par des États qui, dans le même temps, sont poussés à la banqueroute par ces mêmes banques – avec comme conséquence la mise sous curatelle de la population de ces États ruinés par le régime financier régnant. Ce que cela signifie pour la démocratie, c'est ce que nous avons pu observer de très près pendant cette nuit mémorable, à Cannes, lors de laquelle le Premier ministre grec Giórgios Papandreou a été contraint, par ses collègues condescendants, d'annuler un référendum déjà annoncé[7]. Le mérite de Wolfgang Streeck consiste dans la démonstration que la politique de *l'État débiteur*, menée depuis 2008 par le Conseil européen à la demande du gouvernement allemand, continue, sur des points essentiels, de s'inscrire dans la matrice d'une politique passionnément favorable au capital, à l'origine même de la crise actuelle.

Les conditions particulières de l'Union monétaire européenne produisent une politique de consolidation fiscale de tous les États membres, abstraction

---

6. [NdT. : En allemand on dit littéralement : « État qui fonctionne à la dette ». Nous reprenons ici, pour des raisons d'unité du champ conceptuel, la version du traducteur du livre de Streeck, auquel les contributeurs de ce numéro se réfèrent tous. Notons tout de même qu'*État débiteur* peut prêter à confusion, au sens où l'État a toujours eu des dettes (même l'impôt ou les promesses de retraites peuvent être interprétés comme des « dettes » de l'État). L'État « qui fonctionne à la dette » est un État qui ne peut plus répondre de ses devoirs d'État social qu'en s'alimentant avec de la dette privée.]
7. Voir mon commentaire paru dans le *Frankfurter Allgemeine Zeitung*, le 5 novembre 2011. [NdT. : le texte de Habermas a pour titre « Rettet die Würde der Demokratie » (« Sauvons la dignité de la démocratie »).]

faite de l'état de développement des économies nationales, qui les soumet tous aux mêmes règles et concentre, en vue de l'imposition de ces règles, des droits d'intervention et de contrôle au niveau européen. Sans un renforcement des droits du Parlement européen, cette concentration de compétences entre les mains du Conseil et de la Commission entérine le divorce entre, d'une part, les espaces publics et les parlements nationaux et, d'autre part, la scène abstraite, autonomisée par sa technocratie, des gouvernements inféodés aux marchés. Wolfgang Streeck redoute que ce fédéralisme forcé des exécutifs conduise à une forme qualitativement nouvelle d'exercice du pouvoir en Europe :

> La consolidation des finances publiques européennes élaborée en réponse à la crise fiscale revient à un réaménagement, coordonné par les investisseurs financiers et l'Union européenne, du système des États européen. Elle revient à une constitution nouvelle de la démocratie capitaliste en Europe dans laquelle sont codifiés les résultats d'une libéralisation économique menée trois décennies durant. (Streeck, 2014, p. 166 ; trad. mod.)

Cette interprétation dramatisante des réformes en cours touche de manière juste une tendance alarmante de l'évolution actuelle qui, bien qu'elle annule le lien historique entre démocratie et capitalisme, s'imposera tout de même probablement. Aux portes de l'Union monétaire européenne un Premier ministre britannique, pour lequel la démolition de l'État social par les réformes néolibérales ne va pas assez vite, veille. En authentique héritier de Margaret Thatcher, il fait avancer à coups de titillements et d'encouragements une chancelière allemande bien consentante à faire siffler le fouet sur la tête de ses collègues européens : « Nous voulons une Europe qui s'éveille et reconnaisse que le monde moderne est fait de concurrence et de flexibilité[8]. »

Si l'on choisit la voie de la négociation, deux alternatives se présentent face à cette politique de crise : d'une part, le démontage de l'euro, politique défensive s'il en est et en faveur de laquelle vient d'être fondé en Allemagne un nouveau parti ; d'autre part, le choix offensif, l'aménagement de la communauté monétaire en démocratie supranationale. À condition de disposer de majorités politiques, cette dernière pourrait former la plateforme institutionnelle nécessaire à un renversement de la tendance néolibérale.

---

8. *Süddeutsche Zeitung*, 8 avril 2013. [NdT. : la phrase est extraite d'une interview de David Cameron.]

L'option nostalgique

Il est peu surprenant que Wolfgang Streeck opte pour un renversement de la tendance à la dé-démocratisation. Il s'agirait de construire des

> [...] institutions au moyen desquelles les marchés pourraient être à nouveau l'objet d'un contrôle par la société : des marchés du travail qui laissent une place à la vie sociale, des marchés des biens de consommation qui ne détruisent pas l'environnement, des marchés du crédit qui n'incitent pas à la production en masse de vaines promesses. (Streeck, 2014, p. 239 ; trad. mod.)

Mais la conséquence tout à fait concrète que Wolfgang Streeck tire de ce diagnostic est d'autant plus étonnante. Il ne prône pas l'aménagement démocratique d'une Union qui s'est arrêtée à mi-chemin, susceptible de rétablir un équilibre conciliable avec la démocratie dans le rapport en porte-à-faux qu'entretiennent la politique et le marché. Non, il préconise le démontage au lieu de l'aménagement. Il veut retourner dans la forteresse des États nationaux des années 1960 et 1970, afin de

> [...] défendre et de réparer autant que possible ce qui reste de ces institutions politiques au moyen desquelles il serait peut-être possible d'infléchir la justice de marché par la justice sociale, voire de remplacer la première par la seconde. (*Ibid.*, p. 238 *et sq.*)

Elle est pour le moins surprenante cette option nostalgique qui consiste à se claquemurer dans l'impuissance souveraine des nations, manifestement submergées face à la transformation séculaire d'États-nations encore maîtres de leurs marchés intérieurs en partenaires dépourvus de potentialités propres et encastrés dans des marchés globalisés. Le besoin de direction politique, engendré par une société mondiale à interdépendance mutuelle extrêmement développée, se voit au mieux apaisé par un réseau d'organisations internationales de plus en plus dense, mais il n'est nullement comblé par les formes asymétriques du « gouvernement au-delà des États-nations » que l'on nous vante tant. À considérer cette problématique récurrente d'une société mondiale de plus en plus intégrée au niveau systémique, mais toujours et encore dans un état d'anarchie au niveau politique, la réaction à l'éclatement de la crise en 2008 fut, de prime abord, tout à fait compréhensible. Les gouvernements du G8, effrayés, se pressèrent d'accueillir les BRICS, et quelques autres États, dans les débats. Mais, dans le même temps, la complète ineffectivité des décisions prises lors de la première conférence du G20 à Londres atteste d'un déficit qui a encore été creusé par la restauration des bastions, auparavant battus en brèche, que sont les États-nations ; un déficit consistant dans une incapacité manifeste de coopérer, résultant de la fragmentation politique d'une société mondiale pourtant économiquement intégrée.

De toute évidence, la capacité d'action politique d'États-nations, veillant jalousement sur une souveraineté depuis longtemps vidée de sa substance, ne suffit pas pour se soustraire aux impératifs d'un secteur bancaire gonflé au-delà de toute mesure et dysfonctionnel. Des États qui ne s'associent pas pour devenir des entités supranationales, et qui ne disposent que du moyen des contrats internationaux, sont en échec face au défi politique consistant à relier le secteur financier aux besoins de l'économie réelle, et à le réduire à une taille qui corresponde à des exigences fonctionnelles réelles. Les États membres de la communauté monétaire européenne se voient confrontés d'une manière spécifique à la tâche de ramener des marchés, dont la globalisation est irrémédiable, dans une sphère d'influence politique, quitte à accepter que cette politique devienne intervention indirecte. Or, dans les faits, leur politique de gestion de crise se borne au développement d'un gouvernement d'experts, prenant des mesures dont les effets consistent essentiellement dans l'ajournement. Sans la pression exercée par la formation indispensable d'une volonté vitale issue de la mobilisation d'une société civile, dépassant les frontières nationales, l'exécutif bruxellois, qui s'est autonomisé, manque de force et d'intérêt pour réguler les marchés déchaînés selon des critères sociaux.

Naturellement, Wolfgang Streeck sait que « la puissance des investisseurs se nourrit avant tout de leur intégration internationale sans cesse plus avancée et de l'accessibilité de marchés globaux efficients » (2014, p. 130). Jetant un regard rétrospectif sur le triomphe global de la politique de dérégulation, il constate la nécessité de laisser ouverte la question de savoir « si, et avec quels moyens, une politique démocratique organisée à l'échelle nationale dans une économie devenue toujours plus internationale aurait pu réussir entièrement à endiguer de telles évolutions » (*ibid.*, p. 113). Soulignant sans relâche l'« avance en termes organisationnels de marchés financiers globalement intégrés en comparaison des sociétés organisées sur le mode national-étatique » (*ibid.*, p. 127), sa propre analyse semble inciter à conclure qu'il faut régénérer à un niveau supranational le pouvoir du législateur démocratique à réguler les marchés, pouvoir qui était auparavant concentré entre les mains des États-nations. Et pourtant, il sonne la retraite derrière la ligne Maginot de la souveraineté des États-nations.

Il est toutefois tenté, vers la fin de son livre, de s'abandonner à l'agressivité, sans but ni fin, d'une résistance autodestructrice ayant abandonné tout espoir en une solution constructive[9]. Il trahit, en cela, un certain scepticisme à l'égard de son propre appel au renforcement des vestiges subsistant des États-nations. À la lumière de cette résignation, la proposition selon laquelle il faudrait en arriver à un « Bretton Woods européen » apparaît comme un regret tardif. Le pessimisme profond dans lequel s'achève le récit suscite la question suivante : quelles conséquences tirer du diagnostic lucide et convaincant d'un divorce de plus en plus consommé entre capitalisme et démocratie dans la perspective d'un changement de politique ? Est-ce une incompatibilité de principe entre démocratie et capitalisme qui s'y manifeste ? Afin de répondre à cette question, il faut tirer au clair l'arrière-plan théorique de l'analyse.

Capitalisme ou démocratie ?

Le *cadre* du récit de crise est formé par une interaction à trois joueurs : l'État qui s'alimente avec l'impôt et se légitime par les élections ; l'économie qui doit à la fois assurer la croissance capitaliste et un niveau suffisant de recettes pour l'État ; les citoyens, enfin, qui prêtent à l'État leur soutien politique uniquement en échange de la satisfaction de leurs intérêts. Le *sujet du livre* est de savoir si et, le cas échéant, comment l'État parvient-il à créer un équilibre entre ces exigences contraires en empruntant une voie intelligente consistant à éviter les crises. L'État, d'une part, sous peine de voir éclater des crises affectant l'économie ou la cohésion sociale, doit répondre à des attentes de profit : c'est-à-dire qu'il doit garantir les conditions fiscales, légales et infrastructurelles nécessaires pour une mise à profit rentable du capital. D'autre part, il doit garantir des libertés égales et répondre aux attentes de justice sociale, c'est-à-dire veiller à une distribution équitable des revenus, assurer les statuts, fournir des services publics et des biens communs.

---

9. En tant que citoyen européen qui, et je reconnais que c'est trop confortable, suit les manifestations grecques, portugaises et espagnoles dans les journaux, je peux pourtant partager l'empathie de Streeck envers les « explosions de colère de la rue » : « Lorsque des peuples démocratiquement organisés ne peuvent plus se comporter de façon "responsable" qu'en renonçant à user de leur souveraineté nationale, et en se contentant – sur des générations – de garantir leur solvabilité vis-à-vis de leurs créanciers, il pourrait sembler responsable de tenter, au moins une fois, l'irresponsabilité... » (*Ibid.*, p. 219 ; trad. mod.).

Le *contenu* du récit consiste alors à montrer que la stratégie néolibérale accorde une priorité de principe à la satisfaction des intérêts de mise à profit du capital, et ceci au détriment des exigences de justice sociale, de telle sorte qu'elle ne parvient plus à gérer les crises que par leur « ajournement » et au prix d'une fracturation de la société[10].

Or, l'« ajournement de la crise du capitalisme démocratique », dont parle le sous-titre du livre, se réfère-t-il à la question de savoir si elle va avoir lieu ou seulement à la question de savoir quand elle aura lieu ? Comme Wolfgang Streeck développe son scénario dans le cadre d'une théorie de l'action sans s'appuyer sur des « lois » du système économique (comme, par exemple, la loi de la « baisse tendancielle du taux de profit »), la construction de l'exposé ne permet aucune prédiction théoriquement fondée, ce qui est un geste habile. Dans ce cadre, les seules prédictions possibles sur l'évolution ultérieure de la crise ne peuvent être tirées que d'une analyse de la situation historique et de constellations de pouvoir tout à fait contingentes. D'un point de vue rhétorique, pourtant, Wolfgang Streeck donne à son exposé de la tendance à la crise la tonalité d'une certaine inévitabilité, en rejetant la thèse conservatrice de « l'inflation de revendications des masses fatiguées », et en situant la dynamique de crise uniquement du côté des intérêts de profit du capital. Il est vrai que l'initiative politique se situe de ce côté-ci depuis les années 1980. Je ne peux toutefois, pour ma part, découvrir ici de raison suffisante justifiant l'abandon défaitiste du projet européen.

J'ai bien plutôt l'impression que Wolfgang Streeck sous-estime l'effet-cliquet[11] exercé non seulement par les normes constitutionnelles *en vigueur* et leur force légale, mais aussi celui exercé par le complexe démocratique *existant dans les faits*, c'est-à-dire par la persistance des institutions, règles et pratiques entrées dans les mœurs et insérées dans des cultures politiques. Prenons l'exemple des manifestations de masse à Lisbonne, et ailleurs, qui ont incité le Président portugais à porter plainte contre la politique de rigueur, scandaleuse du point de vue social, menée par ses amis du parti au pouvoir. Suite à cette plainte, la cour constitutionnelle a invalidé

---

10. Entre-temps pourtant, la privatisation des prestations sociales a tellement progressé que ce conflit systémique reflète d'une manière de moins en moins nette les constellations d'intérêts antagoniques des différents groupes sociaux. Les contours des ensembles « peuple des citoyens » et « peuple du marché » se brouillent. La contradiction des intérêts engendre de plus en plus de conflits au sein des individus eux-mêmes.
11. [NdT. : Le terme vient de l'horlogerie et désigne littéralement le mécanisme à ancre qui interdit tout retour en arrière d'une roue dentée. Utilisé comme métaphore, ainsi que Habermas le fait ici, il désigne un mécanisme, social, politique ou institutionnel qui empêche le retour en arrière d'un processus, une fois un certain stade dépassé.]

une partie du contrat conclu entre le Portugal, l'Union européenne et le Fonds Monétaire International, et a incité, de ce fait, du moins pour un petit moment, le gouvernement portugais à réfléchir sur l'application du « diktat des marchés ».

Les idées que les actionnaires se font des dividendes, en suivant Ackermann[12], ne sont pas davantage des données naturelles que ne le sont les représentations élitistes, nourries et chéries par des médias à leur service, d'une classe managériale internationale, détachée de tout, qui regarde d'en haut « ses » hommes politiques comme des domestiques incapables. Le traitement de la crise de Chypre, c'est-à-dire ce moment où, d'un coup, l'enjeu n'était plus de sauver ses propres banques, a soudainement montré qu'il est bel et bien possible de faire payer ceux qui ont causé la crise et non le contribuable. Et l'on peut tout aussi bien consolider les budgets nationaux par l'augmentation de recettes que par une politique de rigueur. Toutefois, seul le cadre institutionnel d'une politique fiscale, économique et sociale européenne commune fournirait les conditions nécessaires à l'élimination du défaut structurel d'une union monétaire qui est loin d'être optimale. Seul un effort européen commun peut faire progresser la modernisation absolument nécessaire de structures économiques désuètes et de structures administratives régies par un système clientéliste ; en tout cas, ce n'est pas la demande abstraite adressée aux nations d'améliorer leur position dans la concurrence mondiale qui fera avancer ce processus de modernisation.

Deux innovations principales permettraient de distinguer la forme démocratique de l'Union européenne – qui, pour des raisons évidentes, ne peut contenir que les membres de la communauté de l'Union monétaire européenne – d'un fédéralisme d'exécutifs conforme aux exigences du marché : premièrement, on établirait ensemble le cadre politique général, on instaurerait en fonction de ce cadre des paiements de transfert entre les pays, ainsi qu'une obligation de solidarité mutuelle. Deuxièmement, on modifierait le traité de Lisbonne sur les points nécessaires pour qu'une légitimation démocratique des compétences soit réellement mise en œuvre : on y inscrirait une participation paritaire du Parlement et du Conseil à la production de la loi et, dans le même temps, la responsabilité égale de la Commission devant ces *deux* institutions. Alors, la formation de la volonté politique ne dépendrait plus seulement de bras de fer pénibles entre les représentants d'intérêts nationaux qui se bloquent mutuellement, mais tout autant de décisions prises à la majorité par des représentants élus dans un système de partis.

---

12. [NdT. : Josef Ackermann, ancien président directeur général de la *Deutsche Bank*.]

Ce n'est que dans un Parlement européen structuré en partis qu'une généralisation des intérêts, *traversant les frontières nationales,* peut avoir lieu. Ce n'est que dans le processus parlementaire qu'une perspective généralisée au niveau de l'Europe, qui se formule sous forme d'un « nous » dans lequel se reconnaissent les citoyens européens, peut se consolider en pouvoir institutionnel. Ce genre de changement de perspective est nécessaire afin qu'une formation de volonté politique commune discrétionnaire prenne le relais de la coordination encadrée juridiquement entre des politiques nationales pseudo-souveraines qui a été favorisée jusqu'à présent dans les champs politiques qui nous concernent ici. Les effets inévitables d'une redistribution à court et moyen terme ne peuvent être légitimés qu'à la condition que les intérêts nationaux fassent alliance avec l'intérêt européen commun et se relativisent à son contact.

C'est une question réelle, et réellement difficile, que de savoir si, et comment, on peut obtenir les majorités nécessaires pour changer le droit primaire de l'Union européenne[13], et j'y reviendrai brièvement plus tard. Mais, indépendamment de la question de savoir si une réforme est possible dans les circonstances actuelles, Wolfgang Streeck doute que le format d'une démocratie supranationale puisse s'accorder vraiment avec les conditions de l'Europe. Il conteste la capacité de fonctionnement d'un ordre politique de ce type, et le tient pour peu souhaitable du fait de son caractère supposément répressif. Examinons si les quatre raisons qu'il avance sont de bonnes raisons[14].

Quatre raisons de refuser une union politique

Le *premier argument,* qui est aussi *le plus fort,* met en cause l'efficacité de programmes économiques régionaux, vu l'hétérogénéité historiquement fondée des cultures économiques que nous devons présupposer, y compris pour le noyau dur de l'Europe. Et il est vrai que la politique au sein d'une communauté monétaire doit avoir pour objectif d'établir un équilibre durable entre les différences structurelles affectant les économies du point de vue de la compétitivité ; du moins, elle doit avoir pour objectif de réduire ces différences. Wolfgang Streeck cite en contre-exemple l'ancienne RDA depuis la réunification, ainsi que le *Mezzogiorno*. Les deux cas rappellent

---

13. [NdT. : Au « droit primaire » appartiennent les traités et accords résultants des négociations entre les gouvernements nationaux membres de l'Union.]
14. Dans ce qui suit, je fais abstraction des conséquences d'un démontage complet de l'euro ; voir, sur ce point, l'article d'Elmar Altvater (2013).

sans aucun doute les horizons temporels moyens peu encourageants que doit prendre en compte toute politique de subventions ciblées, destinée à stimuler la croissance économique dans des régions accusant un retard en ce domaine. Or, concernant les problèmes de régulation qui pourraient se présenter à un gouvernement économique de l'Europe, les deux exemples choisis sont certainement trop atypiques pour justifier un pessimisme de principe. La reconstruction de l'économie Est-allemande est, en effet, confrontée au problème historiquement inédit d'un changement de système qui, pour ainsi dire, a été assimilé après coup par la population, en tout cas qui n'a pas été obtenu par la force propre du peuple, mais a été dirigé par les élites de la RFA, et qui, en plus, s'est réalisé au sein d'une nation divisée en deux pendant quarante ans. À moyen terme, les prestations de transfert semblent obtenir le succès escompté.

Il en va tout autrement avec le problème plus ardu qu'est la subvention économique d'une Italie du Sud économiquement en retard et appauvrie, socialement et culturellement marquée par des traits prémodernes et anti-étatiques, politiquement sous la botte de la mafia. À considérer les regards inquiets que le nord européen porte aujourd'hui sur les « pays du sud », cet exemple est toutefois lui aussi peu informatif du fait de son arrière-plan historique très spécifique. Car le problème d'une Italie divisée en deux est inextricablement mêlé aux conséquences à long terme de l'union nationale d'un pays qui, depuis la fin de l'Empire Romain, a vécu sous différentes occupations et, du coup, sous des gouvernements étrangers. Historiquement, les racines du problème actuel se trouvent dans le *Risorgiemento* raté, imposé par la force militaire savoyarde, et vécu comme une usurpation. Les efforts plus ou moins couronnés de succès des gouvernements italiens d'après-guerre se situaient encore dans ce contexte. Ceux-ci, comme Streeck lui-même le souligne, se sont embourbés dans le marécage des partis au pouvoir et des structures de pouvoir locales. Que les programmes de développement économique n'aient pas pu être imposés politiquement tient à une administration minée par la corruption et non à la résistance d'une culture sociale et économique qui se ressourcerait dans une forme de vie désirable. Or, dans un système européen à plusieurs niveaux, et hautement réglementé au niveau juridique, le chemin rocailleux qui mène de Bruxelles en Calabre, ou en Sicile, ne constitue guère un modèle pour la mise en œuvre nationale de programmes bruxellois, en tout cas pas si l'on part du principe qu'à cette réalisation sont associées seize nations méfiantes quant à l'emploi de leur argent.

Le *deuxième argument* se réfère à l'intégration sociale fragile « d'États-nations inachevés » comme la Belgique et l'Espagne. En renvoyant aux conflits qui vont s'envenimant entre Flamands et Wallons, ou entre les Catalans et le gouvernement central espagnol, Wolfgang Streeck attire l'attention sur des problèmes d'intégration qui, vu les diversités régionales, sont déjà difficiles à surmonter au sein d'un État-nation – et qui le seraient d'autant plus dans une grande Europe ! Il se trouve, en effet, que le processus de formation des États nous a, dans les faits, légué des lignes de conflit entre des formations politiques anciennes et historiquement révolues – que l'on pense à la Bavière qui ne voulait pas ratifier, en 1949, la loi fondamentale, à la séparation, certes paisible, entre la Slovaquie et la Tchéquie, à la dissolution violente de la Yougoslavie, au séparatisme des Basques, des Écossais, de la Ligue du Nord, etc. Or, des conflits apparaissent le long de ces lignes que l'histoire a tracées en pointillé lorsque les parties les plus vulnérables de la population tombent dans des crises économiques, ou dans des situations de transformation historique, perdent leur assurance et traduisent leur crainte de perte de statut par une crispation sur des identités supposément « *naturelles* » – peu importe que ce soit la « tribu », la région, la langue ou la nation qui promette de soutenir cette prétendue identité. Le nationalisme dans les pays de l'Europe centrale et orientale, à l'apparition duquel l'on pouvait s'attendre après la désagrégation de l'Union soviétique, est, en ce sens, un équivalent au niveau de la psychologie sociale du séparatisme qui se manifeste dans les « anciens » États-nations.

Le côté supposément « organique » de ces identités est dans les deux cas également fictif[15] et en aucune façon un fait historique dont on pourrait se servir comme obstacle à l'intégration. Des phénomènes régressifs de ce genre sont des symptômes de l'échec cuisant des gestions politiques et économiques n'assurant plus le niveau nécessaire de sécurité à leur société. La diversité socio-culturelle des régions et des nations constitue une richesse

---

15. Parmi les « tribus » allemandes, les Bavarois, « sédentaires et fidèles à la terre », comptent pour les plus originaires. Des analyses d'ADN réalisées sur des os datant des invasions barbares tardives, lorsque les « Bavarois » apparaissent la première fois comme acteurs historiques, ont confirmé la soi-disant théorie de la « bande de jean-foutre », selon laquelle « une population romaine nucléaire tardive commençait à former une tribu bavaroise en se mélangeant à des hordes de migrants venant de l'Asie centrale, de l'Europe de l'Est et du nord de l'Allemagne » (voir *Süddeutsche Zeitung*, 8 avril 2013). [NdT.: Habermas doit se référer à une recension du livre *Die Baiuvaren* [*Les Bavarois*] de Brigitte Haas-Gebhardt (2013), parue à cette date dans le *Süddeutsche Zeitung*; notons que le terme allemand que nous traduisons par « bande de jean-foutre » est « *Sauhaufen* », littéralement : « tas de cochons ».]

qui distingue l'Europe par rapport à d'autres continents, et non pas une limitation qui l'obligerait à rester bloquée dans une forme d'intégration politique fondée sur son éclatement en petits États.

Les deux premiers arguments concernent la capacité à fonctionner et la stabilité d'une union politique plus étroite. En avançant un *troisième argument*, Wolfgang Streeck veut contester également la désirabilité de cette union : un ajustement contraint des structures économiques du Sud sur celles du Nord, signifierait aussi un nivellement des formes de vie correspondantes. Il est certes possible de parler d'une homogénéisation contrainte des conditions de vie là où l'on assiste à une « greffe du modèle économique et social néolibéral » réalisée de manière technocratique. Mais c'est précisément sur ce point que la différence entre des processus de prise de décision démocratique et des processus de prise de décision conformes au marché ne doit pas être effacée. Des décisions prises au niveau européen, et légitimées démocratiquement, au sujet de programmes économiques régionaux, ou de mesures de rationalisation des administrations étatiques concernant des pays spécifiques, auraient aussi pour conséquence l'unification des structures sociales. Or, si l'on aborde toute modernisation décidée politiquement avec le soupçon qu'il s'agit là d'une homogénéisation contrainte, on transforme alors de simples airs de famille entre des modes économiques et des formes de vie en fétiches communautaristes. Par ailleurs, la diffusion globale d'infrastructures sociales semblables qui, aujourd'hui, fait de presque toutes les sociétés des sociétés « modernes », déclenche partout des processus d'individualisation et de multiplication des formes de vie[16].

Enfin, dans son *quatrième argument*, Wolfgang Streeck partage l'idée selon laquelle la substance égalitaire de la démocratie sous forme d'État de droit ne peut être réalisée que sur la base d'une coappartenance nationale et, partant, à l'intérieur des frontières d'un État-nation ; sans cela, une transformation des cultures minoritaires par leur absorption dans les cultures majoritaires serait inévitable. Abstraction faite du débat bien plus complexe qu'entraînerait une réflexion sur les droits culturels, il faut dire que cette idée, si on l'examine sur le long terme, est parfaitement arbitraire. Les États

---

16. Le pluralisme croissant des formes de vie qui atteste d'une différenciation de plus en plus grande des économies et des cultures contredit cette perspective d'une homogénéisation des modes de vie. Le remplacement, décrit par Streeck, des formes de réglementation corporatistes par des marchés dérégulés a également abouti à une poussée d'individualisation qui a préoccupé la sociologie. Notons au passage que cette poussée explique aussi le phénomène étrange qu'a été le changement de camp de ces renégats de 1968 qui se sont abandonnés à l'illusion de pouvoir vivre pleinement leurs pulsions libertaires sous les conditions de l'auto-exploitation dans le cadre du marché libéral.

nationaux se sont déjà appuyés sur une forme hautement artificielle de solidarité entre des individus étrangers les uns aux autres, engendrée à partir de la construction du statut légal de «citoyen». Même dans des sociétés ethniquement et linguistiquement homogènes, la conscience nationale n'a rien de naturellement spontané mais est un produit administrativement subventionné de l'historiographie, de la presse, du service militaire, etc. La conscience nationale des sociétés d'immigration hétérogènes démontre de manière exemplaire que toute population peut jouer le rôle d'un «État-nation», à condition qu'elle soit capable de former collectivement une volonté politique sur l'arrière-plan d'une culture politique partagée.

De même que le droit des gens classique se trouve dans une relation complémentaire avec le système des États modernes, les innovations décisives à ce niveau du droit qui ont été réalisées depuis la fin de la Seconde Guerre mondiale reflètent une métamorphose profonde de l'État-nation. L'espace de jeu de la souveraineté populaire s'est atrophié en même temps que la teneur réelle d'une souveraineté étatique formelle. Cela vaut d'autant plus pour les États européens qui ont transféré une partie de leurs droits souverains à l'Union européenne. Leurs gouvernements se considèrent, certes, encore comme les «maîtres des traités». Mais il suffit de regarder de près le droit (introduit dans le traité de Lisbonne) qui régit la possibilité de sortir de l'Union européenne pour que s'y trahisse une limitation de la souveraineté des États. De toute façon, celle-ci, du fait de la primauté légitimée fonctionnellement du droit européen, se dissout pour devenir une fiction, puisque l'entrelacement horizontal entre les systèmes juridiques nationaux progresse au fur et à mesure que le droit positif européen est adopté au niveau national. La question de la légitimation démocratique de ce droit positif se pose avec d'autant plus d'urgence.

Wolfgang Streeck redoute la dimension «unitarienne-jacobine» que revêtirait une démocratie supranationale parce qu'elle mènerait nécessairement à un nivellement des «communautés économiques et identitaires fondées sur la proximité spatiale» (2014, p. 246), à travers une suprématie permanente des majorités sur les minorités. Il oublie tout simplement l'imagination innovatrice et créatrice de droit qui s'est déjà manifestée dans les institutions existantes et les règles en vigueur. Je pense ici à la procédure de prise de décision ingénieuse de la «double majorité», ou à la composition pondérée du Parlement européen qui, si l'on adopte justement le point de vue de la représentation équitable, tient compte des importantes différences de population entre les grands et les petits États membres[17].

Or, la crainte de Streeck d'une centralisation répressive des compétences se nourrit avant tout de l'idée fausse selon laquelle l'approfondissement institutionnel de l'Union européenne doit nécessairement aboutir à une sorte de République fédérale européenne. La République fédérale n'est pas le bon modèle. En effet, les conditions d'une légitimation démocratique sont également remplies par une communauté démocratique *supranationale*, se situant au-dessus des États et permettant un *gouvernement commun*. En elle, toutes les décisions politiques sont légitimées par les citoyens dans leur *double rôle* de citoyens européens et de citoyens de leurs États nationaux respectifs[18]. Dans une telle union politique, qui se distingue très clairement d'un Super-État, les États membres garderaient une position très forte par comparaison à ce qui serait le cas s'ils étaient de simples membres d'une République fédérale, et ceci en tant que garants du niveau de droit et de liberté qui s'incarne en eux.

Et maintenant ?

Tant qu'elle reste abstraite toute alternative politique bien argumentée ne vaut que par sa capacité à créer des perspectives – elle indique un but politique, mais ne précise pas quel chemin il faut emprunter pour l'atteindre. Les obstacles évidents sur ce chemin corroborent une appréciation pessimiste de la capacité de survie du projet européen. C'est la combinaison des deux faits suivants qui doit inquiéter les défenseurs d'un « plus d'Europe ».

D'une part, la politique de consolidation (fonctionnant selon le modèle de la règle d'or budgétaire) vise l'instauration d'une constitution économique européenne établissant « les mêmes règles pour tous » et qui est censée rester soustraite au processus de formation démocratique de la volonté politique. En détachant ainsi des pans entiers de décisions technocratiques – lourds de conséquences pour l'ensemble des citoyens européens – du processus de formation d'opinion et de volonté au sein des espaces publics et des parlements nationaux, elle dévalue les ressources politiques de ces citoyens, qui

---

17. Il faudra encore une fois réfléchir aux détails mais, malgré les réticences de la Cour constitutionnelle, il me semble que la tendance globale soit la bonne.
18. J'ai développé cette idée d'une souveraineté constituante qui est originellement partagée entre les citoyens et les États, c'est-à-dire qu'elle l'est déjà au moment du processus d'écriture de la Constitution, dans *Zur Verfassung Europas* (2011) ; voir également Habermas (2013b).

ont uniquement accès à ces arènes nationales. De la sorte la politique européenne se tient de plus en plus hors d'atteinte de toute attaque et, par là même, de plus en plus critiquable du point de vue de la démocratie. D'autre part, cette tendance à l'auto-immunisation se voit encore renforcée en raison du maintien de la fiction d'une souveraineté fiscale des États membres, ce qui oriente la perception publique de la crise dans une fausse direction. La pression qu'exercent les marchés financiers sur des budgets nationaux fragmentés promeut une auto-perception communautaire, centrée sur soi, des populations concernées par la crise – qui dresse les « pays donneurs » et les « pays bénéficiaires » les uns contre les autres, et attise le nationalisme.

Wolfgang Streeck attire l'attention sur ce potentiel démagogique :

> Dans la rhétorique de la politique de la dette nationale, les nations envisagées sur un mode moniste semblent être des acteurs essentiellement moraux, contraints de se montrer à la hauteur d'une responsabilité commune. On y fait entièrement abstraction des rapports de classes et de domination intérieurs. (Streeck, 2014, p. 134 ; trad. mod.)

De la sorte, une politique de la crise parvenant à s'immuniser contre toute voix critique à cause de son succès et la perception faussée des « peuples » traversant les espaces publics nationaux se renforcent mutuellement.

On ne saurait lever ce blocage qu'à la condition d'une campagne commune des partis pro-européens de tous les pays menée contre cette entreprise de falsification consistant à faire passer des questions sociales pour des questions nationales. À mes yeux, c'est uniquement la crainte éprouvée par les partis démocratiques face au danger de l'extrême droite qui explique l'absence de débats d'opinion, dans les espaces publics nationaux, autour d'alternatives politiques pertinentes. Des conflits polarisants sur la voie à prendre en Europe peuvent être éclairants – et non, comme c'est le cas aujourd'hui, se contenter d'exciter les foules – si et seulement si tous les acteurs acceptent qu'il n'y ait ni alternatives sans frais ni alternatives sans risques[19]. Au lieu de créer des faux fronts sur les frontières nationales,

---

19. Parmi les alternatives « bon marché », on trouve celle, tirée de derrière les fagots, par George Soros préconisant des euro-obligations – ce qui en soi n'est pas mauvais –, qui se voit refusée par l'argument juste et de nouveau populaire des pays du Nord, disant que « des euro-obligations ont un problème de légitimation dans le système politique actuel : car on emploierait des recettes fiscales sans que le contribuable ait voix au chapitre » (*Süddeutsche Zeitung* du 11 avril 2013). Dans ce match à somme nulle, on bloque l'alternative consistant à produire les fondements nécessaires pour légitimer un changement politique qui inclurait pour de bon des euro-obligations. [NdT. : Habermas extrait cette citation d'un commentaire

la tâche de ces partis devrait être de différencier entre les gagnants et les perdants de la crise, et de la résoudre en fonction des groupes sociaux qui, *indépendamment de leur nationalité*, sont plus ou moins touchés.

Les partis de gauche européens sont en train de répéter l'erreur historique de 1914. Eux aussi se sont couchés, par crainte, devant le centre de la société, très enclin à écouter le chant des sirènes de la droite populiste. En RFA, de surcroît, un paysage médiatique vénérant Merkel avec une piété presque filiale motive toutes les personnes impliquées à ne surtout pas toucher, pendant les campagnes électorales, à la question brûlante que serait la politique européenne, et à jouer le jeu de la chancelière – malin dans tous les sens du mot – consistant à en faire un non-sujet. Voilà la raison pour laquelle il faut souhaiter tout le succès possible à l'*Alternative für Deutschland* (AfD). J'espère que ce parti parviendra à obliger les autres partis à ôter leur anneau de Gygès quand il s'agira de parler de politique européenne. Il serait alors possible qu'après les élections nationales la chance de la formation d'une « très grande » coalition se présente pour accomplir le premier pas, depuis longtemps nécessaire. Car, dans l'état actuel des choses, seule la République fédérale d'Allemagne peut prendre l'initiative de cette difficile entreprise.

Traduit de l'allemand par Julia Christ

―― **Bibliographie** ――

ALTVATER Elmar (2013), « Der politische Euro. Eine Gemeinschaftswährung ohne Gemeinschaft hat keine Zukunft » [« L'Euro politique. Une monnaie commune sans communauté n'a pas d'avenir »], *Blätter für deutsche und internationale Politik*, 5/2013, p. 71-79.

HAAS-GEBHARDT Brigitte (2013), *Die Baiuvaren* [*Les Bavarois*], Regensburg, Friedrich Pustet Verlag.

HABERMAS Jürgen (2013a), *Im Sog der Technokratie. Kleine Politische Schriften XII*, Berlin, Suhrkamp.

— (2013b), « Motive einer Theorie », in Id., *Im Sog der Technokratie*, Berlin, Suhrkamp.

— (2013c), « Demokratie oder Kapitalismus ? », *Blätter für deutsche und internationale Politik*, 5/2013, p. 59-70.

par Andrea Rexer des propositions de George Soros, paru dans le *Süddeutsche Zeitung* le 11 avril 2013.]

HABERMAS Jürgen (2011), *Zur Verfassung Europas*, Berlin, Suhrkamp, [trad. fr. : *La Constitution de l'Europe*, Paris, Gallimard, 2012].

HABERMAS Jürgen & Claus OFFE (1973), *Legitimationsprobleme im Spätkapitalismus*, Francfort, Suhrkamp.

MARX Karl (1852), « Der 18te Brumaire des Louis Napoléon » [« Le 18 Brumaire de Louis Napoléon »], *Die Revolution*, New York.

STREECK Wolfgang (2014), *Du temps acheté. La crise sans cesse ajournée du capitalisme démocratique*, Paris, Gallimard.

— (2013), « Was nun, Europa ? Kapitalismus ohne Demokratie oder Demokratie ohne Kapitalismus » [« Et maintenant, Europe ? Capitalisme sans démocratie ou démocratie sans capitalisme »], *Blätter für deutsche und internationale Politik*, 4/2013, p. 57-68.

— (2012), « Auf den Ruinen der Alten Welt. Von der Demokratie zur Marktgesellschaft » [« Sur les vestiges du vieux monde. De la démocratie à la société de marché »], *Blätter für deutsche und internationale Politik*, 12/2012, p. 61-72.

Robert Boyer

Le BREXIT
Souveraineté nationale contre internationalisation de l'économie

Introduction

L'analyse du processus complexe qui a mené au vote en faveur du Brexit ne manque pas d'intérêt : s'agit-il d'un accident résultant d'un mauvais calcul de la part du Premier ministre britannique, ou bien ce vote est-il l'indice d'une profonde transformation de la stratification de la société et des positions individuelles à l'égard de la perte de souveraineté ? Ou bien encore est-ce les deux à la fois ?

Nous proposons ici des pistes de réflexion pour répondre à ces questions. La pensée économique néoclassique voit dans le Brexit un paradoxe : les chercheurs s'accordent sur le fait que l'économie britannique a amplement bénéficié de l'adhésion du pays au marché unique, et pourtant une majorité de citoyens a rejeté l'idée d'une appartenance du Royaume-Uni à l'Union européenne. L'écart croissant entre les gagnants et les perdants de l'internationalisation constitue une première explication (partie I). Selon une deuxième interprétation, la percée dans l'opinion publique des analyses politiques du Parti pour l'indépendance du Royaume-Uni (UKIP) a poussé un parti conservateur divisé à organiser un référendum centré sur la question européenne : c'est ainsi que le sentiment anti-européen profondément ancré dans la partie la moins favorisée de la population, et d'ordinaire réduite au silence par la démocratie parlementaire, a trouvé l'occasion de s'exprimer (II). La surprise à l'issue du référendum du 23 juin 2016 a mis en évidence l'absence de pertinence d'un grand nombre d'analyses de type néoclassique : les sondages successifs et les marchés financiers se sont révélés inefficaces en tant qu'outils de prévision ; les idées des élites gouvernementales étaient à des lieux des positions du peuple ; et ce n'est en aucun cas l'évaluation rationnelle du rapport coûts/avantages pour l'économie du maintien dans l'Union européenne ou du retrait qui a guidé le vote : les émotions, les passions et les affects ont indéniablement joué un rôle lors du suffrage proposé au peuple britannique (III).

La contradiction apparente entre les avantages macroéconomiques globaux liés à l'intégration au sein de l'Europe et le rejet de celle-ci de la part d'une courte majorité de citoyens prouve qu'au sein des sociétés fortement polarisées en fonction du niveau d'éducation, de l'âge, ou selon que l'on habite en milieu rural ou dans des métropoles, il n'existe aucune entité qui pourrait s'apparenter à un agent représentatif. Ce vote a mis en évidence une importante fracture sociale entre les individus capables de réussir dans un environnement mondialisé très labile et ceux dont le destin dépend entièrement de leur appartenance à un territoire donné (IV). Cette évolution des identités sociales a eu des répercussions sur les orientations politiques et les exigences formulées auprès des gouvernements, notamment en ce qui concerne le contrôle de l'immigration (V). Le vote en faveur du Brexit constitue clairement un fait social total au sens maussien du terme : on ne saurait le comprendre autrement que comme la conséquence d'interactions entre trois processus différents : un changement dans la répartition géographique des emplois, la transformation des positions au sein des différentes classes et groupes socio-économiques, l'innovation apportée au sein de l'arène politique par l'offre d'un programme violemment antieuropéen. Il est nécessaire de s'appuyer sur diverses sous-disciplines pour comprendre le phénomène d'intégration/désintégration régionale (VI). Ce réseau de causalités est-il propre au Royaume-Uni ou bien est-il représentatif d'une configuration plus générale fondée sur un nouveau type de rapport entre, d'une part, des forces économiques transnationales et, d'autre part, la reconfiguration des lignes d'opposition politique ? De fait, la montée des mouvements antieuropéens se généralise et l'on observe des processus similaires aux États-Unis (VII).

Le problème fondamental est donc de trouver un nouvel équilibre entre les réponses à apporter aux demandes citoyennes et les pressions imposées par les acteurs internationaux. La première question qui se pose concerne la possibilité pour les dirigeants européens de supprimer les causes de désintégration observées depuis le début des années 2010 et d'empêcher un Brexit effectif de produire un effet domino qui irait à l'encontre du projet de rapprochement des souverainetés nationales (VIII). La seconde concerne la possibilité pour le Royaume-Uni d'inventer un modèle de croissance davantage tourné vers le marché intérieur et capable de réduire la fracture sociale mise en évidence par le vote en faveur du Brexit (IX).

I – Le paradoxe du Brexit : un rejet de l'Union européenne malgré la réussite économique

D'après les modèles utilisés pour formaliser les choix électoraux, un gouvernement donné a d'autant plus de chances de gagner les élections que la situation économique des électeurs est satisfaisante. Or la situation macroéconomique du Royaume-Uni était plutôt bonne au moment où les citoyens ont eu à se prononcer sur le maintien ou sur le retrait : la croissance économique était plus dynamique que sur le continent, le chômage avait considérablement baissé, et ce de façon beaucoup plus rapide que dans d'autres pays, et le revenu par habitant était au-dessus de la moyenne européenne. Sur le plan macroéconomique, cette situation avantageuse a souvent été attribuée à la marge de liberté dont jouissait le gouvernement britannique grâce à son refus d'adopter l'euro (tableau 1).

Tableau 1 – Performance macroéconomique :
Royaume-Uni comparé à l'Union européenne et à l'Eurozone (2015)

Entité / Indice	Royaume-Uni	Union européenne	Eurozone
PIB par tête (USD)	43.963	34.168	31.275
Taux de croissance (/ 2014)	2.2 %	1.9 %	1.6 %
Chômage	5.4 %	9.5 %	11.0 %
Inflation	0.0	0.0	0.0
Balance courante / PIB	-4.3 %	+2.0 %	+3.7 %

Source : Commission européenne (2016), Prévisions économiques d'hiver, février 2016.

Cette bonne santé économique a précisément été à l'origine de l'arrivée massive de travailleurs étrangers, en provenance d'Europe de l'Est notamment, attirés par un marché de l'emploi très souple et dynamique. Ainsi l'adhésion au marché unique européen a entraîné une redynamisation de l'économie tandis que le principe de libre circulation des personnes entre les États membres encourageait une migration sans précédent en direction des pays les plus prospères. Cependant les citoyens n'avaient pas tous le même point de vue sur les coûts et les avantages de l'Union européenne : certains étaient en mesure de profiter du surcroît de dynamisme apporté par l'intégration européenne grâce à leurs qualifications, à leurs compétences et à leur bonne insertion au sein de réseaux sociaux ; les autres se percevaient comme les victimes d'une concurrence déloyale qui leur était imposée par les travailleurs immigrés. Ce sentiment était répandu mais n'avait pas de voix politique explicite au sein des partis conservateur et travailliste. Fondé en 1993, le Ukip est à l'origine un parti libertarien et démocrate qui, à la faveur d'une succession de crises, s'est servi du sentiment anti-européen pour gagner des voix (Maddock, 2017). En 2015, Ukip a emporté 4 millions de suffrages aux élections législatives mais n'a obtenu qu'un seul siège au Parlement. En revanche, le référendum sur la seule question de l'adhésion à l'Union européenne a mis en évidence l'impact idéologique de ce parti. De façon dialectique, l'intégration réussie du Royaume-Uni dans l'Union européenne s'est transformée en rejet (figure 1).

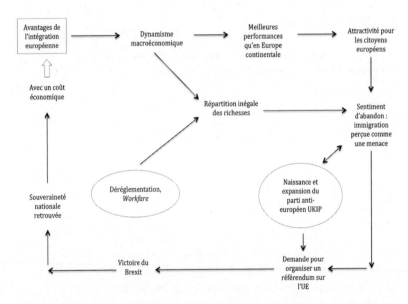

Figure 1 – **Le paradoxe du Brexit : la souveraineté nationale prime sur les avantages économiques apportés par l'Europe**

Le Brexit représente également un échec pour la théorie du choix rationnel telle qu'elle est enseignée en économie néoclassique. Étant donné la forte interdépendance qui existe de fait entre le Royaume-Uni et le continent européen, il n'est pas difficile de comprendre qu'à court ou moyen terme la plupart des Britanniques seraient perdants au plan économique, même s'ils ne faisaient pas partie des gagnants de l'européanisation ou de la mondialisation. D'un point de vue externe et scientifique, on pourrait reprocher aux partisans du Brexit de s'être conduits de façon irrationnelle, c'est-à-dire d'avoir agi contre leur intérêt économique. Toutefois, grâce à la *psychologie sociale* et à l'*économie expérimentale* contemporaines, on sait que le champ d'action de la rationalité est limité et que la prise de décision au quotidien s'appuie sur de tout autres mécanismes (Kahneman & Tversky, 1984). Selon la théorie des jeux, le principe de la rationalité doit s'enseigner et s'apprendre par l'expérience. Dans de nombreuses circonstances, ce sont les émotions et les passions qui gouvernent les actes (Petit, 2015). Cela s'applique tout particulièrement aux débats politiques concernant le Brexit : les questions de dignité, de fierté et d'appartenance sont passées bien avant le calcul des coûts et des avantages au plan économique. Bien entendu, plus il en va ainsi, plus il est difficile d'expliciter et de quantifier le lien entre telle décision de politique macroéconomique et les trajectoires individuelles.

Le vote en faveur du Brexit a mis fin, de fait, à deux décennies d'efforts de la part des Britanniques pour gagner sur plusieurs tableaux, c'est-à-dire s'assurer un accès au grand marché unique européen sans pour autant faire partie de l'espace Schengen ni adhérer à l'euro. Les derniers mois des négociations menées par David Cameron ont permis au Royaume-Uni d'étendre la liste de ses exemptions, avec, par exemple, l'imposition de barrières transitoires empêchant la libre circulation des personnes au sein de l'Union européenne, ou encore une plus grande liberté des parlements nationaux face aux décisions européennes. Plus fondamentalement, par son action de blocage à l'égard de l'intégration européenne et par son alliance fréquente avec l'Allemagne en faveur de la concurrence et contre les pressions exercées par les gouvernements des pays de l'Europe méridionale pour imposer davantage de solidarité au sein de l'Europe, le gouvernement britannique était devenu au fil du temps un acteur central au sein de l'Union européenne. Ce référendum sur le Brexit apparaîtra un jour comme une monumentale erreur stratégique de la part du Royaume-Uni dont la politique diplomatique à l'égard de l'Europe était pourtant conduite avec une grande habileté depuis près d'un siècle.

II – Incidence de la nouvelle offre politique du Ukip sur le système des partis et sur le Brexit

Il va de soi qu'un référendum relève de la *sphère politique* et non directement de la sphère économique. C'est là une objection fondamentale à l'approche économique néoclassique selon laquelle le politique n'est qu'une projection de l'économie sans diffraction ni modification. La sociologie économique en revanche nous apprend que les diverses sphères composant une société donnée ne suivent pas les mêmes principes et tendent à s'autonomiser toujours davantage avec le temps (Luhmann, 1997). Ces différentes sphères échangent des informations, partagent un même besoin de ressources économiques, mais suivent leurs logiques propres et cherchent à se protéger des perturbations venant du reste de la société. Cela nous permet de comprendre les ressorts de la décision du Premier ministre britannique : l'organisation d'un référendum sur l'appartenance du Royaume-Uni à l'Union européenne lui est apparue comme une manière habile de faire rentrer dans le rang la fraction dissidente du parti conservateur au Parlement. Cette décision fut prise en réaction à la percée dans l'opinion publique de l' *United Kingdom Party* (Ukip), exclusivement consacré à la promotion du retrait du Royaume-Uni de l'Union européenne. Sa popularité croissante fut perçue comme une menace par le parti conservateur qui craignait de perdre sa position dominante (tableau 2).

Tableau 2. La montée d'un parti anti-européen, le UKIP (élections législatives, 1992-2015)

Année	Candidats	Nombre de suffrages	Sièges	Cautionnements conservés	% de la totalité des suffrages	% de suffrages pour les sièges disputés	Vainqueur
1992	17	4,383	0	0	0.01	0.53	Conservateur
1997	194	106,028	0	1	0.34	1.06	Travailliste
2001	428	390,575	0	6	1.48	2.16	Travailliste
2005	496	603,298	0	38	2.20	2.80	Travailliste
2010	572	919,546	0	99	3.10	3.45	Conservateur
2015	614	3,881,129	1	541	12.64	13.15	Conservateur

Source : [en.wikipedia.org/wiki/UK_Independence_Party_representation_and_election_results].

Le recours au référendum a changé la donne politique. Traditionnellement, partisans et opposants à l'Union européenne coexistaient tant au sein du parti travailliste que du parti conservateur, cette divergence étant considérée comme secondaire ; en 2016, les citoyens ont eu l'occasion de s'exprimer de manière indépendante et sans la médiation des partis

Rares furent les observateurs qui tinrent réellement compte de la possibilité que ce pari politique soit perdu et débouche sur un Brexit effectif. L'élite politique britannique aurait pourtant pu tirer la leçon des référendums sur le projet de Constitution européenne de 2005, auxquels les Français et les Hollandais répondirent par un non sans ambiguïté, alors même que la majorité des partis prônaient son adoption. L'entreprise *machiavélienne* a tourné court et le gouvernement a dû assumer les conséquences économiques, financières et sociales du référendum. Pourtant, grâce à la politique comparée, on connaissait déjà la dangerosité de cet outil, liée au fait que les électeurs ne se contentent pas de répondre à la question qui leur est soumise, mais se servent de ce vote pour exprimer leur adhésion à la politique du gouvernement en place, ou au contraire leur désaveu. On sait aussi que la formulation de la question est susceptible d'infléchir la réponse dans une certaine direction. Faire dépendre une décision de cette importance d'un référendum relativement déconnecté des débats intenses propres à un système politique donnant la primauté au Parlement et conduits dans un style westminstérien représentait donc un risque considérable (Binzer Hobolt, 2009 ; *Société de Législation comparée*, 2011).

Les enquêtes sociales indiquaient que l'enjeu n'était pas le partage des bénéfices de l'intégration européenne mais bien la possibilité de mettre un frein à l'immigration. C'est ainsi que le récit proposé par l'Ukip devint le discours dominant tandis que les partis traditionnels se révélèrent incapables d'imposer le leur. Une fraction significative de la population pensait que l'économie pâtirait du Brexit, elle n'escomptait pas que l'influence du Royaume-Uni dans le monde serait plus grande ni que le chômage baisserait. La motivation à l'arrière-plan du vote en faveur du Brexit était donc bien politique, il n'y avait aucune intention explicite d'accroître les bénéfices économiques mais une volonté de protéger les citoyens de la concurrence des travailleurs immigrés (tableau 3).

Tableau 3. **Prévisions en cas de sortie de l'Union européenne de la Grande-Bretagne : un meilleur contrôle de l'immigration**

Si la GB devait quitter l'UE, l'économie britannique se porterait…	%
Mieux	24
À peu près pareil	31
Moins bien	40
Si la GB devait quitter l'UE, l'immigration vers la GB serait…	%
Plus forte	9
À peu près identique	31
Plus faible	57
Si la GB devait quitter l'UE, l'influence sur le reste du monde serait…	%
Plus importante	17
À peu près identique	44
Plus faible	36
Si la GB devait quitter l'UE, le taux de chômage en GB serait…	%
Plus élevé	25
À peu près identique	46
Plus faible	24

Source : British Social Attitudes 33, 2016, p. 6.

III – Des prévisions indigentes, des élites trop confiantes

Il était donc prévisible que le référendum serait très serré. La méthodologie des sondages politiques reposant sur l'hypothèse d'un continuum entre les électeurs répartis en fonction d'une variable unique, celle du revenu par exemple, l'issue du référendum était censée dépendre du choix de l'électeur médian. Par ailleurs, certains Premiers ministres avaient déjà, par le passé, proposé des élections anticipées à la faveur de sondages favorables, ils avaient perdu leur pari et le pouvoir par la même occasion. Enfin, et surtout, les politiques ont tendance à sous-estimer l'impact des campagnes sur l'issue du vote alors que celles-ci ont clairement une influence sur la répartition des votes. Dans le contexte du référendum britannique, les partisans du Brexit ont mis l'accent sur le retour à la pleine souveraineté nationale, laquelle jouit naturellement d'une image tout à fait positive, alors que les partisans du maintien insistèrent sur les conséquences catastrophiques pour l'économie d'une sortie de l'Union européenne, sans proposer d'explication claire sur le rôle positif de l'intégration européenne. De leur côté, les analystes prirent ce qui n'était qu'une suite d'instantanés pour la dynamique de l'évolution de l'opinion publique (figure 2).

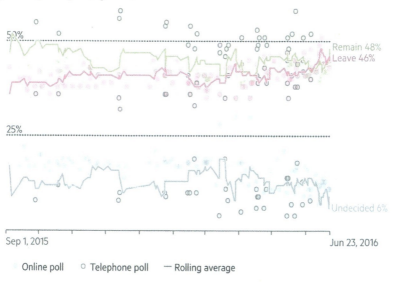

Figure 2 – Les sondages n'ont pas détecté la possibilité du Brexit
Source: [ig.ft.com/sites/brexit-polling/].

La confiance du Premier ministre britannique à l'égard de l'issue du référendum était fondée sur une série d'études économétriques.
– D'une part, des techniques sophistiquées avaient été développées afin de montrer grâce à des hypothèses contrefactuelles ce qui serait advenu si le Royaume-Uni n'avait pas adhéré à l'intégration régionale : les gains obtenus grâce à l'adhésion étaient considérables et significatifs même s'ils diminuaient au fil du temps (Campos, Coricelli & Moretti 2014). Les bénéfices de l'intégration régionale apparaissaient d'ailleurs positifs pour tous les pays sauf la Grèce (Campos, Coricelli & Moretti 2015).
– D'autre part, au cours de la période précédant le référendum, un consensus s'était établi sur les conséquences du Brexit au niveau macroéconomique : baisse de la productivité, de la croissance et du niveau de vie (HM Treasury, 2016 ; Gudjin et al., 2016). Certains calculs économétriques prévoyaient des résultats similaires pour la croissance et le niveau de vie (Dhingra et al., 2016a) tandis que d'autres études avaient évalué l'impact négatif du Brexit sur les investissements directs à l'étranger (IDE) (Dhingra

et al., 2016b) et démontré que l'immigration ne nuisait ni aux salaires ni au niveau de vie des citoyens britanniques (Dhingra *et al.*, 2016c).

Ainsi, au plan agrégé, l'adhésion à l'Union européenne avait été avantageuse et la sortie de l'Union européenne promettait d'être coûteuse. Ce jugement optimiste ne tenait aucun compte des sentiments du peuple quant à la légitimité de l'intégration européenne. On ne pouvait en effet attendre des citoyens qu'ils votent en fonction d'un calcul purement et exclusivement économique des avantages et des coûts respectifs du maintien et du retrait: ils avaient une idée générale de l'intégration européenne en soi, indépendamment de ses conséquences directes sur leur bien-être personnel. De manière générale, les Britanniques expriment copieusement leurs affects à l'égard du rôle de Bruxelles dans leur vie personnelle. Par rapport à toutes les autres opinions publiques, celle des Britanniques est la plus négative quant aux bénéfices de l'intégration monétaire et économique (figure 3). De la même manière, tandis qu'une majorité est favorable à la mobilité des travailleurs à l'intérieur de l'Union européenne, un tiers des citoyens y sont opposés et c'est au Royaume-Uni que la légitimité de la libre circulation est la moins reconnue (figure 4). Toutes ces données étaient disponibles mais elles n'ont pas retenu l'attention des dirigeants du parti conservateur.

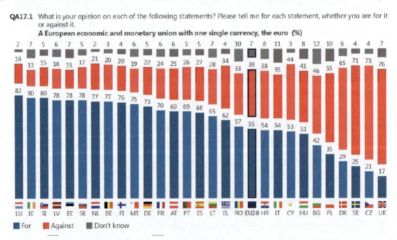

Figure 3 – Forte opposition de l'opinion publique britannique à l'intégration économique européenne
Source: European Community, Eurobarometer July 2016.

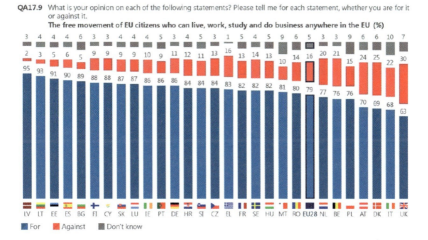

Figure 4 – Opposition de l'opinion publique britannique à la liberté de circulation au sein de l'UE.
Source : European Community, Eurobarometer July 2016.

Cet écart entre le Parlement et la population explique l'ambiguïté du discours de Theresa May : en avril 2016, elle déclarait que « tout compte fait, et étant donné les tests dont j'ai parlé plus tôt dans mon discours, je crois que nous avons de bonnes raisons de rester membre de l'Union européenne » ; une semaine après le vote, elle lançait sa campagne en vue des élections à la direction du parti avec ce slogan : « *Brexit means Brexit* » (*Financial Times*, 2017). Elle n'a cessé depuis d'osciller entre deux positions : devant l'opinion publique britannique, elle déclare : « Mieux vaut un Brexit dur qu'un mauvais accord », tandis qu'elle adopte une attitude plus conciliante face aux négociateurs de l'Union européenne.

IV – Sous-estimation dramatique de la polarisation de la société britannique

Les spécialistes de la macroéconomie et les décideurs politiques sont depuis longtemps aveugles quant à l'explosion des inégalités au sein du Royaume-Uni et aux États-Unis. Cela explique peut-être l'étonnant succès de l'ouvrage de Thomas Piketty qui a rendu accessible à un large public une analyse de long terme intéressante sur la nature et les sources de ces inégalités. Pendant longtemps, on a considéré que la croissance était la solution qui permettait l'accès à l'emploi et l'augmentation du niveau de vie. La communauté des économistes a par ailleurs été victime d'une hypothèse erronée supposant l'existence d'agents représentatifs. Les dégâts sont restés mineurs durant les Trente Glorieuses dans la mesure où les inégalités salariales étaient maintenues à un faible niveau grâce à de solides accords collectifs, à une fiscalité progressive et à un accès facile à des services publics comme l'éducation et la santé. Avec la crise de ce type de régime de croissance, les inégalités ont explosé pour ne se stabiliser que dans les années 2010 (figure 5).

Figure 5 – Des inégalités croissantes au sein de la société britannique depuis les années 1990
Source : [equalitytrust.org.uk/how-has-inequality-changed].

Avec le recours massif à la sous-traitance, la délocalisation des emplois à l'étranger, la déréglementation des marchés du travail et le dynamisme des innovations financières, l'hétérogénéité de la progression des revenus s'est accrue entre secteurs, au sein des différents secteurs, et entre les individus en fonction de leur niveau d'études, de sorte que l'écart entre, d'une part, les riches et les super riches et, d'autre part, le reste de la population est désormais considérable. Les sources de ce dualisme émergent sont bien connues et le Royaume-Uni offre une bonne illustration de ce phénomène nouveau (figure 6).

– D'une part, les marchés naguère régionaux ou nationaux s'internationalisent, favorisant ainsi l'émergence de nouveaux oligopoles ou monopoles qui profitent de rendements d'échelle toujours plus importants, ce qui introduit des inégalités structurelles au sein des systèmes de production.

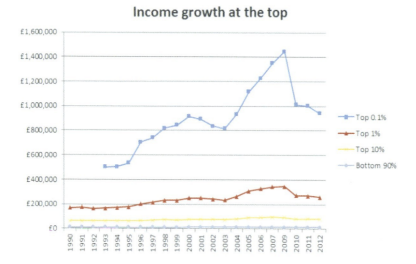

Figure 6 – Explosion des revenus des très riches
Source : [equalitytrust.org.uk/how-has-inequality-changed].

– D'autre part, la domination des marchés d'actions par rapport à l'intermédiation bancaire suscite une immense concentration des richesses sous forme de capitalisme patrimonial (Piketty, 2013).

La concentration des richesses est encore plus importante que la concentration des revenus car, dans un contexte de croissance faible, la diffusion de la valeur actionnariale a poussé à la hausse la rentabilité exigée sur les capitaux propres. Par conséquent, et de façon mécanique, les revenus issus du capital montent en flèche tandis que ceux des salariés progressent au mieux en fonction des modestes gains de productivité. Ces inégalités s'observent au plan géographique : les régions et surtout les grandes villes se spécialisent dans la recherche, l'innovation, la finance et les services aux entreprises, tandis que les petites villes et les régions enclavées connaissent une désindustrialisation douloureuse, une éventuelle détérioration des services publics et surtout de la possibilité d'accéder aux nouveaux emplois prometteurs (figure 7).

Cette polarisation a une incidence sur la représentation des différents groupes au sein du système des partis traditionnel.

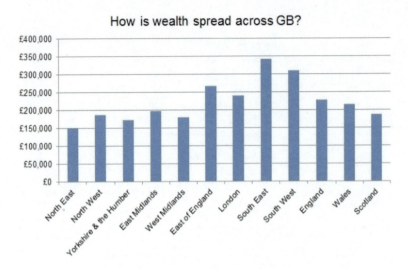

Figure 7 – **De fortes inégalités de richesse à l'échelle du pays**
Source : [equalitytrust.org.uk/scale-economic-inequality-uk].

V – Du statut social à l'orientation politique et au vote

Le Brexit a ainsi brutalement mis au jour la divergence croissante entre, d'une part, les élites politiques, financières et économiques et, d'autre part, le ressenti des citoyens de base. Avec la délocalisation des emplois manufacturiers et la diminution du nombre d'ouvriers, la spécialisation du Royaume-Uni dans l'intermédiation financière à l'échelle planétaire et l'orientation vers des services aux entreprises toujours plus sophistiqués, la polarisation géographique des revenus et de la richesse s'est accrue, entraînant un changement significatif de la carte politique du pays au cours des deux dernières décennies. La polarisation extrême des votes témoigne des transformations structurelles de la société. Les jeunes et la fraction la plus diplômée de la population – citadine, essentiellement londonienne – ont voté en faveur du maintien dans l'Union européenne. En revanche, les tranches plus âgées, moins diplômées, les personnes dépendantes des aides sociales, les ouvriers et les employés de modeste condition vivant dans les petites villes du nord de l'Angleterre ont voté en faveur du Brexit (Ashcroft, 2016).

> La ligne de partage dépend du ressenti au quotidien. Certains des plus fervents partisans du maintien dans l'Union européenne ont rapporté qu'au lendemain du Brexit, ils ont eu l'impression, même si elle ne fut que passagère,

de se retrouver dans un pays étranger. En l'occurrence, ils ont tout simplement fait l'expérience, politiquement inversée, de ce qu'une majorité de personnes ressent apparemment au quotidien. (Goodhart, 2017, p. 2)

Cette polarisation reflète la perception par la classe moyenne et la classe ouvrière d'une très nette réduction de la mobilité sociale au cours des deux dernières décennies. Or le fait que la majorité de la population pensait désormais appartenir à la classe moyenne jouait un rôle important dans l'apaisement des conflits sociaux et l'élaboration d'un programme politique plutôt consensuel assez peu perturbé par l'alternance droite-gauche, entre travaillistes et conservateurs en l'occurrence (tableau 4).

Tableau 4 – Une mobilité sociale perçue comme étant de plus en plus difficile, 2005-2015

Type de classe	très difficile	assez difficile	pas très difficile	base non pondérée
2005				
classe moyenne %	13	47	40	700
classe ouvrière %	23	46	32	1121
total %	19	46	35	1857
2015				
classe moyenne %	17	54	30	443
classe ouvrière %	25	51	24	615
total %	21	52	26	1058

Source : NatCen Social Research (2015), British Social Attitudes, *Social Class*, p. 5.

Les catégories sociales favorables au Brexit sont celles qui dépendent fortement de l'accès à des biens publics comme l'éducation et la santé, et d'une redistribution très importante via la fiscalité. Avec le triomphe du programme de libéralisation, on est passé de l'assistance sociale pour tous à une assistance réservée à ceux qui ont un emploi, l'inégalité résidant principalement dans le fait qu'il soit désormais nécessaire d'être détenteur d'un emploi, même très mal rémunéré, pour en bénéficier. Malgré la survivance de cette institution collective et redistributive qu'est le système public de santé britannique, les personnes dépendantes des aides sociales et les travailleurs faiblement qualifiés ont payé le prix de cette transition d'un système fondé sur l'égalité de traitement de tous à un modèle fondé sur l'égalité des chances. Tous ces changements n'ont pas été directement imposés par le reste du monde, ils résultent de choix politiques nationaux, parfois opérés au nom de la compétitivité du pays.

Le vote en faveur du Brexit révèle une seconde confusion : le processus global d'*internationalisation* de l'économie britannique est essentiellement présenté comme une conséquence de son *européanisation*. Les gouvernements successifs se sont montrés très habiles à négocier et à obtenir de nombreuses clauses d'exception : rejet de la Charte sociale, non-adhésion à l'euro, participation réduite au budget européen, rejet du Traité de Schengen sur la libre circulation des personnes. Parmi les contraintes institutionnelles liées à l'appartenance à l'Union européenne, seules ont été acceptées celles qui étaient compatibles avec les objectifs du pays. Et pourtant, la presse populaire n'a cessé d'attribuer à Bruxelles non seulement diverses réglementations et directives, mais aussi bon nombre, voire la totalité des problèmes du pays. Cette alliance objective entre médias et nationalistes (à travers l'Ukip par exemple) a donné lieu à un discours qui fait porter à l'Union européenne la responsabilité des transformations dues en réalité à l'internationalisation de l'économie britannique et à sa dépendance excessive à l'égard du secteur financier.

Ce diagnostic erroné s'est trouvé confirmé aux yeux de l'opinion publique par l'afflux massif de réfugiés au sein de l'Union européenne : le danger venait de l'étranger, et en particulier de la Commission européenne qui essayait d'organiser une répartition ordonnée des réfugiés entre les différents pays membres en fonction de critères qui paraissaient bien technocratiques. De fait, cette politique allait à l'encontre des sentiments des ouvriers et des travailleurs indépendants qui se déclaraient très préoccupés par l'immigration ; cette crainte n'étant pas partagée par les classes supérieures. De même, tandis que les moins privilégiés ont tendance à préférer les partis autoritaires, ce n'est pas le cas du reste de la société. Ces divergences avaient été dûment soulignées par les enquêtes sociales portant sur la Grande-Bretagne, mais les décideurs et les responsables politiques se gardèrent bien d'y prêter attention (tableau 5).

Le référendum sur l'Union européenne fut l'occasion pour que s'exprime cette polarisation aux plans personnel et géographique (Ashcroft, 2016). Le danger couramment associé aux migrations, réel autant qu'imaginaire, a sans doute aussi joué un rôle majeur dans le vote en faveur du Brexit. Enfin, l'assassinat d'un membre du Parlement favorable au maintien dans l'Union fit apparaître dans toute son évidence la profonde fracture sociale au sein de la société britannique, ainsi que la violence des affects touchant les questions d'identité et de souveraineté. L'opinion publique n'était pas prête à entendre la voix des universitaires qui proposaient une approche analytique des bienfaits globalement apportés par l'immigration par le passé (Dhingra *et al.*, 2016c). L'arène politique était bien loin de l'idéal habermasien de l'agora, au sein de laquelle tous les participants expriment leur point de vue et défendent leurs intérêts avant de parvenir à une décision commune à l'issue d'une délibération. En un sens, le vote en faveur du Brexit illustre très bien cette faiblesse de la démocratie contemporaine. Cette délibération idéale à propos de la meilleure façon d'aborder l'intégration à un ordre supranational est pourtant possible comme en témoigne la consultation extensive et intensive de toutes les catégories sociopolitiques suédoises en vue de déterminer si le pays avait un intérêt à opter pour l'euro (Calmfors, 1997).

Tableau 5 – Positions et orientations politiques à l'égard de l'immigration en fonction de la CSP

		Libertarien	Favorable à l'autorité	Gauche	Droite	Anti-immigration	Pro-immigration
Catégories professionnelles							
Cadres sup. et prof. libérales	%	59	41	44	56	46	54
Professions intermédiaires, indépendants et personnel d'encadrement	%	39	61	51	49	65	35
Employés et ouvriers	%	40	60	58	42	69	31
Catégorie sociale							
Classe moyenne	%	55	45	40	60	48	52
Classe ouvrière	%	40	60	49	51	65	35

Source : NatCen Social Research (2015), British Social Attitudes, *Social Class*, p. 13.

VI – Explication du Brexit via les interactions entre société, politique et économie

En l'absence d'un tel mécanisme de coordination, un *processus séquentiel* se met en place par lequel des décisions successives prises dans un domaine, celui de l'économie par exemple, ont des effets sur un autre domaine, d'abord sur la stratification sociale et, par la suite, sur la sphère politique. Ce n'est qu'après coup que les acteurs concernés, tous autant qu'ils sont, perçoivent de quelle manière leurs stratégies successives aboutissent à une configuration non voulue : les vainqueurs du référendum refusèrent de former un gouvernement, aussi Theresa May prit-elle la décision d'assumer la responsabilité de négocier le Brexit bien que la chose allât à l'encontre de ses convictions puisqu'elle appartenait au camp favorable au maintien. N'a-t-elle pas trouvé, pour masquer sa perplexité, une merveilleuse tautologie : « Le Brexit, c'est le Brexit » ?

La séquence des transformations et des décisions a son importance : sous l'effet de son internationalisation, l'économie britannique s'est lentement transformée en centre mondial d'intermédiation financière, tandis qu'une part de la souveraineté nationale se trouvait transférée au niveau européen. La logique suivie par la Commission européenne consiste à mettre en place des règles et des réglementations supranationales – au sens américain – en vue de superviser la concurrence au sein du marché unique. Certaines de ces interventions « européennes » ont été très impopulaires dans la mesure où elles émanaient d'une approche perçue comme étant bureaucratique, et donc allant à l'encontre du principe de la liberté économique et du principe de subsidiarité. Par conséquent, une partie de la population fut tentée de penser que toute difficulté rencontrée par le Royaume-Uni avait sa source à Bruxelles, présentée par une certaine presse comme une variante d'une approche de type soviétique. Cela s'est fait d'autant plus facilement qu'un parti nouveau s'est appliqué à rassembler tous les mécontentements en vue d'un unique objectif : le retrait de l'Union européenne. David Cameron s'est adroitement servi de cette menace pour obtenir des exemptions concernant un nombre significatif de règles européennes qui n'étaient pas appréciées des Britanniques. Il pensait ainsi faire d'une pierre deux coups : il comptait tirer de sa démarche des avantages politiques pour le parti conservateur dans son combat contre Ukip, renforçant ainsi la probabilité d'une victoire du maintien, et il espérait que les citoyens salueraient la détermination et la compétence du Premier ministre. Brutalement, en juin 2016, toutes les prévisions des instituts de sondage, des financiers et des dirigeants des partis se sont vues contredites par la montée spectaculaire de visions politiques opposées quant à l'avenir du Royaume-Uni. Depuis, les divers acteurs cherchent désespérément à trouver de nouvelles stratégies sans qu'un nouveau paradigme n'ait encore émergé (figure 8).

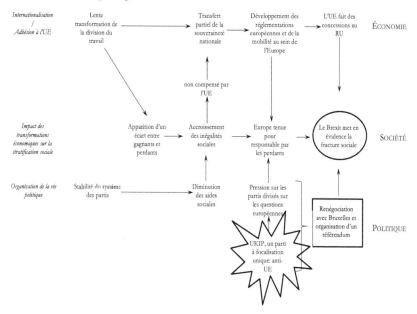

Figure 8 – Présentation synoptique des arguments de l'article

Parce qu'elles sont monodisciplinaires et monocausales, aucune des approches universitaires n'est parvenue à fournir une analyse ou interprétation convaincante quant aux origines, à la signification et aux conséquences probables du référendum britannique sur le Brexit. On voit, par contraste, tout le mérite d'une approche qui met en rapport tous les facteurs qui sous-tendent l'évolution d'une société donnée. Le Brexit peut être qualifié de fait social total au sens maussien du terme. La définition qu'en donnait Marcel Mauss (1925) conserve toute son utilité pour comprendre une société dans toute sa complexité :

> Les faits que nous avons étudiés sont tous [...] des faits sociaux totaux [...] ils mettent en branle dans certains cas la totalité de la société et de ses institutions et dans d'autres cas seulement un très grand nombre d'institutions.

VII – Une configuration assez répandue au sein de l'Union européenne

Rétrospectivement, on constate que le diagnostic n'était pas très difficile à établir. Tout d'abord, la polarisation de l'opinion publique sous forme de mouvements pro et anti européens n'est pas spécifique au Royaume-Uni. Elle existe en Europe de l'Est et en Europe centrale (Hongrie, Pologne, République tchèque, etc.), mais aussi au sein du noyau des pays fondateurs de l'Union européenne (France, Pays-Bas, etc.). Au cours du processus qui a abouti à la mise en place de l'euro, les sondages avaient mis en lumière une opposition claire entre, d'un côté, ceux qui étaient susceptibles de se trouver du côté des gagnants (grandes entreprises, cadres supérieurs, jeunes diplômés) et pensaient qu'ils bénéficieraient du passage à la nouvelle monnaie, et, de l'autre, ceux qui seraient probablement les perdants (petites entreprises, travailleurs peu qualifiés, personnes dépendantes des aides sociales, retraités) et se déclaraient pessimistes quant à l'évolution de leur situation personnelle suite à l'introduction de l'euro (Boyer, 2000). D'ailleurs, les Néerlandais et les Français n'ont-ils pas rejeté le projet d'établissement d'une constitution pour l'Europe lors du référendum de 2005 ? Suite à quoi un traité européen légèrement modifié fut adopté par le Parlement. Le vote en faveur du Brexit n'a fait qu'actualiser une polarisation déjà présente au sein des sociétés européennes : les personnes favorables au maintien considéraient que le multiculturalisme et l'acceptation de l'immigration étaient bons pour la société, tandis que les partisans du Brexit pensaient qu'ils lui nuisaient (Ashcroft, 2016).

Au cours des années 2000, l'abondance de liquidités à l'échelle internationale ainsi que la facilité d'accès au crédit pour les particuliers comme pour les États ont masqué le biais déflationniste du Traité de Lisbonne ; mais suite à l'effondrement de Lehman Brothers et à la propagation de la crise à l'euro, cette propriété structurelle du mix européen s'est manifestée et a accentué la division entre gagnants et perdants dans un contexte d'inégalités croissantes. C'est là que réside le paradoxe britannique : le pays a beau être très bien intégré au sein de l'économie mondiale, la réduction de l'assistance sociale et la diminution des emplois dans le secteur industriel ont empêché le partage des bénéfices de la mondialisation (*The Economist*, 2016a). Le phénomène s'observe aussi dans une certaine mesure sur le continent. Les effets de la mondialisation sont encore plus violents sur d'autres continents, où la restructuration du capital a entraîné l'exclusion de divers groupes sociaux

(Sassen, 2014). En Europe, ce processus s'est traduit par le vote en faveur de partis nationalistes/xénophobes (figure 9).

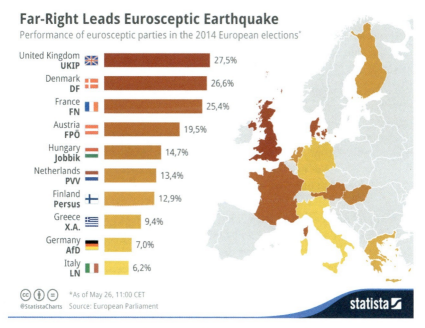

Figure 9 – La montée des partis anti-européens
Source: [statista.com/chart/2293/far-right-leads-eurosceptic-earthquake/].

Les élections présidentielles américaines de 2016 confirment et prolongent la leçon du référendum britannique. Le vainqueur doit son succès à un slogan simple mais percutant : « United States Great Again ». Bien que les spécialistes des sciences sociales, y compris les économistes (Stiglitz, 2016), aient mis en évidence l'explosion des inégalités et leurs conséquences négatives sur la croissance économique et la paix sociale, la plupart des maux de la société américaine sont attribués à la concurrence déloyale et à l'internationalisation excessive avec lesquelles les entreprises américaines se trouvent aux prises. C'est ce récit qui a redéfini le cadre des élections présidentielles. Alors que le débat portait naguère sur la question de l'équilibre entre salariés et entreprises, il s'est aujourd'hui recentré sur l'opposition entre l'élite de Washington et les gens ordinaires, lesquels prêtent à cette élite des positions favorables à l'internationalisation qui constitueraient une trahison à l'égard du peuple américain, de ses intérêts et de son bien-être. Ce processus a conduit des ouvriers, électeurs historiques du parti démocrate, à soutenir haut et fort le parti républicain (Frank, 2005). Des promesses hasardeuses ont été proférées en exploitant la crédulité d'une fraction de la population dont le revenu réel stagne, qui vit dans la crainte d'une baisse de niveau de vie pour ses enfants et se trouve confrontée à la désindustrialisation et aux crises urbaines. La colère et le pessimisme trouvent leur expression dans la violence des discours du président républicain. Les « contre-faits » *(alternative facts)* sont la conséquence directe de cette primauté accordée au récit plutôt qu'aux analyses :

> Les arguments fondés sur la seule raison et sur les seuls faits ne font guère le poids face aux métaphores puissantes, aux histoires profondément ancrées dans la vie des gens et aux idées morales, lesquelles s'inscrivent à leur tour dans les habitudes, les histoires personnelles et les rituels. (Nelson, 2017)

Cependant, les États-Unis et l'Union européenne ne suivent pas la même trajectoire : les premiers forment un État fédéral proprement dit alors que ce qui saute aux yeux, à propos de la seconde, c'est son mode de gouvernance dépourvu de toute cohérence. L'Union européenne traverse la plus grave crise qu'elle ait connue depuis sa fondation, car il est apparu qu'elle défendait une sorte d'économie de libre marché sans se soucier de constituer au niveau fédéral le filet de sécurité permettant de procéder à des ajustements équitables et efficaces en réponse aux aléas de l'économie mondiale. Cette orientation fondamentale remonte au tout début de l'intégration européenne. Le projet était en effet de nature technocratique : des experts, lucides et bien informés, étaient censés introduire dans le jeu économique des règles permettant d'éviter le retour des guerres qui avaient ravagé l'Europe. Les complémentarités économiques ainsi mises en place devaient avoir des retombées sur l'ensemble de la société en termes de normes techniques, d'assistance sociale et enfin de coordination des politiques économiques. C'était en tout cas l'espoir de Jean Monnet (1988) et c'est ce qui a permis bon nombre des progrès accomplis en direction de l'intégration. Pourtant, s'il fut relativement aisé de faire tomber les barrières douanières, l'amplification de la concurrence a rendu de plus en plus difficile l'extension de l'aide sociale à l'échelle des pays, tandis que la diversité des configurations nationales empêchait la constitution d'un système de sécurité sociale cohérent à l'échelle européenne. C'est ainsi que les groupes les moins armés en sont venus à percevoir l'Union européenne comme un obstacle à la protection de leur bien-être, et que de nouveaux partis ont exploité cette demande sociale à laquelle ne répondait pas l'alliance implicite entre sociodémocrates et démocrates chrétiens pour la gestion des institutions européennes.

Le Brexit a mis en évidence l'extrême polarisation de la société britannique ainsi que la fragilité du Royaume-Uni (avec la question de l'indépendance de l'Écosse), mais il pourrait aussi entraîner des conséquences dramatiques pour le reste de l'Europe. Pendant longtemps, les crises répétées furent l'occasion d'aller plus loin dans l'intégration économique et de renforcer l'idée d'une « union toujours plus étroite » selon la devise de l'Union européenne. Ce ne fut plus le cas à partir du lancement de l'euro : certains pays ont rejoint le mouvement (la Grèce, par exemple), tandis que d'autres ont préféré s'abstenir (Danemark, Royaume-Uni). De même, les membres signataires de l'accord de Schengen constituent encore un autre groupe. Cette « Europe à la carte » (une Europe flexible) semblait convenir à tout le monde, or le Brexit a montré qu'un pays pouvait décider de quitter le club, que d'autres gouvernements pourraient se servir de ce précédent pour négocier toutes les clauses d'exception qu'exigent les mouvements nationalistes, ou même pour se retirer purement et simplement du marché unique.

VIII – Situation critique de l'Union européenne : une triple crise qui appelle des solutions nouvelles

Au regard de l'histoire et de la théorie de l'européanisation, l'Union européenne fait face à une crise globale et structurelle dont il sera très difficile de venir à bout en raison du grand nombre de contradictions et de déséquilibres qui se sont progressivement accumulés en l'absence de réformes politiques et institutionnelles adéquates (figure 10).

– Il serait facile de montrer à l'aide de n'importe quelle enquête analytique que depuis le lancement de l'euro, les traités européens présupposent une politique économique dysfonctionnelle (entre les États membres et la BCE et entre politiques monétaire et budgétaire) (Boyer, 2000). Seul le redéploiement des portefeuilles financiers à travers l'Europe a permis, encore que de façon transitoire, de gommer cette absence de cohérence (Boyer, 2013). Le moment de vérité est arrivé en 2016.

– La crise grecque a rendu manifestes la primauté du capital sur le travail, la suprématie de la concurrence sur la solidarité et de l'*expertise technocratique* sur la *délibération démocratique*. Le gouvernement grec avait indéniablement creusé les déficits publics et les avait dissimulés à l'aide d'instruments financiers ad-hoc : le pays a clairement sa part de responsabilité,

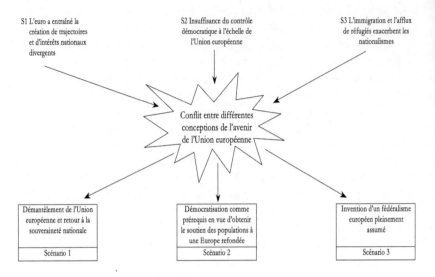

Figure 10 – Trois sources de la crise actuelle de l'Union européenne, trois scénarios pour le futur

mais ce n'est pas une raison pour refuser aux citoyens le droit d'exprimer leur volonté, ni pour remplacer le gouvernement par une troïka (Banque centrale européenne, Commission européenne et FMI) : aucune autonomie décisionnelle n'a été laissée au gouvernement grec (Boyer, 2015a). Les droits des créanciers sont défendus par des organismes européens d'envergure internationale et la démocratie se trouve détrônée au profit d'une approche technocratique (Streeck, 2014) en totale contradiction avec les objectifs et la devise de l'Union européenne, à savoir la promotion de la démocratie.

– L'afflux de *réfugiés* politiques en provenance du Moyen-Orient et de l'Afrique a suscité une remise en question des institutions européennes de la part des opinions publiques des pays d'Europe centrale et d'Europe de l'Est. En 2015, la tentative bruxelloise d'imposer des quotas relatifs à la répartition des réfugiés fut un échec : peu souhaitaient migrer vers la France, la majorité préférant l'Allemagne ; la Hongrie, la Pologne et la République tchèque ont tout bonnement refusé d'accueillir davantage de migrants malgré leur nombre limité. Cette fracture entre l'Europe de l'Ouest et l'Europe de l'Est s'ajoute à celle qui sépare l'Europe créancière au nord de l'Europe débitrice au sud et à celle qui oppose le capitalisme financier au capitalisme fondé sur les exportations, autrement dit le Royaume-Uni à l'Europe continentale (Boyer 2015b).

Tels sont les trois défis que les décideurs politiques européens n'ont pas relevés lorsqu'ils se sont présentés et auxquels ils doivent à présent répondre. La crise actuelle est beaucoup plus complexe que toutes celles qui ont précédé et la probabilité que soit anéanti le patient travail d'intégration des soixante dernières années est réelle (Schmitter, 2012), et d'autant plus grande que les gouvernements nationaux, soucieux de ménager leurs intérêts propres au détriment des biens publics communs à l'Europe, ne font preuve d'aucune volonté politique. Pour chacun des trois problèmes mentionnés, des solutions radicalement différentes peuvent être proposées et on a peine à imaginer quelle réforme ambitieuse pourrait les résoudre tous à la fois.

– Deux solutions opposées peuvent répondre aux trajectoires et aux intérêts nationaux *divergents*. Si les États du Nord, et en particulier l'Allemagne, défendent le principe d'une union sans transferts, des forces centrifuges se réveilleront et provoqueront, que l'on le veuille ou non, la *sortie des économies européennes les plus fragiles*. Il faut résoudre le dilemme récurrent soulevé par les réformes structurelles successives imposées au gouvernement grec. De même, la montée du nationalisme parmi les États membres d'Europe de l'Est peut déboucher sur une sortie. L'unité de l'Europe ne saurait être maintenue qu'au prix d'un *principe de solidarité*, fondé sur la permanence de transferts en direction des économies les plus fragiles. Malheureusement, les fédéralistes sont contraints d'adopter une attitude défensive face à des opinions publiques attirées par des programmes xénophobes et nationalistes tandis que la maladresse de certains arguments en faveur de l'Union européenne suscite le rejet de l'idée d'une solution supranationale aux problèmes contemporains les plus urgents.

– La non prise en compte de la démocratie dans nombre des décisions de l'Union européenne suscite désormais mécontentements et critiques. Les partisans du Brexit se sont présentés comme les défenseurs de la démocratie nationale contre une bureaucratie distante et inefficace. L'opinion publique actuelle réclame le *rapatriement d'un grand nombre des compétences* qui avaient été déléguées à Bruxelles ou exercées conjointement : c'est en particulier le cas pour la politique sociale, la protection sociale, les lois sur le travail et pour certaines normes. *La sortie de l'Union européenne* traduit peut-être la réaffirmation brutale que le principe démocratique prime sur tous les traités internationaux, à l'encontre des négociations transatlantiques sur l'extension des traités de libre-échange. Pour le moment, rares sont les personnalités politiques prêtes à s'engager sur la voie d'une nouvelle phase dans la construction d'un authentique fédéralisme fondé sur un ensemble complexe de procédures de contrôles et de contrepoids mises en œuvre grâce à la délibération démocratique à tous les niveaux d'intervention de la part de l'Union européenne (Aglietta & Leron, 2017 ; Piketty *et al.*, 2017). La défaite des partis d'extrême droite en Autriche, aux Pays-Bas et en France lors des élections de 2017 annonce-t-elle un retournement des opinions publiques en faveur d'une *plus grande solidarité intra-européenne*, laquelle permettrait de renforcer l'intégration européenne ?

— Le choix est encore plus délicat en ce qui concerne le problème de la *libre circulation* des citoyens européens et de l'attitude à adopter face à l'afflux de candidats au *statut de réfugié politique*. Une part importante de l'opinion publique considère que ces problèmes relèvent exclusivement de la souveraineté nationale de chaque État. Or, dans la mesure où la libre circulation de la main-d'œuvre dépend du principe de libre-échange des biens, des services et des capitaux, tout contrôle permanent et strict des frontières nationales va à l'encontre de l'intégration européenne, même si d'un point de vue légal l'accord de Schengen se distingue des traités qui instituèrent l'Union européenne. On pourrait en revanche confier à une entité commune le contrôle des frontières *extérieures* en contrepartie d'une disparition des contrôles sur la *circulation intérieure*. Cependant, ce transfert semble bien difficile à faire alors que des vagues successives de migrants fuyant les troubles au Moyen-Orient coïncident avec des attaques terroristes qui propagent le sentiment que migration, réfugiés et terrorisme constituent une seule et même menace pour l'identité nationale. Une approche technocratique de l'immigration ne saurait se substituer aux affects collectifs, seuls à même de construire une identité supranationale.

On ne peut pas réduire le vote en faveur du Brexit à un simple incident de parcours sur la longue route vers l'intégration régionale : il pourrait au contraire marquer une *ligne de partage* entre la construction d'une identité supranationale et une régression vers une définition exclusive de l'identité au niveau des États-nations existants, ou à venir, suite à la faillite de la coopération internationale qui nourrit la mondialisation depuis trois décennies.

IX — Les partisans du Brexit ont-ils une proposition convaincante en lieu et place de l'intégration européenne ?

Toute reprise de l'économie britannique est conditionnée par la constitution d'une coalition sociopolitique capable d'instaurer un régime de croissance cohérent et d'acquérir une certaine légitimité auprès des citoyens (Gramsci, 1978 ; Poulantzas, 1968). Cette hypothèse générale a été actualisée et inscrite dans un cadre analytique (Amable, 2003) qui s'est révélé très utile pour comprendre non seulement la crise italienne (Palombarini, 2001), mais aussi les transformations de la vie politique française au cours des deux dernières décennies (Amable, 2017). Le vote en faveur du Brexit révèle l'incapacité des partis existants à représenter la diversité des intérêts sociaux et économiques : les conservateurs comme les travaillistes, les démocrates libéraux et les verts sont divisés quant à la question du Brexit ou du maintien dans l'Union européenne. Seuls les électeurs du Ukip sont unanimes, mais ils ne sont pas représentatifs de la majorité, leur parti s'est révélé incapable de former une alliance pro-Brexit et son leader, Nigel Farage, a refusé de participer à la coalition mise en place pour négocier le divorce entre le Royaume-Uni et l'Union européenne. On entend dire que son successeur compte sur la déception qu'un mauvais accord avec l'Union européenne ne manquerait pas de causer pour lancer son parti sur la voie du succès (Maddock, 2017, p. 12).

Le système des partis traverse une crise et il faudra du temps pour le reconfigurer. Au sein du spectre politique traditionnel, une droite libérale s'oppose à une gauche interventionniste, or les sondages sur les raisons du vote sur le Brexit montrent très clairement que l'opposition entre les individus tournés vers l'intérieur du pays et ceux qui se tournent vers l'international s'est accrue (Ashcroft, 2016). Les analyses sociopolitiques confirment l'existence d'une profonde divergence entre les « quelque part » qui ont absolument besoin d'un ancrage national et les « n'importe où » qui prospèrent en allant au-delà des frontières nationales (Goodhart, 2017). Le Royaume-Uni présente une configuration extrême, mais en Grèce (pour des raisons évidentes mentionnées plus haut), et en France (dont l'économie a été plus qu'ailleurs déstabilisée par l'internationalisation et la mondialisation de la finance) aussi, une majorité de personnes pensent que l'Union européenne a eu des effets négatifs (*The Economist*, 2016b).

Une fois ce diagnostic posé, il demeure impossible de faire des prévisions en suivant une logique déterministe : tout dépend des interactions stratégiques qui auront lieu entre des acteurs clés du Royaume-Uni et ceux du reste de l'Europe. Les interdépendances et les enjeux sont si nombreux que les méthodes de la théorie économique néoclassique se trouvent remises en question, qu'il s'agisse de la modélisation formelle, des anticipations rationnelles, de l'équilibre de marché, ou de la recherche d'un programme de sortie optimal.

– Supposons en premier lieu que la volonté des partisans du Brexit sera prise en considération par le nouveau gouvernement composé de personnel politique des deux camps. Soit la sortie se fait de manière unilatérale à l'initiative du Royaume-Uni, avec des coûts considérables à court et moyen terme en raison de la fin de l'accès au marché unique. Soit les deux partenaires s'efforcent de trouver un accord gagnant-gagnant qui minimiserait les coûts économiques et politiques du Brexit à la fois pour le Royaume-Uni et pour l'Union européenne. On peut sans doute imaginer de nombreux autres scénarios intermédiaires (Barker, 2016).

– Dans tous les cas, étant donné l'incertitude quant au scénario qui sera retenu, les entreprises attendront avant de recommencer à investir en masse. Certaines d'entre elles préféreront délocaliser tandis que l'instabilité politique ébranlera la confiance en l'avenir de la City comme centre financier d'envergure mondiale. Il faut revenir à un type d'analyse depuis longtemps négligé qui oppose le risque à l'incertitude (Knight, 1921), et fut remis au goût du jour par Keynes et ses disciples de l'époque (Lavoie, 2014). En fait, cette incertitude a eu des conséquences négatives sur l'investissement dans plusieurs secteurs (Tetlow, Cadman & Chris, 2016). Et plus on tardera à entamer les négociations et à aboutir à des solutions, plus ces conséquences se feront sentir.

– Le fait que le nouveau Premier ministre ait (modérément) milité en faveur du maintien dans l'Union européenne et qu'aucun des dirigeants favorables au Brexit n'ait tenté de former un gouvernement nous laisse envisager un tout autre scénario. D'un côté, la prise de conscience progressive des conséquences négatives du Brexit (érosion du pouvoir d'achat, baisse des IDE et de la progression de la productivité) pourrait pousser une partie des électeurs ayant voté en faveur du Brexit à comprendre qu'ils ont mal évalué les conséquences de leur vote sur la situation économique. D'un autre côté, l'élite au pouvoir, formée par le personnel politique, les financiers, les cadres supérieurs et les médias, pourraient saisir l'occasion d'organiser un nouveau vote afin de doter le pays d'un nouveau Parlement qui reviendrait sur cette décision extrême, voire organiserait un nouveau référendum sur une question un peu différente. Des négociations longues et peu concluantes pourraient aussi faire comprendre aux responsables politiques que les États membres de l'Union européenne n'accepteront pas que le Royaume-Uni fasse partie du marché européen s'il rejette le principe de libre circulation des personnes (Barker, 2016). De leur côté, les négociateurs européens se réjouiraient de l'abandon d'un Brexit qui aurait envoyé un très mauvais signal pour l'avenir de l'intégration européenne.

Les effets négatifs de ces incertitudes tant sur les variantes du Brexit que sur la sortie ou le maintien dans l'Union européenne seront partiellement compensés par la dévaluation de la livre sterling. Relativement modérés au départ en termes macroéconomiques, les coûts liés au Brexit pourraient progressivement toucher l'économie britannique tout entière, laquelle pourrait même sombrer dans la récession si la communauté financière adoptait un point de vue pessimiste et faisait basculer l'opinion publique (Artus, 2016). Souvenons-nous que les financiers se sont lourdement trompés sur les conséquences de l'effondrement de Lehman Brothers : des pertes apparemment mineures en ont entraîné de plus importantes jusqu'à déclencher la pire crise depuis 1929. C'est la troisième source d'incertitude.

Cette incertitude politique rend difficile la mise en place d'une stratégie économique conforme à l'esprit du vote en faveur du Brexit. Au Royaume-Uni, l'alliance politique qui était au pouvoir allait de pair avec un régime tiré par la finance qui, à l'instar du modèle américain, a apporté désindustrialisation et déséquilibres régionaux entre un Nord industriel en déclin et une Angleterre du sud dont la prospérité repose sur la domination du secteur financier. De surcroît, les inégalités s'accroissent à la fois entre les salariés et entre les actifs et les rentiers. On peut répondre aux exigences des partisans du Brexit de maintes façons (tableau 6).

– On peut interpréter leur message en termes d'aspiration à vivre sous un régime *davantage tourné vers l'intérieur du pays*, avec une moins grande ouverture au commerce international, le contrôle de l'immigration et l'acceptation d'un déclin du rôle de la *City* comme centre mondial d'intermédiation financière. Ce premier scénario implique la mise en œuvre d'une politique industrielle et d'innovation dynamique propre à réduire le déficit commercial qui ne sera plus financé par des entrées nettes massives d'IDE et de portefeuilles de titres. Pour asseoir la légitimité politique de ce régime, il serait opportun de s'appuyer sur une redistribution forte par l'intermédiaire de la fiscalité et des transferts. La toute première déclaration du nouveau Premier ministre à l'issue du référendum du 23 juin 2016 allait dans ce sens et le manifeste des conservateurs a réitéré cette promesse :

> Le gouvernement, sous la conduite de son Premier ministre, œuvrera non pas au profit de quelques privilégiés mais dans l'intérêt des familles de travailleurs ordinaires : de ceux qui ont un emploi sans toujours avoir la sécurité de l'emploi ; de ceux qui sont propriétaires de leur logement mais s'inquiètent de ne pas pouvoir rembourser leur emprunt ; de ceux qui s'en sortent à peu près mais s'inquiètent de la hausse du coût de la vie et ont peur de ne pas pouvoir envoyer leurs enfants dans de bonnes écoles. (The Conservatives, 2017, p. 8)

Stratégie \ Conséquences	Contenu	Avantages	Inconvénients	Probabilités
L'isolationnisme	1. Régime OMC avec UE 2. Politique active de redistribution, de gauche, en retrait par rapport à la mondialisation 3. Politique industrielle	1. Réponse efficace aux exigences des partisans du Brexit 2. Possibilité de réduire la fracture sociale 3. Remède au déficit de la balance commerciale	1. Ralentissement de la productivité, de la croissance et baisse du niveau de vie 2. Fin de l'illusion d'un Royaume-Uni plus fort 3. Fin des avantages compétitifs d'ordre institutionnel (City, faible fiscalité, marché unique)	1. Scénario sans intérêt 2. Problème du surendettement difficile à résoudre 3. Rupture par rapport à la stratégie séculaire d'ouverture sur le monde
Se tourner vers le reste du monde et s'éloigner de l'UE	1. Multiplicité d'accords commerciaux avec des partenaires éloignés (Chine, Inde, Commonwealth...) 2. Pas de relations particulières avec L'UE 3. Pas de changement de la politique sociale	1. Acceptation des avantages lies à la division internationale du travail 2. Maîtrise totale de l'immigration 3. Renaissance de l'Empire britannique	1. Non prise en considération de l'importance des distances dans le commerce international 2. Longue période (1 à 2 décennies) d'ajustements pénibles 3. Déclin de la City	1. Ignore le problème des inégalités induites par la mondialisation 2. Affaiblissement des capacités de négociations en dehors de l'Europe 3. Partiellement irréaliste
Devenir une zone franche aux portes de l'UE	1. Brexit dur et aggressif 2. Concurrence fiscale 3. Taux de change compétitif	1. Choix clair 2. La GB d'abord : argument-clé de la politique 3. Diviser l'UE pour régner	1. En raison de la taille du RU, Singapour et Hong Kong ne peuvent lui servir de modèle 2. Aggravation des inégalités entre salariés 3. Riposte de la part de l'UE	1. Nouvelle rébellion à prévoir parmi les partisans du Brexit 2. Risque d'instabilité politique 3. Situation ex-post moins bonne qu'avant le Brexit
Effectuer un retour au réalisme	Dur ou pas, le Brexit est une stratégie perdant-perdant pour le RU et l'UE	Prise de conscience d'une dramatique erreur passée	La décennie sera perdue à cause d'un manque de courage politique	Loin d'être impossible

Tableau 6 – Après le Brexit : stratégies possibles pour le Royaume-Uni

On doit pourtant s'attendre à une baisse transitoire de la productivité et du niveau de vie dans la mesure où, entre-temps, le Royaume-Uni se sera privé des nombreux avantages qu'il tirait de son intégration au marché unique européen. Ceux qui ont voté pour le maintien dans l'union pourraient manifester leur mécontentement et migrer vers le prochain centre financier européen.

Une Grande-Bretagne affranchie de l'Union européenne et de ses réglementations constitue une seconde possibilité qu'envisage le manifeste des conservateurs :

> Le Royaume-Uni est une nation inscrite dans la mondialisation. Notre histoire est inscrite dans celle du monde, notre avenir doit lui aussi s'inscrire dans la mondialisation. Nous croyons que la Grande-Bretagne doit avoir un rôle majeur et actif dans le monde, non pas parce que tel est notre droit ou notre héritage, mais parce que c'est le plus sûr moyen de défendre et de promouvoir les intérêts du peuple britannique et de diffuser les valeurs qui nous semblent justes à travers le monde. (*ibid.*, p. 37)

Des accords sont censés compenser les effets du Brexit, ce qui revient à reconnaître que l'internationalisation stimule la productivité et l'innovation et contribue à maintenir le niveau de vie des individus, à condition de ne pas creuser les écarts entre les revenus ni entre les niveaux de richesse. L'histoire tend à prouver que ces accords sont souvent assortis d'un accroissement des inégalités dès lors que, en l'absence d'une forte tradition sociale-démocrate, la juste répartition des bénéfices de l'internationalisation n'est pas garantie. Selon ce scénario, la puissance géopolitique du Royaume-Uni sera plus forte à l'extérieur de l'Union européenne. Qu'est-ce à dire ? La chose contient au moins un paradoxe : pourquoi regarder au loin alors que jusqu'à présent, la majorité des échanges se sont déroulés au sein de l'Europe ?

– L'Angleterre pourrait-elle devenir un *paradis fiscal aux portes de l'Union européenne* ? Dans ses explications concernant sa stratégie de négociation, le Premier ministre a plusieurs fois mentionné que :

> Sans aucun doute, les négociations seront âpres, il faudra faire des compromis des deux côtés, mais nous continuons à penser que pas d'accord vaudra toujours mieux qu'un mauvais accord pour le Royaume-Uni. (The Conservatives, 2017, p. 36)

Dans le cadre d'un jeu non-coopératif, une guerre des changes serait engagée afin de retrouver la compétitivité perdue en raison de la hausse des tarifs douaniers à l'exportation vers l'Union européenne, ou bien la City pourrait être transformée en un paradis fiscal en bonne et due forme. Le Royaume-Uni peut-il vraiment se transformer en un Singapour ou un Hong Kong à grande échelle ? Les partisans du Brexit défendront-ils cette stratégie radicale qui risquerait d'accroître les inégalités présentes ? A-t-on oublié la leçon de la montée du nationalisme économique de l'entre-deux-guerres ? Espérons que la menace ne soit que potentielle et n'ait pour seul but que d'obtenir le maximum de concessions de la part de l'Union européenne.

– Aucune de ces stratégies n'est propre à réconcilier la recherche d'efficience dynamique avec un pacte de solidarité renouvelé entre tous les citoyens britanniques. Pour quelle raison ? Pour la simple raison que l'on a vendu l'idée du Brexit à l'opinion publique en s'appuyant sur l'argument que la souveraineté nationale ouvrirait la voie à un avenir économique radieux : fin de la contribution au budget européen, ouverture de nouveaux marchés immenses, fini Bruxelles et ses réglementations qui sont perçus comme étant à l'origine du manque de dynamisme britannique, facilité du financement de l'aide sociale une fois que les étrangers seraient rentrés chez eux, augmentation des salaires une fois que les plombiers polonais et les médecins italiens seraient remplacés par des sujets britanniques. Grâce aux revenus supplémentaires ainsi dégagés, on n'aurait aucun mal à rembourser de nouveaux crédits. Tous ces arguments ont fait le lit du vote en faveur du Brexit mais, au fil du temps, ils feront obstacle au développement d'une société plus prospère et plus juste. Encore faudrait-il le reconnaître pour que l'on se dirige vers une troisième stratégie plus prometteuse : *le retour au réalisme économique*. L'Europe est vouée à voir se multiplier les formes d'adhésion, aussi le Royaume-Uni pourrait-il sans doute trouver la forme qui lui convient, une forme qui lui permette de ne pas perdre le bénéfice de quatre décennies d'interactions étroites avec le vieux continent.

Mon analyse met l'accent sur l'importance des récits en vue du maintien d'un régime de croissance existant ou de l'avènement d'un nouveau régime. Les dirigeants politiques favorables au maintien dans l'Union n'ont pas réussi à dresser le portrait d'un avenir attrayant, contrairement aux partisans du Brexit qui promettaient le nirvana. Existent-ils des discours convaincants qui puissent corriger les représentations erronées qui se sont pourtant révélées si efficaces pour attirer le vote des perdants de la mondialisation ? Une étude prospective sur Londres montre à quel point l'exercice serait difficile (Leadbeater, 2016). Si Londres devait se couper totalement du reste de l'économie mondiale, elle deviendrait une Petra moderne. Une telle trajectoire lui serait imposée de l'extérieur plutôt qu'elle ne serait choisie par les citoyens britanniques. On peut également envisager que Londres cesse d'être une capitale mondiale pour devenir capitale nationale, ce qui suppose la victoire d'un discours nationaliste, voire xénophobe. Un troisième scénario ferait de Londres l'équivalent de Hong Kong ou de Shenzhen, c'est-à-dire une zone économique spéciale européenne, ce qui impliquerait la déconstruction de l'État-nation ainsi que des conflits récurrents avec le reste du pays pour une transition bien difficile.

Il est probable que toutes ces stratégies seront mises en œuvre à la fois, avec pour résultat un contexte chaotique peu propice aux discours politiques de bon aloi : l'apprentissage par l'expérience et le pragmatisme peuvent-ils susciter un nouveau discours politique ? Dans une telle configuration, les idées d'Hayek prévaudraient largement sur le constructivisme associé aux régimes précédents, qu'il s'agisse du fordisme, de la croissance fondée sur l'innovation ou d'un régime dominé par la finance. Cela implique une transformation longue et désordonnée en vue d'aboutir à un régime socioéconomique encore inconnu. Comprendre la façon dont les transformations sociales, les restructurations économiques et les discours politiques interagissent pourrait constituer un programme intéressant pour des recherches alliant approches socio-économiques et théorie de la régulation.

Conclusion

Comprendre les causes et les processus qui ont conduit au vote en faveur du Brexit peut nous éclairer sur les risques liés à la poursuite de la mondialisation selon le mode en vigueur depuis les années 1980. Il y a par ailleurs des leçons à tirer pour l'avenir de l'Union européenne.

1) Une certaine légende veut que l'intégration européenne se soit faite au travers d'une série de graves crises politiques à chaque fois surmontées grâce à de *nouveaux progrès* vers l'adoption de règles et d'institutions communes, l'euro étant le couronnement de ce processus qui dure depuis 60 ans. La gravité de la crise de l'euro, dont on n'est pas encore tout à fait venu à bout, ainsi que le référendum britannique nécessitent une profonde révision de nos jugements : la Grèce a failli être exclue de la zone euro et les négociations sur le retrait du Royaume-Uni de l'Union européenne ont commencé en mars 2017. Pour la première fois, le projet fondamental d'une union économique et politique toujours plus étroite est remis en question : l'un des États membres préfère renoncer aux opportunités et se débarrasser des contraintes liées à un ordre négocié au niveau supranational. Si les négociations aboutissent, un effet domino pourrait mettre en péril la résilience de l'Europe. Naguère *constructive*, la crise européenne deviendrait alors *destructive*.

2) Pour les théories économiques néoclassiques, le vote en faveur du Brexit est paradoxal : le Royaume-Uni a largement bénéficié de son adhésion à l'Union européenne en 1973, et pourtant une partie des citoyens britanniques

est prête à accepter une réduction significative de son niveau de vie pourvu qu'elle obtienne le Brexit. C'est pourquoi l'abstraction de l'*homo oeconomicus* représentatif est trompeuse quand il s'agit d'évaluer la viabilité de l'Union européenne : la *défense de la souveraineté nationale* entre dans le concept d'égale dignité de tous les citoyens, quelles que soient leur situation ou leur réussite économiques, aussi ont-ils raison de vouloir faire entendre leur voix lorsqu'il est question de concevoir une politique économique autonome. La rationalité économique ne saurait gouverner entièrement les choix politiques, et ce d'autant moins que les *passions et les affects* transcendant la logique cartésienne sont puissants.

3) Le vote en faveur du Brexit est l'événement le plus spectaculaire d'entre tous les mouvements anti-européens qui éclosent à travers le continent. Il marque probablement un *tournant* dans la longue histoire de l'intégration européenne. Jusqu'à présent, le processus d'élaboration de règles supranationales a donné des résultats jugés positifs en termes économiques par les diverses opinions publiques : une croissance plus rapide, moins de rivalités dans les échanges entre États membres, réduction des crises de change. Cette *légitimation indirecte et ex-post* contrebalançait de façon acceptable les critiques dénonçant le fossé démocratique qui s'était creusé entre l'arène nationale et l'arène européenne. Depuis la crise de l'euro, depuis l'instauration de politiques d'austérité qui ont suivi le terrible programme « d'ajustement » imposé à la Grèce et les piètres performances économiques du vieux continent par rapport à celles des États-Unis ou de l'Asie, la délégation de tant de compétences à l'Europe se trouve de plus en plus contestée : en l'absence de contrôle de la part des parlements nationaux, *les interventions de Bruxelles sont inefficaces et anti-démocratiques.* Le vote en faveur du Brexit est l'expression de ce mouvement de protestation et est devenu la référence des programmes nationalistes dans le reste de l'Europe.

4) Le Brexit soulève un *autre paradoxe:* pourquoi l'appartenance du Royaume-Uni à l'Union européenne n'a-t-elle pas été remise en question plus tôt au vu du scepticisme puissant et très largement répandu qu'inspirait l'objectif même des partisans de l'Europe, à savoir la constitution progressive d'une identité supranationale ? C'est qu'une *suite de transformations silencieuses*, échappant pendant longtemps à l'attention des responsables politiques, peut progressivement changer la société et l'économie, jusqu'au moment où *un événement* fait brutalement prendre conscience aux acteurs de cette société qu'ils vivent désormais dans un nouveau régime socio-économique. Ils constatent la rupture via une crise qui surprend même les « experts » les mieux informés. Il en a été ainsi pour la crise financière et

économique mondiale de 2008 et pour les élections présidentielles de 2016 aux États-Unis. Le Brexit met ainsi au jour *deux types de changements structurels :* premièrement, la profonde transformation des emplois sous l'effet d'un régime tiré par la finance et instauré par une internationalisation toujours plus intense ; deuxièmement, une polarisation de la société en termes d'attentes et de positionnement à l'égard de l'immigration. *L'arrivée d'un nouveau parti* réclamant la sortie de l'Union européenne fut le déclic qui a fait basculer le système. Le recours tactique au référendum a viré à la catastrophe pour l'élite massivement favorable au maintien dans l'Union européenne. Néanmoins, c'est cette même élite qui doit gérer les conséquences du Brexit dans la mesure où les partisans du Brexit ont refusé d'assumer la responsabilité de former un nouveau gouvernement.

5) Cette hypothèse est convaincante, non seulement concernant le Royaume-Uni mais aussi de nombreux autres États-membres de l'Union européenne. D'un côté, la *libéralisation économique* des marchés de biens, du marché du travail et des marchés financiers a été encouragée par la Commission européenne et a transformé la structure de la spécialisation économique et de la hiérarchie des emplois. D'un autre côté, au niveau individuel, la *polarisation sociale* s'est accrue en fonction du niveau d'études, de l'âge et de la situation géographique. De même, les inégalités spatiales et géographiques se sont creusées, remettant en cause l'identité nationale. La répartition des votes confirme la diversité des demandes formulées à l'intention des gouvernements, par les gagnants, optimistes, d'une part, et par les perdants, déçus, de l'autre, comme on l'a vu par exemple lors des élections présidentielles de 2017 en France. La menace pesant sur la cohésion de l'Union européenne est d'autant plus lourde que les programmes politiques des partis *nationalistes/populistes et anti-immigration* sont convaincants. Ces partis sont présents au Danemark, en France, en Autriche, en Hongrie, aux Pays-Bas et en Finlande, ils sont plus discrets dans le sud de l'Europe. La crise de l'euro a opposé une Europe du Nord vigoureuse à un Sud mal en point (Italie, Portugal, Grèce et Espagne). La crise des réfugiés de 2015-2016 a créé une nouvelle fracture entre l'Europe centrale et l'Europe de l'Est sur la question de la mobilité interne au sein du marché unique.

6) La *complexité* de la crise actuelle concernant l'intégration européenne est *sans précédent*. La plupart des crises précédentes portaient sur des problèmes ardus mais uni-dimensionnels, comme l'avenir de la politique agricole commune, la transformation du système monétaire européen, l'adoption de l'euro comme monnaie unique, le sauvetage des banques à l'issue de la crise de Lehman Brothers, et plus récemment la crise de la

dette souveraine parmi les économies les plus fragiles. Face à l'acuité des conflits d'intérêts et des divergences entre les conceptions des uns et des autres sur l'intégration régionale, les experts ont envisagé la possibilité d'un effondrement de l'Union européenne à chacune de ces crises. Les périls sont encore plus grands en cette fin de la décennie 2010 car les gouvernements nationaux doivent trouver *une solution globale pour répondre à trois menaces persistantes*. Premièrement, les dysfonctions de la zone euro ont suscité des *évolutions divergentes* en termes de productivité, de niveau de vie et de spécialisation économique. Il faudrait manifestement davantage de solidarité pour les corriger, or la résurgence du nationalisme s'oppose à cette solution. Deuxièmement, le transfert de nombreuses compétences au niveau européen a été perçu comme un abandon de la délibération locale et démocratique face à *l'imposition de la part de la technocratie bruxelloise d'une stratégie de libre marché*, à mille lieues des exigences de protection des laissés-pour-compte. Troisièmement, l'Union européenne pose le principe de la mobilité des personnes comme étant le complément nécessaire au libre-échange des marchandises, des services et des capitaux. Cela heurte la croyance populaire – en général non corroborée par les travaux des spécialistes – selon laquelle les *migrations* sont source de perte d'emploi pour les travailleurs nationaux et de déficits pour la sécurité sociale et le budget de l'État. Rassembler des solutions pour répondre à chacun de ces maux (un fédéralisme en panne, un manque de démocratie au sein des institutions européennes, la perception de l'immigration comme une menace) prendra du temps et on ne voit pas pour l'instant se dessiner une quelconque solution viable et cohérente. Pour que l'*esprit communautaire*, actuellement étouffé par l'héritage d'une approche intergouvernementale de l'intégration régionale, ait une quelconque chance de retrouver un peu de vigueur, il faut innover de façon radicale au plan politique.

7) Le même type d'incertitude prévaut en ce qui concerne l'*existence d'un régime socio-économique satisfaisant suite au Brexit*, grâce auquel les citoyens britanniques se trouveraient dans une situation plus favorable qu'en restant au sein de l'Union européenne. De longues négociations en vue de mettre en place de nouveaux traités avec des pays éloignés peuvent-elles remplacer l'accès à un marché unique si proche et de si grande taille ? Les IDE et la finance internationale continueront-ils à affluer au Royaume-Uni en l'absence d'un accès facile aux pays de l'Europe continentale et à la BCE ? Est-il réaliste d'envisager que le Royaume-Uni puisse devenir un paradis fiscal, ou suivre l'exemple de Singapour pour devenir un centre d'innovation majeur ? L'idéologie implicite des électeurs ayant voté en faveur du Brexit

n'aspire-t-elle pas à l'avènement d'un modèle fondé sur le repli sur l'intérieur du pays, modèle totalement inefficace et incapable d'assurer la réduction des inégalités qui permettrait de réconcilier le Royaume-Uni ? Pourra-t-on empêcher la dissolution du Royaume-Uni si l'accord final n'est pas approuvé par l'Écosse ? En cas de Brexit dur, ses partisans ne remettront-ils pas en question leur prise de position pour reconnaître leur éventuelle erreur et ses conséquences dramatiques ainsi que leur contribution au déclenchement de la seconde période de déclin involontaire qu'ait connue le Royaume-Uni au cours des cent dernières années ?

Les nationalistes comme les partisans de l'Europe se doivent d'approfondir leur compréhension du Brexit : dans quelle direction se dirige à présent l'Europe ? Le Brexit constitue ainsi un véritable laboratoire social qui nous permet de nous interroger sur l'avenir de la mondialisation, les formes d'intégrations régionales et le possible retour du nationalisme économique.

Traduit de l'anglais par Nathalie Ferron

——— Bibliographie ———

AGLIETTA Michel & Nicolas LERON (2017), *La double démocratie. Une Europe politique pour la croissance*, Paris, Seuil.

AMABLE Bruno (2017), *Structural Crisis and Institutional Change in Modern Capitalism. French Capitalism in Transition*, Oxford, Oxford University Press.

— (2014), « Who Wants the "contrat de travail unique" ? Social Support for Labor Market Flexibilisation in France », *Industrial Relations : A Journal of Economy and Society*, vol. 53, n° 4, p. 636-662.

— (2003), *The Diversity of Modern Capitalism*, Oxford, Oxford University Press.

AMABLE Bruno & Stefano PALOMBARINI (2017), *L'illusion du bloc bourgeois*, Paris, Raisons d'agir.

ARTUS Patrick (2016), « Brexit : le choc économique est de petite taille, mais les effets peuvent venir de l'incertitude, de l'aversion pour le risque, des effets de richesse… », *Flash Économie*, n° 734, 7 juillet, Paris, Natixis.

ASHCROFT (Lord) (2016), « How the United Kingdom Voted on Thursday… And Why », *Lord Ashcroft Polls*, vendredi 20 juin, [lordashcroftpolls.com/2016/06/how-the-united-kingdom-voted-and-why].

BARKER Alex (2016), « Four Scenarios : How Brexit Process Could Unfold. Nasty, Neutral or Friendly… Or It Might Not Happen At All », *Financial Times*, 20 juillet, [ft.com/cms/s/0/5ec21720-

49c1-11e6-8d68-72e9211e86ab.html - axzz4G4w8DlpE].

BECKERT Jens (2016), *Imagined Futures. Fictional Expectations and Capitalist Dynamics*, Harvard, Harvard University Press.

BINZER HOBOLT Sara (2009), *Europe in Question: Referendums on European Integration*, Published to Oxford Scholarship online, Oxford, mai, [oxfordscholarship.com/view/10.1093/acprof:oso/9780199549948.001.0001/acprof-9780199549948].

BOYER Robert (2016), « From Economics as Fiction to Fiction-led Capitalism », [to be published] *in* Jacques-Henri Coste & Vincent Dussol (eds.), *Representations of Capitalism in American Fiction*, Londres, Routledge.

— (2015a), « L'accord entre Athènes et ses créanciers est inefficace et dangereux », *Le Monde*, 4 septembre, p. 6.

— (2015b), *Économie politique des capitalismes*, Paris, La Découverte.

— (2013), « Origins and Ways Out of the Euro Crisis », *Review of Political Economy*, 25 (1), janvier 2013, p. 1-38.

— (2000), « The Unanticipated Fallout of European Monetary Union: The Political and Institutional Deficits of the Euro », *in* Colin Crouch, *After the Euro*, Oxford, Oxford University Press, p. 24-88.

BOYER Robert & Toshio YAMADA (dir.) (2000), *Japanese Capitalism in Crisis*, Londres, Routledge.

CABALLERO Ricardo (2010), « Macroeconomics After the Crisis: Time to Deal With The Pretense-of-Knowledge Syndrome », *Journal of Economic Perspectives*, 24 (4), p. 85-102.

CALMFORS Lars (1997), *EMU: A Swedish Perspective*, Boston, Kluwer Academic Publishers.

CAMPOS Nauro F., CORICELLI Fabrizio & Luigi MORETTI (2015), *Norwegian Rhapsody? The Political Economic Benefits of Regional Integration*, DP n° 9098, IZA, Bonn, Germany, [papers.ssrn.com/sol3/papers.cfm?abstract_id=2619188].

— (2014), *Economic Growth and Political Integration. Estimating the Benefits from Membership in the European Union Using the Synthetic Counterfactuals Methods*, DP n° 8162, IZA, Bonn, Germany, [econpapers.repec.org/paper/izaizadps/dp8162.htm].

CONSERVATIVES (2017), *The Conservative and Unionist Party Manifesto 2017. Forward Together. Our Plan for a Stronger Britain and Prosperous Future*.

DHINGRA Swati, OTTAVIANO Gianmarco, SAMPSON Thomas & John VAN REENEN (2016a), « The Consequences of Brexit for UK Trade and Living Standards », *Centre for Economic Performance, LSE*, [cep.lse.ac.uk/pubs/download/brexit02.pdf].

— (2016b), « The Impact of Brexit on Foreign Investment in the UK », *Centre for Economic Performance, LSE*, [cep.lse.ac.uk/pubs/download/brexit08_book.pdf#page=40].

— (2016c), « Brexit and the Impact of Immigration on the UK », *Centre for Economic Performance, LSE*, [cep.lse.ac.uk/pubs/download/brexit05.pdf].

Financial Times (2017), « Theresa May's 9 U-turns », *Financial Times*, 22 mai, [ft.com/content/e021c208-3ede-11e7-9d56-25f963e998b2].

Frank Robert H. (1988), *Passions Within Reason. The Strategic Role of Emotions*, New York, Norton.

Frank Thomas (2005), *What's the Matter with Kansas? How Conservatives Won the Heart of America*, New York, Holt Paperbacks.

Gilles Chris (2017), « Three Visions of UK Economy Take Shape on Verge of Brexit Talks », 12 mars, [ft.com/content/a73023ce-034f-11e7-aa5b-6bb07f5c8e12].

Gramsci Antonio (1978), *Cahiers de prison*, Paris, Gallimard.

Goodhart David (2017), *The Road to Somewhere: The Populist Revolt and the Future of Politics*, Londres, Hurst and Co.

Gudgin Graham, Coutts Ken & Neil Gibson (2016), « The Macro-Economic Impact of Brexit: Using the CBR Macro-Economic Model of the UK Economy (UKMOD) », *WP 483*, Center for Business Research, University of Cambridge, December.

HM Treasury (2016), « HM Treasury Analysis: The Long-Term Economic Impact of EU Membership and the Alternatives », *Gov.UK*, [gov.uk/government/publications/hm-treasury-analysis-the-long-term-economic-impact-of-eu-membership-and-the-alternatives].

Kahneman Daniel & Amos Tversky (1984), « Choices, Values, and Frames », *American Psychologists*, 39 (4), p. 341-350.

Knight Frank (1921) *Risk, Uncertainty, and Profit*, Boston, MA, Hart, Schaffner & Marx; Houghton, Mifflin Co.

Jackson Nathalie (2016), « Comment les sondages sur le Brexit ont raté la victoire du "Leave" », *Huffingtonpost*, 24 juin, [huffingtonpost.fr/2016/06/24/sondages-brexit-rate-leave_n_10654474.html].

Lavoie Marc (2014), *Post-Keynesian Economics: New Foundations*, Cheltenham, Edward Elgar Publishing Ltd.

Leadbeater Charles (2016), « London's Future: A Brief Guide, Five Scenarios for the City Post-Brexit, From "Renationalised" British Capital to European Enclave », *Financial Times*, 23-24 juillet, p. 1 « Life & Arts ».

Lordon Frédéric (2016), *Les affects de la politique*, Paris, Seuil.

Luhmann Niklas (1997), *Theory of Society*, Stanford, Stanford University Press.

Maddock Robin (2017), « The Rise and Fall of Ukip », *Financial Time Weekend Magazine*, 27/28 mai, p. 12-17.

Mauss Marcel (2007 [1925]), *Essai sur le don. Forme et raison de l'échange dans les sociétés archaïques*, Paris, Quadrige/Presses Universitaires de France.

Monnet Jean (1988), *Mémoires*, Paris, Fayard.

Nelson Julie A. (2017), « Nature Abhors a Wacuum: Sex, Emotion, Loyalty and The Rise of Illiberal Economics », *Real-world Economics Review*, 79, p. 35-42, [paecon.net/PAEReview/issue79/Nelson79.pdf].

NatCen Social Research (2016), *Brexit: What will it Mean for Britain? Findings from British Social Attitudes 2015*, [bsa.natcen.ac.uk/media/39041/brexit-what-will-it-mean-for-britain-report.pdf].

Orléan André (2013), *L'empire de la valeur, refonder l'économie*, Paris, Le Seuil.

— (1999), *Le pouvoir de la finance*, Paris, Odile Jacob.

Palombarini Stefano (2001), *La rupture du compromis social italien*, Paris, Éditions du CNRS.

Petit Emmanuel (2015), *Économie des émotions*, Paris, La Découverte.

Piketty Thomas (2013), *Le capital au XXIe siècle*, Paris, Seuil.

Piketty Thomas, Hennette Stéphanie, Sacriste Guillaume & Antoine Vauchez (2017), *Pour un traité de démocratisation de l'Europe*, Paris, Seuil.

Poulantzas Nicos (1968), *Pouvoir politique et classes sociales de l'État capitaliste*, Paris, Maspero.

Sassen Saskia (2014), *Expulsions: Brutality and Complexity in the Global Economy*, Cambridge, Mass., The Belknap Press of Harvard University Press.

Schiller Robert J. (2000), *Irrational Exuberance*, Princeton, Princeton University Press.

Schmitter Philippe C. (2012), « European Disintegration? A Way Forward », *Journal of Democracy*, 4 octobre, p. 39-48.

Société de Législation comparée (2011), *Théorie et pratiques du référendum*, Actes de la journée d'étude du 4 novembre, Collection Colloques, vol. 17, Université Panthéon Assas Paris II, Centre d'études constitutionnelles et politiques – Institut Cujas.

Stiglitz Joseph (2016), *The Euro: And its Threat to the Future of Europe*, Londres, Allen Lane.

Streeck Wolfgang (2014), *Buying Time: The Delayed Crisis of Democratic Capitalism*, Londres/New York, Verso.

Tetlow Gemma, Cadman Emily & Chris Giles (2016), « Brexit Barometer: Slowdown Fears Vie With Investment Optimism », *Financial Times*, 29 juillet, [ft.com/content/d3e8002a-53e2-11e6-9664-e0bdc13c3bef.html#axzz4G4w8DlpE].

The Economist (2016a), « An Aggravating Absence. Britain's Decision to Leave the European Union Will Cause Soul Searching Across the Continent – and Beyond », 2-8 juillet, p. 19-22.

— (2016b), « Drawbridges Up. The New Divide in Rich Countries is not Between Left and Right but Between Open and Closed », 20 juillet – 5 août, p. 14-16.

Bruno Karsenti

Sociologie de l'État de consolidation

La philosophie ne dispose pas, de toute éternité, d'une clef de lecture qui la rendrait quoi qu'il arrive éclairante, et lui permettrait d'ouvrir quelque texte que ce soit, issu d'une autre discipline, pour en dégager le trésor caché. Rompre avec ce préjugé, c'est comprendre que la projection d'un regard philosophique sur la production des sciences sociales ne vaut d'être défendue qu'à raison d'un besoin éprouvé dans l'objet. C'est donc de la connaissance des phénomènes sociaux qu'il convient de partir, comme impliquant une convocation, et à travers elle un renouvellement en profondeur de la pratique philosophique. Le présupposé correct est qu'une certaine philosophie doit être mobilisée dans la lecture de textes de sciences sociales, parce que ces textes la sollicitent nécessairement, c'est-à-dire parce qu'ils s'imposent à elle dans la situation présente. Plus précisément : ils s'imposent en ce qu'ils participent d'une dynamique intellectuelle dans laquelle *elle aussi*, en tant que philosophie, s'est significativement modifiée, de telle sorte que ses problèmes classiques, ceux qui avaient nourri sa propre tradition avant que les sciences sociales n'apparaissent comme forme spécifique de savoir, en ont été complètement reconfigurés.

Cette dynamique n'est autre que ce que désigne le mot de modernité bien compris. Du moins est-ce là une acception possible de ce terme disputé : un rapport inédit dans l'économie des savoirs, où philosophie et sciences sociales communiquent intérieurement avec une certaine nécessité socio-historique. Ou encore : la tendance par laquelle la philosophie s'historicise et rejoint le mouvement d'*auto-interprétation* des sociétés tel qu'il s'est développé spécifiquement à l'intérieur des sociétés *modernes*, comme une dimension réflexive fondamentale de leur existence. Soulignons que ce mouvement est alors inséparablement intellectuel et social : c'est bien un certain développement social qui sécrète l'auto-interprétation, et l'auto-interprétation est un aspect de ce développement qui agit sur lui en retour. Le nouveau rapport entre sciences sociales et philosophie naît de ce double rapport. Chercher à comprendre et à délimiter le bloc temporel dans lequel il émerge et s'actualise est alors une tâche préliminaire pour toute philosophie des sciences sociales digne de ce nom.

La tâche que l'on se donne, en pratiquant ce type de philosophie, ne s'arrête évidemment pas là. Sans perdre de vue le cadrage large de la modernité, on doit aussi être apte à saisir certaines situations plus ou moins proches ou lointaines – ce à quoi l'on ne parvient que parce que le cadrage large délivre un sens exploitable au niveau des cadrages restreints. C'est le choix de l'un de ces cadrages qui sous-tend la lecture que l'on proposera ici du livre de Wolfgang Streeck, *Du temps acheté. La crise sans cesse ajournée du capitalisme démocratique*. Ce livre, paru en 2013, accorde un rôle décisif à une mutation opérée au début des années 1990, lorsque l'on a assisté à la prise de conscience d'une crise des sociétés occidentales et de leur modèle de développement. Cette prise de conscience a eu lieu en tenant compte du fonctionnement interne de ce modèle, et en le relativisant de l'extérieur, en le resituant dans une confrontation où il en est venu à perdre le statut normatif que l'on était auparavant enclin à lui donner. En France, on rappellera que 1995 est l'époque du dernier mouvement de contestation sociale comparable à ce que l'anarcho-syndicalisme avait mythifié sous le syntagme de « grève générale ». Mais surtout, on peut dater de la même époque le démarrage d'une série ininterrompue et protéiforme de contestations transnationales, témoignant du même effet de relativisation et de décentrement. Les catégories qui nous sont devenues familières – de néolibéralisme, de capitalisme « *unleashed* », de mondialisation, d'autonomisation des marchés et de financiarisation de l'économie, de catastrophe environnementale – ont vraiment commencé à se diffuser à cette période, coïncidant du point de vue des sciences sociales avec un infléchissement notable des orientations de recherche et des choix d'objet.

Ce mouvement est trop disparate pour que l'on puisse lui fixer un épicentre – si bien que pour le décrire, il faudrait se limiter à pointer des résonances entre différentes manières, en sociologie, en anthropologie et en histoire, d'opérer un retour critique sur les présupposés qui avaient permis à ces disciplines de se dire critiques dans la période précédente. En dépit de la difficulté de l'exercice, il ne faut cependant pas se dérober devant la tâche d'une mise en cohérence préalable, sous réserve d'inventaire *ex post*. Une hypothèse, à cet égard, peut servir d'aiguillon[1] : considérer que la catégorie de *social*, comme objet, ou plutôt comme plan de réalité visé par le discours des sciences sociales, le niveau où ce discours entend se situer pour produire ses descriptions et ses explications, est précisément devenue, dans la période récente, ce dont il s'agit de *ré-éprouver la consistance*, et donc, du même coup, d'évaluer la pertinence actuelle – sans exclure l'éventualité de sa péremption, mais sous condition alors d'exhiber ce qui viendrait s'y substituer.

Le *social*, là aussi, est une catégorie assez large pour admettre une série de spécifications et d'acceptions. On se gardera ici d'entrer dans les alternatives qui ont trait à sa conceptualisation. Il reste que si l'on adopte le grand angle rappelé plus haut, celui de la modernité comme bloc temporel où les sciences sociales ont émergé au titre de figure privilégiée de l'auto-interprétation des sociétés, on peut dire que le *social* est apparu comme une réalité normée de l'intérieur d'elle-même, dans une indépendance relative par rapport à deux pôles majeurs : d'un côté le politique et la législation (le droit positif dans toute son extension), mais aussi, de l'autre (et le point est fondamental au regard de la situation présente), l'économie, si du moins l'économie se ramène à la sphère de la production et de l'échange, ou encore au fonctionnement de ce que Hegel appelait le « système des besoins », la société civile constituée par des intérêts individuels à la recherche de leur satisfaction dans l'échange.

On peut alors résumer le grand angle qui nous rend apte à saisir la teneur du présent de la manière suivante. Les sciences sociales ont procédé d'une double critique : de l'économie politique classique d'un côté, de la philosophie politique moderne et du droit public (de la théorie politique au sens large) de l'autre. Cette double critique impliquait chaque fois une nouvelle conceptualisation des instances prises en charge par les discours critiqués. L'État et le marché devaient à ce titre être réinvestis par le nouveau discours. Et dans ce réinvestissement, c'est aussi une certaine évolution des sociétés modernes elles-mêmes qu'il s'agissait d'éclairer et de guider – disons, en dégageant, autrement que ne le faisaient la théorie politique et l'économie politique, un processus de transformation inaperçu dans lequel il convient

---

1. C'est celle qui nous a guidés dans un séminaire conduit à l'EHESS en 2015, avec Florence Hulak, Pierre Charbonnier et Gildas Salmon.

de se déterminer et d'agir. L'objectif politique des sciences sociales se dessine du même coup : il est de faire apparaître une orientation non explicitée, avec ses risques et ses promesses, ses pathologies et ses normes, dans laquelle les sociétés modernes ont à se situer de façon lucide pour décider de leur destin. Pathologies ou risques avaient du reste toujours la même configuration. Ils se ramenaient à ce que Polanyi a baptisé *désencastrement*, c'est-à-dire l'hypostase, l'arrachement au social comme ordre fondamental de détermination. Ne pas laisser l'État ou le marché, la politique ou l'économie, se *désocialiser*, c'est-à-dire se rendre indépendants des régulations sociales qui les sous-tendent et auxquelles ils doivent rester subordonnés, tel était globalement l'enjeu reconnu par tous, implicitement ou explicitement, même lorsque les enquêtes se déployaient dans des secteurs et sur des objets très distants les uns des autres.

Or c'est à coup sûr cette intention des discours de sciences sociales qui a aujourd'hui perdu de sa netteté. Pour revenir à la chronologie proposée par Streeck, l'effacement est bel et bien sensible depuis les années 1990. Trancher sur cette évolution – la juger trop vite, la déplorer ou s'en réjouir – dépend évidemment de l'analyse que l'on produit de ses causes et des tendances qu'elle exprime. Il ne va pas de soi que la réactivation de l'irréductibilité du social au juridico-politique et à l'économique soit envisageable dans les mêmes termes que ceux hérités de la sociologie classique. Que la crise se vive aussi comme une crise *des sciences sociales*, et que cette dernière se traduise par la difficulté à dégager un plan discursif commun sur lequel les enquêtes empiriques dispersées puissent venir communiquer, est le signe des difficultés éprouvées à ce sujet. On peut dire que l'enjeu est ici de s'entendre sur ce que l'on est capable de penser d'inédit sous la catégorie de social, à l'épreuve des transformations qui ont marqué les deux dernières décennies. Car ce ne sont ni aux mêmes régulations politiques et juridiques, ni à la même économie que les sciences sociales sont aujourd'hui confrontées, et ce n'est qu'en mesurant l'impact de ce changement que la possibilité d'une rénovation contemporaine du concept de *social* pourra être envisagée. La portée politique de cette question vaut aussi d'être soulignée. En effet, à travers elle, il en va de la définition, non seulement des sciences sociales, mais aussi du socialisme, à titre de courant politique original, typiquement moderne, qui émerge de façon contemporaine à l'auto-interprétation des sociétés modernes dont les sciences sociales sont la traduction épistémique[2].

---

2. Voir Karsenti & Lemieux (2017).

Le livre du sociologue allemand Wolfgang Streeck prend parti dans cet état des lieux. C'est ce qui fait pour nous tout son intérêt : le tranchant avec lequel il se prononce sur le changement de regard requis en sciences sociales, pour que notre situation socio-politique cesse d'être subie comme elle l'est actuellement. Ce livre, tiré des conférences Adorno de 2012, se rattache à l'École de Francfort, et, donc, à un certain mode d'articulation entre réflexion théorique et enquête empirique. Mais il s'y rattache de façon assez lâche, si bien que l'on peut se dispenser de s'attarder sur son pedigree. Disons que l'on a affaire à l'ouvrage d'un *sociologue*, qui marque d'emblée ses distances avec l'empreinte spéculative des travaux des fondateurs, tout comme avec le genre de théorie normative qui a dominé cette école depuis Habermas, lequel a vivement réagi au livre de Streeck dès sa parution. Cette réaction a été suivie d'une réponse de Streeck dans laquelle ce dernier – on y reviendra pour finir – a affermi et précisé ses conclusions. En première approche, sans chercher à situer Streeck dans la constellation à laquelle il appartient, on dira simplement qu'il contribue à une *sociologie du capitalisme*, en prise sur le tournant qu'il a connu dans la seconde moitié du XXe siècle.

Streeck revendique une perspective assez simple, mais qui l'inscrit de plain-pied dans le régime d'interrogation de philosophie des sciences sociales que l'on a dégagé en commençant. Il affirme être convaincu que la science sociale

> [...] n'a pas grand-chose à apprendre des situations, mais tout à apprendre des évolutions [...] Tout ce qui relève du social se déroule dans le temps, s'épanouit dans le temps, et ne se montre identique à soi-même que reconduit dans le temps. Ce que nous observons aujourd'hui, nous ne pouvons le comprendre qu'à condition de savoir à quoi il ressemblait hier et quelle voie il emprunte dans le présent. (Streeck, 2014, p. 12)

La méthode, en d'autres termes, est de sociologie *historique :* elle retrace des lignes évolutives du phénomène « capitalisme », reconstitué sociologiquement. Et la bonne périodisation ne fait pour Streeck aucun doute : elle doit partir du capitalisme d'après-guerre, pour en suivre les modifications jusqu'aujourd'hui, en reconnaissant deux scansions, ou deux inflexions particulièrement significatives, celle des années 1970 et celle des années 1990.

Or que signifie comprendre *sociologiquement* le capitalisme, sinon le démarquer doublement, aussi bien des formations conceptuelles de la théorie politique que de l'économie politique ? La tâche actuelle, pourtant, est confrontée à de nouvelles contraintes liées à notre histoire récente, en même temps qu'à un bilan critique des échecs de la sociologie du capitalisme précédemment mise en œuvre. À cet égard, Streeck rompt avec une tendance dont il estime qu'elle a mis les sciences sociales dans l'impasse. Nous nous sommes trompés, dit-il en substance – « nous », ici, désignant les théories sociales de la crise du capitalisme qui ont émergé dans les années 1970 dans le sillage de l'École de Francfort. C'est seulement si cette erreur est dénoncée et surmontée que l'histoire récente peut devenir intelligible. Une fois le voile levé, elle apparaît marquée par une série de crises de plus en plus rapprochées, où c'est bien la *société* comme telle qui s'avère en crise, traversée par des pathologies face auxquelles la critique sociale reste cruellement démunie.

On se souvient du jugement de Polanyi au sortir de la Seconde Guerre mondiale, véritable condition historique d'écriture de *La grande transformation* : la réaction de la société ne peut pas ne pas devenir prééminente après la catastrophe que l'Europe a traversée, effondrement préparé de longue main par l'hégémonie croissante du « credo libéral » au cours du XIXe siècle. Hayek pouvait bien, en cette même année 1944[3], prononcer un diagnostic symétrique inverse, imputant à la croyance en la société prise comme entité consistante l'émergence des totalitarismes, c'est précisément cette réalité et ses besoins propres qui, dans les décennies qui suivent, s'imposent aux politiques européennes. Mais alors, il faut reconnaître qu'au déniaisement post-1945 se superpose en quelque sorte une illusion, effet direct des Trente Glorieuses qui se fait sentir jusque dans les critiques du capitalisme alors en vigueur. C'est cette condition intellectuelle qui conduit aux théories de la crise des années 1970 dont Streeck cherche maintenant à nous dégager.

Si le jugement de Polanyi pouvait en effet paraître temporairement confirmé par la domination des régimes sociodémocrates dans l'immédiat après-guerre, si la confiance dans les instruments keynésiens semblait pousser l'opinion dans la même direction, bref, si l'engagement politique des États semblait aller en direction des intérêts sociaux au sens le plus large (avec contrôle résolu des marchés, investissement public, combat contre les inégalités, mise en place de la cogestion dans les entreprises, progrès des droits sociaux, etc.), la critique du capitalisme n'avait pas pour autant cessé. Elle s'était seulement déplacée : perdant son ancrage dans l'économie, elle ne se déclinait plus prioritairement, comme par le passé, en critique sociologique de l'économie politique, et se trouvait astreinte à se reconstituer sur un autre plan. Entre l'après-guerre et les années 1970, la critique du capitalisme s'est

---

3. Voir Hayek (2013 [1944]).

ainsi transformée en critique de la *légitimité* du capitalisme, envisagé bien plutôt comme forme politique de domination que comme forme économique d'exploitation.

La raison à cela paraît claire. Économiquement, le schéma marxiste de la paupérisation de la classe ouvrière et de la baisse tendancielle du taux de profit paraissait réfuté par les faits. La société capitaliste connaissait une croissance constante, accompagnée d'une incontestable amélioration des conditions de vie que la théorie critique se devait d'intégrer à ses schèmes interprétatifs. C'est alors la pertinence de la catégorie de capitalisme qui se voyait immanquablement rejouée. Le texte d'Adorno de 1968, « Capitalisme tardif ou société industrielle ?[4] », constitue le témoignage le plus explicite du défi soulevé : redéfinir en profondeur le concept même de capitalisme, dont la péremption est le leurre libéral que la nouvelle critique doit savoir déjouer. Le « tardif », ou l'« avancé », dans ces conditions, revêt un sens spécifique : il repose moins sur la production de survaleur et l'extorsion de la plus-value que sur les rapports de domination et leur légitimation par une *politique* capitaliste. Or ce changement d'axe a une série d'effets qui n'ont pas cessé de se répercuter jusqu'à nous. Pour Streeck, il est indéniable que les théories de la crise formulée dans les années 1970 et 1980 restent dans l'orbite de la vision d'Adorno : le capitalisme avancé recouvre un problème de légitimité politique, et non pas de dysfonctionnement économique. Dès lors, les *crises* qui se profilent, selon cette théorie critique, sont avant tout des crises de légitimation auprès des masses, prises unanimement pour cible d'un travail idéologique qui trouve dans le langage démocratique des droits son instrument de prédilection. Il était naturel alors que les sciences sociales d'orientation critique aient cherché à s'emparer de ce levier, ce qui pouvait se faire de différentes manières, par des voies qui peuvent être plus ou moins radicales au regard des dispositifs institutionnels des démocraties libérales, mais qui, dans tous les cas, reviennent à faire fond sur les contradictions politiques, et non pas économiques, du système capitaliste.

Cela a plusieurs conséquences : la première est que le capitalisme doit être compris essentiellement comme *capitalisme démocratique* – son pôle démocratique s'identifiant en somme à sa condition de légitimité. Le capitalisme doit se légitimer, et il ne peut se légitimer que démocratiquement. Tout l'effort habermassien, qui ne fait à cet égard que prolonger l'une des voies possibles inscrites à l'intérieur des théories de la crise, est d'investir les procédures de légitimation démocratique pour les retourner et les faire

---

4. Voir Adorno (2011, p. 85-130).

jouer à l'encontre de la domination capitaliste. On peut considérer que cette inspiration se poursuit aujourd'hui, avec des outils différents de la rationalité communicationnelle, par exemple chez Axel Honneth à l'aide du concept de reconnaissance. Quoi qu'il en soit des divergences de point de vue et d'accentuation, on demeure dans tous les cas dans l'horizon général de la critique interne au capitalisme démocratique.

Or c'est là très exactement le point de rebroussement préconisé par Streeck. Sa singularité consiste à souligner ce à quoi cette inspiration a tourné le dos inconsciemment, et à remarquer que cet élément refoulé fait maintenant retour, précisément à travers l'incapacité avérée des théories de la crise – et avec elles du mouvement de fond des sciences sociales critiques impulsées dans les années 1970 – à comprendre ce qui s'est passé depuis les années 1990, jusqu'à la dernière crise de 2008.

Ce à quoi on a tourné le dos, c'est à la *contingence historique* du couplage entre capitalisme et démocratie dans l'immédiat après-guerre, pris à tort pour une nécessité structurelle due à une inclinaison du capitalisme, du moment que celui-ci avait été redéfini sur le plan exclusivement politique. Ce que l'on a alors ignoré, et que Streeck s'efforce au contraire de mettre en évidence, c'est le fait que l'on avait en réalité affaire à deux concepts *hétérogènes*, conjoncturellement ajointés l'un à l'autre, en un alliage éphémère et instable.

Efforçons-nous d'être plus précis. L'immédiat après-guerre, dans le récit de Streeck, a correspondu à une paix sociale conquise par des concessions exigées du capital, qui ne correspond à aucune tendance inhérente au développement du capitalisme. Ce que celui-ci avait de démocratique ne tenait pas à un besoin de se légitimer en tant que capital, mais plutôt à un besoin de se légitimer à contre-courant de sa dynamique proprement capitaliste. En d'autres termes, il a été contraint de s'amputer, de se freiner, et il l'a fait contre sa propre impulsion politique.

Ce point est quelque peu imbriqué dans l'approche de Streeck, il n'est pas exposé pour lui-même. Il est cependant décisif pour saisir le sens de son analyse. Tel est en effet pour lui l'écueil préliminaire : le capital a été perdu de vue par les théories de la crise *en tant qu'acteur politique indépendant* dans la configuration d'ensemble que recouvre l'expression « capitalisme démocratique », ou « capitalisme avancé ». Paradoxalement, parler de « capitalisme démocratique » ne rend pas compte *politiquement* du capitalisme, mais s'expose à un glissement qui consiste à attribuer au capitalisme une politique qui n'est pas en réalité la sienne. Ce que l'on ne voit plus dans ces conditions, c'est que *l'accumulation* puisse être vraiment, en tant que telle, une politique, et qu'elle engage par elle-même une certaine acception du concept de domination. Ce concept, les discours critiques l'ont repris sans en maîtriser la logique interne : captivés par la question de la légitimation démocratique, ils ont manqué ou secondarisé son articulation première à l'accumulation[5]. Et ils n'ont plus été en mesure de saisir le fait que, politiquement, le capitalisme n'a strictement rien de démocratique, c'est-à-dire qu'il ne suppose pas logiquement, sinon idéologiquement, pour être soutenu, d'obtenir l'appui et le consentement des masses.

Il faut prendre toute la mesure de l'écart introduit ici par rapport aux versions standards de la légitimation. D'ordinaire on fait comme si le capitalisme devait se réguler pour se rendre acceptable et continuer à fonctionner, c'est-à-dire pour continuer à inciter la population à agir conformément à ses réquisits. C'est encore dans cet ordre d'idée que se place *Le nouvel esprit du capitalisme* de Boltanski et Chiapello, à la fin des années 1990[6]. Le présupposé peut être résumé par l'expression, justement, d'*esprit* du capitalisme, d'inspiration wébérienne (avec laquelle, significativement, Streeck prend d'ailleurs ses distances, tant elle lui paraît être une source toujours active de l'effet d'occultation propre aux théories de la crise[7]). On admet alors que le capitalisme est une politique à partir du moment où il a un *esprit* – une idéologie en un sens plus wébérien que marxiste, c'est-à-dire une configuration de motifs d'action sur laquelle fonder sa légitimation. Pour Streeck, sans être fausse, cette vision comporte un biais : elle dépolitise la tendance à l'accumulation, c'est-à-dire qu'elle « désintentionalise » le capital. Et comme elle le vide d'intentions politiques qui lui seraient propres, elle ne se donne pas les moyens de comprendre qu'il puisse se révolter contre un ordre qu'il est censé avoir lui-même créé : la politique keynésienne, faite d'interventionnisme d'État légitimé démocratiquement dans le jeu du marché, visant le plein-emploi, la croissance, la réduction des inégalités, les progrès des droits sociaux et l'amélioration des structures publiques.

---

5. Ce qui, dans ce cas, pourrait du reste conduire à reconstruire, dans les pays développés mêmes, et dans des cadres formellement démocratiques, l'affirmation d'une domination sans légitimation. Un tel dispositif n'est concevable que dans un contexte de « déséducation » aux principes de légitimation de l'État social, processus qui, au niveau des classes moyennes gagnées par la généralisation de la condition d'épargnant, s'appuie sur la pénétration de ce que Streeck appelle la « justice de marché ». Notons qu'elle produit aussi l'illusion d'une affectation globale de la société par la dette publique, alors que son impact est au contraire un facteur déterminant dans l'accentuation des inégalités sociales. Voir, sur ce point, l'article de Benjamin Lemoine dans ce volume « Dette souveraine et classes sociales », p. 195.
6. Boltanski & Chiapello (1999).
7. Streeck (2014, p. 96).

Cette rectification des théories de la crise se résume donc en un mot : il faut revenir à une approche *d'économie politique si l'on veut faire une bonne sociologie du capitalisme*, et se détourner de la vision de *théorie politique* dominante, qui restait centrée sur la démocratie et l'État. Or cela suppose que l'on raisonne avec trois acteurs et non plus deux : non pas l'État et la population, mais *l'État, le capital et la population*. Autrement dit, il y a une classe de la population qui ne se résorbe pas dans la conscience que la population prend d'elle-même dans une logique démocratique – ou encore, pour le dire autrement, dans sa conformation en *peuple* démocratique. Cette classe, c'est celle de ceux qui ont intérêt au profit et à l'accumulation du capital lui-même. Vis-à-vis d'elle aussi, l'État doit être rendu légitime – légitime dans sa politique économique. Le capitalisme, ou plus exactement ici l'État capitaliste, n'est donc pas seulement confronté à un problème de légitimation à l'égard des masses, ou du « peuple », il est confronté à un problème de légitimation à l'égard des capitalistes. C'est cela que l'on a aujourd'hui tant de mal à penser : *que le capitalisme doive être rendu légitime aux yeux des capitalistes.*

Ce n'est qu'en prenant ce point de vue élargi sur le problème de la légitimation que l'on rejoint vraiment l'idée d'une politique capitaliste, et que l'on est en mesure de voir le capital agir en tant qu'acteur proprement politique. Si le geste n'a rien d'évident, c'est que cette politique est restée masquée durant toute la période qui va de 1945 aux années 1990. On a alors vécu sur une illusion héritée de l'après-guerre, qui s'est insinuée dans la critique que l'on faisait des contradictions du capitalisme, et qui s'est perpétuée quand bien même on insistait sur les ferments révolutionnaires censés le miner de l'intérieur dans la conscience politique des masses. Mais le fait le plus grave est surtout celui-ci : on n'était pas préparé à voir le capital agir politiquement *comme capital*, contre toute régulation étatique, dans la période récente. Ou encore, on n'était pas en position de comprendre ce que veut dire vraiment, non pas à proprement parler libéralisme, idéologie constitutivement irriguée par des principes politiques de type démocratiques (y compris de cette démocratie formelle dont le marxisme a fait la critique), mais *néolibéralisme*, courant politique tout à fait spécifique en raison de sa structure singulière de légitimation.

Ce que l'on vit à partir des années 1990, de façon explicite, sous cette catégorie, c'est la rupture du contrat social tacite de l'après-guerre entre le capital et le travail, impliquant une certaine figure de l'État. En d'autres termes, c'est la péremption du contrat keynésien qui éclate aujourd'hui au grand jour. Cette dérégulation échappait forcément à la sociologie critique, parce que celle-ci se trompait sur le mot de politique : elle ne voyait pas que la politique dans les sociétés modernes, et pour autant que ces sociétés modernes se définissent comme capitalistes, ne se résout pas en un problème de légitimation entre d'un côté l'État et les grandes industries, de l'autre les masses affectées du pouvoir démocratique, mais en problème de légitimation *à trois termes*. Le rapport politique réel, bien compris, a un sens à la fois plus large et mieux déterminé sociologiquement : il comporte l'État, la société, et le capital (ou plutôt la classe intéressée au profit, agissant en vue de l'accumulation).

Posons alors la question. Où se place la démocratie dans cette vision sociologiquement élargie du capitalisme ? Ici, on se permettra de dégager un présupposé du discours de Streeck, qui devient particulièrement saillant d'un point de vue de philosophie des sciences sociales. La démocratie, pour une vision philosophique qui prend acte de la rupture moderne autrement que ne le fait la philosophie politique classique, revêt l'aspect suivant : elle prend forme dans le coup de force qui a consisté à imposer la forme de l'État social, au double sens d'un État tourné vers des tâches d'entretien de la vie sociale interne (typiquement : relations de travail, santé, culture, éducation), et d'un État qui accomplit ces tâches parce qu'il est l'État d'une société déterminée, reconnu comme instance légitime de décision par l'ensemble des parties de cette société (qu'il s'agisse des sous-groupes ou des individus).

Il me semble que Streeck s'accorde avec cette perspective lorsqu'il affirme que la démocratie est forcément, et à la fois, redistributive et représentative. Le second aspect renvoie bien au gouvernement, mais il ne s'y résume pas, puisqu'il pointe vers l'ensemble des processus de démocratisation à l'œuvre à tous les niveaux de la société – associatif, syndical, corporatif, etc. Une société démocratique, en ce sens, comporte un État, qui a précisément pour fonction de la démocratiser. Et en retour, cette vie démocratique le légitime comme État. Selon une vision qui trouve l'une de ses plus claires définitions dans la sociologie politique de Durkheim, l'État agit *pour* la société dont il est l'État, et pas seulement en son nom[8]. Et agir pour la société, c'est nécessairement organiser un processus de redistribution des profits réalisés dans le jeu des marchés[9].

Or dans ce cas de figure, il est évident que le capitalisme n'est pas un vecteur de démocratisation : il désigne un processus d'accumulation qui, tendanciellement, pousse toujours dans une direction non-démocratique,

---

8. Voir Durkheim (1990 [1950], p. 85-87).
9. Streeck (2014, p. 91).

dans la mesure où le *tout* de la société n'y est jamais visé, ni à titre d'instance justifiant les règles d'action, ni à titre de bénéficiaire de redistribution du profit accumulé. Pour s'allier à ce concept-là de démocratie – représentative et redistributive – tout au plus le capitalisme peut-il faire des compromis. C'est précisément ce qui s'est produit après-guerre, lorsque la contrainte liée à la position de force acquise par la classe ouvrière a pesé de tout son poids. Mais cela ne change rien au fait qu'en tant qu'acteur indépendant, la politique d'accumulation agit nécessairement à l'encontre de la solidarité sociale. *L'État social moderne a donc pour fonction de juguler la dynamique politique du capitalisme.* Ce qui veut dire aussi que la restauration d'une pensée de la solidarité sociale ne peut se faire qu'en adoptant une perspective que l'on doit qualifier très exactement de *contre-capitaliste*.

Voyons donc comment les choses se sont passées, si l'on suit la scénographie complète où le capital agit en tant qu'acteur doté d'intentions politiques propres, par définition non-démocratiques

Ce que l'on constate, c'est que le coût, dès les années 1970, a commencé à s'avérer trop lourd pour l'État, compte tenu des missions impliquées par le pacte social de l'après-guerre, et compte tenu de sa structure de financement essentiellement fiscale. Il faut bien comprendre d'où vient la crise de l'État fiscal : comme toute crise, selon la conception forgée par Streeck, il s'agit d'une crise déclenchée par le capital, et non par le travail. C'est le capital qui porte atteinte au capitalisme « social-démocratique », ce mixte contre-nature qui s'était incidemment mis en place après la Seconde Guerre mondiale, dans le sillage des bouleversements économiques et sociaux qu'elle avait provoqués. Les financeurs capitalistes appelés à apporter leur contribution au projet démocratique commun – avec ses buts avérés : plein emploi, croissance, amélioration des structures publiques et des conditions de vie – se sont révoltés, et leur révolte a pris la forme d'une *crise*.

Toutes les crises que l'on connaît depuis lors répètent cette même structure : elles tiennent en une négation, ou plutôt en un mouvement de retrait. Elles tiennent au « non » prononcé par le capital, à sa défection, à ce qu'un psychanalyste appellerait son « refusement ». Par là, il faut entendre le creusement d'un écart entre l'État et le capital, qui fait que le premier se trouve en retard sur la poussée du second, et comme dans l'obligation de combler ce retard. L'augmentation des coûts des missions de l'État n'est plus prise comme une réalisation du projet démocratique, mais comme la barrière injustement opposée aux espérances des profits privés. Soulignons que l'État a bien, comme l'affirmaient les théories de la crise, un problème de légitimation. À ceci près qu'il ne s'agit pas du tout de légitimation à l'égard des masses : bien plutôt, il s'agit d'un problème de légitimation à l'égard du capital. Se légitimer auprès du capital, c'est forcément libéraliser, déréguler les échanges et la production pour faire place nette au marché. Dans le langage de Streeck, la *justice de marché* s'est émancipée de la justice sociale, et cette justice de marché est endossée par l'État lui-même comme justice supérieure. Ce qui revient, pour l'État, à passer d'un encastrement dans la société – ce qui était vu par les sciences sociales classiques comme le nouage politique permettant à la catégorie de « social » de fonctionner en support normatif de la critique, y compris lorsqu'elle se déclinait en critique de l'État – à une insertion dans le marché, encastrement alternatif dont la singularité est qu'il correspond à un type inédit, et non pas à l'abolition ou à l'occultation, de la légitimation.

Le récit de Streeck n'est pas original en ce qu'il désigne la libéralisation et la subordination des États aux marchés comme le chiffre de la situation présente, mais il l'est par la façon dont il inscrit cette évolution dans un processus de transformation sociale – ou plutôt, pour reprendre le fil conducteur de notre lecture, de transformation du *social*, comme niveau de réalité spécifique. Plus encore, il ouvre une compréhension nouvelle sur le vacillement du social, l'incertitude qui règne quant à sa consistance et à son aptitude à armer la critique dont les sciences sociales sont porteuses dans la situation présente. À la lumière des analyses de Streeck, ce que l'on perçoit plus clairement, c'est que ce niveau de réalité met en jeu l'État, la société et le marché, de telle sorte que l'on y voit État et marché se décrocher de la société selon plusieurs stratégies éprouvées successivement depuis les années 1970. Dans ce décrochage, se joue précisément la possibilité de parler de démocratie ou de démocratisation comme d'une dynamique constitutive des sociétés modernes – et d'en parler, non en tant que régime formel de représentation, mais en tant que mode d'organisation politique *qui implique l'État social*. Le point décisif, à cet égard, est la différence de nature entre capitalisme et démocratie, comme deux politiques *en réalité* antagoniques, alors même qu'elles s'ajustent dans certaines conjonctures historiques déterminées.

Aussi, bien que la séquence historique soit parcourue à travers plusieurs instanciations de l'État – État fiscal, État débiteur, et, on va y venir puisque c'est de lui qu'il s'agit depuis les années 1990, *État de consolidation* –, ces figures de l'État impliquent en fait des liens distendus, problématiques, et souvent conflictuels entre la société, le marché et l'État. Le sens politique du propos de Streeck repose sur la prise en compte de ce trièdre, avec son lot de tensions internes. C'est de lui, ou plutôt de ses modifications sur les trente ou quarante dernières années qu'il est surtout question, si l'on veut faire la lumière sur notre situation. Efforçons-nous donc d'en suivre les modifications sur la durée.

Les années 1970 sont le bon point de départ. La crise de l'État fiscal, fruit de la première révolte capitaliste, a engendré à cette époque l'État débiteur, remplissant ses missions en accumulant des dettes à l'égard de créanciers privés. L'emprise du marché sur l'État se donne donc avant tout comme une soumission à ce que Streeck appelle des «gens de marché», qui attendent de leur placement dans des fonds gérés par l'État une rémunération de leur capital. À ce stade du récit, la question que pose Streeck est la suivante : quelle forme d'engagement à l'égard de l'État remplissant ses missions est impliquée alternativement par le paiement de l'impôt, et par le prêt? En posant cette question, on se situe toujours à l'intérieur du même trièdre. Si l'État est démocratique au sens *sociologique* du terme, il implique forcément une loyauté citoyenne, qui n'est pas une disposition morale abstraite, mais la perception d'une certaine présence de la société aux actions de l'État, quand bien même c'est l'État qui agit, et non pas elle. Subrepticement, on touche au concept sociologique, et non pas juridico-politique, de représentation. Dans une société démocratique, la société se représente à elle-même à travers l'action de l'État. De ce point de vue d'ailleurs, les actions de service public, la réalisation des droits sociaux, n'ont pas seulement l'aspect d'une rétribution des personnes privées qui en sont les porteurs ou les usagers. Elles ont une fonction que l'on peut dire *éducative*. La démocratie comme forme sociale s'éprouve à travers eux, les sujets se socialisent démocratiquement, pourrait-on dire, à travers eux.

Lorsque l'on passe à l'État débiteur, dans les années 1980, émerge une «seconde population[10]» à l'égard de laquelle, comme dit Streeck, cet État se considère tenu : elle est formée en somme par une classe de créanciers. La question est de savoir quel est le pacte tacite permettant de penser que cette classe se considère impliquée dans les actions de l'État. La question de la légitimation (qui situe Streeck dans la continuité des théories de la crise, mais considérablement réaménagées) a pour envers la question de la représentation du citoyen d'une société démocratique dans les actions de son État, l'État qui se finance en vue d'agir *pour* cette société. Or c'est en développant cet envers de la question que Streeck ouvre un autre regard sur la crise, ou les crises, du capitalisme démocratique :

---

10. Streeck (2014, p. 118).

> L'État débiteur de notre temps peut-être représenté comme le destinataire et le mandataire *(les deux)*, de deux collectifs différemment constitués, système intermédiaire entre deux environnements en situation de conflit et fonctionnant selon des logiques tendanciellement inconciliables : la population, le peuple national d'un côté, les « marchés », les gens de marché, de l'autre. (Streeck, 2014, p. 119)

Significativement, Streeck a mis le mot marché entre guillemets. C'est que, souligne-t-il, l'invocation de cette entité a le plus souvent une connotation fantomatique et incantatoire. En fait, il vaut mieux parler de « gens de marché », et même, si on suit de plus près l'allemand, de « peuple de marché » *(Marktvolk)*. Son autre nom est la « population seconde ». L'appellation comporte un risque de méprise, et les critiques adressées à Streeck n'ont pas manqué à ce sujet, l'accusant plus ou moins directement de concession au complotisme. Il y a là, en fait, un faux procès. Nul besoin de penser à une élite de privilégiés agissant dans l'ombre contre l'intérêt de la nation : la population seconde est en effet bien plus large, puisqu'elle embrasse surtout de tout petits créanciers. Ce qui la définit est d'un autre ordre, réflexif ou intellectuel : elle est, avant tout, une population *rééduquée* à penser l'État tout autrement que comme État social démocratiquement constitué – ou plus exactement, éduqué à penser les actions de l'État tout autrement que des actions *pour* la société. L'effet idéologique lié à l'existence même de « gens de marché », au niveau de l'opinion, est au fond l'essentiel, de telle sorte que les deux populations, première et seconde, en viennent à participer d'un esprit général où il est *légitime* que l'État *se légitime* au regard des « gens de marché ». On peut résumer les choses de la manière suivante : passer du fisc à la dette, de l'impôt à la créance, c'est en fait changer *d'esprit du peuple*. Et c'est s'auto-éduquer à disjoindre capitalisme et démocratie, à se conformer à la séparation réelle entre une politique de profit privé et une politique sociale. C'est, en un mot, se *déséduquer* à la démocratie.

Mais le dispositif se déploie complètement à partir du moment où l'État débiteur entre en crise à son tour, et doit alors s'épanouir forcément, lorsque l'on entre dans les années 1990, en « État de consolidation ». Là encore, l'expression ne va évidemment pas de soi. Qu'est-ce qui se consolide dans un État de ce type, et s'agit-il encore à proprement parler d'un État ? La figure est-elle ajustée à ce qu'elle veut saisir dans la situation présente ? Une ambiguïté se marque, que le débat noué avec Habermas à propos de la construction européenne n'a fait qu'accuser. Tout repose en l'occurrence sur la façon d'interpréter l'époque récente. À nouveau, la crise est une crise du capital, provoquée par le capital : elle résulte d'un retrait, non plus en termes de fiscalité, mais en termes de créance accordée à un acteur, l'État, dont la solvabilité fait désormais question. D'un certain point de vue, on ne fait là que suivre du côté des créanciers, la logique du marché, compris cette fois plus spécifiquement comme *marché de la dette*. Qu'une dette soit portée par un État ne change rien au fait qu'elle est une dette, et que l'État est alors considéré à l'instar d'un acteur privé dont la solvabilité est évaluée, et auquel la créance peut être retirée au profit d'un autre acteur plus crédible dans ses capacités de remboursement. Bref, ce qui se consolide dans l'État de consolidation – c'est là le caractère trompeur de la formule – ce n'est pas du tout l'État ; en tout cas ce n'est pas l'État rapporté à la société dont il est l'État. C'est le jeu *des États* comme requérant, au milieu d'autres acteurs qui ne sont d'ailleurs pas seulement des États, un crédit croissant, et devant agir pour l'obtenir sur une scène qui n'est pas celle de leur société de référence.

L'État de consolidation est une situation dans laquelle on est leurré sur la réalité de l'État. Ce n'est pas qu'il n'ait pas de réalité. C'est que sa réalité résulte forcément d'une formation supranationale, en l'occurrence de l'Europe. Entendons : de l'Europe prise exclusivement comme dispositif institutionnel dévolu à un « dressage politique » qui correspond à ce que l'on a identifié comme « déséducation à la démocratie ». C'est là ce qui a provoqué l'indignation de Habermas dans le diagnostic de Streeck : que l'on puisse déduire la construction européenne tout entière d'une stratégie, non pas exactement capitaliste, mais interétatique dans la logique de marché qui pousse les États à consolider chacun pour leur compte leur solvabilité. La question, alors, de la réduction de la dette n'est pas du tout une question de restauration d'une souveraineté nationale grevée par des contraintes économiques : c'est une question de meilleure crédibilité sur le marché de l'emprunt accordé ou non par des investisseurs privés ou publics (et dont il importe alors peu, à ce niveau, qu'ils soient privés ou publics).

Dans cette consolidation, les États se vivent et se comportent adéquatement sur une autre scène que la scène nationale – c'est-à-dire, que la scène où la question démocratique continue de leur être posée au moment où ils dépensent et investissent, et pour justifier qu'ils dépensent et investissent comme ils le font. On est entré dans le capitalisme postdémocratique, au sens où l'on se trouve dans des États que l'on peut dire (sans contradiction terminologique) « post-nationaux ». Si l'on suit le raisonnement de Streeck, on est amené à reconnaître que le post-national n'est pas réalisé dans le supranational, mais dans la dialectique entre État de consolidation d'un côté, et structure supranationale où se mesure la consolidation de l'autre. Le changement de regard sur l'Europe est alors complet : la structure supranationale qu'elle constitue n'aurait dans ce cas d'autre fonction que de permettre à l'État de rester un État, mais *en n'étant plus l'État d'une nation*, rendant des comptes à la nation comme corps de citoyens – bref, en étant affranchi de la démocratie. L'Europe agirait dans ces conditions idéologiquement en déséduquant à la fois les citoyens des États et les États eux-mêmes à la démocratie. Streeck va plus loin encore : il affirme que, dans cette fonction de déséducation, un instrument majeur est à l'œuvre, et que cet instrument est précisément l'euro, la monnaie unique. Outil d'élimination du risque de reprise en main politique de la monnaie par les États, en fonction des exigences économiques internes qu'ils pourraient percevoir, l'euro, en d'autres termes, ne vise à rien d'autre qu'à empêcher la possibilité de dévaluation, induisant par là même une uniformisation des modes de vie économique des États et une marche forcée vers un modèle unique. On peut estimer qu'il vient en cela celer le divorce entre démocratie et capitalisme en Europe. Divorce qui ne se réalise toutefois, précisons-le, qu'en freinant, avec une mauvaise conscience permanente, ombre portée d'une démocratie qui en fait n'a plus cours, mais dont l'idéal demeure actif sur le mode du ralentissement. Cela se traduit par un *achat de temps* qui relance les dettes tout en affirmant que l'on doit les réduire, et qui entend toujours mieux acclimater les peuples aux contraintes de marché tout en réduisant l'impact qu'implique leur plus complète adaptation. Selon une logique bien connue, on va résolument dans le mur en freinant. Le *temps acheté* désigne précisément ce mouvement contrarié, absurde et inéluctable à la fois.

La discussion sur l'ensemble des questions ouvertes par ce livre peut se déployer, on le voit, dans plusieurs directions. On doit par exemple s'interroger sur le rôle exact de l'euro dans la construction européenne, à titre d'opérateur plus politique et idéologique que strictement économique. Plus radicalement, on se demande ce qu'il faut encore entendre par nation en Europe du moment que la dynamique de consolidation est à l'œuvre, et si elle a bien le caractère que Streeck lui assigne. La situation évoluant rapidement (en particulier sur la question de la gestion commune des dettes des États), il n'est pas certain que le diagnostic prononcé en 2012 puisse aujourd'hui être assumé exactement dans les mêmes termes, en particulier s'agissant de la sortie exigée de l'euro, qui est défendue dans *Du temps acheté* selon un argumentaire où, à nouveau, les principes polanyiens jouent à plein. L'euro, en effet, est doté dans ce cas de la même fonction que l'étalon-or avant 1914 : il unifie en surface, assure que le credo libéral soit effectif au niveau des relations interétatiques sans égard aux spécificités de chaque État, et donc aux disparités réelles, qui ne sont pas des disparités hiérarchisées sur une échelle unique, mais des différences de formes de vie socio-économique. Dans ces conditions, la sortie de l'euro s'impose avec une sorte de nécessité de survie pour l'Europe elle-même. Mais si le choix de la sortie de l'euro est clair, ce qui l'est moins, c'est la stratégie choisie quant aux rapports entre État et société en Europe et au type d'action politique préconisée.

D'un côté, on aboutit à une désillusion telle que seul subsiste la stratégie de l'*exit*. Non seulement le capitalisme et la démocratie ont révélé leur étrangeté respective, leur hétérogénéité, mais, dans l'état actuel des choses, les États sont voués à la consolidation, et donc découplés des peuples. Dès lors, il semble que les peuples n'aient pas d'autre ressource que la protestation antiétatique : l'indignation, au sens littéral, c'est-à-dire le rejet, au nom de leur *dignité*, de la politique qui leur est imposée. Dans ces conditions, on en vient à la conclusion qu'il ne faut plus cautionner la fausse connexion entre capitalisme et démocratie, et qu'il faut donc se résoudre à transposer et à tenter d'actualiser la démocratie sur une autre scène que celui des institutions.

Mais, d'un autre côté, Streeck revendique, ironiquement, un « petit-Étatisme » européen contre la grande politique habermassienne de la démocratie supranationale. Pour être plus exact, il tente de proposer une redéfinition du concept d'État-nation, par un travail néo-institutionnel, qui vient doubler les mouvements protestataires auxquels il accorde par ailleurs, sinon un appui explicite, du moins une profonde compréhension :

> Dans l'Europe occidentale d'aujourd'hui, le plus grand péril n'est pas le nationalisme, et moins encore le nationalisme allemand, mais le libéralisme de marché hayékien. Le parachèvement de l'Union monétaire scellerait la fin de la démocratie nationale en Europe – et, de cette façon, la fin de la seule institution susceptible d'être utilisée pour une défense des citoyens contre l'État de consolidation. Si les différences historiquement accentuées entre les peuples européens sont trop importantes pour être intégrées dans un avenir proche au sein d'une démocratie commune, les institutions qui représentent ces différences peuvent être cependant utilisées, en guise de deuxième meilleure solution, comme sabot de frein sur le chemin escarpé qui traverse la société de marché unique, cette société qui se passe de la démocratie. Faute de première meilleure solution, la deuxième sera à utiliser. (Streeck, 2014, p. 258-259)

S'il convient de s'arrêter sur cette citation, c'est qu'elle marque bien l'ambiguïté finale de *Du temps acheté*. La sociologie du capitalisme est arrivée, depuis les années 1990, à une croisée des chemins. Les deux voies qui s'ouvrent à elle, dans chaque cas, mettent en jeu l'État, ou le rapport à l'État, très différemment.

Dans le premier cas, il s'agit de marquer son désencastrement social et son réencastrement économique que sanctionne la « consolidation » comme dévoiement anti-démocratique inscrit dans la dynamique du capitalisme. Pour ce regard désillusionné, la catégorie normative de « social » telle que les sciences sociales classiques l'avait promue, et qui supposait que l'État social soit, non un compromis conjoncturel, mais plutôt la configuration politique que devait rejoindre la démocratisation des sociétés modernes – vouées à être toujours plus, et d'un même mouvement, représentatives *et* redistributives – est périmée. Reste alors à savoir sur quels appuis construire la nouvelle critique. Forcément expérimentés à un niveau transnational, ils ne peuvent pas se limiter à des stratégies d'opposition. On peut escompter que toute une tendance puissante des sciences sociales critiques aujourd'hui se conçoive comme la recherche de ce passage difficile vers une conception élargie de la solidarité, qui a fait son deuil de la possibilité de lier l'idée sociologique de l'État à une régulation démocratique de type *socialiste*, au sens littéral du mot, et à la forme de critique du capitalisme que celui-ci avait impulsé à l'intérieur des sociétés libérales modernes. Mais alors, ces tentatives doivent se soumettre au défi d'expliciter, sur les ruines du social ancienne manière – lequel, soulignons-le encore, impliquait l'État – quelle forme de société elles conçoivent, à la fois comme substrat et visée de leurs discours.

C'est sans doute parce qu'il est éminemment conscient de la difficulté que Streeck maintient la seconde voie. Le « petit-Étatisme » ne sonne comme repli que si l'on n'entend pas l'exigence qu'il exprime de remettre le social au premier plan dans un discours critique qui risque de consumer les appuis subsistant dans le fonctionnement actuel des politiques publiques à l'échelle des États-nations. L'État de consolidation est-il vraiment une figure de l'État, au même sens que l'État fiscal et que l'État débiteur ? Cette question, on l'a dit, doit être posée avec insistance, si l'on ne veut pas accréditer les politiques libérales par la voie paradoxale de l'opposition que l'on croit leur infliger en se projetant sur une autre scène que celle des États sociaux, dont on décrète *avec le même empressement qu'elles* la caducité.

Cette croisée des chemins, on le voit, est au fond celle de la critique. Celle-ci, en somme, se voit écartelée entre une tâche de redéfinition de l'articulation entre nation et institutions étatiques dans une économie et une culture profondément transnationales, tâche intellectuellement requise mais aux appuis difficilement discernables dans les conditions actuelles de transformation de l'État – et dont l'identification dépend précisément d'un travail résolu en sciences sociales –, et une justification de l'*exit* démocratique comme seule voie envisageable, mais à distance, alors, de la redéfinition espérée – ce qui devrait cette fois incliner les nouveaux mouvements à penser socialement leur propre ancrage, condition d'une politisation qui ne soit pas capturée par le mode de pensée libéral auquel ils cherchent à échapper. Laissons l'alternative ouverte – d'autant qu'elle n'est pas véritablement une alternative de la critique contemporaine, mais plutôt son chemin de croix, depuis au moins vingt ans.

Bibliographie

Adorno Theodor W. (2011), *Société : intégration, désintégration. Écrits sociologiques*, trad. Pierre Arnoux, Julia Christ *et al.*, Paris, Payot.

Boltanski Luc & Ève Chiapello (1999), *Le nouvel esprit du capitalisme*, Paris, Gallimard.

Durkheim Émile (1990 [1950]), *Leçons de sociologie*, Paris, PUF.

Karsenti Bruno & Cyril Lemieux (2017), *Socialisme et sociologie*, Paris, Éditions de l'EHESS.

Hayek Friedrich (2013 [1944]), *La route de la servitude*, Paris, PUF.

Streeck Wolfgang (2014), *Du temps acheté. La crise sans cesse ajournée du capitalisme démocratique*, Paris, Gallimard.

Une société néolibérale ?

Benjamin Lemoine

Dette souveraine et classes sociales
Plaidoyer pour des enquêtes sur la stratification sociale et l'ordre politique produits par la dette de marché

Une vérité tend à s'imposer : nous sommes tous concernés par la dette publique[1]. Un défaut de paiement sur la dette souveraine constituerait une sanction et un préjudice pour « l'intégralité » de la nation. Inclusive, la dette souveraine tiendrait la société dans son ensemble et engagerait la totalité des individus à travers leur épargne. Nous serions universellement et également liés aux rapports sociaux que la dette instaure : sa vente, sa distribution, ses transactions et la promesse de son remboursement à long terme. Mais l'existence d'un ordre de la dette souveraine, institutionnellement et politiquement enraciné, n'est pas synonyme d'égalité de chacun devant ce fait social. Parler de classes sociales, ou simplement envisager d'étudier des rapports sociaux inégaux vis-à-vis de ce fait économique et financier, n'a néanmoins rien d'évident – que ce soit dans les débats politiques et publics ou dans la littérature économique. La thèse dominante fait de la dette de marché un instrument de financement neutre, qui permettrait d'assurer la survie de la fonction publique et de l'État social à moindres frais – grâce à des taux d'intérêt faibles, voir négatifs selon les conjonctures –, et universel, au sens où ce dispositif bénéficierait à toute la population et permettrait de financer indifféremment des politiques de droite comme de gauche[2]. Et même là où la

---
1. Je remercie vivement Gildas Salmon, Julia Christ et Hadrien Clouet pour leurs commentaires et leur travail de relecture.
2. Cette thèse est celle des pouvoirs publics, et des administrations en charge de la gestion de la dette depuis au moins trente ans. Pour des traces relativement récentes de celle-ci, on

réflexion sur la dette prend en compte ses conséquences politiques, elle s'arrête au constat que les frais véritables de ce mode de financement de l'État sont différés, en évitant de les faire reposer sur l'impôt. Cette version hégémonique dénigre par conséquent toute évocation des classes sociales, qu'elle qualifie de langage archaïque et dépourvu de pertinence empirique. Ce sont d'autres modes concurrents de découpage du social et d'agrégation des « groupes » qui sont mis en avant. C'est le cas du clivage générationnel qui oppose, sur la question des finances publiques et de la dette, les générations présentes – profitant de la dépense publique et de la sécurité sociale, et reportant à plus tard (via le recours à l'endettement) le paiement de ces « charges » – aux générations futures, qui en supporteront le fardeau via l'impôt et des sacrifices budgétaires qui s'imposeront. Cet article propose plusieurs pistes pour enquêter sur la façon dont la dette publique moderne, sous sa forme marchande, pose à nouveaux frais le problème des hiérarchies, des inégalités et des classes sociales.

Les forces agissantes : un « peuple » des marchés ?

L'analyse proposée par Wolfgang Streeck (2014) réintroduit au cœur de l'analyse de la dette la division du corps social. Cet auteur décrit l'opposition, sourde ou explicite, entre deux types de sujets politiques, aux intérêts et modes d'expression disjoints dans nos systèmes démocratiques : celui du *Staatsvolk* (le citoyen en général), et celui du *Marktvolk* (les gens de marchés, ou l'aristocratie de la finance dans la traduction française). Il associe à ces formes de subjectivité politique des registres d'expression publique et politique différents. Le citoyen-électeur du *Staatsvolk*, « détenteur d'un passeport lui procurant un droit de vote » (Streeck, 2017), s'exprime au cours d'élections périodiques et il est attaché aux services publics et à l'État social. De son côté, le membre du *Marktvolk* – littéralement du peuple des marchés – « détenteur d'un capital mobile et d'un droit de vendre » *(ibid.)* – participe, quant à lui, à la vie politique en tant que créancier qui achète, négocie et vend des emprunts d'État au cours de séances de vente aux enchères d'obligations et, par ces actes, renouvelle, ou non, sa confiance au gouvernement en fonction de ses orientations. Sondages d'opinion, résultats électoraux *ou* taux d'intérêt pour les obligations souveraines, ces formats objectivés et chiffrés fonctionneraient comme autant de prises de paroles, de modalités de participation

---

peut se reporter au célèbre rapport commandité par Thierry Breton à Michel Pébereau, qui sortait du champ du discutable la gestion de la dette pour fixer les débats démocratiques sur les aspects budgétaires (et l'excès de dépense publique). Voir Lemoine (2016, p. 196-225).

politique, dont les résultats sont diversement hiérarchisés et pris en compte dans nos sociétés démocratiques, et que l'on peut considérer comme des modes d'expression concurrents, complémentaires ou profondément antagonistes, comme le suggère Streeck.

Cette appréhension de la division du monde social à travers la dette a soulevé une controverse. Le sociologue allemand s'est vu reprocher, dans un débat assez mal engagé, de qualifier de «peuple» les professionnels de la finance – en accolant le terme *Volk* à celui de marché (Tooze, 2017a). La critique adressée à Streeck visait la possibilité même d'attribuer aux «gens de marché» (selon la traduction euphémisée proposée par les éditions Gallimard) une unité sociale, une homogénéité politique, une identité propre et une conscience de former un groupe, c'est-à-dire une conscience de classe. Adam Tooze, le principal porteur de cette critique, pointe une faiblesse dans l'analyse de Streeck qui voit l'État pris dans l'étau d'une «double contrainte», où les citoyens partagent leurs pouvoirs de rappel à l'ordre avec un nouveau «corps électoral» (*constituency* en anglais)[3], celui des «détenteurs d'obligations d'État»: «contrairement aux citoyens, les marchés du crédit sont organisés à l'échelle internationale. Leurs revendications reposent sur la force du droit. Ils ont la capacité de faire défection[4]» – soit de retirer leurs placements, ou encore de s'affranchir des contraintes d'un gouvernement.

L'enjeu de ce débat consiste à déterminer s'il est possible d'élever les marchés au rang d'un «*acteur collectif*» (Tooze, 2017a). Faire de l'entité collective «marchés financiers» un sujet d'action, capable de décisions et d'actions politiques, pose *de facto* de nombreux défis à l'analyse sociologique. Comme l'expliquent Catherine Colliot-Thélène (2015) et, à sa suite, Thomas Angeletti et Aurélien Berlan, ce pouvoir des marchés financiers opère la plupart du temps de façon indirecte et impersonnelle, sous la forme d'une relation sociale:

---

3. Nous proposons de traduire l'idée, propre à la langue anglaise, de «*constituency*», conférée au pouvoir politique des marchés financiers, par «corps électoral». D'autres traductions auraient été possibles comme «nouvelle instance», «groupes de pressions». L'intérêt de corps «électoral» est de souligner l'argument de Streeck: les dispositifs de dette contemporains tendent à mettre sur un même plan, dans nos démocraties, électeurs et détenteurs de dette. Plus précisément, l'argument vise à montrer que nos sociétés démocratiques sont structurées de telle façon que, de fait, la voix et les actes de certains membres du marché ont plus d'importance que celles et ceux des citoyens lambda. D'autant que, comme nous le montrons par la suite de cet article, certains membres du *Marktvolk* peuvent cumuler les deux capitaux, civiques (propres au *Staatsvolk*) et financiers (propres au *Marktvolk*).
4. Streeck cité par Tooze (2017b).

> [...] s'ils agissent sur l'action des individus, ce n'est pas en leur prescrivant des actes par le moyen d'ordres explicitement formulés, mais en modifiant les conditions dans lesquelles les individus prennent « librement » leurs décisions. De tels pouvoirs sont en outre impersonnels dans la mesure où, agissant sur les paramètres qui conditionnent les décisions individuelles, ils ont pour conséquence de rendre invisibles les instances et les personnes en position de pouvoir : ce sont des données objectives que nous avons face à nous (le prix de telle marchandise, le loyer de telle maison, le salaire moyen dans telle branche de métier), et non pas les personnes qui ont contribué à les façonner telles qu'elles sont. (Angeletti & Berlan, 2015)

Pour reprendre les mots de l'ancien Président de la République, François Hollande, prononcés en tant que candidat socialiste, le « monde de la finance » aurait la capacité de « gouverner » sans pour autant avoir « de nom », « de visage » ou « de parti » déclarés : les modifications structurelles de financement des États, plaçant les investisseurs financiers au centre du jeu, suffiraient à elles seules à faire de la prise en compte de leurs intérêts une « nécessité » vitale pour les gouvernements. Mais comment parler sociologiquement des acteurs, des pratiques et des effets qui s'agrègent communément sous le vocable de marchés financiers, ou de *Marktvolk* chez Streeck ?

Adam Tooze admet que Wolfgang Streeck apporte certaines nuances à son analyse, par exemple en convenant du fait que « la coordination de l'activité des marchés en un seul marché qui serait uni[5] » ne se fait que rarement, et sous certaines conditions, comme via l'activité des agences de notation qui leur fournissent un langage, une métrologie, un point d'appui et un agenda commun. Streeck concède également que « si l'on connaît les noms, on ne sait pas si, dans ces marchés de dette souveraine, il y a un petit groupe de grandes entreprises qui exercerait quelque chose comme le leadership de marché et l'orientation de la dynamique des prix[6] ». Selon Tooze (2017b), l'auteur de *Buying Time* et de *How Will Capitalism End ?* resterait

> [...] flou vis-à-vis de l'identification précise des détenteurs de dette et des groupes d'intérêt liés à la dette. Il est également vague au sujet des agences bureaucratiques d'État qui importent réellement dans les arbitrages et la gestion de l'équilibre stratégique entre les électeurs et les créanciers obligataires.

---

5. Streeck cité par Tooze (2017b).
6. *Ibid.*

Une interrogation commune se dégage en filigrane de cette controverse – qui pointe une des faiblesses des études de la sociologie des finances publiques, et plus particulièrement de la dette : comment parler des groupes sociaux concernés, intéressés et affectés par la dette souveraine ? Peut-on différencier les classes sociales dans leur rapport avec la dette, et traiter les marchés financiers comme des entités agissantes sans prêter le flanc aux accusations de théorie du complot, et être victime de la « malédiction de Popper » évoquée par Luc Boltanski ?

> [L]e « capitalisme » ou « les monopoles » ou même invoquer des « totalités » telles que « nations, classes, sociétés, cultures, etc. », et mettre ces entités en position de sujet de verbes d'action, relève de ce genre de « superstition » qu'il rassemble sous le terme « d'historicisme » et qu'il met en rapport, non seulement avec le marxisme, mais aussi avec le fascisme et le nazisme. (Boltanski, 2014)

Comme l'explique Boltanski, « revêtu d'une dignité épistémologique », repris et étendu, cet argument a fini

> [...] par jeter le discrédit sur tout discours sociologique, dans lequel figurait la référence à des entités collectives quelles qu'elles soient, c'est-à-dire sur un grand nombre des travaux se réclamant de cette discipline. Cela au profit de l'individualisme méthodologique ou d'approches qui, en se centrant sur l'analyse de situations locales, pouvaient esquiver la question devenue embarrassante et quasi insoluble des modes de totalisation. *(Ibid.)*

Pour éviter de rester enfermé dans l'impasse que représente l'alternative entre le « complotisme », d'un côté, et la supposée neutralité sociale de la dette de marché, de l'autre, il faut enquêter sur la façon dont la financiarisation de la dette souveraine – sa vente sous forme de contrats standardisés dans un marché mondial unifié de l'épargne obligataire – transforme les capacités d'action et de réaction des différents groupes sociaux et constitue, ou fragilise, l'existence même de ces groupes. Tooze comme Streeck admettent que les modes de totalisation et de division du social produits par la dette constituent, sinon un point aveugle, du moins une dimension peu élaborée sociologiquement des grandes fresques économico-politiques consacrées à la dette souveraine. Les obstacles à une telle enquête sont incontestablement nombreux. L'hétérogénéité de la « classe financière internationale » déjouerait toute tentative de description. De même, la complexité de la relation entre États et marchés – faite de dons et contre-dons savamment dosés, et dont on peinerait à déterminer si elle est, *in fine*, favorable aux États, équilibrée, ou nuisible aux citoyens – empêcherait d'affirmer avec certitude quels sont les intérêts sociaux et politiques servis par la dette. Enfin, l'enrôlement social et politique des populations à l'ordre de la dette, assuré tant par les pratiques institutionnelles de mise en marché (via la canalisation de l'épargne, ou des pensions de retraite des ménages[7]) que par les rhétoriques universalisantes et dépolitisantes du problème public de la dette, atténue une grille de lecture en termes d'antagonismes sociaux ou de classes sociales, pour faire place à une représentation du monde social structurée autour des « classes moyennes », conçues comme relativement homogènes, et de « générations futures » composées de cohortes d'individus égaux les uns vis-à-vis des autres.

Alors que le problème public de la dette s'exacerbe, la question des classes sociales ne doit pas être considérée uniquement comme une énigme académique. L'identification des créanciers, des créditeurs ou des détenteurs de la dette publique, a été élevée au rang de problème public, et ce sont les formes qu'a prises la construction de ce problème dans les sphères administratives qu'il s'agira de suivre. La première piste empirique pour saisir le problème des classes sociales consiste à analyser les modes de représentations statistiques et catégorielles pour rendre compte de la dette. Il convient ainsi de décrire les propriétés politiques de deux découpages statistiques de la société, qui sont en concurrence et pèsent diversement dans l'espace public, les « *classes sociales* » et les « *générations futures* », qui sont tous deux des artefacts produits, maintenus, officialisés et représentés par le travail conjoint de l'administration, des professionnels de la politique, des financiers, des économistes, des sociologues, des démographes, et d'autres prises de parole autorisées[8].

En tant que producteur de statistiques et émetteur des classements officiels, l'État façonne les divisions du monde social[9]. En ne publiciant délibérément pas certaines données, ou en privilégiant dans leurs métrologies des

---

7. Cet enrôlement étant synonyme de dépossession dans le cas des fonds de pension et du dispositif de gestion de l'épargne dit des « *trustee* » aux États-Unis. Voir Montagne (2008), et Lordon (2000).
8. Il ne s'agit pas, dans cet article, d'opposer la « réalité objective » des classes à la « fiction » des générations, mais bien de comparer leurs modes d'existence et de présence en évaluant quel découpage s'impose, avec quelles conséquences politiques.
9. Dès les années 1980, Bourdieu (1984) ouvrait la voie à un programme d'études des classifications statistiques produites par l'État en invitant à étudier des institutions comme l'INSEE.

catégories concurrentes aux catégories socio-professionnelles – notamment les générations –, les administrations publiques peuvent imposer une grille de lecture de la dette publique qui invisibilise les inégalités de classes devant la dette (I).

À un deuxième niveau, le sociologue peut, donc, prendre pour objet les dynamiques techniques, comptables et médiatiques de construction des oppositions sur la dette, qui gomment, effacent ou ravivent les clivages entre groupes sociaux, tandis qu'elles créent ou consolident d'autres catégories, comme celle de « générations futures » (Le Lann & Lemoine, 2012). Dans le prolongement de son rôle de mise en intelligibilité du monde social, l'État structure les luttes en inscrivant dans le droit les statuts, les positions et les revendications des camps en présence. Le bras financier de l'État, la direction du Trésor, participe de cette structuration : agissant aux frontières de la sphère publique et des marchés financiers, ses serviteurs perpétuent des représentations du juste, des causes qu'il convient de défendre, et des zones du social qu'il faut réformer, éduquer, ou adapter au nom de l'intérêt général. Les différents publics sociaux trouvent ainsi dans l'appareil d'État des formes inégales de légitimation de leurs aspirations (II). Dans cette optique, je montrerai que le développement des marchés obligataires depuis la fin des années 1960 – corrélatif de la financiarisation de l'économie – correspond à un projet, conçu aux sommets de l'État financier, de promotion d'une société de « classes moyennes », où les antagonismes sociaux seraient atténués par l'enrôlement de toute la société sous la bannière de l'épargne et de la dette.

Enfin, la troisième piste consiste à décrire ces temps spécifiques de la vie sociale et politique que sont les consultations électorales, au cours desquelles la coordination des différents acteurs du secteur financier devient tangible, dans la mesure où ceux-ci sont amenés à mettre en forme un intérêt collectif pour se faire entendre dans les sphères gouvernementales. Se donnent ainsi à voir les modes de mobilisation, directs ou indirects – via la médiation de dispositifs techniques ou de concepts tels que celui de « risque politique » – des acteurs financiers dont les intérêts s'articulent différemment selon les situations (III).

I. Qui a dit qu'il n'y avait plus de classes sociales ?

Les sciences sociales, et certaines fractions de la discipline économique, s'efforcent d'appréhender positivement, sous la forme de faits objectifs, les hiérarchies, les inégalités et les différenciations produites par la dette. Une des premières entreprises scientifiques de cartographie des détenteurs de la dette publique aux États-Unis peut être attribuée à Henry Carter Adams à la fin du XIXe siècle. En 1887, ce dernier a publié une étude examinant la « concentration des intérêts de détenteurs d'obligations d'État[10] » sur la base des données du recensement américain de 1880. En se focalisant sur les ménages et les entreprises, Adams met en avant une extrême concentration sociale dans la détention de la dette publique, tant du point de vue des individus que des entreprises. Par exemple, la fraction la plus haute des investisseurs (avec des investissements excédant les 50 000 dollars), et qui ne représente que 1,4 % de la population totale des créanciers individuels, détenait la moitié du total des créances individuelles[11]. Cette inégalité au sein des créanciers s'intensifie si le regard se porte sur la fraction la plus dotée en créances – 15 % de la population des détenteurs d'obligations, avec des investissements supérieurs à 5 000 dollars, détient 82 % de la dette détenue par des individus. Adams fait ainsi apparaître l'existence d'une puissante classe sociale de détenteurs de dette qui contrôlent le gouvernement comme des actionnaires contrôleraient une entreprise[12]. Il suggère que la dette publique renforce une lutte des classes entre la majorité, qui supporte le lourd paiement des impôts afin de financer le service de la dette, et le cercle restreint de l'élite des détenteurs de dette qui reçoit le paiement des intérêts.

La dette apparaît comme le véhicule d'un transfert de richesses d'une fraction de la société vers une autre. L'économiste Thomas Piketty (2015) évoque par exemple un « jeu d'écriture » où « une partie de la population paye des impôts pour rembourser les intérêts à une autre partie de la population ». La fiscalité, surtout lorsque celle-ci est régressive, redistribuerait les revenus des pauvres vers les riches. Pour Adams, la division en termes de classes sociales entre « *taxpayers* », ceux qui paient les impôts, et « *bondholders* », ceux qui placent leur épargne en bons du Trésor, recoupe la division centrale des sociétés capitalistes qu'il observe entre les possédants et les non-possédants, ceux qui jouissent de la propriété et ceux qui n'en jouissent pas. Cet auteur décrit une classe de détenteurs d'obligations souveraines qui, à l'époque, revendique la permanence et la continuité du paiement de la dette publique et de ses intérêts, présentées comme un élément indispensable pour garantir les profits des entreprises et la continuité du système économique et bancaire national. Aussi, la *bondholding class* promeut un

---

10. Adams (1887), cité dans Hager (2016, p. 14).
11. *Ibid.*, p. 18.
12. *Ibid.*, p. 41.

système de taxation qui permet de redistribuer les revenus aux créanciers, et aboutit à renforcer les relations de classe et hiérarchies sociales préexistantes. Bien que la dette serve l'intérêt exclusif d'un petit groupe de puissants capitalistes, la tâche politique première de cette classe sociale consiste à convaincre la population que « ce qui s'avère être un avantage personnel doit nécessairement bénéficier à la communauté en général[13] ». Néanmoins, cette logique du développement de la dette suppose une forme de dosage : la dette doit être modérée, et son évolution contrôlée, de façon à ne pas mettre en péril la capacité et la volonté des gouvernements à la rembourser.

Ces mécanismes s'inscrivent dans une histoire longue, qui remonte, au moins, au XVIIIe siècle. La fondation de la démocratie américaine a ainsi été décrite comme reproduisant de fortes asymétries sociales à travers le système de détention, de garantie et de service de la dette. Le fragile système fédéral, issu des forces de la révolution, avait accumulé des dettes pendant la guerre d'indépendance (1775-1783) vis-à-vis des puissances étrangères, française et hollandaise notamment, ainsi que vis-à-vis d'une poignée de patrimoines domestiques qui n'étaient autres que les pères fondateurs et rédacteurs de la Constitution – quarante des cinquante-cinq hommes qui l'ont rédigée avaient prêté de l'argent au gouvernement. Ces derniers avaient donc *intérêt* à ce que le nouveau régime ne fasse pas défaut sur ces engagements, et que les dettes accumulées (54 millions de dollars) auprès des alliés français et hollandais, mais aussi auprès des détenteurs domestiques de l'époque, et donc en partie auprès d'eux-mêmes, soient honorées. Le Congrès américain approuva la proposition d'Alexandre Hamilton de lever un impôt indirect (un droit d'accise) sur les spiritueux, qui frappait tout particulièrement les classes moyennes – dont les revenus étaient dépensés en biens de consommation – et bénéficiait aux rentes de l'épargne détenue sous forme de bons du Trésor par les classes aisées. La mise en place d'une taxation organisant une redistribution des revenus du bas vers le haut ne s'est pas faite sans résistance : des petits fermiers se sont insurgés contre ce système et ont attaqué les collecteurs d'impôt en Pennsylvanie. Et ce soulèvement, dit de la « révolution du whisky » de 1794, a été sévèrement réprimé par Hamilton et le général Georges Washington, car il constituait une menace sur le pouvoir et la légitimité du gouvernement fédéral balbutiant. La préservation de l'ordre de la dette – la continuité des paiements aux puissances étrangères, mais aussi aux élites de l'intérieur du système fédéral – a donc été un des enjeux centraux dans la constitution des États-Unis.

---

13. *Ibid.*, p. 17.

Ces débats ont duré un siècle aux États-Unis, et se poursuivent aujourd'hui sans qu'aucune position ne fasse l'unanimité. Ces controverses autour de la dette mettent en scène une opposition trop radicale entre deux positions extrêmes : pour les uns, avec sa démocratisation au cours du XXe siècle, la dette servirait désormais tout le monde, y compris la veuve et l'orphelin, et serait l'apanage du « John Q. Public » (l'Américain moyen, « monsieur tout le monde[14] ») ; tandis que, pour les autres, elle serait devenue un instrument de classe et de régression sociale au service de « John D. Rockefeller ». Les structures de la dette publique ont bien sûr changé depuis le XVIIIe siècle. La détention en direct de ces titres est devenue minoritaire. Au rentier individuel du XIXe siècle[15] et du début du XXe siècle – idéaltype du « *bondholder* » de l'époque qui, en souscrivant à des emprunts destinés à financer les guerres[16], faisait acte de patriotisme – s'est substituée, au cours du XXe siècle, une configuration de marchés de capitaux globalisés. Moins détenue « en physique » et en direct, mais souscrite via la médiation des investisseurs institutionnels (compagnies d'assurances, fonds obligataires) spécialisés dans la collecte et gestion de l'épargne, la dette est devenue une affaire de professionnels même si, en bout de chaîne, c'est bien l'épargne des particuliers qui est embarquée dans le grand marché des titres souverains[17]. Pour autant, cette professionnalisation, massification et intermédiation est-elle synonyme d'une diffusion du geste d'adhésion aux gouvernements et à l'économie du pays au moment de la souscription au titre ?

Les tentatives contemporaines d'objectivation statistique des détenteurs de la dette et des inégalités de distribution des revenus opérant via cette dernière se heurtent à ses nouvelles structures qui ont complexifié l'identification des créanciers. Traquer les propriétaires de la dette, qui pourraient se comporter comme des actionnaires de l'État et du collectif politique,

---

14. D'autres expressions évoquent cet Américain moyen comme « John Q. Citizen » et « John Q. Taxpayer ».
15. Voir Théret (1991).
16. Voir Delalande (2016).
17. Les OAT (Obligations Assimilables du Trésor) des particuliers, détenues et souscrites en direct par les ménages, constituent un lien qui attache directement le citoyen à sa dette ; elles sont désormais epsilonnesques, onéreuses et démonétisées. « La part de la dette détenue directement par les ménages français était marginale (moins de 0,01 % du total). C'est sous forme intermédiée, via l'assurance-vie ou les OPCVM, que les ménages français détiennent une partie de la dette de l'État. » Voir le Rapport d'information de la *Mission d'évaluation et de contrôle (MEC), sur la gestion et la transparence de la dette publique*, déposé par la Commission des Finances, et présenté par Jean-Claude Busine, Jean-Pierre Gorges et Nicolas Sansu, enregistré à la Présidence de l'Assemblée nationale le 6 juillet 2016.

est devenu une gageure. Sandy Brian Hager, qui a réalisé une étude sur la détention de la dette américaine, souligne le risque de se livrer, à défaut de chiffres incontestables, à ce que Thomas Piketty appelle un «débat sans données», fondé sur «une abondance de préjugés et un manque de faits» (Hager, 2016b). D'ailleurs, les obstacles à la connaissance précise des créanciers et investisseurs ne constituent pas seulement un problème technique – l'impossibilité d'identifier un «client final» et détenteur arrêté des dettes dans le flux incessant de transactions et d'échanges de titres de dettes sur le marché secondaire –, mais sont aussi un «fait d'État», une volonté stratégique des pouvoirs publics de préserver les pratiques de marché et la volonté d'anonymat des investisseurs.

> L'État, facteur d'ignorance sur les détenteurs de la dette ?
>
> Un rapport parlementaire de 2016, faisant suite à une mission d'évaluation et de contrôle sur la transparence et la gestion de la dette, pointait «une connaissance fragmentaire» de la détention de dette publique: «les éléments disponibles sur la détention de la dette de l'État, [...] ne sont présentés que sous la forme de grandes masses: distinction entre résidents et non-résidents et, pour les premiers seulement, par grands types de détenteurs (banques, assurances, OPCVM, autres)» (Mission d'évaluation et de contrôle, *Rapport sur la gestion et la transparence de la dette publique*, 2016). La Mission d'évaluation et de contrôle parlementaire (MEC) soulignait que «l'Agence France Trésor [AFT] semble se satisfaire du niveau d'information dont elle bénéficie. Pour M. Anthony Requin, "ce qui nous intéresse comme émetteurs, ce n'est pas de savoir si tel ou tel investisseur précis détient des titres de dette française, mais de comprendre les grands mouvements de marché qui peuvent se produire. Pourquoi, par exemple, un grand investisseur décide-t-il de vendre? Faut-il voir là le signe d'une défiance, la conséquence d'une évolution de la réglementation…? C'est ce type d'information qui a de la valeur pour nous en tant qu'émetteur."» Ainsi, les rapporteurs avaient identifié un obstacle pratique: la rapidité avec laquelle les titres sont échangés et l'internationalisation des marchés financiers, avec de nombreux intermédiaires qui compliquent la recherche. Mais la mission rapportait aussi un obstacle «juridique»: «il existe une procédure d'identification des porteurs d'actions, mais elle ne s'applique pas aux détenteurs de titres d'État. Surtout, il ressort des auditions qu'il y a une volonté de protéger l'anonymat des investisseurs de crainte de les voir fuir le marché de la dette française, ce qui explique que l'obstacle juridique n'ait pas été levé [...]» …/…

> Les rapporteurs expliquent que cette crainte a été très clairement exprimée lors des auditions par la mission du directeur général de l'AFT : « Une obligation de déclaration qui s'imposerait aux détenteurs de dette française, et uniquement à eux, nous ferait prendre un risque car ce serait un désavantage compétitif par rapport aux autres États si une telle obligation ne s'appliquait pas à eux. Les investisseurs, en effet, n'aiment pas dévoiler leurs positions sur le marché, pour des raisons dont certaines me semblent légitimes. » Aussi, le gouvernement justifiait qu'il « n'a pas souhaité étendre aux titres d'État le dispositif d'identification des porteurs de titre en vigueur pour les actions, lorsqu'il l'a étendu aux obligations d'entreprise en 2014 ». Ce rapport informe la discussion sur les liens entre dettes, classes sociales et pouvoir politique des investisseurs : la MEC rapportait qu'il « est parfois avancé que la détention d'actions confère des droits, comme les droits de vote en assemblée générale, alors qu'un investisseur dans des obligations d'État n'a aucun levier juridique pour influer sur la politique suivie par l'émetteur et que cela justifierait cette différence de traitement entre actions et obligations ». À l'encontre de cet argument, les rapporteurs soulevaient plusieurs objections : le dispositif a déjà été ouvert à certaines obligations par l'ordonnance du 31 juillet 2014 ; si les investisseurs n'ont pas de levier juridique pour influer sur la politique de l'émetteur, ils en ont un autre peut-être plus puissant, un levier économique, en « votant avec leurs pieds » (en ne se rendant pas aux séances de vente de dette ou en retirant leurs placements), ou en laissant simplement planer la menace de le faire ; et enfin les clauses d'action collective (CACs) mises en place depuis le 1er janvier 2013 prévoient un vote des détenteurs de titres si l'État souhaite modifier les termes du contrat d'émission d'un titre (notamment lors des « restructurations de dette »). Au final, les rapporteurs avaient « condamné » ce « manque de transparence » et proposé de « lever les verrous interdisant à l'État de connaître ses créanciers en permettant l'identification des détenteurs des obligations émises par les personnes morales de droit public (article L. 228-2 du Code de commerce) ».

L'État perpétue le flou, au nom de l'attractivité de la place financière[18]. Surtout, il véhicule des informations sous une forme agrégée, comme la statistique relative aux « non-résidents », qui alimente le fantasme d'une « dépossession » des finances publiques par « l'étranger », quand on pourrait parler plus justement d'une dépossession par la finance globalisée : la finance n'ayant pas de « sol », une banque française agissant à l'échelle du

---

18. En cela on peut considérer que l'État produit de l'ignorance sur les classes sociales et la dette, tout en construisant des connaissances sur un découpage concurrent du monde social : les générations futures et son social atomistique d'individus-épargnants. Pour un travail récent articulant production de l'ignorance et action publique, voir Henry (2017).

globe et plaidant pour une dérégulation accentuée est-elle représentative d'une finance « nationale », patriote et défendant des intérêts spécifiques aux épargnants français ? Au-delà de la question de la propriété de la dette, c'est celle de l'effet structurel de la propriété financière sur l'autonomie et la conduite des politiques économiques et sociales qui est posée : sous quelles conditions précises la propriété d'un titre de dette peut-elle aller de pair avec la propriété des problèmes publics et des choix d'une nation ?

Le vote implicite ou explicite des investisseurs

Avec les moyens statistiques du bord, l'enquête de Sandy Brian Hager parvient à montrer que, parmi les ménages américains, les inégalités dans la détention de la dette publique suivent la distribution sociale de la richesse au niveau national. En 1983, le célèbre « 1 % » des ménages américains les plus riches possédait environ un tiers de la dette publique américaine détenue par les ménages. Cette part a augmenté progressivement pour atteindre 38 % en 2007. Avec la crise de 2008, la part de la dette publique détenue par le centile supérieur s'établit à 42 % en 2010, puis au chiffre record de 56 % en 2013. Une dynamique similaire sous-tend la propriété de la dette publique des États-Unis par les entreprises privées[19]. Hager (2016a, p. 120) explique ainsi que le puissant

> [...] groupe des « 1 % » et des grandes entreprises qui dominent dans la détention nationale de la dette publique exercent une emprise considérable sur le système politique américain, faisant obstacle aux politiques publiques susceptibles de compromettre le statut « sans risque » des titres du Trésor américain.

Hager met en rapport cette détention avec le contenu des politiques et décrit la dette comme une institution de pouvoir au service de cette classe de détenteurs de patrimoine. En étudiant les occurrences dans les rapports budgétaires et économiques du Président (*Economic Report of the President*), son analyse lexicographique lui fait conclure à une surreprésentation du vocabulaire du *Marktvolk* sur le vocabulaire du *Staatsvolk* : le registre du service de la dette financière et du contrat de marché – « gens de marché », « international », « investisseurs », « créanciers », « ventes aux enchères »,

---

19. Au cours des trois dernières décennies et demie, les 2 500 plus grandes entreprises américaines ont augmenté leur part de détention de dette publique par les sociétés de 65 % en 1977-1981 à 82 % en 2006-2010. Voir Hager (2016a).

« taux d'intérêt », « confiance » – domine largement celui du service public et de la citoyenneté – « citoyen », « peuple national », « électeurs », « droit public », « élections périodiques », « loyauté » et « opinion publique » (Hager, 2016a). Pour démontrer la capacité d'influence et de verrouillage des politiques publiques de la *bondholding class*, Hager mobilise une enquête sur le degré de politisation différencié des différentes franges de la population américaine. Les données d'un sondage portant sur les Américains à succès (*Survey of Economically Successful Americans*, SESA) sont l'occasion de rappeler l'homogénéité sociale et politique (Hager, 2016a) du top 1 % dont les priorités en matière de politiques publiques contrastent largement avec le reste de la population : ils font montre d'une adhésion beaucoup plus marquée que les Américains ordinaires à des politiques de dérégulation et de coupes dans les dépenses sociales et budgétaires. Enfin, Hager *(ibid.)* souligne le degré élevé de conscience politique de cette fraction de la population qui s'avère « surpolitisée », et largement encline à des activités de lobbying et d'influence directe des décideurs et gouvernants. Hager en vient à affirmer que « bien que beaucoup de choses aient changé depuis l'étude d'Adams [au XIXe siècle], il semble qu'il y ait toujours une très puissante *"bondholding class"* aux États-Unis, dont le pouvoir a même augmenté rapidement au cours des trois dernières décennies » *(ibid.)*.

Mais les conséquences sociales et politiques de la dette restent controversées. D'autres auteurs soulignent que la dette s'est « démocratisée » et que les obligations d'État redistribuent les revenus de façon progressive (Cavanaugh, 1996). La détention de la dette ne serait pas concentrée mais au contraire dispersée dans la population : tout le monde serait inclus et, de l'épargne-retraite capitalisée « de la grand-mère » américaine à la fortune de Rockefeller, les intérêts seraient unis. Dans le cas de la France, une rapide vue photographique de la répartition sociale de l'épargne et des patrimoines (qui se placent notamment en dette publique) est de nature à relativiser la thèse de l'enrôlement généralisé, en révélant combien les publics intéressés par la dette financière de l'État sont minoritaires et différenciés du reste de la population. Les données de l'INSEE, bien qu'insuffisantes pour caractériser précisément les inégalités créées par la dette, font état d'une répartition sociale de l'épargne qui fracture la population française. En 2009, les revenus de 35 % des ménages français ne couvrent pas leurs dépenses[20]. Si l'on prend l'assurance-vie comme critère – dont on sait qu'elle est largement placée en dettes d'États (pas exclusivement française) –, la dernière étude

---

20. « Les inégalités entre ménages dans les comptes nationaux », *INSEE Première*, n°1265, 17/11/2009.

de l'INSEE sur le patrimoine des Français en 2015 révélait un taux de détention de 36,5 % pour l'assurance-vie ; soit une minorité marquée par de fortes disparités[21]. Ces chiffres, censés illustrer « l'attractivité » de certains produits financiers et la « séduction » qu'ils exerceraient sur la population, doivent être rapportés aux seuils de pauvreté et aux revenus des Français[22] : on s'aperçoit alors que le vocabulaire de la capacité ou de la « propension » inégale « à épargner » se révèle plus approprié[23]. Une étude statistique de la Banque Centrale Européenne démontre qu'en 2013, à l'échelle des pays de l'UE, seulement 1,7 % des ménages français détiennent directement des titres d'État, 37,5 % détiennent une assurance-vie ou une épargne pension volontaire, et 10,7 % détiennent des actifs financiers dans des fonds de placement[24]. Selon la même étude, 72,5 % des détenteurs d'actifs financiers en France se situent dans les 20 % les plus aisés de la population en termes de revenu, et 70,9 % d'entre eux se situent dans les 20 % les plus aisés en termes de patrimoine.

Dès lors, l'analyse sociologique doit se pencher sur l'arbitrage entre promotion de l'épargne ou de l'impôt comme mode de financement de l'État, en étant attentive à ses conséquences politiques. Pierre-Yves Cusset (2015) le résume en ces termes :

> [...] l'effet redistributif de la dette dépend essentiellement de trois paramètres : i) À qui sont versés, *in fine*, les intérêts ? ii) Comment est financée la charge de la dette, et en particulier, quel est le degré de progressivité des impôts qui la financent ? iii) À quoi sert la dette : finance-t-elle des baisses d'impôts ? Des augmentations de dépenses publiques (et si oui, lesquelles) ?

Ce qui importe, en termes de redistribution et d'inégalités sociales, c'est moins le montant de la dette (en valeur absolue ou rapporté au PIB) que la nature des dépenses que ces emprunts souverains financent. Dans

---

21. Les professions libérales (60,6 %) sont de très loin les plus grands souscripteurs d'assurance-vie, suivis de près par les cadres (45,2 %), quand les anciens salariés se montrent peu enclins à cette épargne, avec un taux de détention de 36,8 %, contre 36,5 % pour l'ensemble des ménages français. « Le patrimoine des ménages début 2015. Repli des valeurs risquées au profit des produits sécurisés », *INSEE Première*, n°1574, 05/11/2015.
22. « Compte tenu du fait que la propension à épargner augmente avec le revenu, plus le revenu est réparti inégalement, plus les ménages fortunés détiennent une part élevée de la dette publique. » Tinel (2016).
23. « Les ouvriers non qualifiés (taux de détention de 22,8 %) ou les ouvriers qualifiés (27,7 %) optent en plus grand nombre pour l'épargne-logement, en parallèle des traditionnels livrets d'épargne. » Lety (2015).
24. Cité dans Hercelin (2017).

le cas de la dette américaine, à l'époque de la *bondholding class* d'Adams, la dette publique s'accompagnait de mécanismes de redistribution sociale du bas vers le haut, et de dépenses publiques essentiellement tournées vers un « État-gendarme » (Hager, 2016a, p. 59) – centré sur les fonctions régaliennes de justice et de police. Au Royaume-Uni, entre 1815 et 1914, la dette publique s'est accompagnée du renforcement du capital privé, où le paiement des charges d'intérêt aux rentiers de la dette a coûté entre 2 à 3 % de PIB, soit un montant supérieur au budget consacré à l'éducation sur la même période (Piketty, 2013, p. 206).

On pourrait esquisser une loi sociale de redistribution des revenus via la dette : si la dette finance des baisses d'impôts au bénéfice des détenteurs de patrimoine, elle aboutit à une redistribution des plus pauvres vers les plus riches[25]. Au contraire, si la dette permet des investissements sociaux à destination des plus pauvres, des services publics dont la qualité est privilégiée à la baisse des coûts, que le système de financement par l'impôt est progressif, alors la dette joue son rôle keynésien, redistributif, et fait de l'État l'investisseur de l'économie, par exemple avec des taux réels d'imposition supérieurs aux versements d'intérêts. Conformément à un tel système de pensée, l'emprunt finance les investissements, la croissance et les revenus de l'économie nationale de demain. Dès lors, les fruits de la croissance et les rentrées futures d'argent dans les caisses de l'État via l'impôt compensent les effets négatifs de la dette publique. Mais ce débat ne saurait être tranché *in abstracto*, et nécessite une investigation empirique quant à la nature de l'appareillage économique lié à la dette[26] afin de déterminer si cette dernière active et renforce plutôt la « main gauche » (le versant redistributif des politiques publiques, représenté par les ministères et services dits sociaux ou, péjorativement, « dépensiers »), ou « la main droite » de l'État (soit un État financier et monétaire « compétitif » dans la globalisation, représenté par les services du Trésor, du Budget ou de la Banque de France[27]). Seule une enquête systématique dans les circuits étatiques de légitimation de la gestion

---

25. Il faut penser aussi aux dépenses publiques qui, *in fine*, servent aux intérêts et capitaux privés : par exemple les investissements massifs de la puissance publique dans les autoroutes ou les grandes entreprises de télécommunication ou de transports publics qui sont, par la suite, partiellement ou intégralement privatisées.
26. Pour résumer, dans la configuration contemporaine, seul le recours à l'endettement permet la relance budgétaire et/ou l'utilisation de l'arme fiscale pour soutenir la croissance économique en baissant les prélèvements fiscaux. Et ce, contrairement à d'autres configurations historiques qui laissaient place à l'arme monétaire dans le financement des déficits et de la relance économique.
27. Pour reprendre le schème « main gauche » et « main droite » de l'État proposé par Pierre Bourdieu.

de la dette est de nature à révéler si une politique favorable à la *bondholding class* imprègne les choix des gouvernements successifs. Il faut donc entrer dans la boîte noire de la machine gouvernementale pour saisir comment sont produits, confortés ou défaits les équilibres entre classes sociales.

II. Le découpage étatique du monde social avec la dette

Le redéveloppement des marchés de la dette souveraine, qui venait rompre avec la configuration institutionnelle installée après la Seconde Guerre mondiale, a répondu à un projet d'État. Le démantèlement progressif des modes administrés, réglementaires et autoritaires de financement de l'État, décrits dès les années 1960 comme des circuits inflationnistes, devait servir à un projet de société tourné vers la sanctuarisation de l'épargne, dont la valeur devait être protégée contre le risque de l'inflation (Lemoine, 2016a). Le redéploiement de la finance privée et la fin des « corsets » administratifs qui l'enserraient ont résulté de combats patiemment menés au sein de l'État. Il en va de même de l'ouverture aux investisseurs étrangers, qui a donné lieu à de nombreuses joutes au cœur de la « main droite » de l'État. Au sein même du ministère des Finances, la direction générale des Impôts, qui cherchait à maintenir des formes de taxation sur l'épargne étrangère investie en dette, s'opposait en effet à la direction du Trésor, encline à favoriser l'attraction de capitaux, même si cela doit se traduire par des baisses de rentrées fiscales. De même la neutralisation de la politique monétaire, sa mise en indépendance à travers une organisation dédiée et « autonome » (conformément au standard international de la Banque Centrale Indépendante), ou encore l'allocation du crédit à l'économie, non plus centralisée et dirigée par l'administration mais laissant jouer les mécanismes de marché et l'initiative du secteur financier privé, ont été des options défendues par les fractions réformatrices de l'État contre d'autres segments plus portés à défendre la nécessité de la dépense publique et sociale.

Utopie d'État : une société financiarisée

En France, dès les années 1960, l'administration des Finances française réimpose l'idée qu'un financement sain passe par l'épargne obligataire. Développer des débouchés pour cette épargne, en créant du rendement, et donc des supports rentables, devient un impératif. La politique de l'emprunt fort (comme il y a eu une politique du franc fort) passe par la diminution de l'inflation, la fin des financements administrés, et des taux d'intérêt réels positifs.

Le dispositif politique de l'après-guerre, qui s'appuyait sur un crédit administré au service d'un projet de plein-emploi, de croissance et de diminution sensible des inégalités via le développement de la protection sociale, est rapidement remis en cause. La « main droite » de l'État défend le retour à l'orthodoxie économique et fiscale : un désengagement des pouvoirs publics dans les affaires de crédit et de monnaie[28]. Le projet de société est donc celui d'une monnaie forte, d'un emprunt fort, d'une finance privée « autonomisée » et d'une épargne rentable et démocratisée. Il faut prendre très au sérieux la propagande qui se développe au sein de l'État, dans les années 1980, autour d'une société juste où l'épargne et le placement financier seraient accessibles à tous. Une publicité orchestrée par la direction du Trésor en 1987 faisait l'éloge d'un État se mettant en péril sur les marchés financiers, au service des Français et d'une société financiarisée pour le meilleur de tous – « l'État se mouille pour vos liquidités » scandait le médiatique homme d'affaires Paul-Lou Sulitzer, *casté* comme porte-parole de ce projet de modernisation de la France, via les marchés de capitaux (Lemoine, 2016a).

L'utopie sociale et économique d'une société de classes moyennes qui, grâce à la financiarisation, aurait accès au crédit illimité, s'est incarnée tout particulièrement dans les années 1980 à travers la figure charismatique de Pierre Bérégovoy, qui a construit son identité politique (en grande partie influencée par son *staff* rapproché, et notamment Jean-Claude Naouri) sur cette démocratisation et popularisation de la finance. Ce projet de financiarisation de la société et de sortie de l'économie dite « d'endettement » (entendue comme endettement direct auprès du système bancaire), qui était considéré comme inflationniste et « illusoire », a été identifié comme la « thèse du Trésor » par les conseillers et hauts fonctionnaires proches du Président socialiste François Mitterrand. Selon cette thèse du Trésor, la réorientation de l'action publique au service de la finance obéit à un idéal de justice. On en trouve aujourd'hui une trace lorsque des hauts fonctionnaires, ayant œuvré pendant ces années, réagissent à la récente configuration des taux d'intérêt faibles ou négatifs, et considèrent comme profondément injuste et *anormale* une société où l'épargne et le placement financier ne sont pas rémunérés mais, au contraire, « taxés » par l'absence de

---

28. L'historiographie dominante a qualifié de « parenthèse » cette période, que nous avons identifiée à notre tour comme une expérience « hors marché » pour le financement de l'État et de l'économie.

rendement[29]. Produire du rendement pour l'épargne est donc un projet qui doit être sans cesse réactualisé et remis au travail. Que l'État soit fournisseur de titres obligataires sans risques et rentables (ce qui implique que le paiement et le service de la dette soient garantis institutionnellement) ne va pas de soi : c'est la traduction d'une liste de priorités politiques et d'une hiérarchisation des normes sociales internalisées par les hauts fonctionnaires de la main droite de l'État, qui veillent à leur respect. Proposer ces titres, ces « *risk free assets* » qui sont le pain quotidien des marchés financiers, comporte une série de coûts sociaux (un arbitrage des politiques économiques entre une inflation que l'on veut désormais juguler à tout prix et un chômage que l'on est prêt à laisser monter) qui invalident largement l'idée que le financement de la dépense publique et de l'État social par la dette de marché est neutre politiquement, ou simplement plus « efficient » et moins cher – la conjoncture provisoire à taux d'intérêt bas, si ce n'est négatifs, sur la dette souveraine à court et moyen terme qui prévaut depuis quelques années servant de démonstration définitive aux défenseurs de cette thèse. Ce type d'affirmations repose sur une vision restreinte de ce qu'est un coût, en négligeant le coût de cette confiance maintenue des investisseurs en termes de politiques économiques et sociales possibles.

L'image d'une société toute entière enrôlée dans la dette par l'épargne, qui masque la stratification sociale des créanciers, est promue par l'État qui met en avant le modèle du bon père de famille détenteur de dette, quand bien même la réalité du marché des obligations a été bousculée par la financiarisation de l'économie. Dans la controverse visant à déterminer quelles classes sociales sont privilégiées par l'ordre de la dette, la thèse affirmant que les titres d'État sont souscrits par une base large d'investisseurs-citoyens a notamment été défendue par les technocrates du Trésor américain. C'est ainsi que Francis Cavannaugh, un haut fonctionnaire du Trésor américain, proclamait dans les années 1990 que la dette publique était désormais détenue par des catégories sociales très larges parce que la plupart des ménages en avaient une partie sous la forme de « *savings bonds* », de titres d'épargne. À travers les fonds de *Trusts* comme *Social Security*, *Medicare* et *Medicaid*, qui seraient souscrits largement, la population et l'État social lui-même seraient parties prenantes dans le projet de dette publique américaine. Selon cette thèse, la dette est *trans-classes*, puisque la quasi-totalité de la population est impliquée dans les politiques de la dette : de la « grand-mère » aux revenus modestes, veillant sur sa pension de retraite, au gérant de grand

---

29. C'est le cas de Jacques de Larosière au cours de son audition par la Mission d'évaluation et de contrôle, *op. cit.*

fonds obligataire. Sur la base des données du *Congress Budget Office*, Hager conteste pourtant la nature universelle de cette implication en montrant que les fonds de la dette intra-gouvernementale américaine ne représentent plus massivement les intérêts des Américains ordinaires depuis 1979 (Hager, 2016a, p. 46). Les représentations de la dette comme vecteur d'*égalisation* (ou, tout au moins, de lissage des inégalités) sont donc portées par des technocrates financiers qui défendent une vision d'État contre d'autres. À l'inverse, des contre-enquêtes (comme, donc, celle de Hager mais aussi des comités d'audit citoyens de la dette publique) décrivent une dette oligarchique plutôt que démocratique et éminemment concentrée socialement.

Afin de parer à de telles objections, les bureaucraties d'État se sont efforcées de promouvoir des représentations du réel alternatives, qui fonctionnent comme des forces de dénégation ou d'invisibilisation des classes sociales. La nouvelle version du « tous liés par l'épargne et la dette » – au détriment d'une analyse des asymétries produites par cette fragile société de l'épargne – s'incarne tout particulièrement dans la catégorie de « générations futures ».

Quantification d'État : l'introduction du schème générationnel

L'État, via la comptabilité nationale et européenne, a progressivement intégré un cadre de lecture des finances publiques tourné vers les générations futures. La refonte proactive des méthodes de comptes était destinée à accroître la visibilité des risques futurs quant à la soutenabilité de la dette et des régimes de retraite. Elle s'inscrit dans une nouvelle pédagogie économique : le fardeau futur de la protection sociale est un « fait », il faut s'y ajuster, adapter les politiques publiques et faire accepter les changements nécessaires. Ces nouveaux impératifs sont liés à des réformes des régimes de retraite qui partent du principe que les régimes par répartition sont en crise et qu'il faut, *a minima*, augmenter la durée de cotisation. En introduisant, au début des années 1990, le *Livre blanc sur le financement des retraites*, le Premier ministre Michel Rocard affirme que la réforme de l'assurance vieillesse se fait sous l'épée de Damoclès d'une « guerre des générations[30] ». En inscrivant dans le présent des analyses budgétaires les dépenses de retraites futures, la comptabilité d'engagements (ou comptabilité générationnelle) donne corps à l'inquiétude politique pour les générations futures. En convertissant des engagements implicites de dépense en dette

---
30. Commissariat général du Plan, *Livre blanc sur les retraites : garantir l'équité des retraites de demain*, 1991.

publique – on compte des dettes au moment où la promesse de dépenses futures est engagée plutôt qu'au moment où la dépense est décaissée – la technique des droits constatés formalise en des termes patrimoniaux le lien entre l'État et les individus : chaque contribuable et assuré social possède des avoirs sur l'État social. De tels changements de normes comptables préparent les esprits à la bascule vers la retraite par capitalisation et l'épargne retraite.

Derrière ses apparences holistes, le corps social des générations « à venir » se compose essentiellement d'individus atomisés. Dans l'hypothèse d'un maintien de la répartition transformée par ces méthodes de comptabilité, les cohortes sont idéologiquement et sociologiquement caractérisées : elles sont composées de « petits porteurs » individuels de titres de créance sociale. Dans un système par capitalisation, comme aux États-Unis, cette comptabilité générationnelle performe un social composé d'individus calculateurs qui doivent optimiser leurs choix parmi les régimes sociaux et supports de placements qui s'offrent à eux[31]. Mobilisée par une foule d'acteurs – des investisseurs, des économistes, des *think tanks* libéraux, des chefs d'État et des représentants politiques – la catégorie des générations futures fonctionne comme une boîte noire du débat public, dont l'invocation permet à elle seule d'éviter l'explicitation de l'hétérogénéité sociale (par exemple en termes de distribution sociale de l'épargne) que recouvre cet agrégat inter-temporel. Ce lissage du futur joue un rôle précis : le flou des générations futures atténue, voire rend invisibles les antagonismes entre classes sociales du futur, en rangeant l'ensemble du monde économique et social sous la bannière morale de l'interdiction du report des charges budgétaires d'une génération sur l'autre. Ainsi, la forme de découpage du social, en apparence holiste, que constituent les générations futures fait en réalité le jeu de l'individualisme.

Un social atomisé

L'atomisation du social passe aussi par l'importance nouvelle accordée à des chiffrages, auparavant confinés à l'arène médiatique ou polémique, et désormais pris en charge au plus haut niveau du gouvernement. Le ministère des comptes publics de Gérald Darmanin (sous la présidence Macron), à des fins de pédagogie et de préparation à l'austérité à venir, n'hésite pas,

---

31. Promoteur par ailleurs d'un logiciel informatique, *Maximize My Social Security*, Kotlikoff veut aussi aider les Américains dans leurs choix de prestations de Sécurité sociale afin d'en obtenir le maximum d'avantages.

afin de dramatiser le bilan du quinquennat précédent (et mettant en scène « la rupture »), à proposer un chiffrage de dette par habitant[32] – selon un mode de calcul fortement contesté parce qu'hypertrophiant la charge de la dette en ne valorisant pas les actifs publics en face de ces passifs. Des économistes n'ont d'ailleurs pas manqué de critiquer l'effet de réalisme conféré à une « idée fausse » par un tel chiffre – à savoir l'idée que chaque individu devrait, par ses impôts, rembourser du jour au lendemain une dette qui s'étale sur des maturités allant parfois jusqu'à cinquante ans[33]. Ce mode de calcul ne fait pas apparaître que, en face de ces dettes, les plus privilégiés trouveront également dans leurs berceaux l'épargne placée par leurs aïeux dans des emprunts d'États (les obligations du Trésor). Cette épargne des générations futures « enrichies » par la dette, qui bénéficient d'un actif financier, est rendue possible par les économies que les classes les plus aisées réalisent avec la baisse des prélèvements obligatoires, considérées comme des « dépenses fiscales » moteurs de la croissance économique dans une version « droitière » du keynésianisme qui tend à s'imposer, où la dépense publique sert le profit privé. Si la dette est majoritairement un passif du Trésor public dans les débats politiques, une charge pour les générations futures, elle est aussi un actif, un petit trésor privé, rémunéré à échéances régulières et détenu par certaines catégories sociales qui composent les générations présentes et futures :

> D'importantes réformes ont substitué à la progressivité de l'impôt de nouveaux prélèvements proportionnels sur les revenus. En déplaçant la charge fiscale des foyers les plus cossus vers les revenus moyens et modestes, ces réformes ont favorisé les contribuables dont la « propension à épargner » est la plus forte. Et alimenté la demande de titres. En baissant les impôts des riches, les gouvernements ont simultanément contribué à déséquilibrer les finances publiques et obligé l'État à offrir des titres sur les marchés financiers.

---

32. Plus précisément, l'affirmation suivante dans une courte vidéo institutionnelle à visée pédagogique : « Chaque français hérite à la naissance d'une dette de 32 000 euros », dans « Quel est l'état des comptes publics en France ? », Compte Twitter officiel des ministères de l'#Économie et des #Finances et de l'Action et des #comptespublics #entreprise #financespubliques.
33. Les chiffrages des économistes de l'OFCE consolident l'existence des générations futures, tout en tentant d'enrôler cet acteur macro dans une cause de politique économique keynésienne et anti-austéritaire. Pour cela, ils s'efforcent de *relativiser* les chiffres isolés et partiaux qui ne calculent que la « charge » de la dette publique sur l'économie (le passif total), en important dans le débat public le « grand frère à la dette publique par habitant », soit « l'actif moyen par habitant », quant à lui largement positif – environ 200 000 euros à la fin des années 2000. Voir, par exemple, Timbeau (2011).

> Ce qu'autrefois l'État obtenait de la part des ménages aisés sous la forme d'un prélèvement fiscal, il ne peut désormais l'escompter qu'en échange d'un taux d'intérêt payé par l'ensemble des contribuables. Ainsi, les concessions fiscales accordées aux riches ont créé d'un seul coup un surcroît de dette publique et de rente privée. Elles ont mis en place un flux de redistribution à l'envers. (Tinel & Van de Velde, 2008)

Les générations futures, telles qu'elles sont majoritairement utilisées dans le débat public, véhiculent au contraire la représentation d'un corps de contribuables homogène, socialement dé-différencié. Cette rhétorique comptable et les tentatives d'arrimage statistique et institutionnel dont cette catégorie émergente fait l'objet sont enrôlées dans les stratégies des promoteurs de la rigueur budgétaire, du respect des créanciers et des pourfendeurs de l'État social.

L'ensemble de ces modes de quantification dominants dans l'espace public et politique fonctionne comme un facteur d'individualisation politique. Pour autant, on a vu qu'au plus fort de la crise des dettes souveraines, des disparités peuvent néanmoins être réactivées, sous certaines conditions – changement de gouvernement (par exemple Syriza en Grèce), radicalisation politique, mouvements sociaux, etc. La mise à nu, en période critique, des intérêts et des publics favorisés, légitimés ou dénigrés par les façons *de prendre en compte* les dettes, tend à réarmer un conflit de classe, du moins de nouvelles formes d'antagonisme, en faisant émerger un monde social divisé entre rentiers privés (la dette financière) et publics bénéficiaires des dépenses sociales de l'État (la dette sociale), plus ou moins conscients d'être lésés. Les comités d'audit de la dette – comme l'association du comité d'annulation des dettes illégitimes, auparavant comité d'annulation des dettes du tiers-monde (CADTM) – œuvrent à ces contre-quantifications. Enfin, le chiffrage du futur des finances publiques révèle des asymétries, par exemple entre prise en compte des futurs passifs et ignorance des futurs actifs publics, mais aussi des incohérences dans la façon de reconnaître les droits des générations futures : si l'évaluation du fardeau de la dépense future est utilisée afin de tirer l'alarme, il n'est pas question d'aller au bout de la logique marchande et de reconnaître « juridiquement » ces droits sociaux de façon symétrique aux droits des propriétaires de contrats financiers souverains (Lemoine, 2014). L'État fonctionne donc comme le véhicule des représentations légitimes du monde social, mais aussi comme une banque de statuts sociaux[34] qui certifie des droits, en renforce certains et en fragilise d'autres.

Alors que le débat sur la production des statistiques se concentre en général sur une opposition entre des méthodes de *benchmarking* individualistes, faisant le jeu du néolibéralisme, et des statistiques publiques holistes, plus enclines aux politiques de redistribution, la distinction qui émerge ici oppose deux formes d'« holisme » : l'un conduit les individus (composant les générations futures) à se penser comme des titulaires de droits individuels qu'ils doivent optimiser et favorise les politiques de capitalisation, l'autre les conduit à se penser comme membres d'un corps social différencié lié par des politiques de solidarité incarnées par les régimes de répartition et les politiques de redistribution. Ces dernières années, l'État et les institutions officielles de production du chiffre ont contribué à rendre visible publiquement, et politiquement opérant, un social atomisé articulé autour de la figure de l'individu-épargnant.

III. La dette et la transformation de l'épreuve démocratique

Ces facteurs d'invisibilisation des classes sociales ne doivent pas empêcher le sociologue de saisir empiriquement les lieux où s'alignent les intérêts financiers, en retraçant la façon dont les groupes prennent diversement de la consistance dans le débat public, fractionnent le jeu politique et se constituent en groupes d'intérêts, au moins indirectement. Ainsi, à la différence des théories du complot, qui estiment une coordination quasi « magique » des acteurs de la finance, il s'agit de suivre empiriquement le travail qu'eux-mêmes doivent fournir pour s'unifier et peser sur les décisions politiques. Il faut étudier leurs modes de présence dans le débat public, à l'état latent ou en devenir, « solide » ou « liquide ». La récente campagne présidentielle française a révélé comment ces groupes sociaux ont, au cours de cette épreuve démocratique, pesé sur la question de la dette.

« Jamais élection présidentielle n'aura suscité autant d'intérêt de la part des investisseurs financiers », peut-on entendre dans les médias[35] qui mettent en avant le « risque politique » représenté par certains candidats, Marine Le Pen et Jean-Luc Mélenchon en tête. Cette notion de « risque politique » s'est récemment imposée, y compris dans les pays dits « économiquement avancés » comme la France (ce qui est nouveau), comme une catégorie naturelle et « objective » des débats présidentiels. Nouveau baromètre de la

---

34. Voir Bourdieu (2012), Théret (1995).
35. Radio France, le 13/04/2017.

vie publique, les indicateurs matérialisant ce risque permettent aux journalistes de jauger des candidats et de qualifier leurs programmes de « sérieux », ou d'« irréalistes ».

Des enchères ou des élections ? Risque politique et déploiement d'une politique de classe au sein des démocraties

Ce risque politique se présente parfois sous une forme quantifiée, en mesurant la probabilité de défaut d'un souverain-émetteur de dette – c'est le métier des agences de notation. Il peut aussi se traduire dans l'évolution des taux d'intérêt dont bénéficie un emprunt d'État, et se matérialise par exemple dans l'écart de taux entre la France et l'Allemagne, incarnant une inégale confiance dans la capacité du pays à honorer ses engagements. Enfin, il peut tout simplement être exprimé dans la presse, sous la forme de jugements ou d'inquiétudes, individuelles ou collectives, d'investisseurs. Ce réveil des inquiétudes des investisseurs est intervenu en France après plusieurs décennies d'alignement de l'offre politique, entre la droite et de la gauche, dans le gouvernement de l'économie et de la finance. Les choix politiques successifs des gouvernements qui ont assis la légitimité de la finance ont aussi installé l'exclusivité des marchés dans le financement des déficits de l'État. Cette intrication structurelle entre États et marchés a offert aux multiples représentants de la finance (banques d'investissement, fonds de pension, compagnies d'assurances, etc.) la capacité de se prononcer sur les bons et mauvais candidats, et donc, indirectement, de les choisir : l'opinion des investisseurs se traduit dans les faits puisque leur confiance, leur présence, ou non, aux séances d'émission (et de vente) des titres de dette, permet ou interdit la réalisation d'un programme politique donné. Et c'est précisément cette centralité, devenue objective et structurelle, de l'opinion des investisseurs financiers dans le fonctionnement de nos démocraties et de notre État, qui a été contestée au cours de cette campagne par la plupart des candidats, à l'exclusion de François Fillon et d'Emmanuel Macron. L'inquiétude quant au risque politique, largement médiatisée et relayée dans les dernières semaines de campagne, manifestait l'inquiétude de la finance quant à la pérennité de son hégémonie.

Si on le compare aux campagnes présidentielles précédentes, le traitement de la dette dans la campagne de 2017 est inédit. Les candidatures héritières du « cadrage Pébereau[36] » du problème public de la dette – qui

---

36. En référence au rapport commandité par Thierry Breton à Michel Pébereau, président du conseil d'administration de BNP Paribas, et qui a fait référence médiatiquement et politi-

pose que le volume de dépense publique dans l'économie et la « gabegie » du fonctionnement des services publics sont les seuls responsables du fardeau de la dette, et qu'il faut avoir le courage politique de « tailler dans le gras » – se faisaient rares. François Fillon et Emmanuel Macron étaient les seuls à inscrire leurs promesses dans un tel script décisionnel : faire de la pédagogie austéritaire, poursuivre les efforts budgétaires sans augmentation radicale de la ressource fiscale (car ce serait une façon d'enrayer la « compétitivité » de la France). On comprend que l'angoisse des détenteurs d'obligations et des potentiels investisseurs en dette française ait été à la mesure de l'incertitude qui pesait sur le succès de ces candidatures. Les autres voix qui portaient, au contraire, réinterrogeaient plus ou moins brutalement le « cadre » classique de problématisation de la dette : proposition de sortie de la zone euro, de retour à des formes administrées, socialisées et démocratiques d'allocation du crédit à l'économie, réhabilitation de la création monétaire publique (par opposition à l'allocation des capitaux par les marchés à l'économie), émancipation des critères de convergence européens, relance budgétaire massive de l'économie, rupture avec le dogme anti-inflationniste, mise en démocratie des objets politico-économiques dont la légitimité technocratique paraissait écornée, etc. Ce fossé entre les candidatures « dans le cadre » et « hors cadre » est compris par un banquier, spécialiste en dette publique, comme un rapport différencié à la réalité « indiscutable » de l'économie de marché :

> On avait deux candidats qui, concrètement aussi bien Fillon que Macron, avaient une assez bonne compréhension de ce qui se passait. Après, on peut être d'accord ou pas d'accord avec ce qu'ils racontent. Ils avaient une idée de ce qu'est un déficit budgétaire et comment on finance un déficit budgétaire. Après vous avez des candidats où, à part dire « on va renégocier Maastricht et on va aller tout renégocier... ». Nous, on a eu l'occasion de faire parler un gars du Front National, ils avaient une vision quand même extrêmement lointaine de ce que c'est la réalité financière de la dette française[37].

Le cadre auquel la majorité des candidats veut s'attaquer est présenté comme une contrainte exogène et indépassable : la capacité des gouvernements à passer l'épreuve de leur financement sur les marchés de capitaux, en s'assurant du consentement et de la légitimation de ces professionnels de la finance. Ce cadre, présenté comme irréversible et anhistorique, est pourtant le fruit d'une série de choix politiques – déjà évoqués –, qui ont abouti

---

quement sur le thème de la dette.
37. Cité dans Hercelin (2017, p. 59).

à démanteler le système de financement mis en place dans l'après-guerre. La reconstitution à partir des années 1970 d'une dette de marché, c'est-à-dire un produit échangeable et négociable, a impliqué de rompre avec les modes de gestion administrés du crédit et de la finance et de dépolitiser la question monétaire (en faisant de la lutte contre l'inflation un objectif échappant à la discussion démocratique), de sanctuariser ces choix dans des organisations indépendantes de la décision politique, et de « libérer » le système financier de son emprise gouvernementale. L'État, de banquier de l'économie est redevenu une entité dans laquelle les prêteurs et les grands fonds peuvent décider ou non d'investir, au cours de séances de marché régulières où se fixe le taux d'intérêt. Faisant la promotion de leurs titres, les États vendent désormais, en même temps qu'un titre d'emprunt, des promesses de politiques économiques et des choix pour la nation : la compétitivité du travail, la discipline budgétaire, la rigueur monétaire (l'inflation est considérée comme un problème en soi parce que nuisant au rendement des placements financiers), constituent autant de verrous inscrits dans les *slides* des *PowerPoint* présentés aux investisseurs par le Trésor pendant les *road show*s, tournées commerciales, où il fait la promotion à travers le monde de ses titres d'emprunts. Les directions du Trésor des États luttent pour faire reconnaître que le risque politique est neutralisé. En période de campagne électorale, ces *road show* jouent un rôle crucial pour rassurer les investisseurs :

> Des *roadshow* c'est quoi ? C'est on va voir les investisseurs d'ici ou de par le monde. Normalement les SVTs [pour *Spécialistes en Valeur du Trésor*, banques commerciales chargées de la distribution de la dette publique française] passent leurs temps à raconter l'économie française et qu'est-ce que c'est que la politique d'émission du Trésor [...] [Cette année] il y avait tellement de questions liées à la politique qu'ils ont fait un petit *booklet* en plus pour expliquer aux investisseurs les grands partis politiques, les résultats des dernières élections. D'abord il faut repartir de loin, parce que vous voyez, nous c'est une élection à suffrage direct à deux tours. Il y a plein de pays où on ne comprend même pas que c'est ça okay ? Les Américains sont persuadés que tous les systèmes sont comme eux... Donc on est obligé de leur expliquer que si Marine Le Pen prend le pouvoir il y aura des élections législatives. Elle ne peut pas faire n'importe quoi, on peut pas changer la constitution comme on veut, on peut pas créer des référendums comme on veut [...] Ensuite, des choses qu'ils ont du mal à comprendre, typiquement le concept de front républicain. Okay ? [...] Vous pouvez avoir aux élections régionales, concrètement presque 8 millions de personnes qui ont voté pour vous. Pour être élu

> Président de la République il faut 18 millions de gens qui votent pour vous, plus près de 19 d'ailleurs. Donc, passer de 8 à 19, c'est énorme. [Les SVT] donnent pas leurs avis mais ils montrent des études des sondages qui sont faites sur quel type de transfert il peut y avoir entre Mélenchon et typiquement entre la gauche, l'extrême gauche et l'extrême droite[38].

L'ordre de la dette a donc ses sentinelles. De l'intérieur de l'État, le Trésor veille à faire respecter ces impératifs et accepter les injonctions à la baisse des dépenses par le reste de l'appareil d'État (ministres sociaux, dits « dépensiers » par Bercy, et que l'on peut qualifier de ministres de la « main gauche » de l'État). De l'extérieur (même si les nombreuses circulations entre secteur financier public et privé rendent flou cette frontière), les agences de notation (*Moody's*, *Standard and Poor's* et *Fitch*) mettent en forme quantitativement « le risque souverain » sous la forme d'une notation (un score de crédit) qui intègre des facteurs économiques et des facteurs institutionnels. Autrement dit, ces agences prennent en compte un risque spécifiquement politique : par exemple en différenciant entre les types de régimes ; les monarchies constitutionnelles étant comprises comme étant plus susceptibles de suivre la règle de la dette de marché (et de respecter le droit « naturel » des créanciers privés) que les monarchies absolues, plus enclines à la changer arbitrairement[39]. Ainsi, pour statuer sur la valeur financière de l'État, les agences adossent leur expertise à la sélection d'un nombre réduit de critères (composant un « dossier-pays ») permettant de jauger de la « capacité » et de la « volonté » – *ability and willingness* – d'un État (ou d'un émetteur de dette en général) à assurer le service de sa dette dans la durée. Ces indices de la qualité de l'État consistent en des facteurs généraux et quantitatifs tels que le revenu par habitant, la croissance mesurée par le produit intérieur brut (PIB), l'inflation, la dette extérieure, le niveau de développement économique, l'historique des défauts du pays sur sa dette. Ils prennent aussi en compte des signes qualitatifs et « socio-politiques » qui pourraient affecter la solidité de l'engagement d'un État à payer sa dette comme la probabilité d'une révolution, les résultats électoraux de l'extrême droite ou de l'extrême gauche, les régularités du jeu politique, le taux de syndicalisation, la stabilité du pouvoir exécutif, le degré d'indépendance des banques centrales vis-à-vis du Trésor, la « facilité » d'un État à mettre en œuvre les réformes budgétaires structurelles, etc.

---

38. Banquier, cité dans Hercelin (2017, p. 54).
39. « Are Monarchy More Creditworthy Than Other Types of Sovereigns ? », *Standard and Poor's*, August 5, 2015.

Tel est le sens véritable de la soutenabilité d'une dette : celle-ci mesure la capacité d'un État à maintenir une répartition sociale des devoirs de l'État, impliquant des efforts et des sacrifices de certaines fractions de la population en faveur d'autres. Dans la transaction entre État investi et investisseurs privés, la propension des peuples à accepter un transfert permanent de revenus vers les créanciers est jaugée. Au cours d'une audition parlementaire et face à un député s'inquiétant d'une rébellion fiscale ou d'une insurrection politique du peuple français, un banquier rappelle à quel point la réassurance mutuelle entre État et créanciers (qui se joue dans les scènes d'achat et de vente) vis-à-vis du « facteur politique » est décisive :

> Charles DE COURSON : « Que se passerait-il si les Français, médaillés d'argent des prélèvements obligatoires, se révoltaient et refusaient de payer l'impôt ? L'histoire est pleine de révoltes fiscales. Les banquiers font toujours l'hypothèse que les choses vont suivre leur cours, qu'il n'y aura jamais de rupture. »
> Amaury D'ORSAY *(responsable mondial du trading de taux à la Société Générale)* : « Dans les situations de crise extrêmement tendues, comme nous avons pu en connaître en Grèce et dans certains autres pays européens, l'inquiétude principale portait sur la capacité des peuples européens à accepter les réformes et les difficultés qu'elles entraînaient. Si l'on étudie la façon dont les marchés ont raisonné face aux problèmes de l'Espagne, il apparaît qu'ils ont commencé à anticiper des problèmes lorsque les partis extrêmes se sont trouvés en position de devenir majoritaires. C'est donc la crise politique qui peut constituer un problème, mais aujourd'hui les investisseurs considèrent que la France n'est pas dans cette situation de rupture[40]. »

Le « risque politique » met en forme, de manière plus ou moins objective et quantifiée, l'horizon d'attente d'un public particulier : celui des investisseurs financiers et, en ce qui concerne la dette, des investisseurs obligataires. La circulation dans l'espace public, sous une forme banalisée et évidente, de cette thématique tend à effacer l'inscription sociale de ces préoccupations bien particulières des investisseurs pour transformer en « valeurs universelles » de nos démocraties leurs opinions, leurs espérances, et les anticipations de profit ou de perte qu'ils projettent sur telle ou telle offre du jeu politique.

---

40. Mission d'évaluation et de contrôle du Parlement, *op. cit*, p. 234

Les formes de la démocratie et les publics qui comptent

Il est finalement peu surprenant que, dans cette campagne où l'offre politique « hors cadre » a rencontré un certain écho, les investisseurs et la presse *mainstream* se soient empressés d'accorder une grande place au « risque politique ». En ce qui concerne la dette publique, les intérêts de classe avancent masqués. La «*bondholder value*» – préserver la valeur des titres de dette contre l'inflation et toute forme de renégociation du contrat – est largement déniée dans des formules à visée universelle («la France court le risque de la faillite») ou des totalisations (les «générations futures» victimes du fardeau de la dette) qui invisibilisent les divisions sociales, à savoir ce qui sépare les Français détenteurs de patrimoine et de placements en bons du Trésor des bénéficiaires des minima sociaux et des structures publiques.

Un double problème se pose dès lors dans nos démocraties : comment discerner les causes réelles de l'échec d'une politique donnée quand l'environnement dont elle dépend pour se financer lui est d'emblée hostile ? L'éventuel échec du plan de relance budgétaire massif de l'économie proposé par Jean-Luc Mélenchon serait-il imputable à l'incohérence budgétaire d'un tel horizon économique ou simplement au « mur de l'argent » et à la non-coopération des mondes financiers[41] ? La perception du « risque politique » par les investisseurs et son explicitation sont doublement performatives. En instaurant la panique, ces évaluations peuvent entraîner les acteurs financiers dans une spirale dépréciative. Surtout, en « ne se rendant plus » aux séances de vente aux enchères de dette publique de gouvernements qui leur déplairaient (on dit alors que les détenteurs d'obligations « *votent avec leurs pieds* »), les investisseurs rendent, sinon impossible, du moins difficile, l'exécution d'un programme politique. Dans le même temps, leurs dénonciations de ces mêmes programmes, liés à des motifs qui leur sont propres, s'imposent comme les causalités économiques objectives qui viennent expliquer l'échec d'une politique. Les mobiles des investisseurs jouent ainsi un rôle décisif : le « risque politique » est avant tout un risque pour le métier de financier et non un risque pour l'économie en soi, comme si celle-ci existait sous une forme unique et immuable. La montée de la thématique du « risque Mélenchon » est venue sanctionner la perspective d'une fiscalité augmentée sur les hauts revenus et sur les transactions financières, ainsi que la possibilité

---

41. Ces questions sont également traitées par les historiens qui s'intéressent à des périodes comme le Front populaire, et plus généralement aux moments de prise du pouvoir par des partis de gauche. Voir, par exemple Olivier Feiertag et Jean-Noël Jeanneney.

réelle d'une finance disciplinée plutôt qu'un programme budgétairement « insoutenable » ou irréaliste.

En mettant en débat ces formes d'incarnation « objectives » des intérêts financiers, les élections et scrutins majeurs de nos démocraties pourraient redevenir une véritable *épreuve démocratique*, c'est-à-dire une occasion de poser explicitement et publiquement la question des procédures et des instances qui peuvent et doivent légitimement fixer l'horizon collectif de nos sociétés : des enchères pour la vente de titres de dette souveraine ou des élections convoquant les citoyen·ne·s. Le « risque politique » constitue un point de coordination des intérêts de la *bondholding class* – la défense de la valeur des titres financiers, et la stabilisation d'un arrangement institutionnel assurant la pérennité de cette « *bondholding value* » dans le temps[42].

Conclusion

Dans les débats sur les dettes publiques, et plus particulièrement lorsque l'on s'intéresse aux rapports sociaux et aux éventuelles inégalités face à la dette publique, les catégories mobilisées elles-mêmes, ainsi que leur fabrique, sont un enjeu politique central. Qu'il s'agisse des classes sociales ou des générations, ces catégories sont mobilisées avec plus ou moins de force, d'officialité, et « d'aplomb » institutionnel – l'État concourant à légitimer ces divisions concurrentielles du social. Comme le résume Boltanski, « l'existence des classes sociales » – « objet à la fois réel et fictionnel, comme le sont toujours les collectifs » – est « un fait d'État, un fait d'expérience, et un fait sociologique[43] ». Seulement, après avoir participé de l'instauration d'une grille de lecture en termes de catégories socio-professionnelles dans la période de l'après-guerre (Desrosières & Thévenot, 1988), l'État ou les institutions européennes (via leur bras statistique et/ou économico-financier) contribuent plutôt à leur « désobjectivation », en émettant d'autres divisions du monde social, comme c'est le cas avec l'artefact statistique des générations

---

42. Les investisseurs peuvent mettre en forme leurs préoccupations sous une forme agrégée dans le cadre d'associations (comme l'*International Capital Market Association*, ou plus particulièrement, dans le cas de la dette et des banques privées, l'*European Primary Dealers Association*) où ils se rencontrent et échangent avec les hauts fonctionnaires des institutions financières (Trésors, Banques centrales, agences de réglementations financières) de différents États.

43. Boltanski (2014) qualifie l'après-guerre et les deux décennies qui suivent comme « *l'âge des classes sociales* ». Il soulève le paradoxe suivant : l'accroissement des inégalités est allé de pair avec un effacement des classes sociales dans le discours politique et, doit-on dire, à sa suite, dans la sociologie.

futures, qui a gagné en réalité en s'enracinant dans des catégories comptables qui enregistrent les dettes publiques à venir. Classes sociales et générations futures sont donc toutes deux des artefacts, construits plus ou moins solidement, et porteurs de propriétés politiques et de représentations du débat démocratique légitime sur les finances publiques différentes. D'un côté, des groupes sociaux plus ou moins constitués politiquement et publiquement, traversés par un antagonisme certain entre différentes strates dotées inégalement de capitaux hétérogènes (financiers, culturels, symboliques); et, de l'autre, un agrégat macroscopique et unidimensionnel, la génération x ou y, dont on postule qu'elle est composée d'individus atomisés, concernés, à parts égales, par la dette en tant que titre de propriété, et animés par le désir d'accumulation de richesse via leur épargne placée en dette.

Les classes sociales ont été une pièce essentielle de la construction matérielle et cognitive de l'État providence, et elles ont donc des propriétés politiques « démocratiques », en ce qu'elles permettent d'identifier les inégalités, de les mettre en débat et en cause. Plutôt que d'évacuer cet instrument d'analyse, la sociologie peut s'efforcer d'affiner l'appréhension des classes sociales en lien avec cet objet financier[44]. Par contraste, les catégories qui sous-tendent l'ordre contemporain de la dette de marché et structurent les controverses publiques, qu'il s'agisse des générations futures ou du « risque politique » – présupposant un intérêt universel des citoyens pour le devenir de la finance de marché – imposent, sous la forme d'une nécessité technique (la survie de l'État par son « crédit » financier), la prééminence des intérêts des marchés de capitaux et maintiennent à l'état dormant les clivages sociaux dans nos démocraties. En effet, l'interdépendance entre les États et les marchés de capitaux, qui est au fondement de l'omniprésence du discours financier dans les médias et l'espace public, installe un nouveau critère de participation politique, invisible et peu contesté, un « cens caché[45] » qui réside désormais dans la détention d'actifs financiers: patrimoine et épargne, qui font que ceux qui en détiennent se sentent inclus et des participants légitimes à ce système électif parallèle du « vote grâce à un titre financier » (à travers la participation des acteurs de marché aux enchères). La mise à l'agenda politique et médiatique permanente des questions, angoisses et

---

44. La sociologie peut contribuer à ces dynamiques d'objectivation et de désobjectivation des schèmes de représentation du social, ainsi qu'aux luttes pour faire reconnaître à l'État des priorités et un agenda collectif (Boltanski, 2014).
45. Ces dynamiques d'exclusion peu visibles peuvent être rapprochées des travaux classiques de sociologie politique française sur la compétence et l'intérêt pour les enjeux propres au champ politique différencié et qui montrent des sources invisibles d'exclusion et de désintérêt – un cens caché – derrière la façade du « tous égaux devant le vote » (Gaxie, 1993).

préoccupations financières participe de l'exclusion du plus grand nombre, en augmentant les coûts d'entrée – pas seulement sociaux, culturels et politiques mais aussi désormais financiers – et d'accès à la vie publique dans nos sociétés contemporaines. Wolfgang Streeck observe ce phénomène en mettant en avant la baisse de participation électorale des classes populaires, légitimant indirectement l'État débiteur.

Entre John Q. Public, « l'Américain moyen », et John D. Rockefeller, enrôlés dans la dette par leur épargne, il existe parmi les détenteurs de dettes de fortes disparités que le clivage entre les générations présentes et les générations futures tend à masquer. L'intégration de l'« épargnant-moyen » ou l'épargnant de base dans la grande catégorie omnibus des détenteurs de la dette – tout en rendant invisibles les disparités fortes qui composent cette « classe » de détenteurs – le lie à la classe des « vrais possédants » (la fraction sociale où est concentrée la propriété de la dette et qui mise sur la puissance de la main droite de l'État) et l'oppose à la classe des non-possédants, incapables de toute forme d'épargne et qui ne bénéficient « que » de l'État social. Or, les individus de cette « classe moyenne de l'épargnant » sont déchirés intérieurement entre leur propension à être avant tout un acteur privé – dont l'épargne est placée en bons du Trésor – et leur attachement aux services publics et sociaux. Contrairement aux vrais possédants, qui ont besoin de l'État régalien et financier mais pourraient se passer de l'État social, la survie et le bien-être de cet épargnant-moyen dépendent à la fois de la dette financière (où son épargne est placée) et de l'État social[46]. La représentation politique et statistique de cette classe hétérogène « d'épargnants-citoyens » (en mettant l'accent sur son homogénéité ou, au contraire, sur les profondes inégalités qui la travaillent) pourrait être le siège d'une lutte décisive : entre la défense d'une version du social réellement atomisée et individualisée, sur le modèle du citoyen-créancier (qui profite surtout à une fraction élitaire du monde social), et un social qui reconnecte les orientations politiques de ces « épargnants-moyens » à ceux qui n'ont rien et réamorce une conscience élargie du besoin de s'opposer à une minorité qui possède tout.

---

46. Je remercie Julia Christ pour m'avoir suggéré une telle réflexion.

Bibliographie

ADAMS Henry Carter (1887), *Public Debts: An Essay in the Science of Finance*, New York, D. Appleton.

ANGELETTI Thomas & Aurélien BERLAN (2015), « Les êtres collectifs en question », *Tracés. Revue de Sciences humaines*, 29, p. 7-22 [journals.openedition.org/traces/6287].

BOLTANSKI Luc (2014), « Croissance des inégalités, effacement des classes sociales ? », *in* François Dubet (dir.), *Inégalités et justice sociale*, Paris, La Découverte.

BOURDIEU Pierre (2012), *Sur l'État, Cours au Collège de France (1989-1992)*, Paris, Seuil.

— (1984), « Espace social et genèse des "classes" », *Actes de la recherche en sciences sociales*, Vol. 52, p. 3-14.

CAVANAUGH Francis X. (1996), *The Truth about the National Debt: Five Myths and One Reality*, Boston, Harvard Business Press.

COLLIOT-THÉLÈNE Catherine (2015), « Des pouvoirs impersonnels ? », *Tracés. Revue de Sciences humaines*, 29, p. 25-38 [journals.openedition.org/traces/6289].

CUSSET Pierre-Yves (2015), « Quels effets redistributifs de la dette publique ? », *Regards croisés sur l'économie*, 2, n° 17, Paris, La Découverte.

DELALANDE Nicolas (2016), « Protéger le crédit de l'État : Spéculation, confiance et souveraineté dans la France de l'entre-deux-guerres », *Annales*, 2016/1, p. 127-162.

DESROSIÈRES Alain & Laurent THÉVENOT (1988), *Les catégories socio-professionnelles*, Paris, La Découverte.

GAXIE Daniel (1993), *Le cens caché, Inégalité culturelle et ségrégation politique*, Paris, Seuil.

HAGER Sandy Brian (2016), *Public Debt, Inequality and Power. The Making of A Modern Debt State*, University of California Press.

— (2016b), « Les propriétaires de la dette publique et la fabrique d'un monde inégalitaire. Des États-Unis à la zone euro », *Savoir / Agir*, n° 35, 1, Éditions du Croquant, p. 23-32 [cairn.info/revue-savoir-agir-2016-1-page-23.htm].

HENRY Emmanuel (2017), *Ignorance scientifique et inaction publique. Les politiques de santé au travail*, Paris, Presses de Sciences Po.

HERCELIN N. (2017), *La démocratie financiarisée. Les urnes à l'épreuve du marché : élection présidentielle française de 2017 et risque politique*, Faculté des sciences économiques, Université catholique de Louvain.

LE LANN Yann & Benjamin LEMOINE (2012), « Les comptes des générations. Les valeurs du futur et la transformation de l'État social », *Actes de la recherche en sciences sociales*, n° 194, 2, p. 62-77.

LEMOINE Benjamin (2016), *L'ordre de la dette. Enquête sur les infortunes de l'État et la prospérité des marchés*, Paris, La Découverte.

LEMOINE Benjamin (2014), « Quantifier et mettre en crise la dette souveraine. Agences de notation, techniques comptables et constructions privées de la valeur des États », *Politique européenne*, 2014/2, n° 44, p. 24-51.

LETY Benoît (2015), « Épargne, qui possède une assurance-vie en 2015 ? », publié le 7 décembre 2015 [cbanque.com/actu/55552/epargne-qui-posse-de-une-assurance-vie-en-2015].

LORDON Frédéric (2000), *Fonds de pension, pièges à cons. Mirage de la démocratie actionnariale*, Paris, Seuil (« Raisons d'agir »).

MISSION D'ÉVALUATION ET DE CONTRÔLE (2016), *Rapport sur la gestion et la transparence de la dette publique*, déposé par la Commission des Finances, et présenté par Jean-Claude Busine, Jean-Pierre Gorges et Nicolas Sansu, enregistré à la Présidence de l'Assemblée nationale le 6 juillet 2016.

MONTAGNE Sabine (2008), « Le trust fondement juridique du capitalisme patrimonial », in Frédéric Lordon (dir.), *Conflits et pouvoirs dans les institutions du capitalisme*, Paris, Presses de Sciences Po, p. 221-250.

PIKETTY Thomas (2015), « La dette publique est une blague ! La vraie dette est celle du capital naturel », Entretien dans *Reporterre*, 2 juin.

— (2013), *Le capital au XXIe siècle*, Paris, Seuil.

STREECK Wolfgang (2017), « A General Logic of Crisis », *London Review of Books*, « Letters », vol. 39, n° 2, 19 janvier [lrb.co.uk/v39/n02/letters].

— (2014), *Du temps acheté. La crise sans cesse ajournée du capitalisme démocratique*, Paris, Gallimard.

THÉRET Bruno (1995), « Finance, souveraineté et dette sociale. Capital symbolique, différenciation de la société et construction européenne », in Id. (dir.), *L'État, la finance et le social. Souveraineté nationale et construction européenne*, Paris, La Découverte.

— (1991), « Apogée et déclin du rentier de la dette publique dans le "grand" XIXe siècle libéral (1815-1935). Éléments pour une réévaluation du développement historique du capitalisme en longue période », *Économies et Sociétés*, n° 14, p. 87-136.

TIMBEAU Xavier (2011), « Solidarité intergénérationnelle et dette publique », *Revue de l'OFCE*, n° 116, janvier.

TINEL Bruno (2016), *Dette publique : sortir du catastrophisme*, Paris, Seuil (« Raisons d'agir »).

TINEL Bruno & Franck VAN DE VELDE (2008), « L'épouvantail de la dette publique », *Le Monde Diplomatique*, juillet, p. 6-7.

TOOZE ADAM (2017a), « A General Logic of Crisis », *London Review of Books*, Vol. 39, n° 1, 5 janvier 2017, p. 3-8 [lrb.co.uk/v39/n01/adam-tooze/a-general-logic-of-crisis].

— (2017b), « Of Bond Vigilantes. Central Bankers and the Crisis, 2008-2015 », Working Paper, presented in Athens, *A World of Public Debt*, mai 2017.

Marie Cuillerai

Peuples endettés
Politisation de l'économie

Depuis la sortie de son ouvrage, *Du temps acheté*, en 2014, Wolfgang Streeck a dénoncé le processus néolibéral de dé-démocratisation à l'œuvre en Europe et réaffirmé en différentes occasions son adhésion aux scenarii Lexit[1]. Mais un autre débat s'ouvre avec ce livre, impliquant les sciences sociales critiques et les programmes qu'elles peuvent entreprendre dans les conditions néolibérales de la recherche. Il dresse un diagnostic implacable sur les effets de la financiarisation de l'économie qui a fait litière du modèle social européen ; mais sa provocation tient à la description en termes politiques de la dramaturgie des transformations du régime capitaliste. Streeck analyse la révolution néolibérale dans les termes d'un affrontement entre deux peuples : le *peuple étatique*, ou national *(Staatsvolk)*, et le *peuple de marché* ou *gens de marché, (Marktvolk)*, dont la sinistre victoire signe la fin de l'époque du *capitalisme démocratique* entamée au sortir de la Seconde Guerre mondiale. Parce que Streeck élargit la focale historique de la reconquête néolibérale à la fin des années 1960, plutôt qu'aux années Thatcher-Reagan, il peut dévoiler les mécanismes institutionnels qui ont renforcé le pouvoir des « *gens de marché* » et réintroduire ainsi des acteurs collectifs et une sémantique du pouvoir dans un discours de l'économie habituellement obnubilé par les rationalités de grandeurs abstraites.

Mais une telle dramaturgie permet-elle d'aller au-delà de l'invocation nostalgique d'une régulation du capitalisme par l'État-nation, dont les Trente Glorieuses seraient le modèle ? La puissance d'analyse épistémologique du

---

1. « Left-Exit » : « sortie à gauche ».

livre ne semble pas échapper à la répétition de catégories qui nous enferment dans ce que le néolibéralisme présente déjà comme son alternative négative, alors que l'enjeu est d'en changer les termes. Une confrontation du diagnostic porté par Streeck avec la lecture foucaldienne du néolibéralisme permet d'identifier ce défi critique dans la mesure où, pour Foucault, l'État – qu'il entend définir au-delà des institutions centralisées[2] –, comme la fonction démocratique de la citoyenneté, sont parties prenantes du néolibéralisme. Nous partons de l'hypothèse que la politisation de l'économie ne peut seulement consister à considérer l'État, ni même la citoyenneté, comme des institutions situées dans un domaine politique séparé de l'économie. La révolution néolibérale semble bien plutôt avoir affecté les catégories de peuple, d'État et de citoyenneté. Elle brouille ainsi les distinctions qui soutenaient une critique attachée à une vision du politique comme cadre de la citoyenneté, et de l'institution nationale de l'État comme instance indépendante des forces économiques.

Le cœur de la démonstration de Streeck porte sur un marché de dupe contracté par les États européens pour s'acheter un peu de temps et paraître détenir les moyens de justice sociale des démocraties représentatives, alors que cela fait bien longtemps qu'ils leur ont échappés. Ils les détenaient tant qu'ils pouvaient obliger le capitalisme à contribuer à une répartition des richesses : par l'impôt, mais aussi par une rentabilité basse du capital due à des salaires élevés. L'analyse historique de Streeck montre que cette capacité de contrainte de l'État a été progressivement minée par le capital, contestant la légitimité de l'État à le réguler. Face aux citoyens, pourtant, l'État ne reste légitime qu'à condition de produire une justice sociale ; c'est à cette fin qu'il achète du temps, à travers l'inflation d'abord, puis à travers la dette privée et publique. L'intérêt de la démonstration de Streeck ne réside pas dans ce simple travail de dévoilement du fait que l'État providence vit à crédit, mais dans le constat qu'en réalité ce temps est acheté en échange de modifications substantielles des modalités de financement des politiques publiques : bien qu'enclenchée partout dans les démocraties occidentales, c'est en Europe que la délégitimation de l'État-Providence par les « gens de marché » achève la dé-démocratisation de l'économie capitaliste. Ce verdict ne conduit pourtant

---

2. « L'État ce n'est pas un universel [...] ce n'est rien d'autre que des faits : le profil, la découpe mobile [...] de perpétuelles étatisations, de transactions incessantes qui modifient, qui déplacent [...] les financements, les modalités d'investissements, les centres de décision, les formes et les types de contrôles, les rapports entre pouvoirs locaux et autorité centrale, etc. » Foucault (2004).

pas l'auteur à penser au-delà de l'État[3], mais, au contraire, à soutenir le renforcement de l'État-nation pour ce qu'il lui reste de représentativité de la souveraineté démocratique.

Ceci n'est en rien paradoxal dans la mesure où l'essai est porté à la fois par une analyse de la crise économique en termes marxistes et par une sociologie politique pour laquelle l'État se caractérise par sa capacité, voire son monopole, à dicter les normes de la légitimité politique. Ce double angle d'approche contribue à raviver l'élan contestataire de la scène critique contemporaine, mais il interroge aussi sur la portée d'une conciliation théorique entre une analytique wébérienne du *politique* et une analytique marxiste de l'*économie*. Ou plus exactement, au-delà des doctrines, sur la séparation de ces deux champs de la réalité sociale. En concluant sur la controverse avec Habermas et les partisans d'une solution transnationale à la crise du « capitalisme démocratique », l'édition française de son ouvrage ouvre le débat sur l'échelle adéquate de la légitimité démocratique en régime capitaliste. Car, si pour Streeck l'État est devenu une fiction impuissante de la social-démocratie, dénoncée dans cet essai même au nom d'une critique de la totale *dépolitisation par des moyens politiques de l'économie politique* (Streeck, 2014, p. 77), alors la tension entre l'appel habermassien à un ordre cosmopolitique et la perspective d'un retour à un échelon national exige, en accord avec la perspective globale du livre, de déterminer l'échelon – européen ou national – sur lequel se situe l'antagonisme entre politique et économie.

Conformément à la conception habermassienne du monde vécu, Streeck veut redonner à la société le contrôle politique du système capitaliste, mais, ce faisant, il nous invite surtout à enquêter sur la question de savoir de qui, ou de quoi, le social est fait. La démarche du livre conduit sinon à poursuivre l'effort d'identification de ce qui, de l'Europe, fait peuple aujourd'hui, du moins à réévaluer le rôle de certaines chimères héritées du XIXe siècle. Celle d'une économie de marché globale s'auto-organisant en une démocratie libérale ; mais peut-être aussi, à l'encontre de cette analyse, celle de la souveraineté démocratique des États-nations. La lecture de la situation décrite par Streeck à l'aide d'outils d'analyse foucaldiens permet de déplacer le regard de la critique et de percevoir la résistance au régime de la dette ailleurs que dans la citoyenneté d'un État-nation.

---

3. Voir Abélès (2015).

La bataille de la légitimité

Pour Wolfgang Streeck, le capitalisme « suppose un contrat social » déterminant « les avantages légitimes réciproques du capital et du travail sous la forme d'une "constitution" économique formelle et informelle » (Streeck, 2014, p. 51-52). Il situe d'emblée la logique du capital à l'intérieur d'une conception qui fait du politique le lieu d'exercice des sujets de droits, animés par une rationalité politique, au sens où elle se donne des finalités dont il est possible de démontrer la légitimité. La démocratie s'identifie au cadre institué de l'État de droit selon le régime de la représentation et du suffrage des acteurs rationnels. Cette conception n'est jamais interrogée directement. Le livre se concentre sur la compréhension de l'économie capitaliste. Il dénonce l'erreur qui aura consisté à la concevoir seulement comme « un organe de régulation technocratique des gouvernements et des grandes entreprises » (*ibid.*, p. 24) ; à considérer le capitalisme comme un « appareil » sans « aptitude stratégique » ; et à lui refuser le statut de sujet politique susceptible « de conquérir sa propre légitimité sociale et culturelle » (*ibid.*, p. 36). Streeck ne cherche pas à changer de paradigme analytique sur le pouvoir, mais à corriger les estimations concernant les forces et les stratégies qui se le disputent. Il concède que la financiarisation n'était pas prévisible, mais souligne en revanche que les banques et les marchés financiers auraient pu faire l'objet d'une attention particulière. Or cela n'a pas été le cas parce que les théoriciens marxistes des crises n'ont pas saisi la fin visée par ces deux acteurs – qui consistait à échapper au contrôle démocratique –, ni leur stratégie – qui visait à délégitimer la représentativité de ce contrôle (*ibid.*, p. 44-45).

Streeck loue en particulier Claus Offe pour avoir souligné, dès le début des années 1970, la dimension contradictoire de ce que ce courant de la théorie marxiste appelait le *capitalisme avancé* (*ibid.*, p. 310, n.5), ou *modernisé*. Un « mauvais choix terminologique », dénoncé pour avoir donné son vocabulaire à l'abandon de toute ambition de dépassement du capitalisme, à la fin des années 1980. Streeck préfère le terme de *capitalisme démocratique* qui insiste sur la stratégie politique de légitimation du système économique. Le sociologue scénarise trois grandes périodes qui ont donné vie au capitalisme démocratique et à sa dramaturgie catastrophique. Une hausse des prix et salaires engendrant un mode de vie fondé sur le crédit dans les années 1970 ; suivie dans les années 1980 d'un accroissement simultané des dettes privées et de la dette publique qui conduisit, dans la décennie 1990, à l'implantation hégémonique du néolibéralisme et de l'austérité gouvernementale globale, pour déboucher sur l'avènement de « l'État débiteur consolidé ».

Au commencement, *le capitalisme avancé* repose sur le pacte social du compromis fordiste qui permet à l'État de maintenir le plein-emploi et, ainsi, d'« acheter » la paix sociale, la stabilité politique et les efforts de reconversion. Sans s'attarder sur la pression de la Guerre froide dans la constitution de l'État keynésien, Streeck souligne les ressorts de sa légitimité : sécurisation de l'emploi, apport des standards techniques de la « vie moderne », expansion de la consommation de masse, consolidation des classes moyennes. Puis, il met en évidence le pouvoir derrière le pouvoir. Tant que l'État-providence répond aux attentes de justice sociale des gouvernés, sa légitimité se confond avec sa souveraineté. Tant que le *capitalisme démocratique* a semblé garantir ses promesses, la souveraineté de l'État avait l'air d'être intacte. Or, en réalité, il ne l'a pas fait au-delà de la période de la reconstruction d'après-guerre. La crise des années 2008 a démontré les limites du système combiné des trois expédients des politiques publiques visant à cacher l'incapacité de l'État à assurer une politique de justice sociale : inflation, dette publique, facilitation de l'endettement privé ou « keynésianisme privatisé[4] » pour s'acheter du temps et promettre croissance et prospérité. Streeck démontre que ces dispositifs économiques ont également, et peut-être surtout, masqué la progression de la révolution néolibérale.

Celle-ci a été une révolution politique au sens où sa finalité était de se dégager de la démocratie de masse, et non de l'État, par les moyens démocratiques de la légitimation des politiques publiques. Elle visait « une rééducation afin de finir par tenir pour justes ou sans alternative aucune les résultats de répartition dictés par les marchés livrés à eux-mêmes » (Streeck, 2014, p. 77). L'affectation des recettes fiscales au remboursement des dettes publiques, l'abandon du modèle de la sécurité sociale et de l'État-Providence, le déni des référendums français, italien, et plus récemment grec, signent ce déssaisissement de ce qui semble être pour Streeck un pouvoir protecteur des gouvernants envers des gouvernés entendus sociologiquement comme « la majorité salariée de [ses] citoyen[s] » (*ibid.*, p. 93).

L'expression *capitalisme démocratique* a un effet provocateur qui marque la dimension exceptionnelle d'une période courte, dont le deuil doit être fait malgré les habitudes acquises par la génération de salariés-citoyens qui l'a connue et construite. Dans quelle mesure n'entérine-t-elle pas à son tour un mauvais choix terminologique, où une vision qui se veut réaliste rejoint la plus grande abstraction ? En parlant de « majorité salariée », Streeck souligne le caractère censitaire de nos démocraties, dont il démasque la composition

---

4. Voir Crouch (2013), et (2008, p. 1-5).

oligarchique. La santé économique d'un pays dépend également de salariés n'ayant pas le privilège de se voir reconnus comme citoyens. Mais, plus profondément, l'expression *capitalisme démocratique* est captive d'une conception représentative qui réduit la démocratie à la légitimation institutionnelle des stratégies économiques, par des processus électoraux qui sont à la fois identifiés comme problème et comme solution. On comprend bien qu'il s'agit de l'équilibre entre capital et travail obtenu par les gouvernements légitimés par le jeu démocratique. Et qu'il faut réveiller le *dèmos* là où il lui semble qu'il est, dans l'enceinte nationale de la citoyenneté qui confère le droit d'exercer ce pouvoir démocratique.

Wolfgang Streeck fait ainsi de la fonction de légitimation un véritable cheval de Troie démocratique, pour reconquérir une belle Hélène confisquée. Reste la question de savoir si l'on ne perd pas toute la richesse de la notion de légitimité à l'identifier au produit de l'expression électorale. Pour contourner cet obstacle, Streeck remonte du plan institutionnel des procédures électorales au niveau idéologique des conceptions de la justice qui sous-tendent les processus de légitimation. Il souligne que « deux principes de répartition concurrents, le principe de la justice de marché et celui de la justice sociale » (2014, p. 93) s'affrontent pour légitimer les politiques économiques. La légitimation se serait ainsi divisée et diffractée, là où on ne l'attendait pas, du côté des marchés. Pour Streeck, le véritable échec théorique de la critique francfortoise du capitalisme avancé n'est pas de n'avoir pas prévu la perversité de cette captation, ni d'avoir cédé du terrain à un individualisme méthodologique porteur d'une ontologie sociale pour laquelle la société n'est rien de plus qu'une somme d'individus atomisés. Il tient au fait d'avoir abandonné la dimension stratégique de la lutte des classes. La sémantique politique entre ici dans une sorte de valse à deux temps, oscillant tantôt du côté du pouvoir démocratique des citoyens, ou des citoyens-salariés, ou d'une majorité, et tantôt du côté des finalités d'une justice de marché, ou d'une justice sociale. Ne faut-il pas en conclure plutôt que le terme démocratie se pluralise, et se rappeler que ce que Streeck appelle démocratie a été analysé, y compris par Marx, comme un des rouages du fonctionnement régulé du capital? On peut alors éclairer le diagnostic de l'essai à partir d'une autre vision de la démocratie, celle de Michel Foucault, qui considère que les technologies néolibérales de gouvernement et la fusion du citoyen et du salarié constituent le lieu de la dé-démocratisation.

Société et transactions

Car, en dépit de la dualisation des acteurs s'affrontant pour la conquête de la légitimité, Wolfgang Streeck considère chaque camp de la même manière, à partir de l'articulation entre finalité de «justice» et pouvoir, qui traduit pour lui l'idée de légitimité. Mais, si cette articulation a été la cible de la révolution néolibérale, n'est-il pas nécessaire de la comprendre autrement que comme un processus de légitimation ? En effet, selon ce raisonnement, justice de marché et justice sociale sont des finalités aux valeurs concurrentes. Pourtant, ces deux idées de justice sont en réalité corrélées, ou mises en œuvre par les mêmes politiques économiques et défendues par les mêmes procédures de légitimation. Par conséquent, la révolution néolibérale se caractérise moins par le fait qu'elle propose un autre modèle, concurrent, de société (abandonnant la solidarité, le compromis, ou le bien vivre), qu'elle n'est en réalité tout entière dans des technologies de pouvoir – ses expédients économiques et ses processus de légitimation – pouvant servir des finalités opposées.

La dette privée et publique, au même titre que l'inflation, ne permettent plus de distinguer les modalités d'exercice du gouvernement des politiques économiques, quelles que soient les populations visées et les finalités que ces politiques se donnent. Ce sont des technologies de gouvernement. Mais, dans ce cas, la dialectique opposant deux formes de justice révèle en réalité ce qui caractérise la révolution néolibérale, à savoir qu'elle rend indifférents ces « choix de société » puisqu'elle en escamote le moment politique dans des technologies de gouvernement. Le moment de l'élection se limite à avaliser après-coup des bouleversements politiques inhérents à des instruments financiers élaborés hors de l'arène démocratique. On mesure ici la distance qui sépare les analyses du néolibéralisme proposées par Streeck de celles de Foucault, dans *Naissance de la biopolitique*. Le philosophe insistait sur deux points en particulier. D'une part, le fait que la révolution néolibérale a consacré une évolution commencée dès le libéralisme du XVIIIe siècle, qui a vu naître un acteur politique d'un genre nouveau, la société civile, composée de sujets politiques qui sont avant tout des sujets d'intérêt, se conduisant selon une logique identique, quand bien même leurs intérêts respectifs entrent en contradiction. Il déplaçait ainsi l'axe du pivot capital/travail de la lutte des classes à la relation entre gouvernants et gouvernés. En outre, il permettait de comprendre la progressive confusion entre des droits civiques, ou objectifs, relevant de l'expression politique de la société civile, et des droits sociaux, ou subjectifs, appartenant dès leur naissance à l'orbite d'une gouvernementalité plus générale. D'autre part, il identifiait comme technologies de gouvernement les modes d'intervention normatifs, omniprésents, de l'État néolibéral qui gouverne par la mise en place de l'environnement économique – instruments de gestion, facilitation du crédit –, favorisant, pour les gouvernés, la poursuite de leurs intérêts selon un certain nombre de canaux prédéfinis.

Michel Foucault se refusait ainsi à séparer la rationalité économique et la rationalité politique, en montrant que l'État n'est qu'un effet de formes mobiles de gouvernementalité dans lesquelles le néolibéralisme, comme forme de rationalité, et le capitalisme, comme force de commandement social, trouvent des moyens. Mais il allait aussi plus loin par sa distinction analytique entre sujets de droits et sujets d'intérêt. Si, à ses yeux, le sujet politique est devenu un sujet d'intérêt, la division entre droit et intérêt, inhérente à l'*homo œconomicus*, demeure la faille dont la réduction constante fait la prospérité de la gouvernementalité. Foucault permet de repérer une autre dynamique d'affrontement au sein du social, en identifiant l'axe de résistance à la domination aux luttes contre l'individualisation et l'étatisation des conduites économiques engendrées par la gouvernementalité. Foucault montre en effet qu'individualisation et étatisation vont de pair[5]. Dans la mesure où les sujets d'intérêt participent par leurs intérêts mêmes au fonctionnement de la gouvernementalité, c'est leur volonté d'être gouvernés, mais « pas comme ça, pas pour ça, pas par eux[6] », qui peut se

---

5. « Sans doute le problème philosophique le plus infaillible est-il celui de l'époque présente, de ce que nous sommes à ce moment précis. Sans doute l'objectif principal aujourd'hui n'est-il pas de découvrir, mais de refuser, ce que nous sommes. Il nous faut imaginer et construire ce que nous pourrions être pour nous débarrasser de cette sorte de "double contrainte" politique que sont l'individualisation et la totalisation simultanées des structures du pouvoir moderne. On pourrait dire, pour conclure, que le problème à la fois éthique, politique, social et philosophique qui se pose à nous aujourd'hui n'est pas d'essayer de libérer l'individu de l'État et de ses institutions, mais de nous libérer nous de l'État et du type d'individualisation qui s'y rattache. Il nous faut promouvoir de nouvelles formes de subjectivité en refusant le type d'individualité que l'on nous a imposé pendant plusieurs siècles. » (Foucault, 1985, p. 307-308).
6. « Or de cette gouvernementalisation, qui me paraît assez caractéristique de ces sociétés de l'Occident européen au XVIe siècle, ne peut pas être dissociée, me semble-t-il, la question du "comment ne pas être gouverné ?" Je ne veux pas dire par là que, à la gouvernementalisation, se serait opposée dans une sorte de face-à-face l'affirmation contraire, "nous ne voulons pas être gouvernés, et nous ne voulons pas être gouvernés du tout". Je veux dire que, dans cette grande inquiétude autour de la manière de gouverner et dans la recherche sur les manières de gouverner, on repère une perpétuelle question qui serait : "comment ne pas être gouverné comme cela, par cela, au nom de ces principes-ci, en vue de tels objectifs et par le moyen de tels procédés, pas comme ça, pas pour ça, pas par eux". » (Foucault, 1978, p. 37-38).

retourner en contre-pouvoir capable de résister aux différentes technologies de gouvernement, sur un autre terrain que celui du supposé sujet de droit démocratique.

L'analyse foucaldienne de la gouvernementalité déplace les limites du cadre d'analyse en termes de légitimité politique et d'une conception du politique captive des institutions étatiques. Elle rend possible d'étendre la démocratie aux luttes politiques qui ne se font plus ni pour, ni contre, l'État, mais en dehors de lui. Mais, surtout, elle permet de radicaliser les enjeux de la description de la révolution néolibérale en mettant l'accent sur des formes de subjectivation antérieures au partage du politique et de l'économique. Il est remarquable que Streeck sorte lui-même des limites de son périmètre analytique lorsqu'il montre que, pendant ces quatre dernières décennies, la « conquête de la légitimité sociale et culturelle » s'est effectuée par l'adhésion populaire au mode de vie consumériste. Il rejoint ainsi ce que le philosophe français Stéphane Haber nomme, d'après Foucault, la révolution de la subjectivation néolibérale[7]. Dans la section « Capitalisme ou démocratie », Streeck insiste en effet sur ce motif de la crise de la démocratie, sans s'en tenir au symptôme jusqu'alors mis en avant de la baisse de la participation aux élections mais sans recourir au motif de l'aliénation du mode de vie consumériste. Il y a là comme une faille conceptuelle dans l'analyse de Streeck, indiquant que son propre cadre analytique ne suffit peut-être pas pour saisir complètement la constellation qu'il essaie de décrire. L'analytique foucaldienne refuse, elle, ouvertement le vocabulaire de l'aliénation, parce qu'elle traque l'action de la gouvernementalité biopolitique jusque dans les transformations de la subjectivité. Elle y substitue le terme de subjectivation pour désigner une production qui relève historiquement des logiques distinctes de la constitution des savoirs sur le sujet, des pratiques d'assujettissement et de domination, et des techniques par lesquelles chacun ne cesse de se déprendre des conduites imposées, et d'apprendre à se conduire. La subjectivation se conçoit comme le produit instable d'assujettissements et de déprise de soi par travail sur soi. À partir d'une telle dynamique il est alors possible d'identifier le processus de subjectivation qui caractérise le sujet d'intérêt, son adhésion à la gouvernementalité, mais aussi bien ses résistances éventuelles.

Un passage du livre, en particulier, touche ce maillon d'étatisation des conduites individuelles qui conduit au point de crispation du sujet d'intérêt sur le sujet de droit : Streeck y rappelle que l'émancipation des femmes,

---

7. Haber (2012). Voir aussi Dardot & Laval (2010).

combattant pour un droit au travail et des salaires égaux a, elle aussi, joué un rôle social et culturel. Il met ainsi en évidence, dans les pratiques, l'opinion et les modes de vie, une modalité autre de légitimation du « travail aliéné » (Streeck, 2014, p. 25). Cette légitimation inattendue du salariat, qui pourrait relever chez Streeck de cette sorte de *contrat social informel* par adhésion au capitalisme via la mutation des modes de vie, ne suggère-t-elle pas plutôt la nécessité de considérer autrement le rapport entre la société et son gouvernement ? Ne voit-on pas ici le devenir-sujet d'intérêt, une subjectivation des femmes réclamant ce qui ne relève pas seulement de l'égalité des droits, mais aussi d'une manière de se vivre comme sujet social en conquérant leur indépendance financière ? L'État néolibéral est un révélateur de ce qu'est la forme de la gouvernementalité : la normation formelle de gouvernés devenus sujets d'intérêt.

Là encore, l'analytique foucaldienne donne un sens à ce qui apparaît paradoxal aux yeux de Streeck. Son analyse paradoxale du salariat comme condition d'émancipation des femmes suggère une autre circulation du pouvoir entre économie et société. Elle pose en tous les cas le problème de savoir non pas à quel titre – force de reproduction ? – les femmes, les hommes et la famille sont (devenus ?) ces entités atomisées que Streeck considère comme étant idéologiquement aliénées, mais par quels renversements des rapports de force l'émancipation pourrait se conquérir, à égale distance du salariat patriarcal et du travail invisibilisé qui l'a toujours servi, par exemple en mobilisant des activités productives, ou d'échange, soustraites à la logique de l'accumulation capitaliste[8].

L'analyse foucaldienne du néolibéralisme déplace ainsi le motif marxien des mécanismes de la production, de l'échange et de la consommation. Elle repère dans la doctrine néolibérale la centralité des analyses de Gary Becker sur le travail transformé en capital humain à l'origine d'une conduite économique pratiquée, « mise en œuvre, rationalisée, calculée par celui qui travaille » (Lazzarato, 2011, p. 6) ; et elle permet d'identifier « les modulations qualitatives du travailleur, ses choix, ses comportements, ses décisions » *(ibid.)*. Plutôt que d'en appeler au réveil critique, elle permet de comprendre, sans les culpabiliser, comment des femmes, et non une classe genrée, n'ont pas seulement été des *acteurs* passifs, objets d'une loi de l'offre et de la demande sur le marché du travail, mais les *sujets actives* de l'extension néolibérale du salariat.

---

8. Voir par exemple James (2012).

En cherchant les formes sociales et culturelles de légitimation du néolibéralisme, Streeck indique donc bien l'urgence de se dessaisir de l'épistémologie des découpes de rationalités, et de leur distribution entre «économie», «société» et «politique». Empruntant les habits d'un historien marxiste des idées, il met d'ailleurs en avant comment un tel découpage aura été, en réalité, une rationalisation historiquement passagère, reflet de ce compromis de classe précaire dont il voit disparaître les fondements. La perspective foucaldienne peut porter plus loin l'analyse de Streeck. Dans la mesure où, par son nominalisme de principe, elle considère *la société* comme un corrélat des technologies de la gouvernementalité libérale et néolibérale[9], elle permet de desserrer des logiques de subjectivation hétérogènes que l'analyse de Streeck enferme dans un étau d'oppositions binaires. La société représente l'ensemble des relations juridiques, économiques, culturelles, sociales où les dispositifs juridiques, économiques, culturels et sociaux ne sont ni séparés ni contradictoires, mais conditionnent des conduites diversifiées, qui sont autant de possibilités de tordre les prescriptions de la gouvernementalité dans le sens d'une contre-conduite. L'économique n'y est pas l'autre du politique ou du culturel. La société et l'économie n'apparaissent plus comme des espaces de rationalités autonomes, et l'État n'est plus un appareil séparé du corps social, objectif central de toutes les luttes politiques, devant être détruit ou démocratisé une fois sa nature propre dénoncée.

Bien évidemment, tout oppose ces perspectives, en termes théoriques comme en termes stratégiques. Le cadre foucaldien ne conduit pas à soutenir les mouvements sociaux au nom d'une liberté inhérente à la nature de la société civile, ni à critiquer les services publics parce qu'ils seraient étatisés, mais il permet d'analyser les stratégies qui leur sont inhérentes parce qu'elles sont le produit de relations de pouvoir. Cette perspective déplace l'analyse critique du social de la logique de domination inhérente à la relation capital/travail vers la logique des ambivalences du devenir sujet d'intérêt. Elle avère ainsi que Streeck présuppose en réalité qu'un peuple «national étatique» de citoyens serait une entité susceptible de n'être pas prise par ce devenir «sujet d'intérêt», mais aurait d'autres finalités de justice redistributive, d'égalité, de préservation de la nature, etc., qu'il saurait garder contre leur socialisation néolibérale. Nonobstant la tradition gauloise d'irréductibilité, comment un

---

9. «Société civile, donc, comme élément de réalité transactionnelle dans l'histoire des technologies gouvernementales, [...] qui me paraît tout à fait corrélative de cette forme même de technologie gouvernementale que l'on appelle le libéralisme, c'est-à-dire une technologie de gouvernement ayant pour objectif sa propre autolimitation dans la mesure même où elle est indexée à la spécificité des processus économiques.» (Foucault, 2004, p. 305-307).

peuple, national ou étatique, pourrait-il s'exempter de ce devenir sujet d'intérêt, à moins de substantialiser sa résistance ?

Il ne s'agit pas de caricaturer la conception de la démocratie ébauchée dans cet essai en opposant démocratie par en haut et démocratie par en bas, ou, dit autrement, une idéalisation des institutions démocratiques à une forme d'analyse et de critique qui les met entièrement hors-jeu. Car il est particulièrement clair, concernant l'Europe, qu'aux yeux de Streeck la légitimité institutionnelle du Parlement européen n'est pas démocratique, et que les eurocrates ne méritent aucune confiance démocratique. La sensibilité exprimée dans ce livre pour le mouvement des Indignés démontrerait, s'il le fallait, une généreuse confiance dans la capacité collective à animer la vie démocratique en dehors des procédures électorales. Mais le souci du réalisme des médiations concrètes, capables de ramener un fonctionnement démocratique des institutions, ne conduit l'auteur ni à envisager des forces sociales selon d'autres horizontalités, susceptibles d'ajointer autrement droits subjectifs et droits objectifs – qu'elles soient intersectionnelles, de classe, de genre ou de race –, ni selon d'autres échelles que celles historiquement fondées sur la nation. De la capacité qu'il resterait aux nations constituées de servir – certes comme pis-aller – à la reconstruction de gouvernements fidèlement attachés à une rationalisation de *l'hubris* capitaliste, cet essai ne semble jamais douter. Pour Streeck, si la démocratie a failli, c'est parce qu'elle a perdu le lien que l'État fiscal établit entre une communauté productive et le niveau de redistribution lui permettant de se reproduire. Au mouvement structurel de ce basculement s'ajoute, au niveau idéologique, dans son analyse, la concentration sur la question de la légitimité. C'est la dégénérescence de l'État fiscal en État débiteur qui apparaît comme le nœud gordien de la dé-démocratisation. L'État reste donc la solution et le problème. C'est ce dilemme que la perspective foucaldienne permet d'identifier en ouvrant des stratégies de convergence aux résistances disséminées dans l'ombre de l'État néolibéral.

D'un peuple qui ne manque pas

Une telle ouverture est d'ailleurs suggérée non seulement par les failles du dispositif conceptuel de Streeck, qui deviennent manifestes dans son analyse embarrassée du cas des femmes et du consumérisme, mais elle est clairement annoncée dans la section intitulée « Une crise financière due à une défaillance de la démocratie ? », où Streeck oppose la fable de la dé-démocratisation de l'État débiteur à un autre récit, celui d'un échec de la démocratie.

Il apparaît alors que «l'aggravation de la crise fiscale après 2008 n'est pas due à un excès de démocratie, mais tout simplement à la crise financière» (Streeck, 2014, p. 80, 81-83). La preuve en est que l'endettement étatique n'a pas servi une redistribution de la prospérité, mais, au contraire l'accroissement vertigineux des inégalités de revenus au sein des sociétés occidentales (*ibid.*, p. 85-86). Streeck prend alors acte de la corrélation entre participation électorale et accroissement des inégalités. Dans un raisonnement qui rappelle le brouillage des frontières entre comportement économique et conduite politique de *Défection et prise de parole*, d'Albert Otto Hirschman en 1970, il fait de la baisse de la participation électorale une solution «exit» face au monopole de la légitimation politique électorale. La réforme néolibérale aura donc utilisé un endoctrinement social qui a réussi à disqualifier toute définition substantielle de la justice au profit de la justice purement formelle des marchés. Toute politique redistributive est dès lors assimilée à la distribution de prébendes à des électeurs stratégiques: fonctionnaires, chômeurs, etc.[10]. Là encore la force de ce point de vue consiste à réintroduire la sémantique du pouvoir dans la rationalité économique sans se contenter de retourner l'analyse en termes idéologiques. Il montre bien que le récit néolibéral de dé-légitimation de l'État-Providence utilise un argument immanent à la logique de la démocratie représentative libérale, en dénonçant, au nom d'un «dévoilement» des *intérêts* électoraux qu'elle sert, toute prétention à la justice sociale comme idéologique. Streeck démontre ainsi la force de ce récit et sa capacité à fournir un contre-récit de légitimation. Or, même si la réforme néolibérale et la rationalité de critères apparemment purement formels de justice de marché distributive obéissent aussi, en réalité, à des critères normatifs de justice, «ceux du propriétaire et du gestionnaire de capital» (Streeck, 2014, p. 95), il est vrai aussi qu'aucune contre-critique n'est parvenue à contester cet argumentaire néolibéral qui accuse la justice sociale de répartition des richesses de relever d'une logique d'intérêts particuliers.

---

10. L'opposition capitalisme et démocratie se ramène à deux formules concurrentes de répartition: la justice de marché et la justice sociale. Par justice de marché, il faut entendre «la répartition des résultats de la production en fonction de l'évaluation des prestations individuelles réalisée par les participants au marché; participation exprimée par leurs prix relatifs» (Streeck, 2014, p. 93). L'auteur établit non pas la pertinence de ce critère formel, mais sa force pour l'adhésion au néolibéralisme. La rationalisation de l'économie se présente comme étant finalisée par la conviction de la dimension irrationnelle de la politique. Voir sur cet argument contre le national-socialisme, l'analyse par Michel Foucault (2004) des arguments ordolibéraux.

Il y a dans cette impuissance de la critique effectivement de quoi motiver une réflexion de fond, sinon sur les limites inhérentes à toutes sciences sociales, du moins sur la capacité des sciences sociales à vitaliser la force émancipatrice des savoirs critiques[11]. Streeck, qui a pris la mesure du problème, en appelle à une redéfinition du rôle des intellectuels :

> Les intellectuels critiques devraient considérer que leur tâche consiste à intensifier ce sentiment [de ne pas être pris au sérieux par les gouvernements]. Ils devraient cesser de donner des gages à tous ceux dont la position hégémonique dépend d'un seul fait : du fait que tout un chacun reconnaisse l'absence de toute autre option. L'exigence insupportable de devoir croire à l'absurde, lorsqu'elle est le fait d'autres mortels, porte rapidement atteinte à la dignité humaine. (Streeck, 2014, p. 220)

Tout espoir n'est donc pas perdu et l'on retrouve ici l'incantation à la capacité d'indignation dans laquelle, de ce côté du Rhin, un économiste critique comme Frédéric Lordon place sa confiance révoltée. Mais leur inflexion vers un changement de pratiques ne semble dirigée que vers ces intellectuels organiques que Gramsci qualifiait de traditionnels ; ce sont eux qui sont sommés de dégager d'autres « options ». Les critiques énoncées sur les Places du monde ne semblent pas assez soucieuses de re-légitimer l'État-nation… Car, sans ce contre-récit où s'affrontent deux légitimités concurrentes à travers deux modèles de justice incompatibles, c'est tout l'édifice de la légitimation de l'État-providence qui s'effondrerait, pour laisser place à des revendications autres. Mais tout se passe comme si les exigences du capitalisme post-démocratique ne pouvaient se contester que par la rage de la rue, ou la reconquête mélancolique de l'État-nation. Le vocabulaire se met à trembler.

D'un côté, il y a une stratégie, des finalités et des moyens qui attaquent les missions redistributrices et assurantielles de l'État au nom d'une rationalité du capitalisme que la critique révèle acéphale et prêt à miner ce qui assure ses propres fondations : l'État de droit, la paix et la sécurité des circuits d'échange ; de l'autre, une démocratie faite de sujets d'intérêt tout autant déraisonnables et qui ne connaîtraient à ce jour qu'une assise institutionnelle solide, celle de l'État-nation. Sans entrer dans le vif des débats qu'a suscité

---

11. Par exemple à la manière dont Jacques Rancière a pu le faire vis-à-vis de la captation de ce que Luc Boltanski et Ève Chiapello (1999) avaient appelé la « critique artiste », mais peut-être aussi dans les termes de cette attitude critique avec laquelle Michel Foucault avait tendu des ponts vers la Théorie critique à l'orée des années 1980. Voir Foucault (1978).

pour Habermas cette « nostalgie » pour la forteresse État-nation, on peut se demander comment le marxisme qui anime les analyses réalistes de Streeck le pousse à une telle défense au nom de la démocratie.

Pour s'en tenir à la dimension nationale de la dette publique, des débiteurs et des créditeurs, il semble en effet difficile d'adopter la découpe sociopolitique par laquelle le sociologue identifie les acteurs du piège néolibéral. Qui a acheté, avec quel argent, quel temps et à qui ? C'est bien à ces questions que veut répondre le livre, sans s'envoler dans les nuées d'une métaphysique de la finance. Il s'agit d'identifier les véritables détenteurs du pouvoir créditeur derrière les simulacres des mandats représentatifs. L'habileté et la force du raisonnement consistent à livrer le drame de la dette publique au jeu d'acteurs identifiables. Mais, ce faisant, n'entérine-t-il pas de la manière la plus orthodoxe la dramaturgie d'une dette publique insoutenable ? La dette, qui se place au cœur de la confrontation entre démocratie et capitalisme, est forcément conçue comme une dette insolvable. Sans doute, alors, la possibilité de marquer sa souveraineté pour un État consiste-t-elle dans son droit à ne pas honorer une dette. Streeck rend ainsi hommage à David Graeber. Mais il reste sur le seuil d'une conception de l'acte souverain homogène à l'idée culpabilisante de dette insolvable.

Une dette est la contrepartie d'un emprunt, mais, comme le titre l'atteste, il s'agit ici d'un emprunt de temps. La dette publique est le moyen par lequel les gouvernements ont gagné du temps pour payer ce que Streeck a appelé « la justice sociale ». L'expression française assimile les expressions « acheter du temps » et « gagner du temps », et fait entendre l'ambivalence d'un projet d'expédient. Le livre se conclut ainsi sur l'idée d'un Bretton Woods européen pour *gagner du temps*, c'est-à-dire en redonner aux peuples nationaux pour « réparer provisoirement les composantes restantes de cet État-nation, de façon à ralentir les avancées foudroyantes de la conquête capitaliste advenues dans le cadre d'une démocratie post-nationale […] ». Mais il y a là encore une tension. Se donner du temps, ouvrir une temporalité nouvelle est effectivement fidèle à la conception principielle de la démocratie représentative d'une autoconstitution donnant naissance à un peuple. Or, dès lors que nous restons dans un temps qui fait l'enjeu de la transaction, il faut comprendre que la dette n'est pas seulement ici entendue comme une relation économique, mais aussi comme une relation sociale, une relation de pouvoir. Le temps qui est acheté est celui de la longévité au gouvernement des élus ; c'est le temps des hommes politiques. C'est alors qu'entre en jeu la dimension sociale et politique de la dette, recouvrant métaphoriquement la relation économique. Le sociopolitiste sait que le temps que la monnaie achète est le temps de la légitimité, le temps de la confiance dans l'État néolibéral. Une confiance selon les conditions de légitimité institutionnelles démocratiques. Les créditeurs ont descellé le lien organique de la confiance politique qui unit dans une démocratie l'État de droit et le peuple, ce *Staatsvolk*, ou peuple d'État, qui, par le jeu électoral, légitime ou délégitime les gouvernements. On pourrait aussi, dans un premier temps, appeler cette confiance une confiance psychologique, encadrée par les lois républicaines de transparence des gouvernants et des représentants. Mais ce lien de confiance là est en réalité du même ordre que celui qui unit le peuple de marché à l'État néolibéral. Une confiance dans les mécanismes fiscaux qui traduisent l'organicité du peuple d'État. Mais les créditeurs de l'État débiteur se sont-ils introduits dans leurs relations comme un tiers ? Il semble que, pour Streeck, ces créditeurs soient plutôt comme un concurrent des faiseurs classiques de la légitimité de l'État : un autre peuple, le *Marktvolk*. Un peuple qui peut légitimer l'État qu'il a façonné à sa guise, ou le délégitimer en pratiquant l'évasion fiscale, la fuite des investissements, etc. Comment comprendre cette contraction entre peuple, électeurs, créditeurs ?

Le livre ne dit pas comment desserrer ces identifications. Les « gens de marché » sont-ils sans attache « sociale et culturelle », nationale, ethnique ; ou, au contraire, sont-ils nationalement constitués de sorte qu'il faille envisager des *Marktvölker* nationaux en concurrence entre eux, mais aussi en concurrence avec plusieurs *Staatsvölker* ? Les opérateurs de marchés et les lobbyistes forment sans aucun doute des populations analysées par la sociologie critique, mais sans même évoquer le risque que comporte la théorisation de ces élites comme peuple, ces dualismes emboîtés (justice de marché pour gens de marché, justice sociale pour peuples nationaux) ne tombent-ils pas sous le coup d'une conceptualité trop abstraite ? Car la conceptualité du peuple d'État finit par opacifier précisément ce que Streeck souhaitait mettre en avant : la manière dont le capitalisme s'enracine en lui. Si l'État fiscal s'est vu remplacé, ou soumis, à l'État débiteur, n'est-ce pas précisément parce que les capitaux nationaux, et non seulement la monnaie mondiale ou déterritorialisée, peuvent migrer dans un espace non national et menacer ainsi directement l'État fiscal ?

En quoi les « gens de marché » font-ils peuple sinon par le jeu sémantique de leur opposition au peuple national ? L'analyse sociopolitique de ce que d'autres appellent les « 1 % », ou l'élite financière, implique de définir en quoi ce peuple consiste. Le vis-à-vis de ces deux peuples brouille les cartes. Certes, Streeck ne schématise pas une pure superposition entre les deux, qui abandonnerait le peuple d'État aux fantasmes d'une communauté nationale unifiée, mais ce sont les prémisses même de l'analyse qui reviennent compliquer la scénographie de cette lutte de peuples. Parti d'une accentuation forte sur la dureté que la contrainte néolibérale fait peser sur des sociétés progressivement privées de services publics et d'assurance chômage, on se retrouve avec un peuple d'État dont on a peine à imaginer qu'il n'est pas traversé par des divisions accentuées par la domination du « peuple de marché ». Que l'on appelle la réalité « capitalisme démocratique » ou « compromis fordiste » pour contourner cette question, cela ne change rien au fait qu'il faut bel et bien définir comment le système capitaliste distribue sa domination à chacun des niveaux sociaux envisagés, local, national ou européen.

La dernière partie du livre se montre soucieuse de capter la chair de ce peuple de marché en envisageant la situation grecque. En toute cohérence avec l'analyse générale, il faut conclure que ce peuple de marché instrumentalise l'État. Mais n'est-il mu que par la seule vision contractuelle des relations sociales, et désireux de la seule marchandisation du monde ? Si, comme on l'a suggéré, ces gens de marché ne peuvent être identifiés autrement que comme des acteurs liés par des statuts de droit à des législations nationales – acteurs dans l'économie nationale comme ils le sont dans l'espace dérégulé de la globalisation financière –, n'est-ce pas alors la solution réaliste d'un retour à l'échelle nationale pour reprendre le contrôle de la régulation du capitalisme qui s'avère irréalisable ? Le nœud coulant qui enroule la légitimité de l'État-nation à l'endettement public et le service de la dette au remboursement des « gens de marchés » peut sans doute être tranché de différentes manières, mais du seul point de vue de la théorie, il peut aussi laisser échapper d'autres perspectives.

Retenons-en une pour conclure. Le peuple ne manque pas. Il ne manque pas, mais la perspective de Streeck le cache. En pensant deux peuples concurrents, il cherche en réalité à réveiller le peuple démocratique là où il ne peut pas être, dans la fusion citoyen-salarié-épargnant. Cette entité-là ne manque pas, parce qu'elle prend consistance dans la subjectivation des sujets d'intérêt. Elle ne saurait être défaite par une invocation au retour du primat du sujet de droit qui arc-boute le citoyen aux prérogatives que lui a conférées l'État-nation. Cette stratégie n'est pas trompeuse parce qu'elle serait « nationaliste », mais parce qu'elle fait l'impasse sur une théorie du sujet de l'économie. Dans la perspective foucaldienne sur le néolibéralisme, le tranchant de la révolution libérale se caractérise dans le nouage des déterminations juridiques et politiques, normées par les idéaux démocratiques, avec les déterminations économiques. Enfermé par les catégories de peuple et de citoyen, Streeck veut re-politiser l'économie politique pour reconquérir le pouvoir perdu par les peuples, en dénonçant la révolution néolibérale ; mais il la décrit essentiellement en se concentrant sur ses effets (les politiques économiques des institutions étatiques nationales et supranationales) et leurs conséquences démocratiques, sans éclairer la nature du changement révélé par cette révolution, à savoir, le changement du rapport au pouvoir lui-même.

L'espace national de la souveraineté invoqué par Streeck est peuplé de sujets qui sont sujets de droits *et* sujets d'intérêt. Ils transforment la nature de la souveraineté démocratique parce qu'ils ne confient ni leur pouvoir, ni leur intérêt, ni leur liberté à une souveraineté susceptible d'en réguler l'ordonnancement pacifique au nom de telle ou telle forme de justice. L'analytique de la gouvernementalité montre l'indissociabilité entre liberté et pouvoir, et permet de voir que l'exercice du pouvoir en est radicalement transformé, parce qu'il s'ordonne « à la rationalité de ceux qui sont gouvernés[12] ». Que Foucault ait vu dans le néolibéralisme des années 1960 un projet de société plus libre ou qu'il ait, au contraire, dénoncé dans la gouvernementalité biopolitique les principes d'une sélection incompatible avec les idéaux de l'État de droit démocratique demeure sujet de controverses qu'il ne s'agit pas de trancher ici[13], mais il est sûr que ce changement n'est pour lui ni l'effet d'une ruse du pouvoir oligarchique, ni le signe d'une reconquête populaire.

―――― **Bibliographie** ――――

Abélès Marc (2015), *Penser au-delà de l'État*, Paris, Belin.

Becker Gary, Ewald François & Bernard E. Harcourt (2014), « Gary Becker dialogue avec Michel Foucault », *Socio*, 3/2014, [journals.openedition.org/socio/702].

Boltanski Luc & Ève Chiapello (1999), *Le nouvel esprit du capitalisme*, Paris, Gallimard.

Crouch Colin (2013), *Post-démocratie*, Zurich-Berlin, Diaphanes.

— (2008), « After Privatized Keynesianism », *Compass*, 41, p. 1-5.

Dardot Pierre & Christian Laval (2010), « Néolibéralisme et subjectivation néolibérale », *Cités*, n° 41, 2010/1, p. 35-50 [cairn.info/revue-cites-2010-1-page-35.html].

―――

12. Foucault (2004, p. 316).
13. Voir Becker, Ewald & Harcourt (2014).

Foucault Michel (2004), *Naissance de la biopolitique, Cours du Collège de France, 1978-1979*, Paris, Gallimard-Seuil.

— (1985 [1982]), « Deux essais sur le sujet », *in* H. Dreyfus & P. Rabinow (dir.), *Michel Foucault, un parcours philosophique*, Paris, Gallimard.

— (1978), « Qu'est-ce que la critique ? [Critique et Aufklärung] », *Bulletin de la Société française de Philosophie*, Compte rendu de la séance du 27 mai 1978 révisé, à partir de la transcription de Mme Monique Emery, par MMe Suzanne Delorme, Christiane Menasseyre, MM. François Azouvi, Jean-Marie Beyssade et Dominique Seglard.

Haber Stéphane (2012), « Du néolibéralisme au néocapitalisme », *Actuel Marx*, n° 51, 2012/1.

Hirschman Albert O. (1995 [1970]), *Défection et prise de parole*, Paris, Fayard.

James Selma (2012), *Sex, Race and Class. The Perspective of Winning, A Selection of Writings 1952-2011*, Londres, Merlin Press.

Lazzarato Maurizio (2011), *La fabrique de l'homme endetté. Essai sur la condition néolibérale*, Paris, Éditions Amsterdam.

Streeck Wolfgang (2014), *Du temps acheté. La crise sans cesse ajournée du capitalisme démocratique*, Paris, Gallimard.

Jean-Michel Rey

Immuniser l'Europe contre le réel politique
Réflexions sur la rhétorique de l'économie politique contemporaine

> Moi. – Alors vous voulez me vendre du temps ?
> Lui. – Du temps ? Du temps, tout uniment ? Non, mon cher, le diable ne débite pas cette marchandise. Ce n'est pas à cet effet que nous avons payé le prix nécessaire pour que la fin nous appartienne. De quel genre de temps s'agit-il ? Tout est là. D'un temps de grandeur, d'un temps de folie, d'un temps absolument diabolique où tout se meut en hauteur et en sur-hauteur – et aussi, en retour, un peu misérable naturellement, profondément misérable, non seulement je le concède mais je le souligne avec fierté, car cela est juste et équitable, à la manière et dans la nature des artistes qui, on le sait, ont toujours penché vers l'excès dans les deux sens, il leur est très normal de faire craquer un peu les cadres.
>
> Thomas Mann[1]

La grande question au centre du livre de Wolfgang Streeck[2] est à l'évidence celle du temps ; plus précisément, et c'est le sens du sous-titre, la dimension du temps propre au capitalisme moderne européen. Ce système prend son essor dans l'immédiat après Seconde Guerre mondiale en devenant la forme dominante de notre présent, la raison des contraintes fortes qui se font jour depuis quelques années dans cet espace. Un certain type d'« ajournement » est à l'œuvre dans un tel processus et c'est un des objectifs de la démarche

---
1. *Le Docteur Faustus* (1996, p. 582).
2. Wolfgang Streeck (2014), *Du temps acheté. La crise sans cesse ajournée du capitalisme démocratique*, Paris, Gallimard.

de Wolfgang Streeck d'en préciser la nature et d'en décrire les principaux aspects. Un tel propos a déjà été abordé ailleurs et auparavant, sous des formes manifestement différentes; il est ici repris et comme systématisé, en rapport avec les trois étapes que prend, selon l'auteur, l'État après 1945 dans les grands pays européens : l'État *fiscal* des années d'après-guerre, l'État *débiteur* autour des années 1980 et, pour finir, l'État *de consolidation* contemporain de la grande crise financière de 2008. L'hypothèse que l'on peut faire dans cette perspective reviendrait à dire que le capitalisme, dans ses modalités actuelles, constitue effectivement une définition conséquente du temps et donne du même coup à celui-ci l'équivalent d'une légitimité : ce qui s'est formé dans les dernières décennies obéit à une sorte de processus de plus en plus visible. Cette conception s'impose en conférant au temps un sens, c'est-à-dire, tout à la fois, une orientation semblant irréversible et une signification que l'on se doit de dégager, notamment quand on est dans une période de crise aiguë, comme c'est le cas depuis quelques années dans toute l'Europe. On peut dater cet événement de plusieurs façons, en montrer des antécédents ; la date de 2008 est la plus conséquente pour le propos qui est celui de l'auteur. Cette crise oblige par conséquent à poser des questions nouvelles touchant aux formes d'organisation de toute la temporalité sociale; elle nous pousse à regarder de plus près les figures classiques du développement et, éventuellement, à réfléchir aux modalités du dépassement (que l'on pourrait croire dialectique) d'un moment par un autre; les difficultés s'en trouvent évidemment accrues. De divers côtés cette crise trouve d'ailleurs à s'énoncer : il faut donc être attentif aux modalités de cette présentation, aux figures rhétoriques qu'elle emprunte, ou qu'elle semble inventer pour la circonstance. D'autant plus, qu'ici ou là, on semble éviter soigneusement d'aller à l'essentiel, en misant sur un avenir de l'ordre d'une amélioration; comme un mutisme fait de bavardages.

Ce sont, pourrait-on dire, *les rêves du capitalisme contemporain* qui sont ici décrits et en partie analysés – des rêves qui, pour la dernière phase en tout cas, sont plutôt de l'ordre d'un cauchemar dont on ne parvient pas à s'éveiller; des imaginations d'ordinaire assez sommaires qui poussent à aller toujours plus avant. On notera que, dans ce livre, le capitalisme devient le sujet de bon nombre de phrases. Comme si, pour rendre compte de certains aspects du réel économique, dans des moments où plus rien ne va de soi, il fallait obligatoirement faire du système économique capitaliste un Être consistant qui commande des attributs de première importance. On peut légitimement se demander si la crise ne change pas quelque peu les formes courantes de la grammaire, si elle ne pousse donc pas à questionner à nouveaux frais les rapports connus de la prédication. On serait donc en présence du Sujet par excellence dans lequel une époque croit pouvoir se résumer, par lequel elle se présente dans son aspect le plus déterminant, celui d'une économie qui tient avant tout à absorber en elle les autres caractéristiques du moment, à vouloir les dépasser en les rendant caduques ou inutiles, en les dépossédant de leurs propriétés. L'économie apparaissant comme une dernière instance d'un type inédit en somme. Comme le nouveau centre des préoccupations majeures d'une époque cruciale de l'histoire européenne dans laquelle nombre d'individus – ou d'institutions – ne se reconnaissent plus, ne comprennent plus ce qui advient, et deviennent, de ce fait, ouverts à cette nouvelle représentation, crédules en un mot. Autant dire que l'*analyse* de cet ensemble s'impose plus encore qu'auparavant, qu'elle exige d'autres détours que ceux pratiqués antérieurement. C'est sous le signe d'une véritable urgence que ce livre de Wolfgang Streeck est écrit. L'auteur affirme que, dans un avenir assez proche, une nouvelle crise financière est possible, forcément plus grave que celle de 2008.

Le moment qui occupe l'auteur – l'époque dite de l'*État de consolidation*, c'est-à-dire notre présent même – est, en bref, celui du triomphe complet des principales thèses de Hayek, au détriment de celles de Keynes bien entendu. Affrontement sans merci entre les deux figures majeures de la pensée économique du XXe siècle, entre deux conceptions du monde foncièrement incompatibles. Soit, pour reprendre les énoncés les plus significatifs du livre de Wolfgang Streeck, la domination d'une «économie de marché capitaliste libéralisée et immunisée contre toute pression politique». Pour le dire en d'autres termes, qui précisent un enjeu majeur, il s'agit de la «mise en œuvre autorégulatrice d'une justice du marché, en voie de mondialisation» (Streeck, 2014, p. 160-161). L'auteur parle également, en produisant un néologisme intéressant, d'une «*hayékisation* du capitalisme européen» (*ibid.*, p. 149), en tant que processus qui tend à mettre un terme, souvent sur un mode passablement agressif, à la «dimension démocratique du capitalisme» – à ce qui pouvait du moins en subsister, ces dernières décennies, dans les pays de l'aire européenne. Il est question également, pour circonscrire ce moment déterminant, de la mise en place d'une «*dictature* d'une économie de marché capitaliste», laquelle est de plus en plus «*immunisée* contre tout correctif démocratique». De tels termes sont rares, me semble-t-il, dans le vocabulaire des économistes contemporains ou, plus encore, dans celui des politiques – un hapax qui indique l'importance du propos et, du même coup, la difficulté d'en traiter.

Un système économique a été peu à peu mis en place qui, d'un côté, produit une contrainte sans précédent, s'énonçant dans des termes empruntés à la politique (déterminée sous une forme radicale), et, de l'autre, tient à *se prémunir* contre toutes les atteintes d'un réel dont, par un bien étrange paradoxe, il n'a apparemment que faire : une économie qui trouve donc sa force de développement dans ce qu'elle rejette, ou dans ce qu'elle ne tient pas à connaître, tire son pouvoir de ce qu'elle maintient fermement à distance. Nous serions dans une phase de l'histoire mondiale qui se doit avant tout de repousser hors de son champ des processus dont on juge qu'ils n'ont pas droit de cité, ni aucune raison d'être *encore* à l'œuvre – sans que soit jamais indiquée l'instance à même d'énoncer des jugements de cette nature, sans que soit précisé non plus d'où elle pourrait venir ou de quelle autorité elle pourrait à l'occasion se réclamer. Dictature sans visage s'abritant sous l'alibi du nécessaire développement dans le cadre d'une Union européenne en formation.

Cet infléchissement contemporain du capitalisme de consolidation est ainsi interprété par Streeck comme constituant une véritable *mutilation* du réel et une réduction de ce dernier à un aspect proprement caricatural – ou même, dans certaines occurrences, à une espèce de *corps étranger*. Il est, par conséquent, plus que jamais nécessaire de se soucier des représentations que le capitalisme donne de son domaine d'exercice, de la façon qu'il a de *schématiser* les lieux de son intervention et de *contrefaire* la matière sur laquelle il prétend opérer. De telles représentations permettent de voir, en effet, avec une certaine netteté, le traitement que ce système fait subir aux nations européennes, notamment aujourd'hui aux plus démunies ou aux plus fragiles politiquement – celles dont la démocratie est déjà chancelante. C'est, je crois, ce qui est à l'horizon de ce livre qui prend tous les détours qu'il faut pour en faire état, pour démonter les mécanismes de réduction et, parfois même, les modes de caricature qui sont à l'œuvre dans le système économique de l'Europe contemporaine. Symptômes d'un système poussé, pour continuer à se développer davantage, à se parodier, à grimacer fortement. C'est bien plus qu'un spectre qui hante désormais toute l'Europe.

Comment une union de plusieurs pays peut-elle subsister quand elle se présente sur un mode aussi caricatural, quand elle s'en tient, dans ses déclarations de principe, à des énoncés réducteurs ou à des propos rudimentaires ? Faut-il voir dans ce type d'abaissement une condition d'existence de ce que l'on continue d'appeler l'Europe ? Quel regard sur l'Histoire faut-il avoir pour souhaiter des processus de cette nature, pour les constituer comme les ferments de l'avenir ?

Chose d'une extrême gravité aux yeux de l'auteur, l'Union monétaire, réalisée ces dernières décennies en Europe, ne s'est aucunement souciée de ce que serait, de ce que pourrait être, l'union *politique* du continent européen lui-même. Ce semble être dans ce contexte un problème de moindre intérêt, ou qui doit trouver sa solution dans les aléas de cette construction, un propos qui ne semble pas compter dans une réalisation de cette envergure. Il y a, pour le dire en bref, un fonctionnement autonome des « marchés », qui s'affranchissent de toute forme d'autorité et se développent selon une logique nouvelle en apparence, laquelle paraît miser sur la perspective (pour le moins utopique) d'une indépendance totale – en raison même du vieux principe de l'autorégulation. Ce postulat majeur du libéralisme serait comme un fantasme originaire en voie de s'accomplir grâce à la mise en place de cette Union, de manière quasi automatique. On pourrait même parler, dans un tel contexte, d'une espèce d'*idéalisation de la justice des marchés* – cette justice que l'on suppose toujours suffisante pour régler l'ensemble des problèmes d'un autre ordre, ceux qui relèvent couramment de ce que l'on a appelé la politique depuis des siècles, en Europe précisément, ceux que l'on connaît depuis longtemps, en Occident même, par la tradition de la philosophie politique et par les diverses pratiques qui s'en réclamaient. Une autorégulation dont on tient à croire, et, plus encore, à faire croire, qu'elle n'a plus à faire ses preuves. Son ancienneté sur le vieux continent européen doit parler en quelque sorte pour elle.

Il est facile de voir aujourd'hui les effets de cette grande discordance, par exemple dans le traitement économique qui a été imposé, ces dernières années, à la Grèce tout particulièrement. Wolfgang Streeck fait fréquemment allusion au sort réservé à ce pays, ainsi qu'à quelques pays du sud de l'Europe, à peine mieux traités par l'Europe officielle – comme autant de preuves tangibles des dégâts provoqués par cette façon de faire, par cette logique implacable qui ne semble tolérer aucune restriction, ne reconnaître aucune objection. Un traitement dont, aux yeux de l'auteur, l'Allemagne paraît parfois tirer un certain profit, symbolique autant que financier d'ailleurs.

Pour préciser le sens de sa démarche, l'auteur souligne notamment le différend existant entre la conception de l'économie de Keynes et celle développée par Hayek, en tant que c'est le cadre même dans lequel se joue aujourd'hui une partie décisive pour toute l'Union européenne, et sans doute aussi pour le monde. La première qui semblait dominante à la fin de la guerre – Keynes, on le sait, a participé activement aux réunions de Bretton Woods en 1944, sans réussir d'ailleurs à faire prévaloir ses vues – a été supplantée, en quelques décennies, par les positions ultralibérales de Hayek qui paraissent avoir remporté une victoire définitive, comme en témoignent aujourd'hui, en grosses lettres, les grandes institutions européennes.

Cette prédominance a pour conséquence de condamner d'emblée toute issue alternative possible dans une perspective démocratique. La chose ne se dit jamais en ces termes dans les diverses instances qui préparent l'avenir du continent européen ; il y a des noms propres ou des qualificatifs qu'il est parfois préférable d'éviter d'énoncer, la *diplomatie sémantique* est plus que jamais recommandée dans un tel contexte, et une certaine neutralité dans l'énonciation est de mise ici même. L'Union monétaire européenne est de fait un programme ambitieux qui *uniformise* les économies nationales et les différents modes de vie, et contribue à gommer fortement les différences – non sans violence d'ailleurs, comme on a pu le voir à plus d'un titre ces dernières années, et tout laisse à penser que ce processus n'est sans doute pas arrivé à son terme. C'est même, précise Streeck (2014, p. 275), « l'apogée de la variante européenne du processus d'immunisation néolibérale des marchés capitalistes en voie d'expansion contre toute politique démocratique égalitaire-interventionniste ». Autant dire qu'il y a là un mouvement de très grande ampleur qui va forcément à l'encontre de toutes les formes existantes – et possibles… – de démocratie, et suscite même un affrontement continuel, voire, ce qui est tout aussi grave dans l'optique d'un rassemblement, un « conflit interétatique chronique ». Comme si ce type d'économie engendrait, en se généralisant, une *guerre larvée* entre les États concernés, sans que la chose puisse jamais se dire dans les instances dirigeantes, ni nulle part ailleurs.

Tout semble être fait pour que des termes de cette espèce ne soient jamais prononcés, pour que l'on atténue considérablement, autant qu'il est possible, tous les conflits. Ce serait, en un mot, l'Europe reposant sur un gigantesque processus d'immunisation destiné à durer, voire à s'amplifier dans l'avenir. Qu'est-ce qui pourrait d'ailleurs y mettre un terme ? La politique apparaîtrait[3] alors, dans cette perspective, comme la maladie infectieuse (et infantile…) dont il faut à tout prix se défendre, celle qui risque de

---

3. Faut-il parler au conditionnel ou au présent ? C'est une des questions frontales qui est posée par ce livre. L'auteur semble privilégier le présent. L'hésitation entre ces deux temps indique pour une part la difficulté d'un tel propos, l'instabilité du terrain sur lequel on se déplace – sans parler du fait que, comme Keynes l'a constamment remarqué, il y a dans toutes ces matières des éléments relevant de la « psychologie », de l'impondérable, de l'imprévisible. Il n'y a pas de place, dans cette optique, pour des régularités ou des processus du même ordre qui pourraient se signifier par des lois.

renaître à la moindre occasion, en venant contrecarrer le Projet réunissant les nations européennes.

On perçoit facilement l'intérêt de ce mode d'analyse. Elle peut prendre en compte, en effet, les nombreux *discours* allant dans le sens de cette intégration que l'on dirait à marche forcée *et* les effets déjà visibles de cette violente réorganisation, ceux que l'on peut voir précisément dans ce que l'auteur appelle, d'une expression intéressante, les «États-nations inachevés» de l'Europe du Sud. L'Europe, telle qu'elle se profile, ne paraît pas à même d'aller dans le sens d'un achèvement de ces formes étatiques. Après la crise de 2008, l'analyse peut mesurer bien mieux qu'avant la distance qu'il y a, fréquemment, entre les propos officiels de la sphère économique européenne et les conséquences dans l'ordre de la politique – au sens le plus large du terme. Un effondrement de cette importance offre un terrain privilégié à ceux – peu nombreux à vrai dire – qui parviennent à se mettre dans la position d'analyste, et à suspendre bon nombre de «croyances» du moment. Des engagements et des promesses – celle d'une Europe politique et sociale en particulier – n'ont pas été suivis d'effets, demeurent encore aujourd'hui lettre morte, même s'ils sont sans cesse renouvelés en des termes assez peu différents; quand cela ne va pas à l'inverse strict de ce qui avait été dit ou promis. C'est, pour l'analyste, l'occasion – ou même, dirait-on, l'obligation stricte, ainsi que la chance – de faire retour sur ces différents discours, sur leur teneur politique, sur les espérances ou les attentes qu'ils ont pu susciter, les espoirs qu'ils ont engendrés.

On peut regretter, me semble-t-il, que Wolfgang Streeck ne mette pas davantage l'accent sur cette grande *rhétorique*, sur les modalités de la persuasion et les divers procédés allant dans cette même direction. D'autant plus que l'on semble être en présence, ici même, d'un *véritable différend* qui a pour principal effet d'évincer ou de congédier d'emblée toute détermination possible d'ordre politique à l'échelle d'un pays ou, plus encore, de l'Union. Comme s'il s'agissait de rendre strictement impossible à l'avenir toute décision relevant de ce que l'on nomme (depuis bien longtemps) la politique. Ce n'est pas un des moindres paradoxes de l'Europe en formation que d'invalider progressivement les grandes modalités d'intervention de ce genre, de vouloir faire perdre à la politique commune tout son sens, et sa portée, d'interrompre tout ce qui pourrait aller dans le sens du maintien ou de l'extension de la souveraineté. Ce serait, en somme, l'Europe en voie de se renier elle-même, d'oublier une part de ce qui l'a constituée, se laissant entamer par une doctrine économique, celle de Hayek, qui a pour visée majeure une sorte de développement quasi illimité ou, ce qui revient presque à la même chose, une « fin de l'histoire » commandée pour l'essentiel par un ultralibéralisme encore inconnu – une conception allant sans doute beaucoup plus loin que les thèses soutenues par Francis Fukuyama en 1992, dans son livre *La fin de l'histoire et le dernier Homme*.

Une doctrine cantonnée, veut-on faire croire, à l'économie, ne peut être qu'une vision de part en part politique du monde ; on ne voit pas comment il pourrait en être autrement, surtout dans l'optique d'une réunion de pays aussi différents que ceux de l'Europe de l'après-guerre. L'ultralibéralisme ne peut donc éviter d'avoir recours systématiquement à des dénégations bien spécifiques, à des dénis spectaculaires, pour ne pas apparaître pour ce qu'il est, pour en quelque sorte neutraliser ses effets les plus redoutables. Plus que jamais aujourd'hui, on se doit d'être attentif à la façon qu'a une doctrine générale de se présenter, à la manière qu'elle a de gommer les aspérités du moment pour se rendre acceptable et susciter un large consensus, à ses formes de rationalisation pour entrer dans des discours déjà bien connus, dans des cadres familiers. Cela vaut évidemment autant en économie qu'en politique.

Les questions ne manquent pas dans cette perspective. Que peut-il arriver à une Europe qui est en voie de se constituer sur ce mode, quand elle évacue, avec une certaine détermination, une part essentielle de son histoire, et qu'elle vise même à se défendre de toute interposition conséquente du réel ? N'est-on pas en présence d'une forme nouvelle, particulièrement retorse, de ce qui s'appelle, sur un autre terrain, le *révisionnisme* ? N'est-on pas en train, de cette manière (en apparence douce et conforme aux souhaits du présent), de prêter (ou d'imposer) à cette Europe une tout autre histoire que la sienne propre, d'être donc en passe de déterminer, sur un mode unilatéral et reconstruit de toutes pièces, quels ont été les moments majeurs de sa préhistoire ? Faut-il aller jusqu'à dire que ce sont quelques-uns de ses vieux démons que l'Europe retrouverait par le biais de cette forme moderne qu'est l'*hayékisation* de l'ensemble des nations qu'elle prétend intégrer en un tout harmonieux ? Ce qui est en train de se produire, est-ce de l'ordre d'une sorte de volte-face inattendue, ou est-ce seulement la suite d'événements antérieurs discrets qui n'auraient pas été suffisamment remarqués ?

Une crise violente – et celle de 2008 l'a été, comme on le sait – a pour effet de susciter, chez quelques observateurs, un travail de nature analytique et, plus encore, une démarche que l'on dirait *généalogique*[4], en vue

---

4. Au sens fort que Nietzsche a pu donner à une démarche de cet ordre, dans *La généalogie de la morale* notamment. C'est en fait lui qui l'inaugure. Mais, à l'évidence, les économistes ne peuvent pas accepter un travail de cette espèce ; bien peu se donnent les moyens d'aller dans

de comprendre les raisons d'un séisme de cette envergure. La perspective historique ne suffit manifestement pas pour apporter un éclairage sur un événement de cette importance. On peut regretter que, dans ce livre, l'accent ne soit pas mis davantage sur les différents discours tenus (ces dernières années) par les instances européennes, sur les formules ressassées ou les propos de coulisse qui sont au principe de cette grande Organisation – pour ne pas parler de ce qui relèverait des *arrière-pensées*, ou de choses équivalentes, qui ne font évidemment pas défaut dans la mise en place d'une Institution d'une telle ampleur. Cela permettrait de montrer, je crois, sur un mode sans doute plus convaincant, *jusqu'où s'étend le terrain de ce que l'on nomme l'économie*, quelles formes elle est susceptible de revêtir et la dépendance qui est la sienne quant aux façons de dire, quant à la rhétorique et à la grande dogmatique qu'elle déploie fréquemment.

C'est là un problème touchant donc aux limites, forcément inavouées (ou inavouables…), d'une discipline aussi englobante, aux risques d'extension et même à un certain impérialisme – les noms que l'on peut donner à un tel envahissement peuvent varier. Une vision en quelque sorte illimitée de l'économie conduit inéluctablement à réduire à presque rien le reste, c'est-à-dire notamment le domaine de la politique, celle de chaque pays, ainsi d'ailleurs que celle de l'Union elle-même. Comme si on avait décidé, une bonne fois, de mettre fin à une espèce d'équilibre qui, tant bien que mal, est parvenu à se maintenir ces dernières décennies, dans les principaux pays de l'Europe, sans provoquer de catastrophe majeure. La question étant d'abord de se demander *qui* peut être ce « on » à l'œuvre dans de telles circonstances, si ce « on » est constant ou s'il a plusieurs figures, s'il s'avance sous un masque, s'il possède une quelconque unité – et ainsi de suite.

Autant dire que les *grandes questions posées par l'après-guerre* – celles de Keynes notamment et de quelques autres – n'ont plus grand sens ici, dans la construction d'une Europe se rangeant sous la bannière de l'ultralibéralisme, payant totalement sa dette à l'égard des thèses de Hayek. Il y a des questions cruciales qui ont parfois une durée de vie très limitée et qui, une fois oubliées ou simplement disparues, n'ont plus grande chance de revenir

---

cette direction et acceptent de toucher à des postulats que l'on considère en général comme les meilleurs – ou les seuls possibles. Galbraith et Stiglitz font partie de ceux qui ont une préoccupation d'ordre généalogique. On ne s'aventure pas facilement dans une démarche de cette espèce qui risque de détruire de vieilles évidences, d'autant moins quand on sait qu'il s'agit, dans ces domaines, d'une amélioration éventuelle, d'un mieux-être – et ainsi de suite. La généalogie ne peut à terme que ruiner des attentes, décevoir des espérances ; il est rare qu'elle vienne conforter des consensus ou qu'elle soit l'objet d'une adhésion importante. Keynes a été bien placé, dans l'ensemble de sa carrière, pour le savoir.

à nouveau sur le devant de la scène ; la raison d'une telle disparition, frappante à plus d'un titre, n'est jamais secondaire. Cette mort bien singulière dit le plus souvent quelque chose de ce que l'on ne veut pas traiter, de ce que l'on se refuse obstinément à prendre en considération ; elle se rapporte à la « médecine » d'omnipraticien, si l'on peut ainsi dire, que l'on croit pouvoir appliquer à un tel état des choses – des interventions qui, sur ce terrain, ne se font jamais en douceur et dont les conséquences, à moyen terme, peuvent être proprement catastrophiques. Des historiens comme Michelet et Edgar Quinet ont insisté, avec une grande rigueur, sur des phénomènes d'un ordre analogue, ceux qui se sont produits après la Révolution de 1789, en mettant en évidence, notamment, des processus d'amnésie et d'oubli d'une ampleur encore inconnue, des processus qui facilitent le retour de choses très anciennes devenues méconnaissables. Ce qui n'a pas été traité au moment de la mutation fait retour de manière déconcertante ; l'ancien s'introduit de ce fait dans le nouveau avec une grande facilité.

La métaphore de l'*immunisation*, plusieurs fois utilisée par Wolfgang Streeck dans son livre, est un choix sémantique particulièrement fort. En se rangeant sous la bannière d'un ultralibéralisme à l'échelle de l'Europe – parfois sous celle du monde en voie de globalisation –, en la présentant comme l'unique solution pour l'avenir, en le martelant même, *l'économie fait mine de n'être plus politique*, d'être ainsi du côté de la pure gestion, de la stricte administration – selon une vieille idée, un très vieux fantasme même, qu'elle contribue ainsi à réactiver sans aucunement mentionner sa provenance, sans s'en soucier. Le silence est de mise dans ce mode de construction, un mutisme particulièrement pesant qui appelle une démarche fortement généalogique. Alors que cette forme d'économie se présente comme devant mettre en place un Super-État européen – le Grand Sujet moderne – qui doit tout faire pour se protéger de la politique effective, se mettant ainsi à l'abri des changements qui peuvent survenir dans la vie des vieux États qu'il s'agirait de contrôler, rien de précis ne semble pouvoir s'énoncer à ce propos ; belle amnésie ou grande indifférence dont la fonction devient assez claire avec le temps, avec les ravages qui se font jour sur ce mode. Une étape décisive a été franchie par le capitalisme, qui n'a apparemment plus besoin d'une quelconque légitimité théorique ; seul doit entrer en ligne de compte ici le *résultat*, celui-là même que l'on annonce comme étant incontestable, *avant même que l'édifice soit achevé*. Tout semble être fabriqué selon les principes d'une architecture qui n'obéit plus aux diverses étapes reconnues de la construction, et modifie fortement l'ordre des opérations nécessaires pour cette édification, en vue d'atteindre à une nouvelle échelle.

Remarque significative de Wolfgang Streeck qui engage bien des conséquences : « La monnaie unique sert [...] la justice des marchés. » Il faudrait ajouter, avec toute l'ironie nécessaire, en mettant tous les guillemets qui conviennent en l'occurrence, la justice *et la justesse* des opérations ultralibérales, qui n'en font plus qu'une aux yeux des Autorités de l'Union européenne. En somme, si l'on accentue la métaphore de Wolfgang Streeck, l'Europe monétaire *se vaccine* contre tous les maux qui peuvent se produire à l'intérieur d'elle-même, elle repousse ce qui pourrait lui advenir en le déclarant de peu de poids, voire nul et non avenu, n'ayant pas même lieu d'être, en somme condamné par avance, voire obsolète ou relevant d'un autre temps. Tous les termes sont disponibles pour procéder à cette opération conséquente et faire entendre qu'il faut la répéter quand cela s'avère nécessaire − c'est-à-dire assez fréquemment et même *à forte dose*; l'immunité est à ce prix, elle doit donc être la plus large possible. (Certains propos de Günther Anders tenus dans l'après-guerre pourraient, je crois, être repris dans cette direction.) En somme, c'est *une médecine pour l'Europe*, en vue de la remettre définitivement sur ses pieds, qui est ainsi proposée aux citoyens de ce continent, pour les années qui viennent, une cure d'austérité dont le rétablissement d'un état satisfaisant doit être l'issue.

Ce serait donc ici le triomphe de la forme d'orthodoxie majeure, celle qui, au nom même de l'Europe, exclut tout ce qui n'est pas conforme à ses dogmes, ce qui n'obéit pas à ses principes constitutionnels, en *préjugeant* du réel, en l'*évaluant* avant même qu'il ne se manifeste, en *dépréciant* les formes qui ne conviennent pas au projet d'ensemble et ne s'y intègrent pas ; en les *désignant* également comme des poids morts dans la perspective de la construction européenne, sous la forme où elle est programmée – une fois pour toutes. Cela peut s'apparenter parfois, de très près, à des mécanismes bien rodés que l'on voit à l'œuvre dans les régimes totalitaires, y ressembler fortement, ou même à l'occasion − pourquoi pas ? − leur emprunter des façons de faire, des éléments d'ordre technique − si l'on peut ainsi parler. La nouvelle Entité est à ce prix.

Cette pratique de l'*évaluation préalable* − qui préjuge de ce que le réel doit être sans prendre la peine d'enquêter sur l'ensemble de ses dimensions − est déterminante dans cette mise en place, d'autant plus qu'elle ne s'énonce pas, qu'elle est de l'ordre d'un faire plus que d'un dire, d'une mise en œuvre plutôt que de principes. Elle est comme un grand *a priori* en voie d'entrer dans les mœurs, d'apparaître par conséquent comme allant de soi, comme étant *quasi naturelle*, une évidence dans l'optique d'une dialectique rudimentaire où, en bonne logique, la mention d'une crise grave est déterminante.

Une fois la mort constatée, décrétée, la suite a lieu, dont on dit qu'elle doit toujours aller dans la direction d'une amélioration, c'est-à-dire d'un progrès incontestable. Les vieux clichés du XIXe siècle ressurgissent ici à peine modifiés, retrouvant un emploi de même nature dans un contexte foncièrement différent. Le futur est par conséquent sous le signe de la certitude d'un *mieux-être exponentiel*. Il est nécessaire, dans cette perspective, de rassurer en prenant soin de mettre à l'écart ce que l'on déclare obsolète ou désuet, de se débarrasser de ce qui apparaît en tant qu'obstacle, comme un frein ou une gêne dans un processus désigné comme inéluctable – une sorte de dialectique renforcée et, bien évidemment, simplifiée à l'extrême, dans laquelle la négativité classique ne trouve plus aucune place. Des propos visant à garantir une forme à venir en misant sur un bon sens rudimentaire trouvent, comme on peut le supposer en période de crise, assez facilement preneur ; s'ils sont suffisamment bien présentés, ils peuvent fabriquer, le plus souvent à peu de frais, des adeptes d'une Idée, ou même de véritables croyants. Si l'on dit, avec toutes les précautions nécessaires, que la « croissance » est au rendez-vous, même au prix de quelques aménagements temporaires, et que la « confiance » est en passe de revenir bientôt, on a toute chance d'être rapidement entendu. Dans les temps de crise violente, le langage simple et fortement empreint de fiduciaire l'emporte sur toute autre forme d'expression.

Il est possible d'accentuer plus encore un propos de ce genre, sans trahir, me semble-t-il, ce qu'analyse avec précision l'auteur, en accusant quelque peu la métaphore médicale qu'il introduit dans son propos. L'Europe monétaire, dirait-on, *se mithridatise* : elle est en voie de *s'accoutumer aux poisons* grâce auxquels elle s'est constituée, qu'elle a pu (ou qu'elle a cru devoir) s'injecter ; et, de ce fait, en raison de cette *accoutumance* récente, elle devient de plus en plus – il y a une progression également dans ce processus – *intolérante* à ce qui menace sa toute nouvelle constitution, donc à la vie des États-nations, *intransigeante* aux velléités élémentaires de démocratie des pays qu'elle se doit de diriger, parfois même de réprimer – ou de mettre au pas... – en toute légalité. Il lui suffit de *brandir*, quand cela s'avère nécessaire, le simple fait qu'*il y a* des lois du marché, d'évoquer les nécessités de la croissance (ou d'autres articles du même genre) pour exiger, sans grande discussion, des mesures d'austérité déclarées à chaque fois nécessaires ou, mieux encore, urgentes : vertu de la proclamation réitérée ayant chance de devenir un embryon de programme et d'être ainsi crue sans grande difficulté. Il lui suffit donc de se réclamer de la Loi tout court pour mettre fin à des turbulences qui sont, à ses yeux, d'un autre temps et se montrent comme des chicanes de moindre importance. Tout semble être fait pour que de telles exigences deviennent rapidement la seule norme possible, pour qu'elles se convertissent progressivement en *habitudes* – au sens fort que Bergson et Péguy pouvaient donner à ce terme ; tout est en place pour que des mots d'ordre et des injonctions fassent désormais partie des « habitudes » des peuples européens, des usages trouvant à s'ancrer avec le temps et ayant même, dans la langue ordinaire, les relais qui conviennent, ou des prolongements suffisants.

Des programmes de cette nature, et d'une ambition aussi démesurée, se doivent de tenir ensemble ces divers ingrédients, de les organiser donc dans un ensemble cohérent, présentable, crédible, voire agréable, en tout cas prometteur. Quelque chose comme une nouvelle Gnose, en un mot, se formulant dans une langue commune, une « *koiné* » pour toute l'Europe, des phrases dont la teneur est apparemment sans équivoque. Le terme de « croissance » se traduit sans aucune difficulté dans les principales langues européennes, à l'instar de quelques autres de la même espèce, dès l'instant qu'il y a des promesses à ce propos, dès que l'on fait entendre qu'elle est en train de reprendre – comme d'ailleurs la *confiance* dont on ne cesse de dire sur tous les tons qu'elle est de retour. J'en fais l'hypothèse : il y a des mots (ou des phrases élémentaires) qui, dans un contexte précis, peuvent avoir une véritable *puissance immunitaire*, et maintenir même ce pouvoir dans d'autres perspectives à venir, parfois en le renforçant considérablement.

Il a fallu, au préalable, que le capitalisme de *consolidation* – le terme est fort bien choisi... – apprenne donc à *s'immuniser*, qu'il trouve ici ou là, en quelque sorte, les moyens pour *se mithridatiser* à outrance ; et qu'ensuite, les pays regroupés sous sa Loi obéissent aux diverses prescriptions et aux recettes, qu'ils les acceptent même, qu'ils comprennent par ce biais que l'*uniformisation* est plus que jamais à l'ordre du jour, que le moment est venu d'aller dans cette direction, que le *salut* ne peut aucunement résider ailleurs. On est bien évidemment dans la perspective d'une sorte de *rédemption*, après quelques défaillances mineures, dans l'optique d'une amélioration conséquente après la chute d'un moment sans importance. On pourrait sans doute parler aussi, dans cette perspective, d'une véritable *kénose*[5] grâce à laquelle l'Europe serait en passe de renaître, après une histoire passablement mouvementée qui est désormais à oublier ; le Dieu qui vient après s'être perdu et qui a, pour cette raison précisément, une portée plus considérable. Une sorte de *messianisme chrétien* est à l'œuvre ici, sous une forme que l'on

---

5. Les grandes options de la théologie chrétienne la plus classique ne sont jamais absentes d'une économie, d'autant plus quand celle-ci tient à occuper l'ensemble du terrain, quand elle se veut détachée du réel courant et qu'elle veut parier sur l'illimité.

dirait fortement laïcisée, méconnaissable donc, comme un pas décisif vers l'intégration des pays européens dans une grande généralité qui s'imposait de longue date et qui trouverait ainsi, à bonne distance de la dernière guerre, son accomplissement véritable ; une voie vers l'universalisation, c'est-à-dire, en l'occurrence, la mondialisation dans laquelle l'Europe aurait tout naturellement sa place.

Un des paradoxes les plus forts d'un tel dispositif est, qu'en l'occurrence, *la Loi s'accompagne obligatoirement d'une dérégulation en matière d'économie*, qu'elle est totalement détachée de ce qu'elle produit, qu'elle ne se soucie aucunement de ce qu'elle fait naître dans le réel, des contradictions qu'elle engendre ou des grandes fragilités qu'elle suscite. (Faut-il voir dans un tel détachement une forme nouvelle d'hyper-kantisme ? Cette question importante demanderait à être reprise plus en détail.) De même, sur ce terrain, l'économie perd une de ses caractéristiques majeures, à savoir le fait d'être, comme on le dit depuis longtemps, *politique* – quand bien même le syntagme formé par le rapprochement des deux termes a pu signifier des choses différentes depuis le XVIIIe siècle, et n'est pas dénué d'ambiguïtés. Étrange scission qui s'est effectuée sous nos yeux en quelques décennies, et dont on ne sait plus précisément par quels moyens y remédier, comment la mettre à distance, dont il devient difficile de savoir avec précision ce qu'elle recouvre. Avec le temps, les termes du différend s'estompent. Ce qui ressort avec le plus de netteté d'une telle opération, c'est l'ampleur de sa visée, c'est-à-dire l'institution d'une *Europe foncièrement monétaire*, vouée par conséquent à perfectionner les marchés financiers et à renforcer toujours davantage la « consolidation », s'enferrant dans la perspective de cette coupure jusqu'à ne plus même la voir, tenant à fortifier par ce biais la crédibilité de ses différents énoncés. Cette institution a foncièrement besoin de la rhétorique, quand bien même elle ne semble pas y prêter la moindre attention.

Il n'est plus question, dans le cadre de cette Europe, de s'interroger, comme l'avaient fait le XIXe siècle et une partie du suivant, sur les biens communs, sur les formes de la « valeur », sur les usages de l'argent, sur ses formes d'ancrage dans l'organisation sociale, sur ses ambiguïtés, sur ce qu'il semble permettre et ce qu'il interdit de fait. L'heure n'est plus à des rêveries de cette nature, à des spéculations sans objet véritable. Le jeune Marx et Simmel n'ont plus leur place dans la bibliothèque européenne, en quelque langue que ce soit ; l'étrangeté foncière de la valeur n'est plus un thème d'actualité. « L'institution la plus mystérieuse du capitalisme moderne » (Streeck, 2014, p. 15), pour reprendre l'expression de Streeck à propos de l'argent, a perdu totalement son aura : on a pu, grâce à lui, faire une chose relevant de l'impossible, gagner du temps et retarder une échéance, en désamorçant des conflits de grande ampleur qui avaient un formidable pouvoir de déstabilisation. On s'est privé, par là, des moyens de commencer à comprendre les principales caractéristiques de l'argent, en croyant pouvoir, sans difficulté majeure, *acheter du temps, en payant à moindre coût un semblant de stabilité*. L'Union exige d'abord des *sacrifices* passagers, limités dans le temps dit-on, et promet, ensuite, des récompenses sans commune mesure avec les quelques abandons auxquels il a fallu temporairement consentir. Vieille forme d'échange qui trouve avec l'Union européenne une nouvelle vie, à une tout autre échelle ; cela permet, entre autres choses, de ne pas s'occuper du prix à payer, de ne pas se demander qui doit régler la note et, du même coup, de parler sur un mode abstrait en maniant de grandes entités, en prenant appui sur des principes d'allure généreuse ; on parvient aussi par ce biais à se désencombrer de vieux restes.

Bon nombre d'analyses de Wolfgang Streeck indiquent une orientation de cet ordre. Quand c'est « l'Europe » qui parle ou commande, quand c'est « l'idée européenne » qui est brandie, on ne voit pas, on ne peut pas saisir que c'est, en fait, l'économie de marché européenne qui est en train de trancher ; elle a même *déjà* décidé en organisant un semblant de consensus qui semble se répandre avec une facilité déconcertante. En accentuant quelque peu certains propos de Streeck, on peut se demander si cette Europe des marchés ne s'accompagne pas d'une sorte de *mithridatisation des esprits* consistant, en un mot, à faire que les citoyens renoncent en fin de compte à intervenir sur un plan strictement politique, qu'ils acceptent enfin cette grande disjonction entre économie et politique : une *immunisation* consistant à faire croire, donc, qu'il y a un accord des plus larges à ce propos, que le temps a fait son œuvre dans cette direction et qu'il est devenu inutile de s'y opposer, qu'une véritable économie *favorable à toute l'Europe* (et, potentiellement, au monde tout entier) est à ce prix, qu'il n'y a plus aucune raison d'hésiter à s'engager dans une telle voie – et ainsi de suite. Dans ce domaine notamment, l'Europe s'est édifiée par le biais de fortes déclarations et d'actes de langage solennels, allant effectivement dans le sens de pratiques relevant d'un faire-croire généralisé, s'appuyant sur des énoncés fiduciaires qui ne peuvent avoir évidemment aucune garantie, mais tout juste, dirait-on, une sorte de crédibilité dont on ne connaît pas la provenance, dont on ne sait pas jusqu'où elle peut aller. Cela paraît parfois suffisant ou, du moins, ne pas soulever de remise en question fondamentale. Mais cela peut devenir aussi, comme pour l'auteur de ce livre, un véritable objet de stupéfaction et, par conséquent, la raison de nouvelles questions à perte de vue.

Le rôle de la persuasion est crucial dans cette perspective; elle a sans doute été particulièrement sollicitée, dans cette période dite de consolidation, sous des aspects divers. Sous nos yeux, quelque chose de déterminant a eu lieu que nous n'avons pas su voir. La discrétion avec laquelle elle opère est, de très longue date, un objet d'étonnement pour certains observateurs. John Maynard Keynes le savait, qui avait intitulé, dans l'entre-deux-guerres, l'un de ses livres les plus importants *Essays in Persuasion* (Keynes, 1931), traduit étrangement en français sous le titre *Essais sur la monnaie et l'économie*, comme si l'on voulait éviter cette référence rhétorique qui touche au politique, ou que l'on ne savait que faire d'un terme affecté d'une telle puissance. L'écrivain qu'était Keynes a également compris que, pour bouleverser l'ensemble du domaine de l'économie par des moyens renouvelés – tout à fait inacceptables par la plupart des économistes du moment, parce que relevant en bonne partie de la politique courante –, il convenait de prendre appui sur les principales ressources de la rhétorique, et d'*élargir* ainsi fortement le domaine traditionnel de l'économie, en faisant notamment appel à tel ou tel aspect de la théorie freudienne, et à d'autres apports extérieurs. Le penseur qu'il était savait aussi – chose cruciale dans cette perspective – que le futur est toujours de l'ordre de la plus grande incertitude, et que la « psychologie » (entendue en un sens large impliquant des éléments de la théorie freudienne) avait toute sa place dans cette démarche, qu'il fallait être inventif également dans cette direction. Il en a fait la preuve, déjà, dans le livre de 1919 qui l'a fait connaître bien au-delà des frontières de son pays, *Les Conséquences économiques de la paix :* formidable réflexion sur le Traité de Versailles signé après la fin de la guerre de 1914-1918, et sur les conséquences qui devaient s'ensuivre pour la politique allemande – l'espèce de suicide que l'on sait. Où l'on voit précisément l'imbrication du politique et de l'économique de la part d'un analyste – on dirait, pour continuer la métaphore médicale, un *généraliste* – qui prévoit les grandes lignes de ce qui va se passer en Allemagne, à partir du début des années 1930. Dans les *Essays in Persuasion*, Keynes s'intéresse surtout aux différents effets de la crise de 1929, et au fétichisme dont l'étalon-or (qu'il nomme une « relique barbare ») est l'objet en Europe, en fustigeant tous ceux qui croient qu'il suffirait d'espérer pieusement que la « coopération entre les nations saura le maintenir en bon ordre de fonctionnement ». On n'est pas loin des différentes tentatives, faites depuis quelques décennies, pour donner à l'Europe une forme de monnaie qui doit, déclare-t-on continuellement, être soustraite à toute intervention politique et assurer, par conséquent, le bon fonctionnement de tous ces pays qui sont supposés se reconnaître dans la Nouvelle Économie. Rêvant en 1930 d'un système dans lequel les banques centrales pourraient, selon le principe de ce qu'il nomme ironiquement « l'alchimie moderne », s'entendre pour « faire dire ce qu'elles voudraient à la quantité de métal enterrée dans leurs caves », en lui attribuant une « valeur de leur choix » (Keynes, 1971, p. 82), Keynes termine cette grande rêverie en disant que l'on n'en est manifestement pas là et que cela peut tourner tout autrement, avoir un développement radicalement différent, catastrophique même. Il ne pouvait mieux dire... Une des critiques les plus aiguës à l'endroit de ses collègues économistes consistait à montrer que l'avenir ne saurait, comme tel, obéir aux souhaits du présent, qu'il relève de la plus stricte contingence.

L'Union européenne est, selon l'expression de Wolfgang Streeck, une « machine à libéraliser » (Streeck, 2014, p. 20). L'expression est forte, elle indique un processus en cours dont il faut distinguer, le mieux possible, les différentes étapes. On pourrait dire que c'est tout autant une *machine à persuader* tenant à faire entendre le bien-fondé du libéralisme dans sa forme extrême et, ce qui va de pair, la nécessité de maintenir à distance tout ce qui relève de la politique ordinaire, ce qui se joue dans le réel le plus quotidien des pays européens. On persuade d'autant mieux ici que l'on repousse à l'extérieur ce qui risque de déranger l'ordonnancement d'un tel Projet. Il ne saurait y avoir de libéralisation sans un usage continuel de la persuasion, sans des appels répétés à la rhétorique et à des jeux de langage diversifiés. À partir des années 1930, Paul Valéry évoque fréquemment dans ses *Cahiers* des processus ressemblants à ceux que décrit en d'autres termes Wolfgang Streeck. Il s'agit pour lui d'analyser des injonctions et des montages qui empruntent à plusieurs domaines et ont, parfois, une efficacité redoutable en produisant des formes de *servitude* à long terme, en faisant oublier les conditions dans lesquelles ils se forment. Sans être économiste de métier, sans être non plus ce que l'on nomme aujourd'hui un « expert », il a su décrire avec une grande rigueur certains mécanismes fondamentaux de l'économie – je dirais des formes bâtardes, impures, qui, avec le temps, se sont imposées en tant que discipline ayant un statut reconnu. Certains de ses propos s'apparentent d'assez près, à mon sens, à ceux de son contemporain Keynes. L'importance qu'il a su donner à la rhétorique l'a poussé dans cette direction. Pressentant que la discipline économique était en crise, notamment après l'effondrement de 1929, il a cherché à montrer les raisons et les effets de ce marasme, sans jamais se satisfaire de ce qu'il pouvait esquisser à ce sujet. Il ne pouvait évidemment oublier que ce bouleversement avait des liens profonds avec la politique – cette autre discipline dont il analyse fréquemment le langage, dont il met au jour les mécanismes rhétoriques.

Il n'est pas impensable de relire aujourd'hui nombre de ses propos, ceux que l'on trouve avant tout dans les *Cahiers*, à partir de ces années 1930, en marge des démonstrations effectuées par Wolfgang Streeck dans ce livre, *Du temps acheté*, un titre dont l'ironie aurait eu de quoi séduire un penseur comme Paul Valéry.

On a, de ce point de vue également, un étrange agencement. La mise en place de l'Union européenne cherche ainsi à dévaluer la politique locale, à en montrer le caractère inutile, l'aspect obsolète, pour imposer à une échelle globale tout autre chose, une Organisation provenant des seuls Marchés – quelque chose comme une sorte d'économie réduite à sa plus simple expression, et pouvant néanmoins apparaître comme très puissante du seul fait de s'être purifiée, de s'être débarrassée de ses diverses scories. L'accomplissement réussi qui vient ainsi montrer la force d'une *logique du résultat*. Ce serait, en quelque sorte, une *politique des choses* trouvant son équilibre quasi naturellement et s'administrant elle-même, sans avoir à recourir à aucune autre instance extérieure. C'est, en un mot, ce Grand Marché dont certains rêvent, depuis bien longtemps d'ailleurs[6], qu'il puisse être véritablement auto-régulé, qu'il trouve dans son mouvement propre les principes de son organisation interne, une fois pour toutes même, pour n'avoir pas à y revenir dans le futur ; qu'il produise, par lui-même, un profond mouvement de l'ordre d'un *dépérissement de la politique*, donc que celle-ci apparaisse comme étant devenue en quelque sorte sans objet véritable, définitivement sans emploi. *Une politique sans politique* par conséquent, soutenue par un dogme économique intangible affirmant que le futur est déjà bien connu et qu'il est à même de répondre sans véritable défaillance à une orientation ultralibérale. Le Marché Européen, en voie de mondialisation, viendrait en quelque sorte occuper la place du Dieu des théodicées de l'époque des Lumières.

L'immunité par excellence, dans ce contexte en tout cas, est celle qui ne dit pas son nom, qui maintient le silence sur ce qui est mis de côté et exclu du champ. L'Europe des marchés a besoin d'une immunité de cette espèce, la plus efficace, la plus redoutable également. Ce qu'elle vise par ce biais, c'est, tout à la fois, un affranchissement par rapport à ce qui relevait des contraintes de l'économie dans les temps antérieurs – pourtant pas si lointains… –, et une liberté qu'elle se donne au détriment évidemment de la démocratie, voire de la politique comme telle. C'est une espèce d'habitude

---

6. On dirait depuis la phase ascendante du capitalisme en Europe, c'est-à-dire le XVIIIe siècle ; une fois digérée, c'est-à-dire oubliée, la grande Banqueroute de 1720 en France.

qu'elle prend de se situer en dehors de la sphère des biens communs et, du même coup, c'est une protection forte contre les formes toujours imprévisibles de toute politique : une façon radicale de se préserver d'un réel qui risque de heurter ses dogmes et ses croyances – les premiers n'allant pas sans les secondes. L'immunité introduit ainsi de l'incompatibilité stricte là où il y a eu, et donc là où il devrait y avoir encore, une articulation, un rapport consistant entre deux champs qui ont, depuis longtemps déjà, bien des choses en commun et, même si c'est au prix de tensions ou de conflits, ne peuvent vivre l'un sans l'autre. L'ultralibéralisme se préserve d'un réel encombrant, en misant pour l'essentiel sur le grand mythe de l'Union européenne, c'est-à-dire un rassemblement qui, de fait, pose précisément des questions nouvelles et d'ordre éminemment politique, tout en faisant mine de n'en rien savoir, de n'avoir pas à s'en préoccuper. Façon de laisser entendre que l'on mise uniquement sur la puissance des marchés, *sur leur force exponentielle*, pour abolir définitivement tout ce qui relève de la vieille politique, pour s'en défaire en douceur et ne lui laisser plus aucun rôle. Ce n'est pas, comme dans d'autres horizons que l'Europe a connus, le « dépérissement de l'État » qui fait l'objet d'un souhait de la part de certains, mais celui de la politique en tant que telle, la *mise à l'écart quelque peu magique* des grandes formes de conflictualité dans lesquelles se sont formées nombre de nations européennes. Une sorte de « fin de l'histoire » qui ne dit pas son nom et esquive les questions qu'elle ne peut manquer de soulever.

John Kenneth Galbraith a montré, dans les années 1950, le rôle fondamental de l'*amnésie* dans bon nombre de pratiques financières, en insistant sur le fait qu'il y avait, assez couramment, une « foi en la sagesse intrinsèque des marchés », une foi qui semble inébranlable. En outre, l'histoire ne compte pour à peu près rien dans ce domaine, on ne tient pas à en retenir quoi que ce soit ; la *mémoire financière* est d'ordinaire extrêmement brève et on trouve, sur ces mêmes terrains, un optimisme et une naïveté démesurés, un mélange des deux également. L'un des postulats de l'économie ultralibérale est l'affirmation d'une sorte de *perfection* qui serait, en tant que telle, naturellement inhérente aux marchés ; ceux-ci sont, dit Galbraith avec précision, « théologiquement sacrés[7] » – une théologie particulièrement pauvre et dépossédée de toute subtilité, faisant appel à un dieu pour l'essentiel utilitaire. Cette pauvreté permet bien des usages en dehors d'elle. La règle

---

7. On trouve ces expressions dans le petit livre particulièrement stimulant de John Kenneth Galbraith (2007), *Brève histoire de l'euphorie financière*. Galbraith a su comprendre quelle était la teneur théologique de certains impératifs de l'économie libérale. Le propos est de grande importance.

d'or se résumerait par conséquent à ceci : une fois qu'ils sont supposés, ou qu'ils sont déclarés, auto-régulés, il ne saurait être question d'entraver ces marchés d'une quelconque manière, il faut bien au contraire, selon un mode d'ordre bien connu de longue date ici ou là, les *laisser faire*, les tenir à l'abri de la politique la plus ordinaire ; ils finiront, veut-on croire, veut-on surtout *faire croire*, par trouver leur efficace ; ce sera même – c'est le souhait le plus fréquent – à brève échéance et, plus encore, par le seul effet de l'union. Cela a été dit et répété par les autorités, et, en termes à peine différents, par les « experts » : certains énoncés semblent agir parfois comme des enchantements. Aucune raison ne devrait s'opposer à ce mouvement. Toute velléité à ce propos est de mauvais aloi, ne peut que retarder un processus d'ensemble. Le sens de l'histoire est désormais à chercher dans le seul domaine de *l'économie hayekisée* en voie de mondialisation, grâce à ce que l'Europe a su faire ces dernières années. Toute référence aux démarches inspirées de près ou de loin par Keynes est désormais inutile, voire néfaste. Les hésitations de l'après-guerre en matière d'économie ne sont évidemment plus de mise. La guerre est bel et bien terminée et, avec elle, les grands doutes qu'elle a fait naître. L'Europe des Marchés est là pour en faire chaque jour la preuve.

À lire *Du temps acheté* on constate que les caractéristiques relevées par John Kenneth Galbraith il y a plusieurs décennies sont présentes aujourd'hui à un niveau global, européen précisément. Comme si la définition de l'Europe monétaire et sa mise en place n'avaient fait qu'intégrer de tels traits, en les accentuant même parfois, en leur trouvant un nouvel emploi à la mesure de leurs capacités, dorénavant. Quelques questions (de celles que l'on dit justement *rhétoriques*) dans cette perspective, parmi bien d'autres. Dans combien de temps la crise monétaire de 2008 sera-t-elle effectivement *oubliée* ? Ne l'est-elle pas déjà en bonne partie dans les pays de l'Europe que l'on dit les plus développés ? N'est-il pas d'ailleurs souhaitable de retrouver, dans un proche avenir, la croyance en l'excellence des marchés et d'en faire pour l'avenir un leitmotiv ? Ne faut-il pas, dès à présent, revenir à une forme d'optimisme antérieur à cette crise ?

On sera attentif, de ce point de vue, à la manière qu'a Wolfgang Streeck de caractériser en quelques mots l'étape actuelle du capitalisme, celle qui se fait dans l'optique d'une Europe poussant au plus loin les effets du libéralisme, redoublant leur puissance. Comme si, à l'encontre de sa démarche sociologique assez classique, il empruntait certains termes à Nietzsche pour les déplacer sur son terrain, et qu'il indiquait par ce biais l'espèce de *moralisation* que l'on introduit souvent dans un tel dispositif – en un mot, une *morale rudimentaire de la récompense* pour bonne conduite et, plus encore, un consentement tacite à une certaine forme de servitude. Wolfgang Streeck s'est formé dans le sillage de l'École de Francfort dans les années 1960, comme il l'indique au début de son livre[8]. Cela s'entend, je crois, dans une phrase comme celle-ci :

> La consolidation est un dressage politique, et en relèvent les efforts faits par les États pour assainir leurs finances dans le seul espoir d'en être récompensés un jour ou l'autre par des taux plus bas qui leur permettraient de refinancer leur endettement résiduel ou de contracter des emprunts destinés spécifiquement à certains projets. (Streeck, 2014, p. 161)

Des rapports intimes entre une sorte de moralité teintée de psychologisme rudimentaire et des injonctions économiques asservissantes, il est fréquemment question chez Nietzsche, dans ses dernières années, et, sur un mode quelque peu différent, chez un de ses lecteurs les plus attentifs au milieu du siècle dernier, Adorno. À quoi s'ajoutent, selon une vieille tradition, des éléments assez rudimentaires provenant, comme il se doit dans un tel domaine, de la théologie chrétienne réduite à des aspects plus que sommaires : un jour ou l'autre, doit-on croire, la rédemption générale viendra, ainsi que le salut pour toutes les nations, si elles ont su se conformer à certaines contraintes passagères, si elles ont su entendre, et surtout mettre en œuvre, certains impératifs concernant une austérité qui ne doit évidemment pas durer. Ce que l'on a su acheter ces dernières années, pour reprendre et prolonger un motif présent dès l'Introduction du livre de Wolfgang Streeck, *Du temps acheté*, ce que l'on a su rendre effectif en Europe, c'est, peut-être aussi, une forme de croyance d'une ampleur nouvelle, une crédibilité se déployant à l'échelle d'un continent.

---

8. Wolfgang Streeck dit avoir suivi les séminaires d'Adorno « sans y comprendre grand chose ».

Bibliographie

GALBRAITH John Kenneth (2007), *Brève histoire de l'euphorie financière*, trad. Paul Chemla, in Id., *Économie hétérodoxe*, Paris, Éditions du Seuil.

KEYNES John Maynard (1971), *Essais sur la monnaie et l'économie*, trad. M. Panoff, Paris, Payot.

— (1931), *Essays in Persuasion*, Londres, Mac Milhan.

MANN Thomas (1996), *Le Docteur Faustus*, trad. Louise Servicen, in *Romans et nouvelles III*, Paris, Le Livre de Poche.

STREECK Wolfgang (2014), *Du temps acheté. La crise sans cesse ajournée du capitalisme démocratique*, Paris, Gallimard.

Yves Duroux, avec Julia Christ et Gildas Salmon

Entretien
« On ne fabrique pas un peuple en lui donnant du pain. Ni une constitution »

Julia Christ & Gildas Salmon : *Le diagnostic de contradictions internes au capitalisme constitue l'un des leviers principaux de sa critique, notamment dans la tradition marxiste. Chez Marx, ces contradictions aboutissent à des crises économiques exigeant le dépassement du mode de production capitaliste. Dans* Du temps acheté, *Wolfgang Streeck (2014) revendique l'héritage conceptuel de Marx comme indispensable pour l'analyse de la crise contemporaine. Pourtant la contradiction se loge moins à ses yeux à l'intérieur du capitalisme, qui ne semble pas rencontrer d'obstacle interne à ses stratégies de maximisation du profit, qu'entre capitalisme et démocratie. Peut-être faudrait-il même dire qu'elle se loge à l'intérieur de la démocratie, en tant qu'elle implique pour Streeck la mise en place d'un contrôle politique de l'économie. En effet, celle-ci suppose une participation active des détenteurs du capital sous la forme de l'investissement, mais elle est structurellement exposée à la défection de ces acteurs effrayés par le coût des mesures de redistribution. Comment comprendre cette redéfinition du concept de contradiction, et quelles conséquences a-t-elle pour l'analyse et la critique du capitalisme contemporain ?*

Yves Duroux : L'approche de Wolfgang Streeck, qui s'efforce de lier sociologie et économie, commence par critiquer la théorie des crises de l'École de Francfort, essentiellement celle de Friedrich Pollock, mais aussi le dernier texte d'Adorno sur le *Spätkapitalismus*, qui présentait le capitalisme comme ayant trouvé une forme de stabilité. De ce fait, la critique ne portait pas sur les tensions internes au mode de production capitaliste, mais sur la question de sa légitimation sociale. Streeck refuse cette approche en expliquant que l'on ne peut pas séparer le social de l'économique, puisque l'économique comme tel est une forme sociale, mais une forme sociale contradictoire. C'est pourquoi il ne cesse de dire tout au long du livre que l'on ne peut pas sortir de l'analyse marxienne du capitalisme.

L'analyse marxienne du capitalisme, Streeck la définit par la prise en compte d'un conflit de classes, mais il le présente comme un conflit de répartition. Je vous cite une phrase qui est caractéristique : « Que recouvre l'acception "capital" ? La réponse se trouve dans la théorie des classes élaborée sur le type de revenu prédominant[1]. » Chez Streeck, le rapport de classe est essentiellement un rapport conflictuel de répartition. Et ce rapport de répartition, c'est effectivement le point de départ de l'analyse de l'économie classique, par exemple chez Ricardo. C'est pourquoi Marx a dit que ce n'est pas lui qui avait inventé le concept de « classe » mais qu'il était déjà chez les économistes classiques, comme un concept de répartition. Mais le concept de contradiction ne rend pas compte de la tentative analytique de Marx. C'est pour cela que je propose, depuis très longtemps, de distinguer deux catégories qui correspondent à des schémas conceptuels très différents : la catégorie d'antagonisme et la catégorie de contradiction.

La catégorie d'*antagonisme* chez Marx est liée à la catégorie de rapport de production. Tout rapport de production est asymétrique : en tant que forme d'extorsion de surtravail il est par définition une forme antagoniste. Et je reprends la vieille expression d'Althusser, « les classes ne précèdent pas le rapport de classe », c'est-à-dire que l'extorsion du surtravail et les conditions de cette extorsion, qui sont l'effectuation du rapport comme asymétrie, rencontrent toujours une résistance dont les formes peuvent varier historiquement plus ou moins ouvertes, plus ou moins organisées. L'antagonisme est le noyau qui produit de la lutte, ou n'en produit pas. Il y a une indétermination de la lutte par rapport au rapport d'antagonisme. Et l'antagonisme n'est pas toujours ouvert.

J.C. & G.S. : *Peut-on dire que la catégorie d'antagonisme prise en ce sens est déjà présente chez Ricardo ?*

---

1. Streeck (2014, p. 47).

Y. D. : Non, Ricardo en reste à une théorie de la répartition, c'est-à-dire de la division du produit social. Marx précise bien que la répartition, entendue comme rapport de distribution, n'est que l'envers des rapports de production. Donc, chez Marx, il y a une sorte de stratification ou de dénivellation sociale qui fait que le rapport de production s'exprime dans le rapport de distribution comme une forme de la lutte. Mais le rapport de production comme antagonisme est antérieur au conflit de répartition. C'est pourquoi Marx veut transformer le rapport de production lui-même. Et cette question de la transformation du rapport de production est à la fois un invariant et une variation de l'histoire du capitalisme.

La question n'est pas seulement celle de l'exploitation. Le mot est trop sommaire : chez Marx le rapport de production est à la fois extorsion du surtravail et prolétarisation. Prolétarisation au sens où le rapport de production se reproduit comme accumulation qui concentre le capital dans un nombre toujours plus réduit de mains, au détriment de la classe ouvrière. Et cette accumulation de capital conditionne non seulement la reproduction de l'extorsion du surtravail – avec ses variations, bien entendu – mais aussi la reproduction de la prolétarisation elle-même. Toute la théorie de l'armée de réserve, les lois de population, etc., interviennent à ce niveau. Il faut tenir ensemble les deux choses.

En revanche, le concept de *contradiction* désigne autre chose chez Marx – même si dans la suite les choses ont été confondues. Il désigne le fait qu'un rapport a deux faces qui ne tiennent pas ensemble. L'exemple premier se trouve dans l'analyse de la marchandise quand Marx dit qu'il y a une polarité entre la forme relative et la forme-équivalent[2]. L'analyse du rapport marchand n'est pas l'analyse du rapport de deux choses qui s'échangent mais l'analyse d'une forme sociale contradictoire, où chacune des deux choses peut respectivement jouer le rôle de l'équivalent par rapport auquel la valeur « relative » de l'autre chose se détermine ; les deux pôles de la forme constituent si l'on veut le «*double bind*» de l'échange marchand. Il dit que cette polarité contient *in nuce* la possibilité des crises.

L'accumulation capitaliste est donc reproduction d'un rapport antagoniste, pris dans des rapports de contradiction qui sont des rapports de contradiction marchands. Il est extrêmement important de tenir ensemble – ce qui est une grande difficulté – les deux rapports : le rapport d'antagonisme et le rapport de contradiction. Ces deux types de rapports ont des formes très différentes : l'antagonisme se joue dans des formes de luttes qui sont plus

---

2. Voir Marx (1993, p. 77 *sq.*).

ou moins institutionnalisées, alors qu'au contraire la contradiction se joue dans la politique monétaire. Et la relation entre ces deux types de tensions est toujours le lieu de ce que l'on appelle les « crises ». Les crises sont des crises toujours financières et monétaires articulées plus ou moins avec des formes de lutte.

Streeck ne prend pas véritablement en compte cette dualité, ce qui fait qu'il a tendance à mettre en avant la politique monétaire comme un instrument de la lutte de classe au lieu de la considérer comme un espace où se joue quelque chose de la lutte de classe. De ce point de vue, il est significatif qu'il ne propose jamais d'analyse de la monnaie comme telle. Il la qualifie d'« institution la plus mystérieuse du capitalisme moderne », mais il n'en dit rien de plus. Il se contente d'en décliner des formes d'existence, que ce soit l'inflation, que ce soit la dette, que ce soit la consolidation budgétaire, etc.

J.C. & G.S.: *En somme, vous adressez à Wolfgang Streeck la critique que l'école de la régulation a formulée contre l'économie orthodoxe, à savoir son incapacité à prendre en compte l'institution monétaire en tant que telle.*

Y.D.: La question de la monnaie est la croix de l'économie politique. Toute l'économie politique à partir de Walras est une économie politique sans monnaie. La monnaie y est introduite après coup, et à titre d'instrument neutre. Cette neutralisation de la monnaie conduit à n'y voir qu'une marchandise comme une autre. C'est ainsi que la théorie des marchés monétaires considère que l'on peut appliquer aux monnaies les modèles d'efficience de marché au même titre qu'à tous les autres marchés. Or, le point d'hétérodoxie dans l'économie politique est la question de la monnaie. C'est une école française, avec les grands noms d'abord de Suzanne de Brunhoff, André Orléan, et Michel Aglietta. Mais on peut en faire remonter la généalogie à Keynes, qui est le seul économiste à avoir pris la monnaie au sérieux. Avant la *Théorie générale* de 1936, il y a en 1931 deux énormes tomes qui s'intitulent *Traity on Money* que personne n'a jamais lus, et qui n'ont jamais été traduits dans aucune langue. Cette tradition hétérodoxe, qui est la seule à prendre au sérieux ce problème, est donc décisive dans l'analyse de ce que Marx appelait les contradictions. Sur l'euro, par exemple, on ne peut se contenter de la position de Streeck, qui consiste à y voir la forme de réalisation des marchés efficients sans poser la question de ce que l'on pourrait appeler les « contradictions de l'euro ». Parce que l'euro est une zone monétaire ontradictoire, comme le souligne Michel Aglietta, qui y voit un « monstre » du point de vue de la théorie monétaire[3].

J.C. & G.S.: *Vous dites que la monnaie est un espace où se joue quelque chose de la lutte des classes. Mais si on suit les économistes hétérodoxes, ne faut-il pas plutôt y voir un espace de contradiction relativement autonome par rapport aux luttes de classes ?*

Y.D.: En effet, l'espace monétaire ne se maîtrise pas comme l'espace de la lutte de classe. Je dirais que la lutte de classe est entravée par l'espace monétaire. L'espace monétaire excède le champ du marché, et même le champ des rapports de production car il met en jeu la question de la souveraineté étatique. La monnaie est toujours une monnaie souveraine – avec d'immenses variations dans l'histoire, il ne faut pas se cantonner à la forme de l'État-nation puisqu'il existe des monnaies internationales –, et c'est pourquoi la liberté de manœuvre du capital est toujours entravée par les politiques monétaires. Les politiques monétaires ne peuvent pas être des politiques décisionnelles, elles sont soumises à ce que l'on pourrait appeler des procédures qui dépendant de règles prudentielles. Il peut y avoir des décisions du capital, mais ces décisions sont toujours prises dans un espace défini par une politique monétaire, qui est d'ordre procédural.

Prendre en compte cet espace de la politique monétaire transforme la catégorie de crise. Streeck va très loin dans l'assimilation de la crise à un acte du capital, qui produit la crise en tant qu'il se retire de l'investissement, ou qu'il se déplace. Mais l'investissement obéit en fait à deux types de déterminations.

L'investissement est un acte capitaliste : transformation de la plus-value en capital, dans le langage de Marx ; investissement, dans le langage de Keynes. Ceci dit, il n'y a pas d'investissement sans disponibilité monétaire. Autrement dit, l'investissement suppose toujours l'existence préalable de fonds monétaires. Et la disponibilité de ces fonds monétaires suppose un espace qui n'est pas complètement à la mesure du capital. Le capital peut transformer les modes d'organisation du travail, et à la limite quand on analyse ce que Marx propose sur les différentes formes de la plus-value – la survaleur comme on dit aujourd'hui –, ce sont toujours des formes transformées de l'organisation du travail, de la coopération dans la grande industrie : le taylorisme, le post-taylorisme, etc. Ce sont des décisions du capital, de ce

---

3. Aglietta (2016, p. 395).

que l'on pourrait appeler le capital comme *management de l'organisation du travail*.

Mais la maîtrise de l'investissement est également déterminée par un certain nombre de règles qui sont des règles de disponibilité monétaire. Par exemple, on peut montrer que dans la deuxième phase de la Révolution industrielle, la construction des chemins de fer supposait des sommes gigantesques qui ont produit une invention financière totalement nouvelle : les sociétés par action. Les sociétés par action sont une invention monétaire. Et même le rôle des banques, le rôle du crédit, etc., ont été transformés, ce qui a pu faire parler d'une nouvelle forme de capitalisme, le capitalisme financier (selon l'expression d'Hilferding), fusion des banques et des grandes industries. Mais ceci signifie surtout la surdétermination de l'action du capital par les contraintes propres de l'espace financier. Je trouve donc que Streeck a tendance à surestimer la capacité d'action du capital, en tant qu'il en fait le moteur de la crise.

J. C. & G. S. : *L'un des traits marquants de* Du temps acheté *consiste en effet à faire du capital un acteur stratégique, loin des visions réifiées qui le traitent comme structure impersonnelle. Cette importance accordée à l'intentionnalité du capital n'est-elle pas justifiée, dans la conjoncture historique actuelle, par l'autonomisation des marchés financiers, qui a considérablement accru dans les dernières décennies leurs marges de manœuvre, et qui permet de les envisager de manière déconnectée de l'ensemble de la sphère économique ?*

Y. D. : La question que vous posez consiste à se demander ce qui s'est passé pour que la brève – la très brève – période de l'après-guerre ait pu être progressivement démantelée. Parce qu'au fond c'est le centre du livre de Streeck. Cela consiste à dire : il y a une période qu'il qualifie de « capitalisme démocratique » qui, à un certain moment, est arrivée à ses limites. Pourquoi est-elle arrivée à ses limites ? Elle est arrivée à ses limites parce que la rentabilité du capital se heurtait à un certain rapport de force, qui est de nature politique. Et ce rapport de force politique c'est ce que Streeck appelle la démocratie...

Il s'appuie sur Colin Crouch pour dire que l'on est passé de la démocratie à la *post-démocratie*. La démocratie, c'était le thème central de ce que l'on a appelé dans les années 1960-1970 la « sociologie industrielle », que cela soit chez Ralf Dahrendorf, chez Raymond Aron, chez Alain Touraine, etc. La société industrielle était définie comme une société dans laquelle le conflit est institutionnalisé. En tant qu'il est institutionnalisé la démocratie est active. Pourquoi est-elle active ? Parce que le conflit est l'objet de compromis permanents entre les forces sociales du Capital et des travailleurs, et cet équilibre n'est maintenu que parce qu'il y a un agent exogène, l'État, qui maintient un certain compromis social par une politique – on reviendra tout à l'heure sur le fameux « État keynésien » – que les économistes d'aujourd'hui appellent « vertueuses », parce qu'il y a augmentation de la productivité, alignement de l'augmentation des salaires sur l'augmentation de la productivité, soutien à l'investissement, prise en charge des infrastructures et mise en place d'une nouvelle forme de salariat. Ce dernier point est le plus important. Cette nouvelle forme de salariat – d'une certaine façon inconnue de Marx –, c'était un peu ce que Polanyi essayait d'expliquer à la fin de *La grande transformation*.

J. C. & G. S. : *En effet, on se demande si le modèle de conflit institutionnalisé a été mis à bout par une crise interne ou si c'est simplement l'intégration à l'échelle internationale des marchés financiers et l'option « exit » qui est ainsi ouverte au capital qui lui ont permis de se soustraire à la coopération sociale et d'abandonner la politique de conciliation qu'il a mise en œuvre pendant les Trente Glorieuses.*

Y. D. : Votre question touche un point très important. Curieusement, Streeck cite la formule, mais il ne la renvoie pas à Marx : c'est la question des « causes qui contrecarrent ».

Il y a une petite note dans laquelle il signale l'importance de ce concept de « causes qui contrecarrent ». Mais l'inventeur de la chose, c'est Marx, dans le chapitre sur la baisse tendancielle du taux de profit. C'est un texte qui est assez mal interprété, parce qu'il a donné naissance aux théories catastrophistes de Grossman, etc., alors qu'il est extrêmement intéressant.

Marx invente une catégorie historique nouvelle, qui est la catégorie de tendance. Une tendance n'est pas une évolution, mais une tendance est effectivement une tendance en ce qu'elle est *essentiellement* contrecarrée. Marx – dans un texte dont il faut se rappeler que c'est un brouillon – montre très bien qu'il y a une tendance du taux de profit à baisser, et que les causes qui contrecarrent sont toujours des déplacements du capital, qui nécessitent des restructurations des espaces de circulation du capital : ainsi, par exemple, la possibilité de transférer la production. Les causes qui contrecarrent sont toujours liées à ce que l'on pourrait appeler l'espace du capital. Le capital est d'emblée situé dans un espace mondial. C'est la thèse de Marx : l'horizon du capital est le monde.

À propos du déplacement de la production, Marx dit que l'on va chercher des salaires plus bas. Eh bien, c'est ce qui s'est passé massivement. Il ne suffit donc pas d'imputer la crise du compromis de l'après-guerre à un transfert de la valorisation du capital du productif sur le financier, même s'il est bien entendu vrai que le financier comme espace international de circulation et de libération du capital autorise le déplacement de la production.

L'élément de valorisation productive par déplacement de la production et l'élément de financiarisation du capitalisme sont complémentaires. Pourquoi tous les grands groupes capitalistes se sont-ils précipités du côté de Canton entre 1980 et 1990 (et cela continue aujourd'hui)? C'est parce qu'ils ont pu utiliser une cause qui contrecarre la baisse du taux de profit qui était une nouvelle prolétarisation, une prolétarisation qui était libre des avancées de l'État-providence. Ceci dit, pour que ce transfert capitaliste ait lieu, il fallait qu'existe l'espace financier. La libéralisation financière, c'est-à-dire la possibilité pour les capitaux de circuler librement – qui n'existait pas au moment de l'État-providence – a donc été une des conditions de ce redéploiement du capitalisme à l'échelle mondiale.

J. C. & G. S. : *On trouve bien à ce niveau une décision politique.*

Y. D. : Oui, c'est une décision de politique capitaliste. Sur ce plan, effectivement, Streeck donne toute puissance à la politique du capital. Mais cette toute-puissance, il ne la segmente pas. Il n'en montre pas les différents étages, il ne différencie pas les logiques. D'où l'impression d'une intentionnalité uniforme du capital.

J. C. & G. S. : *Vous voulez dire que reconnaître l'intentionnalité du capital n'implique pas de le traiter comme un acteur monolithique, conçu sur le modèle de l'agent individuel optimisateur, mais qu'il faut plutôt partir de la configuration sociale, économique et politique qui conditionne la capacité d'action du capital ?*

Y. D. : En effet. Cette relativisation d'une explication d'ordre intentionnel était l'enjeu du commentaire qu'Althusser a proposé du concept de *Träger*. Le *Träger* chez Marx, c'est le support du rapport. À partir du moment où la tendance du capital est l'accumulation, alors il faut reconnaître que la maximisation du profit appartient au concept de capital. Mais cela ne veut pas dire que l'on puisse rendre compte de la logique du capital à partir de cette seule exigence d'optimisation financière.

Car la forme «capital» est antérieure à l'existence du capital comme rapport de production: A/A', donc une transaction qui n'a pas la forme et finalité d'un échange de bien (marchandise 1 − argent − marchandise 2) mais la forme d'une mise à profit d'une certaine quantité d'argent (argent − marchandise − plus d'argent = argent') existe en réalité depuis très longtemps. Les grandes inventions financières d'A', donc de l'investissement pour dire les choses simplement, datent d'entre le XIIe et le XVe siècles: la comptabilité en partie double, les lettres de change, etc. C'est très ancien et très antérieur au capital comme rapport de production. L'invention proprement dite du capital au sens de Marx consistait d'abord à pouvoir utiliser la forme «capital» afin de transformer les modes de production.

À partir du moment où ce nouage entre «capital» et «mode de production» s'est opéré, les deux aspects sont devenus complémentaires: la dimension financière qui définit la forme «capital» − il n'y a pas de capital sans argent avancé, c'est une de ses conditions de possibilité, d'où toute l'histoire monétaire et financière − et puis cette invention tout à fait nouvelle qui est la production capitaliste qui suppose, comme son autre élément, le travailleur libre. À ce niveau, le capital ne peut plus être envisagé de manière isolée. En particulier, il n'est pas concevable sans l'État, ne serait-ce que parce que l'État est absolument décisif dans le mouvement qui permet la prolétarisation. Et l'État est décisif également en tant qu'il est le lieu où la monnaie est souveraine. Ces deux éléments sont consubstantiels au rapport de production capitaliste. C'est pourquoi il n'y a pas de rapport de production capitaliste sans État du point de vue de Marx. C'est pour cela que, chez Marx, la société capitaliste n'est pas une société de marché − à la différence de ce qui est la théorie de l'économie politique.

J. C. & G. S.: *Dans une telle perspective, que l'on peut qualifier de structurale dans la mesure où elle subordonne les agents au système des relations dans lesquelles ils sont pris, comment rendre compte malgré tout de la dimension d'intentionnalité qui fait que l'on peut parler de politique capitaliste? Et si on replace la dimension financière à l'intérieur du capitalisme comme mode de production, comment définir à ce niveau l'action du capital ou des capitalistes?*

Y. D.: On peut dire que la classe capitaliste est le support de l'accumulation du capital. Mais en tant qu'elle est le support de l'accumulation du capital, elle invente, elle innove − ce qui, d'une certaine façon, corrige un peu l'interprétation classique du *Träger* chez Althusser. Et cette innovation se fait dans les formes productives. Toute la théorie de la survaleur chez Marx repose, comme je l'ai dit tout à l'heure, sur des innovations dans les formes productives. Ce que l'on appelle le *management*, la gestion, c'est la vraie invention du capital. Le capital *innove*. C'est pour cela qu'il y a des sciences de la gestion. Là, il est complètement acteur en tant qu'il y a des systèmes d'innovation, etc. C'est en tant qu'il est support qu'il est acteur. Mais dire qu'il est acteur seulement comme support de l'accumulation, cela ne suffit pas. Parce que dans ce cas on se dit : qu'est-ce que c'est que ces gens qui veulent toujours gagner de l'argent ?

La question de l'innovation est une question clef dans l'économie politique : c'est pourquoi Schumpeter a séduit tout le monde avec sa fameuse phrase sur la destruction créatrice en tant que, justement, il a cherché l'essence de l'acteur capitaliste dans l'innovation[4]... L'innovation industrielle renvoie à ce que l'on pourrait appeler chez Marx cette sorte d'éloge du capital en tant que le capital est révolutionnaire. Les capitalistes sont la vraie classe révolutionnaire, beaucoup plus que toutes celles qui l'ont précédée, en tant qu'elle bouleverse constamment les formes de la production. On pourrait presque faire, comme le fait Aglietta, une sorte de tableau des grandes innovations capitalistes : la machine à vapeur et le textile, les chemins de fer et la sidérurgie, la production de masse, le fordisme, internet, la communication, etc. Et Aglietta en ajoute un cinquième : l'environnement. Mais j'y reviendrai plus tard.

Cette question est cruciale : le capital est acteur en tant qu'il innove. Et il innove en tant qu'il bouleverse les formes de productivité. Chez Marx cette innovation capitaliste est une forme de lutte de classe. Elle est totalement asymétrique parce que, en face, la seule chose est la résistance ouvrière. Celle-ci prend des formes variées, depuis la durée du travail jusqu'à tout ce que l'on sait aujourd'hui sur la dynamique intérieure de l'organisation du travail. C'est un point totalement absent chez Streeck : ce qui a été développé en France à partir de Georges Friedmann au sujet du travail, jusqu'à Christophe Dejours aujourd'hui. C'est une théorie de la résistance par rapport à une théorie de l'innovation. Et c'est pour cela que ce n'est pas un problème de répartition. On se situe hors du champ de l'économie politique *stricto sensu*. C'est une façon de réintroduire le social dans le rapport de production. Quand Marx dit que le capital n'est pas une chose mais un *rapport social*, il faut en mesurer les conséquences. Mais comme Streeck réduit le conflit à la répartition (c'est-à-dire, comme je disais tout à fait

---

4. Voir Schumpeter (1990).

au début, à un concept unique de contradiction), il pense que le passage au niveau financier va conduire automatiquement au démantèlement des services sociaux, à la baisse des salaires, etc.

Il y a un aspect dans l'innovation productive qui a une forme cyclique. Dans le passage qu'il consacre aux crises des années 1970, Streeck ne pose jamais la question de savoir s'il n'y avait pas une sorte d'*épuisement* d'un niveau d'innovation productive. Ce qui s'est passé à la fin des années 1960 c'est un énorme mouvement de résistance à l'accumulation sous sa forme taylorienne, que ce soit en Italie ou en France. Qu'est-ce que c'est le Mai 68 français ? Il faut tout de même rappeler que cela se termine par une augmentation de 35 % du SMIG. Donc, d'une certaine façon il y a quelque chose qui, dans le contrat d'après-guerre, a bougé.

Mais ce déplacement affecte aussi les formes d'innovation productive qui relevaient essentiellement de la production de masse. L'âge d'or de la production de masse, Ford est un initiateur, certes, mais l'âge d'or de la production de masse correspond à la période 1945-1975 – et à ce niveau il y a quelque chose qui ne relève pas simplement du rapport capital-travail mais qui relève aussi de l'épuisement d'une forme d'innovation. D'où le passage à une autre grappe d'innovations (l'informatique, internet, la communication, etc.), qui commence à peu près dix ans après, et qui est rendue possible par la libéralisation financière. C'est un aspect que Streeck n'aborde pas : il ne parle jamais de la question de l'innovation productive et de l'histoire du capital comme une histoire liée aux bouleversements des forces productives.

J. C. & G. S. : *C'est justement sur ce point que portait notre question sur le capital comme acteur. Chez Marx les choses sont claires : le capital est un rapport social ou, pour le dire autrement, le capitalisme est une « formation sociale ». Chez Streeck, qui se concentre sur la répartition et les luttes qui s'ensuivent, il semble que le rapport social est plus diversifié : on a une société démocratique au sein de laquelle le capital est un acteur parmi d'autres. Donc un acteur qui s'oppose à d'autres acteurs qui ont d'autres intérêts.*

Y. D. : Il faut revenir sur l'usage par Streeck du concept de démocratie, et sur son adhésion à la thèse de Colin Crouch. Crouch explique qu'il y a la pré-démocratie, la démocratie et la post-démocratie. La démocratie chez Crouch, un peu comme chez Claude Lefort, est conflictuelle. C'est en tant qu'elle est conflictuelle qu'elle est démocratique, parce que justement le conflit est ouvert. C'est pour ça que j'estime qu'il faut considérer les formes juridiques de la démocratie, ce que l'on pourrait appeler les élections libres et non-faussées, comme des conditions non-politiques de la politique : elles garantissent que le conflit reste ouvert et qu'il se rejoue périodiquement dans les élections.

On peut considérer que ce passage de la démocratie à la post-démocratie est aussi lié à quelque chose dans le changement, disons, de la structuration en classes des sociétés du centre européen, notamment dans ce que les sociologues appellent, de façon très confuse, la « montée des classes moyennes » et qui est liée à la disparition du mouvement ouvrier – qui est un phénomène qui se produit sur une quinzaine d'années, entre 1975 et 1990.

Or la disparition des mouvements ouvriers là où ils étaient puissants, en France et en Italie notamment (en Allemagne c'est assez compliqué mais on pourra y revenir tout à l'heure quand on parlera de la nation), a pour effet que la démocratie fonctionne toujours comme système juridico-politique – il y a autant d'élections aujourd'hui qu'il y a trente ans –, mais qu'elle n'est plus le lieu du conflit. Elle est le lieu d'une sorte de ballet des gouvernants qui sont eux-mêmes gouvernés parce qu'il y a un autre espace de décision que la décision prise dans l'État-nation. C'est ça la thèse de Streeck. L'espace de décision échappe au résultat du système juridique de la démocratie. La fin de la démocratie est liée au fait que la catégorie de souveraineté n'est plus assumée par un résultat démocratique correct. Il y a donc quelque chose de la politique qui disparaît. Car il y a aussi, chez Streeck, l'idée d'une sorte de fin de la politique ou, comme disent certains, d'une forme d'*impolitique*.

J. C. & G. S. : *Et pourtant, malgré cette crise du modèle du conflit institutionnalisé, il n'y a pas eu jusqu'à présent de démantèlement de l'État social. Certains passages de* Du temps acheté *– les moins pessimistes – suggèrent d'ailleurs qu'il existe aujourd'hui une possibilité de repolitisation à partir de la figure du citoyen titulaire de droits sociaux comme vecteur de résistance contre cet espace de décision soustrait à la démocratie.*

Y. D. : Non seulement l'État social existe toujours, mais la part sociale dans les budgets de l'État a continué à augmenter. Elle a continué à augmenter, mais elle est gérée autrement. Elle n'est plus gérée dans une sorte de conflit équilibré à l'intérieur d'un espace maîtrisé par un État et une Banque centrale, mais elle est différée par des mécanismes purement monétaires.

Cette évolution est liée à la question de l'inflation. Il faut bien voir que le keynésianisme autorise l'inflation. C'est très important. L'euthanasie des rentiers, c'est ce que cela veut dire. C'est le combat contre l'inflation qui explique l'importance acquise par la question du déficit : l'État devient déficitaire pour continuer à financer ses dépenses sociales alors qu'il n'y a plus d'équilibre lié à une forme d'accumulation du capital qui autorisait une relative adéquation entre les augmentations salariales et les gains de productivité. Cette adéquation a été rompue à la fin des années 1960 par une baisse mondiale des taux de profit.

C'est là où toutes les choses vont ensemble. Streeck parle de la libéralisation financière. Mais il ne parle pas – ce qui est quand même extraordinairement important – de la libéralisation de l'investissement productif du capital. Ce que l'on appelle la désindustrialisation – qui est un très mauvais mot –, cela veut juste dire qu'aujourd'hui le capital productif quitte certains de ses centres historiques. L'Allemagne est un bastion de résistance mais très menacé : les Chinois, notamment, ont déjà commencé à acheter des industries allemandes. Les éoliennes, par exemple, qui étaient une fierté de l'industrie allemande sont maintenant chinoises.

La mondialisation n'est pas simplement une mondialisation financière mais une mondialisation productive qui est liée à deux choses : premièrement, une révolution dans la circulation de l'information par internet, et deuxièmement une révolution dans les transports. Et cette révolution dans les transports est décisive. Aujourd'hui les coûts de transports par conteneurs ont diminué par dix… c'est dire qu'il y a une mondialisation productive. Et quand on sait que la plus grande entreprise du monde n'est plus General Motors mais la société commerciale américaine Walmart dans laquelle 90 % des produits viennent de Chine… Je pense donc que sur ce point Streeck est trop européocentriste.

J.C. & G.S. : *Cela nous ramène à une question de répartition, mais cette fois à l'échelle mondiale. Pierre-Noël Giraud, par exemple, voit dans cette mondialisation productive une manière de régler les inégalités entre le Tiers-monde et le premier-monde. C'est une perspective très éloignée de celle de Streeck.*

Y.D. : Giraud considère que la question centrale de l'économie c'est la répartition. Il n'est pas marxiste, il est ricardien.

J.C. & G.S. : *Vous avez souligné que la question de la répartition est également centrale chez Streeck…*

Y.D. : La différence c'est que Giraud part de l'inégalité du monde et pas de l'inégalité au sein des pays. Et il montre que les inégalités au niveau mondial se sont massivement réduites dans les trente ou quarante dernières années, avec comme contrepartie l'augmentation des inégalités internes. C'est pour cela que j'insiste sur la mondialisation productive dont Streeck parle peu, parce qu'il est obsédé par la libéralisation et la mondialisation uniquement financières – et cela donne à son analyse, je le répète, une forme très européocentrique, dans la mesure où effectivement les vrais problèmes aujourd'hui sont d'abord des problèmes de nouvelles innovations. Ce n'est pas un thème qu'il met en avant, parce qu'il est fasciné par cet élément mystérieux qu'est la monnaie. Il pense que la solution est de transformer la forme monétaire européenne. Il parle d'un « Bretton Woods européen ». C'est lié à son analyse de l'âge d'or des Trente Glorieuses.

J. C. & G. S. : Peut-on revenir justement sur cette question de l'âge d'or ? Le compromis de l'après-guerre, qui est parvenu à concilier croissance de l'économie de marché et développement de l'État-providence, joue un rôle central dans toutes les critiques contemporaines du néolibéralisme. Le fait qu'il a existé, pendant quelques décennies, un capitalisme viable, conciliable avec une société démocratique, salariale, donne à la critique un point d'ancrage dans le réel qui lui permet d'échapper à l'utopie.

Réinscrit dans une histoire longue du capitalisme, ce compromis tend pourtant aujourd'hui à apparaître comme un moment très bref d'inflexion de la dynamique de désencastrement de l'économie et de croissance des inégalités entamée au XIXe siècle. À cette limitation dans le temps correspond une limitation dans l'espace : le diagnostic vaut en effet avant tout pour un petit nombre de démocraties occidentales développées, en laissant de côté les pays des différentes « périphéries ». Enfin, la période qui prend fin dans les années 1970 correspond à un moment où les dispositifs de protection sociale mis en place n'avaient pas encore produit tous leurs effets, et où le niveau des dépenses de protection sociale restait donc limité.

Dès lors, quelle portée faut-il lui accorder ? Une histoire des démocraties occidentales depuis la Seconde Guerre mondiale demeure-t-elle le cadre adéquat pour l'analyse et la critique du capitalisme contemporain ?

Y. D. : Je dirais plusieurs choses là-dessus. Si l'on veut analyser disons après-coup, comme le fait Streeck, c'est-à-dire quarante ans après, ce que l'on a appelé les Trente Glorieuses, il faut dire que les germes politiques de ce moment datent du *New Deal* américain.

L'invention, c'est le *New Deal* américain, c'est Roosevelt. L'invention théorique, c'est Keynes. Mais il y a les deux : il y a l'invention politique et il y a l'invention théorique. L'invention théorique et l'invention politique viennent du fait de remettre en avant ce que l'on pourrait appeler l'économie productive contre l'économie financière. D'où le fameux *Act* de Roosevelt de séparation des banques de dépôt et des banques d'investissement. Les banques d'investissement, on ne sait jamais trop ce qui s'y passe... Ça, c'est le premier point.

Le deuxième point est la question de la victoire de 1945. La victoire de 1945 est une victoire à la fois des Américains et des Russes. Or, on le sait, ils ne pouvaient pas se mettre d'accord. On ne peut pas comprendre la mise en place de l'État keynésien si l'on ne pense pas au plan Marshall. Le plan Marshall est explicitement un gigantesque investissement bancaire américain qui a été arraché au Congrès – qui n'en voulait pas – et qui a permis finalement le décollage économique de l'Europe au moment de la reconstruction. Le plan Marshall, c'est le début de la Guerre froide. Je pense que l'on ne peut pas comprendre les Trente Glorieuses si l'on ne voit pas qu'elles interviennent à l'époque de la Guerre froide, à l'époque où il y a lutte absolue entre le monde sous hégémonie américaine et le monde sous hégémonie soviétique.

Le troisième point, c'est que la mise en place de ce monde keynésien s'est faite sous une forme très diversifiée. Entre la forme anglaise, la forme française et la forme allemande.

La forme anglaise est celle qui est allée le plus loin – à cause du plan Beveridge – dans la création d'un vrai État social, c'est-à-dire dans la volonté de faire apparaître un certain nombre de catégories comme des catégories communes : tout ce qui protège le travail, tout le système de la santé et, de façon moins claire et moins réussie, le problème de l'éducation – parce qu'en Angleterre il y a eu une résistance terrible.

Dans le cas français, la chose est partie non pas d'une théorie de l'État social mais d'une théorie de la souveraineté étatique comme planificatrice. La France invente la planification non-soviétique. Le commissariat au plan c'est 1946, c'est Monnet. C'est extrêmement important. C'est lié au gaullisme (dont il faut prendre en compte les deux phases : 1945-1947, puis 1958-1969). Il y a une théorie de l'État interventionniste relayée ou assumée par le Plan. Le Plan français est une création d'une certaine façon unique.

Du côté allemand enfin, il y a une chose très importante : c'est l'ordolibéralisme. Sur cette question il est curieux de voir que Streeck en parle très peu. L'ordolibéralisme est une vraie invention. Sur ce plan, je pense que Foucault a eu un peu tort dans *Naissance de la biopolitique* de mettre sur le même plan l'ordolibéralisme et l'École de Chicago, Gary Becker. L'ordolibéralisme est autre chose. L'ordolibéralisme n'est pas une théorie de la souveraineté de l'État. C'est une théorie de la souveraineté de l'ordre social représenté par la monnaie. D'où, la thèse centrale dans la Loi constitutionnelle de 1948 de la Banque centrale indépendante. Il faut bien comprendre que l'ordolibéralisme c'est : l'État doit corriger des imperfections de marché, et en même temps l'État est soumis à quelque chose qui est au-dessus de lui et qui est l'ordre monétaire. D'où les phrases les plus connues sur le *Deutschemark*.

Ces trois formes, la forme anglaise, la forme française et la forme allemande, ont permis, en l'espace de trente ans, de fabriquer un type de société où les inégalités ont été réduites et où la consommation a énormément augmenté – et c'est pour ça finalement que je comprends que la première École de Francfort ait tourné autour de la question de la légitimation, cette consommation marchande posant problème… y compris en 1968, il y a une révolte contre quelque chose de l'ordre de la marchandisation. Mais il faut bien voir que cette marchandisation est décisive en termes d'urbanisation, en termes de transformation de la forme de la famille, etc.

J. C. & G. S. : *De ce dernier point de vue, les Trente Glorieuses ne sont peut-être pas si glorieuses que cela… Elles se caractérisent par un modèle de famille patriarcal, avec une faible participation des femmes à la vie économique et à la vie politique. C'est d'ailleurs un point qui fait problème dans l'analyse de Streeck, qui ne cache pas sa désapprobation de la demande des femmes « à être exploitées », c'est-à-dire à entrer sur le marché du travail. Peut-on analyser le passage au régime néolibéral sans prendre en considération les progrès sociétaux acquis avec la sortie des Trente Glorieuses ?*

Y. D. : La position des femmes est en effet la face obscure des Trente Glorieuses. Ce n'est pas pour rien que le féminisme a explosé à ce moment-là. Streeck a l'air de présenter le féminisme comme une sorte d'allié du néolibéralisme, ce qui est tout à fait étrange. Il y a sur ce point un livre très intéressant de Melinda Cooper[5] sur l'autre face des Trente Glorieuses, qui montre très bien qu'il y a une forme de famille spécifique qui s'est imposée à ce moment-là et que justement le travail des femmes et la transformation de la famille qui s'ensuit a été une brèche dans l'ordre du capitalisme démocratique qui ne relevait pas des analyses classiques de la conflictualité des classes sociales. Un autre espace était ouvert pour une analyse nouvelle du

---

5. Cooper (2017).

processus démocratique. Aujourd'hui il y a une nouvelle forme de famille qui ne ressemble pas à la famille de l'époque des Trente Glorieuses[6].

Cette époque des Trente Glorieuses a donc à la fois des conditions extérieures très singulières – je pense que l'on ne peut pas négliger le fait que c'est un élément de la Guerre froide… L'espace des Trente Glorieuses, c'est la Grande société américaine, c'est l'Angleterre, ce sont les Pays du Nord, c'est plus généralement le cœur du Nord occidental. D'une part cela. D'autre part, ce que je viens de dire d'une forme de famille qui avait pour condition la subordination des femmes, leur travail domestique. Et d'ailleurs, en Allemagne, cela a duré plus longtemps…

Et, dernier point : pourquoi malgré tout y a-t-il cette sorte d'âge d'or ? C'est à cause de l'invention de l'idée de *droit social*. Robert Castel considère qu'effectivement cette époque a fait apparaître dans la citoyenneté une couche qui était ignorée avant : la citoyenneté sociale. C'est vrai que la citoyenneté sociale est une invention de plus longue durée que ce que dit Castel qui se réfère à Léon Bourgeois, un personnage clef qui a inventé le mot de solidarisme.

C'est pour cela que je dirais que l'État social a une antériorité au moment de la Troisième République française. Là-dessus, le livre de François Ewald, *L'État providence*, est assez intéressant parce qu'il montre que quelque chose bouge dans le droit de la responsabilité le jour où l'on vote une loi sur les accidents du travail[7]. Et d'une certaine façon c'est un nouveau droit au sens strict. Le droit du travail – qui s'appelle toujours « droit du travail *et* de la sécurité sociale » – est une invention qu'il faut mettre au crédit de cette époque. Et justement la disparition de ce droit, comme vous le dites assez justement, n'est pas faite. Il y a des cas extrêmes, par exemple la Grèce où les retraites ont été diminuées, etc., mais, ceci étant dit, dans l'ensemble, vaille que vaille, le droit social reste malgré tout un socle des sociétés occidentales développées, et commence à se développer par exemple en Chine, en Inde, etc. Aujourd'hui le capitalisme ne peut pas faire comme si le droit social n'existait pas. Il ne peut pas y avoir sur ce plan-là régression absolue, à moins d'avoir une théorie catastrophiste.

L'exemple de la Grèce est un exemple trop singulier pour être, me semble-t-il, le modèle du futur. Son entrée dans l'euro avait déjà posé problème. C'est un pays très compliqué. Vous savez aussi bien que moi qu'il n'y a pas de cadastre en Grèce, que l'Église est propriétaire de la moitié des terres, que

---

6. Voir les travaux d'Irène Théry et de Sylvie Cadolle.
7. Ewald (1986).

les armateurs sont dispensés d'impôt par la Constitution, toutes choses assez étranges, il faut bien reconnaître. La question de la Grèce – qui a alimenté beaucoup de discours – ne peut pas, me semble-t-il, être l'exemple crucial de la situation actuelle. Compte tenu de ce que je dis sur la question du droit social dont on pourrait considérer que même s'il a commencé un peu avant, c'est la vraie innovation de l'État-providence.

J. C. & G. S. : *Cette résistance du droit social rejoint une tension que l'on peut déceler dans la description que Streeck propose de la crise de la dette. L'explosion de la dette s'explique, au moins en partie, par le fait que le niveau des dépenses publiques, et notamment des dépenses sociales, n'a pu être réduit dans aucun des grands pays développés au niveau où la baisse des recettes fiscales induite par les politiques néolibérales devrait l'amener. Or, ce constat est susceptible de deux lectures différentes. On peut y voir un moyen d'escamoter le débat démocratique sur le modèle néolibéral jusqu'à ce qu'il soit trop tard, et que le niveau de la dette serve de levier au démantèlement de l'État providence. Mais on peut aussi, à l'inverse, s'étonner de la résistance farouche de l'exigence de justice sociale auquel aucun État n'a pu jusqu'à présent se soustraire entièrement. De ce point de vue, on pourrait presque faire de la dette le dernier rempart de la justice sociale, la condition – précaire – de son maintien en régime néolibéral. Prendre au sérieux la tension entre, d'un côté, un droit social auquel il paraît très difficile de renoncer et, de l'autre, une forme d'ouverture des marchés qui ne permet plus à l'État de taxer des capitaux désormais mobiles aurait pour effet de réintroduire une dose d'incertitude sur l'issue de la crise.*

Y. D. : Il y a deux choses. D'abord une rupture du rapport proportionnel entre l'élévation des salaires et des profits – qui est liée à une crise de l'accumulation *stricto sensu*, au sens productif. Or, à partir du moment où cette rupture a eu lieu, intervient le second facteur, qui est l'inflation. L'inflation a été une façon de maintenir ce rapport, parce que ça permettait d'emprunter pour les capitaux, et ça permettait aux salaires de suivre. Mais quand on arrive à une inflation à deux chiffres comme c'était le cas en 1980, il faut bien reconnaître qu'il n'y a plus de gestion monétaire possible. Là, il y a quelque chose de l'ordre de la confiance qui est mis en cause, et même de la légitimité d'un État qui ne peut plus maîtriser la monnaie. Toute crise monétaire est une crise de confiance. Et toute crise de confiance peut entraîner une crise de légitimation.

Il y a eu une réaction internationale – parce qu'il faut bien voir que la question de l'inflation a été une question internationale : cela a commencé au niveau de la Banque fédérale américaine et cela a continué à l'intérieur de l'Europe, avant même l'euro : avec le serpent monétaire européen, l'inflation a baissé à partir de 1985. Le fameux tournant de la rigueur français, en 1983, quand Delors est parti à Bruxelles, c'est parce qu'il fallait revenir en arrière sur la question de l'inflation.

Or, juguler l'inflation a entraîné un problème de financement de l'État social. Ce financement a commencé à passer par la dette, la dette publique. Il y avait toujours eu de la dette publique, mais désormais elle était portée sur les marchés financiers. Les obligations d'État ont été une sorte de poule aux œufs d'or pour les marchés financiers, car la sécurité d'un titre d'État est très supérieure à une action sur une *start-up*, pour laquelle on ne sait jamais ce que cela va donner. Au contraire, un État ne peut jamais être totalement en faillite. Les États en faillite sont très rares. Quelques États latino-américains, l'Argentine à un certain moment, mais sinon un État en faillite est très rare. Sur ce plan, il est vrai que le passage de l'inflation à la dette a été directement profitable aux investisseurs.

Et puis, d'un autre côté, il y a le problème de la fiscalité. Sur ce plan, je n'ai pas bien compris l'analyse de Streeck. C'est vrai qu'il y a eu dans de nombreux pays une tendance à dire : on va réduire les impôts pour que l'investissement ait lieu.

Et d'autre part il est clair qu'à côté de l'endettement public pour l'État social, il y a eu l'endettement privé, gigantesque. L'élévation de l'endettement privé, le fameux crédit à la consommation, et le crédit immobilier. Car contrairement à ce que l'on croit, la richesse en termes de consommation des grands pays occidentaux n'a pas diminué. Elle a au contraire augmenté. Mais au lieu d'augmenter sur des bases reproductibles du côté du profit capitaliste et du salaire moyen, elle a augmenté par la dette, par la dette publique pour une certaine partie de l'État social (les droits sociaux : les retraites, les chômages, la santé, etc.) et, d'autre part, en termes de consommation, par l'ouverture d'un marché gigantesque de dettes privées. Quand on regarde les taux d'endettements privés des grands États occidentaux de 1985 à aujourd'hui, cela représente plusieurs fois le produit intérieur brut. C'est vrai que sur cette question Streeck a raison. Il y a ce que l'on pourrait appeler une crise de la dette, une crise de la dette qui est globale. Et, jusqu'à preuve du contraire, personne n'a encore proposé une façon d'en sortir. Ceci dit, on ne sait pas trop chez Streeck ce qu'il entend quand il parle

« d'ajournement » – mais pourquoi serait-ce un ajournement de la crise ? La question qui pourrait être posée est : qu'est-ce qui est ajourné ?

J. C. & G. S. : *On peut dire que ce qui est ajourné, c'est le constat de l'incompatibilité entre, d'un côté, l'État social auquel les gens continuent à tenir et, de l'autre, la libéralisation complète des marchés. On n'arrive à les faire tenir ensemble, avec un écart sans cesse croissant, que par la dette – qui n'est pas une réponse à la crise, mais le symptôme de notre incapacité à affronter la contradiction entre le néolibéralisme et l'exigence de protection sociale.*

Y. D. : Si on veut comprendre cet « ajournement » de la crise – l'impossibilité de la résoudre dans la conjoncture actuelle – il faut introduire la question des espaces dans laquelle elle se joue. Car tout repose au fond sur un écart entre l'espace national de l'État-providence et l'espace mondial du marché des capitaux, et sur la difficulté à faire émerger un nouveau type d'espace où l'articulation entre politique et économie pourrait être repensée. Pour aborder cette question, il faut prendre un peu de recul historique. Il n'y a pas d'accumulation du capital sans un espace. Le capital a toujours commencé avec des espaces transnationaux – les banquiers génois, les Vénitiens, etc.

La deuxième phase, c'est le moment où les États ont commencé à s'occuper eux-mêmes de la richesse : c'est le mercantilisme. Et l'invention d'Adam Smith, dans *La richesse des nations*, consiste à dire que sur la base d'États existants l'on peut, si l'on constitue un marché intérieur, accumuler plus de richesses que sous la forme mercantiliste qui reste assez fruste – parce qu'elle privilégie le support monétaire.

On peut dire que l'apparition du marché intérieur est un sous-produit de l'existence d'un État qui se préoccupe d'économie, et pas simplement de la souveraineté du roi. Les nations sont donc l'invention d'un certain type d'espace pour le capital que j'appellerais volontiers un espace bourgeois. Ceci dit, il faut bien voir que l'espace des nations a toujours été un espace corrélé à un espace mondial qui a été le partage du monde. Tout le XIXe siècle, c'est le partage du monde. Et ce partage du monde entre nations ne s'arrête qu'avec la décolonisation des années 1945-1950. Il est très important de voir que l'espace du capital est un espace national, plus un espace impérial. Et les deux vont ensemble jusqu'en 1945. Et on peut dire qu'après 1945 on entre dans un système d'espace que je propose de définir comme un espace de zones.

J. C. & G. S. : *Cette requalification de l'espace du capitalisme est donc une conséquence de la décolonisation ?*

Y. D. : Je dirais, pour paraphraser le vieux Carl Schmitt, que l'après-guerre a correspondu à un nouveau Nomos der Erde. Le *Nomos der Erde* de Schmitt, ce sont les nations centrales, après la paix de Westphalie (1648), qui se partagent le reste du monde. Ces nations centrales peuvent s'emparer de tout ; c'est ça, le *Nomos der Erde* de Schmitt (1946). Aujourd'hui, il faut plutôt penser l'existence de *zones*.

Je propose d'appeler zone un type de formation politique qui n'est ni empire ni nation. Il y a d'abord eu les zones de la Guerre froide, puis avec la fin de la Guerre froide l'apparition d'autres zones économiques. Aujourd'hui le capitalisme existe partout, d'où le terme de « capitalisme absolu » – « capitalisme absolu » voulant dire un capitalisme sans « autre ». C'est-à-dire que c'est un capitalisme par zones. Il y a des zones nouvelles qui apparaissent, les fameux BRICS [Brésil, Russie, Inde, Chine, Afrique du Sud], et justement ces espaces sont des espaces dans lesquels la catégorie de nation ne marche plus complètement. Il faut inventer une nouvelle catégorie. Ce ne sont ni des empires – la Chine n'est plus un empire –, mais ce ne sont pas non plus des nations au sens des deux Guerres mondiales. C'est autre chose. C'est donc un problème de zone. Et si l'on admet cela, ce qui se passe en Europe serait, disons, une « zone inachevée ».

Streeck privilégie la forme nation comme forme politique autorisant la démocratie. La forme nation est le lieu où il y a la démocratie. Pourquoi ? Parce qu'il y a une souveraineté susceptible de dévaluer. D'où l'éloge de la dévaluation qui court dans tout son livre – au début et tout à fait à la fin –, la dévaluation comme souveraineté monétaire. Pour lui, la zone ne peut être que la nation parce que c'est la seule zone démocratique.

J. C. & G. S. : *Au-delà de la question de la souveraineté, Streeck fait aussi de la nation la condition d'acceptabilité sociale de la redistribution. C'est l'une des questions dérangeantes qu'il soulève : ce qui fait obstacle aux politiques de redistribution, ce n'est pas seulement la résistance du capital, c'est aussi qu'elles ne semblent acceptables pour la société elle-même qu'à condition qu'il existe une forme de communauté historique, un sentiment d'appartenance commune. Ce qui, à ses yeux, les rend inconcevables au niveau européen...*

Y. D. : Cela va ensemble. Il ne peut y avoir redistribution disons négociée, conflictuelle, qu'à l'intérieur d'une nation. C'est l'axiome de Streeck. Il a une conception de la démocratie qui est nécessairement nationale. Il a une conception de la démocratie qui n'est pas juridique – ce n'est pas une conception constitutionnelle de la démocratie –, mais il a une conception de la démocratie qui est statique, statique au sens où elle est figée à l'intérieur d'un cadre national. C'est ce qui explique ses positions sur l'euro. Mais on peut considérer que l'euro est une zone inachevée. Pourquoi est-ce une zone inachevée ? Parce que c'est un espace monétaire sans souveraineté.

J. C. & G. S. : *Comment les zones s'articulent au maintien des droits sociaux ? La nation n'est pas seulement une forme politique qui dispose de la souveraineté, et donc du pouvoir de dévaluer, mais – et c'est une des raisons du privilège que lui accorde Streeck – c'est également une forme sociale, une manière de faire société.*

Y. D. : Absolument. Ce que l'on peut dire c'est que le point sur lequel Streeck a raison, c'est que l'Europe comme zone complète n'existe pas. Le projet Delors a échoué. La mise en avant de la BCE et de l'euro comme zone monétaire ne s'est pas accompagnée des éléments qui pouvaient aller avec, en particulier un budget. D'où le fait que la zone euro est une zone inachevée qui peut donc, en tant que zone inachevée, se détruire. D'une certaine façon, la thèse de Streeck est qu'il faut revenir avant la zone, il faut revenir à l'espace nation parce qu'il est le seul dans lequel existe la possibilité de réguler l'État social. Mais on peut aussi dire que l'on est dans une position intermédiaire.

Vous savez ce mot que tout le monde emprunte aujourd'hui à Gramsci le terme d'*interregnum*. Gramsci l'a utilisé dans les *Cahiers de prison* pour expliquer qu'un monde était fini mais qu'un autre n'était pas encore là, et qu'entre les deux toutes les pathologies pouvaient se développer. C'était très puissant. Il faut bien dire que c'était une intuition très forte de Gramsci. On peut dire qu'aujourd'hui on est dans un *interregnum* en Europe.

J. C. & G. S. : *C'est d'une certaine façon la thèse d'Habermas. Streeck, en revanche, défend une thèse très différente. Pour lui, l'Union monétaire européenne n'est pas une zone inachevée, mais au contraire une zone achevée. C'est l'analyse qu'il reprend à Hayek. Il n'emploie pas le terme de zone, mais ce qui correspondrait pour lui à une zone, dans le cas de l'Europe, à savoir une fédération interétatique unie par un marché commun, aboutit nécessairement à une neutralisation de la souveraineté. Et c'est la raison pour laquelle il résiste à l'optimisme d'Habermas, qui pense qu'il reste à construire les institutions politiques qui vont nécessairement avec l'union économique. Il estime que ce type de forme supranationale est par définition un espace de dépolitisation.*

Y. D. : J'estime qu'aujourd'hui il y a des zones et des zones en formation. Une zone est définie par un type d'unité souveraine, y compris monétaire. C'est très important. Simplement, une unité monétaire n'a pas de sens si elle n'est pas corrélée à une unité souveraine. Il y a une réciprocité entre la confiance dans la monnaie et la confiance dans la souveraineté.

Ce que je reproche à Streeck c'est que, quand il parle d'Hayek, il n'a en tête que la zone européenne. Parce qu'Hayek, ça ne marche pas du tout pour la Chine. Quand on a voulu mettre Deng Xiaoping sur le même plan que Thatcher et Reagan on s'est trompé. C'était tout à fait autre chose. Et là-dessus il y aurait beaucoup à apprendre de ce qui se passe en Chine. Bientôt ils seront en avance sur certains points. Ils sont encore en retard sur d'autres mais bientôt ils seront en avance sur nous.

La Chine est sans doute en train d'inventer, en puisant dans son passé impérial que de façon paradoxale la séquence maoïste a conforté, une nouvelle politique de l'espace mondial capitaliste : un espace décentré, sans hégémonie au sens braudélien. Ce n'est bien sûr qu'une hypothèse.

Mais je reviens à ma critique de Streeck sur l'idée que l'euro est hayékien. Il est vrai qu'il y a dans la technocratie bruxelloise, en particulier dans l'idée de concurrence libre et non-faussée, des éléments de ce que l'on appelle – je trouve que ce mot est galvaudé – le néolibéralisme.

Et sur Hayek : Hayek est un idéologue. C'est aussi un grand économiste, ce n'est pas négligeable du tout. Mais c'est surtout un idéologue. Et je crois aussi que cela ne permet pas de régler la question du destin de l'Europe. Parce que ce qui se passe au-dessus de la nation, ce sont indissociablement des questions économiques et des questions politiques : Habermas ne pose que des questions d'ordre éthico-cosmopolitiques, il ne s'intéresse pas beaucoup au capitalisme, alors que c'est au contraire ce que Streeck met en avant.

Mais je pense que là où tous les deux ont tort, c'est qu'ils ne posent pas la question : qu'est-ce que c'est qu'une zone monétaire avec souveraineté dans le cadre européen ? Les obstacles à cela, il faudrait pouvoir les cibler. Or Streeck ne les cible pas car, d'emblée, il pense l'euro comme une réalisation hayekienne. D'où l'idée qu'il faut sortir de l'euro, privilégier la dévaluation, etc. Thèse qui, d'une certaine façon, est une thèse politique – et qui a d'ailleurs joué un rôle très important dans la campagne électorale française. Il essaie de s'en sortir en partant d'un Bretton Woods européen.

Ceci dit, il faudrait regarder de plus près ce que c'est que Bretton Woods. Je ne sais pas si on peut le faire ici. Ça serait presque un autre entretien.

J. C. & G. S. : *On peut tout de même en dire un mot. C'est un point important, car la proposition défendue par Streeck consiste à remettre en place au niveau européen un contrôle des changes négocié politiquement.*

Y. D. : C'est plus compliqué. Parce que Bretton Woods est, d'une certaine façon, un compromis dans lequel Keynes a perdu. C'était le négociateur anglais. En face, il y avait le secrétaire du Trésor américain et Keynes a perdu. Il a perdu puisqu'il avait proposé un système tout à fait extraordinaire qui s'appelait Bancor...

J. C. & G. S. : *Auquel Streeck se réfère comme un modèle possible...*

Y. D. : Oui, mais pourquoi cela a-t-il raté ? Le Bancor avait été pensé comme une chambre de compensation. Il faut bien que vous sachiez qu'avant les Banques centrales, il y avait les chambres de compensation, des chambres de compensation entre des titres bancaires qui circulaient. Et ce qu'a proposé Keynes était une sorte de chambre de compensation des monnaies globales. C'est un système assez compliqué mais c'est un système tout à fait original pour faire tenir un système monétaire international. Et d'une certaine façon Keynes raisonnait déjà presque en termes de zones. Il pensait qu'il devait y avoir quelques grandes monnaies. Et d'ailleurs aujourd'hui c'est le cas. Quand on regarde la liste des monnaies, on arrive à cinq ou six : la livre, le dollar, l'euro, le yen et le yuan et on ne va pas plus loin.

Et Keynes a perdu. Pourquoi a-t-il perdu ? Parce que d'une certaine façon c'était contre l'hégémonie américaine. Ce qui a prévalu, c'est le projet du dollar indexé sur l'or : 35 dollars l'once. Et ce système a fonctionné de façon à maintenir l'hégémonie américaine. Keynes au contraire avait proposé un système sans hégémonie. C'était un grand politique, Keynes. Cela a raté ; il a perdu. Il est mort en rentrant des négociations.

Et d'une certaine façon cette histoire des négociations de Bretton Woods ressort aujourd'hui au niveau européen. Mais au niveau européen vous voyez bien que c'est à l'intérieur d'une zone. Pourquoi n'est-ce pas aberrant ? Parce que ce qui caractérise l'Europe malgré tout est l'existence de vraies nations anciennes. Alors que les zones... Les États-Unis sont une nation jeune – qui a réussi à faire tenir ensemble des mafieux italiens, des paysans irlandais, la plus grande communauté juive du monde, etc. Mais c'est quand même une nation. La Chine, c'est la même chose. L'Inde, c'est la même chose. Le Brésil, c'est la même chose. La particularité de l'Europe est qu'elle réunit des nations très anciennes et très différentes. La question monétaire n'est donc pas suffisante, même si elle est décisive me semble-t-il. Et Streeck ne pose que la question monétaire pour essayer de trouver une sorte de maintien de l'Europe avec maintien des souverainetés nationales.

C'est sa position. On peut dire qu'il y a un aspect réaliste-idéaliste dans sa position. Il voit bien que l'euro comme tel n'est pas une monnaie viable, ce qui est vrai. Mais d'autre part c'est régressif de retourner aux nations, en particulier ce qu'il dit sur la dévaluation. Cela n'a plus de sens. Aujourd'hui, on ne peut plus dévaluer. Cela n'a strictement aucun sens. On ne peut pas raisonner à l'échelle d'une seule nation.

Cela veut dire que cela pose d'autres problèmes – que Streeck ne soulèvent pas – et qui sont les questions des divergences profondes, culturelles et politiques, entre les nations européennes et qui posent d'autres problèmes qu'un problème purement monétaire. Cette question culturelle me semble être la vraie question politique...

J.C. & G.S. : *Culturelle et productive. Il insiste sur le fait que les différences culturelles sont corrélées à des différences fortes des niveaux de vie et de productivité économique.*

Y.D. : Les niveaux de vie ne sont pas si différents. Quant à la question de la productivité économique... Ce n'est pas tant une question de productivité économique que la question du système productif allemand. Le système productif allemand est un système productif fragile, mais très puissant, et qui est allé jusqu'à une dualisation de la société allemande. Qu'on le veuille ou non, la période Schröder a eu pour effet une sorte de division du monde du travail allemand, entre le monde du travail des machines-outils, des automobiles, etc., et le reste. Et d'une certaine façon il y a des problèmes nationaux allemands qui sont des problèmes relativement complexes. Donc ce ne sont pas uniquement des différences de niveau de vie. Si je laisse de côté la question de la Grèce... Je ne veux pas que l'on parle de la question de l'Europe en pointant toujours la Grèce...

J.C. & G.S. : *Il n'y a pas que la Grèce : à la fois dans le livre et dans le débat avec Habermas, le cas de l'Italie est important. Streeck s'appuie sur le fait que le Sud de l'Italie, malgré des politiques de redistribution généreuses, n'a jamais pu rattraper économiquement le Nord, pour conclure à l'inefficacité de politiques de redistribution interrégionales ou interétatiques à l'échelle européenne.*

Y. D. : Mais cela, c'est une question de l'histoire italienne. L'obsession de Gramsci c'était le *Mezzogiorno*. La question du Nord et du Sud italiens est une question historique qui date du XIXe siècle.

J. C. & G. S. : *La polémique avec Habermas porte précisément sur ce point. Habermas y voit avant tout un échec de l'intégration politique de l'Italie, alors que Streeck le prend plutôt comme un exemple de politique de redistribution économique ratée.*

Y. D. : La question des politiques de redistribution en Europe se limite aux politiques de soutien régionales. En gros, c'est un peu une aumône. Le budget européen est-ce que vous savez combien c'est par rapport au PIB de l'Europe ? 1 %... On ne peut rien faire avec 1 %. On peut faire un peu de politique agricole commune (PAC), et encore... c'est en train de sauter partout. Donner de l'argent aux Siciliens, aux Corses, on n'ira pas tellement plus loin.

Tout cela pour vous dire qu'effectivement la question centrale est : il n'y a pas de monnaie sans budget. Et l'euro est une zone monétaire avec une banque centrale extrêmement active, qui achète sans arrêt les dettes d'État et refinance les banques, mais il n'y a pas de politique économique.

J. C. & G. S. : *Et il n'y a pas de contrôle démocratique...*

Y. D. : Il n'y a même pas de contrôle économique, faute de budget commun. La question du contrôle démocratique est une autre question. Sur cette question, je pense que Habermas est un grand idéaliste parce qu'il a une conception constitutionnelle de la démocratie. Il n'a pas une conception que l'on pourrait appeler « progressive » ou « processuelle » de la démocratie. Il faut trouver des institutions, des formes institutionnelles. La démocratie passe par des formes institutionnelles. Et l'Europe a fait très peu. Ils pourraient faire cent fois plus. On passerait le budget européen de 1 à 10... On pourrait faire cent fois plus. La question de la démocratie n'est pas une question constitutionnelle. C'est une question processuelle qui passe par des formes qui ne sont pas nécessairement des formes de redistribution économique.

On ne fabrique pas un peuple simplement en lui donnant du pain.

J.C. & G.S. : *Ni une Constitution.*

Y.D. : Ni une Constitution. Je pense que la question de la Constitution a été une des erreurs massives. C'est pour cela que les Français ont voté « non ». Parce qu'après tout, personne ne l'avait lue. Cela n'avait pas de sens. C'est pour cela que je parle d'une conception *processuelle* de la démocratie, processuelle voulant dire qu'il s'agit de trouver les formes institutionnelles. Et cela passe par énormément de choses. Mais c'est la seule façon de corréler, d'un côté, la création d'une zone qui consiste effectivement à changer le type de fonctionnement de l'euro, en y ajoutant un budget, mais pas simplement, et, de l'autre côté, la possibilité d'innovations en termes intra-européens, par exemple, pourquoi pas, sur le développement durable, etc., qui sont des choses ouvertes et qui sont, entre guillemets, « démocratiquement compréhensibles ». Je pense que chez Streeck il y a une conception trop restreinte de la démocratie. Ce ne doit pas être une conception constitutionnelle mais une conception conflictuelle. Il faut que la démocratie, le peuple des citoyens, puisse participer aux politiques de redistribution.

J.C. & G.S. : *Il y a aussi chez lui l'idée de démocratie comme contrôle politique effectif de l'économie. C'est-à-dire que les décisions économiques doivent être prises par des institutions responsables devant des citoyens, sanctionnées par des élections. C'est pour cela qu'il analyse le « désencastrement » de l'économie comme un démantèlement de la démocratie.*

Y.D. : Sur cette question du contrôle, il faut bien voir que le contrôle de l'économie a été pensé à l'aide du terme de « régulation », puisqu'il y a eu en France une école qui s'est appelée « L'École de la régulation ». Qu'est-ce que cela voulait dire ? Cela voulait dire qu'il y avait une intervention de l'État, non pas en tant que l'État prenait les décisions économiques, mais dans la mesure où l'État était susceptible d'ajuster l'économie au niveau de la souveraineté monétaire – ce qui est très important, ça reste la prérogative forte de l'État : décider de la politique monétaire. Premièrement.

Deuxièmement, la pratique du contrôle extérieur. C'est le deuxième point très important du keynésianisme car, malgré tout, il y avait contrôle des exportations et des frontières. Et c'est là, par exemple, où l'on peut dire que la principale organisation néolibérale – qui s'est cassée la figure – c'était l'Organisation Mondiale du Commerce (OMC), qui en fait ne marche pas. Non seulement ça ne marche pas mais en plus je pense que cela va disparaître parce qu'aujourd'hui les grandes choses sont du bilatéralisme, de zone à zone. C'est cela qui est en train de se passer. Ce que Pierre-Noël Giraud appelle le « néo-mercantilisme », et sur ce plan il désigne quelque chose de juste. Ça, c'est un contrôle.

Le troisième type de contrôle, c'est la politique fiscale. Et sur cette question, il faut bien reconnaître que l'on est un peu dans le trou noir, en Europe. Car la fiscalité moderne est très récente, quoique l'impôt ait toujours existé. Vous savez qu'en France l'impôt sur le revenu date de 1905, la taxe sur la valeur ajoutée d'après-guerre, et que de toute façon la question fiscale est la question la plus ouverte aujourd'hui. En Europe, ils n'ont pas réussi à mettre en place un système disons d'harmonisation fiscale. Ce qui fait qu'effectivement la zone euro a fonctionné avec des fiscalités et des investissements extraordinairement différents entre l'Irlande, le Luxembourg, etc. Donc, le troisième point extrêmement important est la question du contrôle de la fiscalité. Et c'est vrai que là aussi cela suppose un type de souveraineté.

Peut-être qu'il faudrait avoir un autre type de conception de la souveraineté. Là, c'est très compliqué. Est-ce que l'on peut avoir une conception hiérarchique de la souveraineté ? Vous savez, les Allemands ont proposé le mot de « subsidiarité », qui est un mot consistant à dire qu'il peut y avoir une délégation de souveraineté. Et sans doute l'idée de la souveraineté une et indivisible – qui est caractéristique de la tradition française –, est tout à fait inapplicable.

Ceci dit, ces questions sont ouvertes. Les questions d'une zone associant des unités nationales anciennes de telle sorte que l'on ne peut absolument pas brutalement les corréler sont encore à penser...

Je reviens sur la question de la régulation. La régulation, on peut la penser de deux façons : endogène, ou exogène. Le concept de régulation vient de la biologie. Dans la biologie, la régulation est endogène. Qu'est-ce que cela veut dire une régulation endogène ? Cela veut dire que l'on sait ce que veut un organisme : être toujours un organisme. On sait mal – c'est pour cela qu'il y a une médecine –, pourquoi il y a des maladies.

Dans le cas de la société, c'est l'inverse. On sait ce qui va mal, mais on ne sait pas ce que veut la société. La régulation est toujours, je dirais, une invention historique.

Alors que dans la théorie des marchés hayékiens, la régulation c'est le marché. Elle est endogène. Je dis que le concept de régulation appliqué à la société est exogène. Il est exogène, ce qui suppose des propositions politiques liées au type de désordre constaté, de crises constatées, etc. C'est cela la régulation. Et l'École de la régulation affirme que ces propositions ont été faites à l'époque des Trente Glorieuses. Leur théorie de la société salariale, c'est qu'il y a eu ces innovations politiques : le plan indicatif, le droit social, le contrôle des changes, les investissements à long terme. C'est un point très important, les investissements à long terme. Par exemple l'Europe ne fait pas d'investissements à long terme. Ils disent qu'ils vont en faire mais n'en font pas. Avec 1 % du PIB, on ne peut rien faire.

J. C. & G. S. : *Comment peut-on comprendre que ces propositions – ces innovations politiques – semblent s'être taries ? On a l'impression d'une victoire des thèses néolibérales qui sont justement de l'ordre de la régulation endogène et qui se passent de cette nécessité d'une proposition politique.*

Y. D. : Le marché libre est une utopie. Il n'y a pas de régulation endogène par le marché. C'est faux. C'est pour cela que l'on est dans une crise, disons, de transition du monde.

La crise de 2008 a été spectaculaire mais elle a touché un point très particulier qui était la dérive de la titrisation dans l'immobilier. Ceci étant dit, la crise est plus globale. Je dirais que l'on est dans une crise à la fois d'hégémonie centrale – c'est très important, on ne comprendrait pas ce qui se passe aux États-Unis si l'on ne comprenait pas que l'on est dans une crise de l'hégémonie américaine –, et deuxièmement que l'on constate un équilibre de zones qui n'est pas encore pensé, parce que l'on est sur un système de nations créées après la Seconde Guerre mondiale. Il y a des organisations qui ne sont pas nationales – le FMI, la Banque Mondiale ne sont pas nationales mais transnationales – mais ce sont des organisations relativement faibles. C'est donc le deuxième point : on est aussi dans une transition de ce genre.

Et, troisième point : on est dans un problème sans doute de transition dans l'invention de nouvelles dynamiques économiques. Par exemple ce que certains, les plus utopistes des économistes, appellent le « développement durable » ou la « croissance soutenable » qui, effectivement, passe par un certain nombre d'innovations qui n'ont pas commencé, et dont nul ne sait ce que ça peut donner.

C'est pour cela que je considère que quand on est dans une crise, qui est une crise mondiale, vouloir revenir à la nation me semble manquer d'héroïsme. Sans pour autant tomber dans l'idéalisme comme Habermas... Il faut une troisième voie entre Streeck et Habermas.

J. C. & G. S. : *Cette troisième voie reposerait sur des pratiques institutionnalisées de solidarité au niveau de l'Europe ?*

Y. D. : Pas simplement de solidarité au niveau de l'Europe mais également une nouvelle transition économique avec la question du développement durable. Concernant la prise en compte de l'écologie, il y a énormément à faire. Et aussi une autre organisation du système monétaire international, prenant en compte l'existence de ce que j'appelle les zones, qui ne sont ni des empires, ni des nations. Un autre *Nomos der Erde*.

Mais sur cette question de la solidarité, il faut également la repenser en profondeur. Il y a des choses du droit social sur lesquelles on ne pourra pas revenir. Il y a des aspects de la société néolibérale, comme l'émancipation des femmes, sur lesquelles on ne pourra pas revenir non plus. Et donc vont se poser des questions extrêmement complexes. Parce que si l'on ne peut pas revenir sur ces deux choses, leur combinaison n'est pas évidente. Elles n'ont pas le même âge théorico-historique, mais elles ne sont pas contradictoires.

J. C. & G. S. : *Pourriez-vous expliciter ce point? Que voulez-vous dire en affirmant qu'elles n'ont pas le même âge théorico-historique?*

Y. D. : Le droit social s'appuie sur une certaine conception de la famille et du travail. Le travail comme carrière; la famille comme foyer domestique: l'homme travaillant, la femme s'occupant du ménage et des enfants. Ce que je dis est assez superficiel mais ce sont les deux soubassements de l'État social. Avec le néolibéralisme, si l'on garde ce mot, comme on dit « État Providence » – c'est un mauvais mot mais ça peut suffire à désigner une nouvelle forme sociale –, je dirais, premièrement, que le travail n'est plus une carrière à vie et, deuxièmement, que la famille n'est plus le foyer domestique stable.

Alors, qu'est-ce que cela veut dire? Cela ouvre d'immenses questions. Et il faut travailler à la fois sur l'un et sur l'autre. Quand je dis que le travail n'est plus une carrière, cela pose toute la question du travail : qu'est-ce que c'est que le travail aujourd'hui? Et le débat interminable sur les lois travail tourne autour de cela. C'est pour cela que je dis que le néolibéralisme n'a pas détruit la période antérieure mais qu'il ouvre la question de la connexion de ce qu'il apporte et de ce que l'on doit garder de l'état antérieur.

J. C. & G. S. : *En somme, il s'agit de repenser le concept de sécurité qui sous-tend la protection sociale pour prendre en considération ces transformations du travail et de la famille?*

Y. D. : Absolument. Sur cette question de la sécurité il faut inventer un autre mot. Le mot qui a connu fortune (venant des pays du Nord) de « flexi-sécurité », n'est pas très bon. Il est mauvais. Il faut inventer un autre mot. Il y a concurrence aujourd'hui entre les mots. Par exemple, certains voulaient remettre en avant le mot de « solidarité ». Sur ce plan, c'est assez difficile parce que tout le monde ignore ce qu'a pu être le solidarisme de la fin du XIXe siècle et du début du XXe siècle en France. Ce mot n'a pas eu d'exportation à l'étranger. Je ne sais même pas comment on pourrait le traduire en allemand... Aujourd'hui il faut trouver d'autres mots si l'on admet que le « néolibéralisme » – je garde toujours le mot entre guillemets – n'est pas simplement un aspect de destruction de l'État social mais ouverture de pistes de transformations qui conservent des acquis fondamentaux du droit social.

J. C. & G. S. : *La transformation qui s'est produite avec la sortie des Trente Glorieuses, telle que vous la décrivez, c'est une transformation dans la division du travail social. C'est peut-être un des points aveugles de l'analyse de Streeck, qui ne pense la justice sociale qu'à partir de la forme de division du travail social qui était prépondérante dans les Trente Glorieuses. Il n'envisage pas que les transformations de la division du travail social puissent produire d'autres formes de solidarité et de sécurité, d'autres « catégories communes ».*

Y. D. : Je suis tout à fait d'accord. Il ne fait pas émerger de nouveau mot. On peut proposer par exemple la catégorie de *communs*. Pour en mesurer les enjeux, il faut reprendre l'articulation entre Marx et Polanyi.

Chez Polanyi le point de départ est cette catégorie de *embeddedness*, d'« encastrement », qui lui permet d'expliquer un type de société né entre 1750 et 1850 : la société intégrale de marché. Polanyi prend sa théorie du marché chez les économistes autrichiens – dont Hayek et Menger, surtout Menger. Et le génie relatif de Polanyi est de dire que la société de marché est impossible, d'où une réaction de la société. C'est bien connu. Mais il y a une autre chose qui est très importante chez Polanyi et qui m'intéresse énormément : ce sont les marchandises fictives. Paradoxalement, chez Marx, elles ne sont pas fictives, alors qu'il montre à chaque fois que ces marchandises sont singulières.

La terre n'est pas une marchandise, et c'est pour cette raison qu'il y a une chose spécifique pour la terre qui est la rente. La rente n'est pas un prix ; c'est un prélèvement. C'est donc pré-capitaliste.

La monnaie ensuite. Sur ce point aussi Marx est embêté. Il voit bien que cela ne marche pas, que cela n'est pas une marchandise. Il a beau expliquer que l'équivalent général doit être une marchandise, il voit bien que cela ne tient pas la route. Il garde sa « forme-équivalent général », mais c'est ce que l'on appelle la politique monétaire sur toute l'histoire.

Le travail enfin. Il est obligé d'inventer la dualité entre le travail et la force de travail pour pouvoir dire que c'est une marchandise. Mais ce n'est pas une marchandise.

Ces trois marchandises fictives, on pourrait aujourd'hui dire que ce sont des *communs* – des biens publics. Dès lors, on peut envisager une politique de traitement des communs… Mais ça a commencé, d'une certaine façon avec le droit social. Le droit social est un début dans la tentative de traiter le travail comme un commun. Mais évidemment cela pose la question tout à fait centrale de l'éducation, de la forme scolaire. La forme scolaire comme liée à la forme salaire. Cela fait partie des choses que nous avions essayé de développer avec Althusser il y a 45 ans, mais nous nous étions arrêtés au milieu.

D'un autre côté la terre. C'est effectivement la question centrale posée par l'écologie.

Quant à la monnaie, là aussi c'est une question de trouver un système monétaire international inter-zones.

Donc je dirais que le génie de Polanyi est d'avoir mis en avant ces marchandises fictives, d'avoir globalement dit qu'il fallait une réaction de la société sur le marché, sans préciser quel type de réaction. Chez Marx, ces marchandises sont *de facto* fictives, mais il ne pense pas la chose. Parce que Marx pense en termes d'expropriation des expropriateurs, c'est-à-dire de transformation du rapport de production, donc finalement le primat de la lutte des classes, ce qu'Althusser et Mao Zedong ont dit jusqu'à leur mort. Ce qui est en cause, c'est la pensée de l'historicité du rapport de production. Marx ne le pense que comme un invariant dont les formes successives ne sont qu'un approfondissement de la production de survaleur. Il ne peut pas prendre en compte les contre-tendances : d'où une position politique radicale, la suppression violente du rapport par abolition de la propriété capitaliste.

Mais si l'on ne pense pas comme cela, on pourrait dire que l'avenir est une politique des *communs* comme politique démocratique.

J.C. & G.S. : *L'éloge de la dévaluation que l'on trouve dans* Du temps acheté *peut justement se comprendre, dans une perspective polanyienne, comme* la réaffirmation que la monnaie doit rester un instrument au service de la société, et ne peut être entièrement soumise à une logique de marché. Toute la construction du problème démocratique comme un problème de droits sociaux réitère cet argument sur le travail, qui ne saurait être entièrement soumis à la «justice de marché» sans dissoudre la société. En revanche, on peut s'étonner que le troisième pilier du triptyque polanyien, la terre, soit absent de l'analyse de Streeck, alors même que la crise écologique contemporaine donne prise à une telle critique. Cette absence n'est-elle pas imputable au cadre keynésien qui sous-tend son analyse ? Si Keynes a donné des instruments pour penser le statut singulier de deux de ces marchandises fictives, la monnaie et le travail, des critiques récentes, comme celle de Timothy Mitchell, ont souligné que le keynésianisme a été conçu de manière à invisibiliser le problème des ressources et de l'énergie, et donc la question écologique. N'y a-t-il pas là une limite importante pour toute réactivation de l'héritage keynésien aujourd'hui ?

Y. D. : Il faut bien voir effectivement qu'il y a chez Keynes le traitement de la monnaie comme bien commun, mais que sur la question du travail, c'est plus compliqué. Keynes est un théoricien du plein-emploi avec une théorie du salaire nominal, salaire nominal voulant dire que Keynes considère que le salaire n'est pas une grandeur marchande produite par le marché – comme dans toute l'économie politique classique, où le travail a un prix – mais résulte d'une négociation conflictuelle. D'où le rôle des syndicats. Keynes a une théorie de la fixation du niveau des salaires et du plein-emploi. Mais c'est tout.

On pourrait aller beaucoup plus loin sur la question du travail et, en particulier (ce serait la dernière chose mais je ne vais pas en parler aujourd'hui), le début des discussions sur le revenu universel. Cela a été présenté très maladroitement dans la campagne électorale française comme une mesure programmatique. Mais ce n'est pas une mesure programmatique, c'est un problème, le problème de la transformation du commun «travail». Le revenu universel ne peut pas être une recomposition comptable des différentes mesures d'assistance existant aujourd'hui, mais une nouvelle configuration du droit social alliant la sécurité à la liberté d'initiative. Pour ce qui est de l'écologie, au-delà des mesures techniques qui relèvent des conférences internationales, il me semble que la question centrale est celle d'une nouvelle politique de l'urbanisation.

Tout cela mériterait que l'on s'y attache beaucoup plus longuement. Ce qui est plus qu'un pas au-delà de Keynes.

Bibliographie

AGLIETTA Michel (2016), *La monnaie entre dette et souveraineté*, Paris, Odile Jacob.

COOPER Melinda (2017), *Family Values, Between Neoliberalism and New Social Conservatism*, Cambridge MA/ Londres, MIT Press, Zone Books.

EWALD François (1986), *L'État providence*, Paris, Grasset.

MARX Karl (1993), *Le capital*, Paris, PUF.

SCHUMPETER Joseph (1990), *Capitalisme, socialisme et démocratie*, Paris, Payot.

STREECK Wolfgang (2014), *Du temps acheté. La crise sans cesse ajournée du capitalisme démocratique*, Paris, Gallimard.

Note sur les auteurs

Robert Boyer, économiste,
Paris Jourdan Sciences Économiques (PSE), CNRS-EHESS.

Julia Christ, philosophe,
Curapp/IMM-LIER/
Institut für Sozialforschung Frankfurt – CNRS.

Colin Crouch, sociologue et politologue,
University of Warwick.

Marie Cuillerai, philosophe,
Université Paris Diderot, Paris VII.

Yves Duroux, philosophe et sociologue,
ENS Cachan.

Jürgen Habermas, philosophe,
Johann Wolfgang Goethe Universität Frankfurt.

Bruno Karsenti, philosophe,
Institut Marcel Mauss (LIER) – EHESS.

Benjamin Lemoine, sociologue,
IRISSO, CNRS-Université Paris Dauphine.

Jean-Michel Rey, littéraire,
Université Vincennes-Saint-Denis, Paris VIII.

Gildas Salmon, philosophe,
Institut Marcel Mauss (LIER) – CNRS-EHESS.

Wolfgang Streeck, sociologue,
Max Planck Institut für Gesellschaftsforschung Köln.

Dans la même collection
Sous la direction de

Patrick Pharo et Louis Quéré
Les formes de l'action
Sémantique et sociologie
1990

Jean-Luc Petit
L'événement en perspective
1991

Alain Cottereau et Paul Ladrière
Pouvoir et légitimité
Figures de l'espace public
1992

Bernard Conein, Nicolas Dodier et Laurent Thévenot
Les objets dans l'action
De la maison au laboratoire
1993

Bernard Fradin, Louis Quéré et Jean Widmer
L'enquête sur les catégories
De Durkheim à Sacks
1994

Patricia Paperman et Ruwen Ogien
La couleur des pensées
Sentiments, émotions, intentions
1995

Isaac Joseph et Joëlle Proust
La folie dans la place
Pathologies de l'interaction
1996

Bernard Conein et Laurent Thévenot
Cognition et information en société
1997

Robert Salais, Élisabeth Chatel et Dorothée Rivaud-Danset
Institutions et conventions
La réflexivité de l'action économique
1998

Michel de Fornel et Louis Quéré
La logique des situations
Nouveaux regards sur l'écologie des activités sociales
1999

Pierre Livet et Ruwen Ogien
L'enquête ontologique
Du mode d'existence des objets sociaux
2000

Daniel Cefaï et Danny Trom
Les formes de l'action collective
Mobilisations dans des arènes publiques
2001

Christiane Chauviré et Albert Ogien
La régularité
Habitude, disposition et savoir-faire
dans l'explication de l'action
2002

Laurence Kaufmann et Jacques Guilhaumou
L'invention de la société
Nominalisme politique et science sociale
au XVIIIe siècle
2003

Bruno Karsenti et Louis Quéré
La croyance et l'enquête
Aux sources du pragmatisme
2004

Patricia Paperman et Sandra Laugier
Le souci des autres
Éthique et politique du *care*
2005

Alban Bouvier et Bernard Conein
L'épistémologie sociale
Une théorie sociale de la connaissance
2006

Jean de Munck et Bénédicte Zimmermann
La liberté au prisme des capacités
Amartya Sen au-delà du libéralisme
2008

Christiane Chauviré, Albert Ogien et Louis Quéré
Dynamiques de l'erreur
2009

Laurence Kaufmann et Danny Trom
Qu'est-ce qu'un collectif ?
2010

Michel de Fornel et Albert Ogien
Bourdieu
Théoricien de la pratique
2011

Patricia Paperman et Sandra Laugier
Le souci des autres
Éthique et politique du *care*
(Nouvelle édition augmentée)
2011

Daniel Cefaï et Cédric Terzi
L'expérience des problèmes publics
2012

Bruno Ambroise et Christiane Chauviré
Le mental et le social
2013

Joan Stavo-Debauge, Philippe Gonzales et Roberto Frega
Quel âge post-séculier ?
Religions, démocraties, sciences
2015

Francis Chateauraynaud et Yves Cohen
Histoires pragmatiques
2016